大清中丞

陈仲孚

陈建成◎著

中国文史出版社

图书在版编目（CIP）数据

大清中丞陈中孚 / 陈建成著 . -- 北京 : 中国文史出版社 , 2021.11

ISBN 978-7-5205-3417-8

Ⅰ . ①大… Ⅱ . ①陈… Ⅲ . ①陈中孚－生平事迹 Ⅳ . ① K827=49

中国版本图书馆 CIP 数据核字（2021）第 246754 号

责任编辑：徐玉霞

出版发行：中国文史出版社
社　　址：北京市海淀区西八里庄路 69 号院　　邮　　编：100142
电　　话：010-81136606 81136602 81136603（发行部）
传　　真：010-81136655
印　　装：廊坊市海涛印刷有限公司
经　　销：全国新华书店
开　　本：16 开
印　　张：23.5
字　　数：400 千字
版　　次：2022 年 8 月第 1 版
印　　次：2022 年 8 月第 1 次印刷
定　　价：69.00 元

序

一

我在青岛市，陈建成正在江南鄂州埋头撰写《陈友谅传》；我回到鄂州时，他却去了四川的绵阳，聚少离多。辛丑暮春时节又在鄂州短暂相聚，他撰写的《陈友谅传》已经由中国文史出版社出版发行，是我欣然作序。之后不久，我去了海南，他去了绵阳，又在撰写《大清中丞陈中孚》。

作者从事义门陈氏历史研究十余年，雪泥鸿爪。他是义门陈氏后裔，原籍江西九江德安义门陈村，历经唐宋300余年，繁衍15代，有人口3200余人却未分过家而名噪朝野。宋仁宗嘉祐七年（1062）令其分家，赐七省七十二州郡土地，这在中国历史上尚属罕有，书中主人公陈中孚就是义门陈氏的佼佼者之一。

二

在清代的嘉庆年间，因一件突发事件使陈中孚脱颖而出！

乾隆驾崩，嘉庆登基后，官吏搜刮民脂民膏，百姓苦不堪言，再加上大兴文字狱，对汉族进行血腥镇压，大清王朝的根基已千疮百孔！嘉庆理政后，即公布了和珅的十大罪状！并下旨抄家，抄出财物折合八亿两白银，相当于清政府十五年的财政收入！而和珅在家中白绫悬终而已。

在抄没和珅的收礼账册里，竟没有陈中孚的名字。他受到了嘉庆皇帝的重用，由此开启了他从进士到一品官阶可歌可泣的故事。

陈中孚是一位智臣，任监察御史，能抽丝剥茧地查出山西国库亏空案和云南乡试舞弊案；他是一位勤臣，能深入到百姓中去解决百姓的疾苦；他是一位能臣，更是一块砖，哪里需要哪里搬；他是一位廉臣，在腐败盛行的时代能保持洁身自好；他是一位忠臣，辅佐清嘉庆、道光两任皇帝忠心耿耿，兢兢业业。

道光皇帝在他去世后评价说："署理漕运总督、山东巡抚陈中孚，嘉庆六年间，由翰林科道外用道员，经朕擢授巡抚、漕督，并命署理山东巡抚。伊办事实心，克勤厥职，年力尚强，方资倚畀，兹因病溘逝，特堪珍惜……”

三

1958年前，我初到鄂州市就认识了作者的父亲陈正森先生，他是古城的笔杆子，当过《鄂城报》的主编，历任县广播站长、鄂州市广播电视局副局长等职。他不善言辞，质朴笃厚，曾向我透露过想写陈中孚，后因病谢世，未能如愿。作者不负众望，终于完成了这部三十多万字的《大清中丞陈中孚》，实现了他父亲多年的夙愿。

作者用传奇的手法，将民间传说和历史资料，粉碎搅匀后糅合在一起，泼墨成一幅斑斓多姿的清史画卷，将陈中孚血肉丰满地展现在读者面前。

一些历史事件和一些历史人物，经过岁月的淘洗，便构成了中华民族的文明史！后人从字里行间似乎还能听到历史前行的脚步声。

崂子

2021年9月8日于海南

目　录

楔　子

2012年10月18日，张裕钊文化园在家乡湖北省鄂州市梁子湖区沼山镇木林村开园。

木林村位于沼山脚下，梁子湖畔，这里山清水秀，人杰地灵。相传，何仙姑来梁子湖采莲，她见梁子湖碧蕊天味，莲花如刚出水的芙蓉，朵朵白里透红，格外妖娆。她沉迷于美景之中，一不小心将随身佩戴的一片昆山玉石落入湖中。

星移斗转，这个失落昆山片玉的地方渐渐凸起，形成貌似鸭蛋形的陆地，人称鸭蛋庄。后来这块神奇的土地，生长出了一片茂林修竹，郁郁葱葱，好像是镶嵌在梁子湖边的一块翡翠。

一户从事渔业的张姓人家发现这里是一块风水宝地，于是从江西瓦窑坝老家迁此定居。

果不其然，张姓人家接风水宝地的灵气，人丁从此如雨后春笋，越来越旺。一户传十户，十户传百户，百户传千户，到了张裕钊开园之时，张姓人口已超过万人。张家祖辈“渔书传家”，代代人才辈出，清代就出过张以谟、张应吾、张应泰三名进士，以张裕钊的爷爷张应吾为代表，任朝廷命官的族人不计其数。

张裕钊就是优秀代表之一。他字廉卿，是晚清著名官吏、散文家、书法家。特别是其书法独辟蹊径，熔北碑南帖于一炉，创造了外圆内方的独特“张体”。

他是清道光二十六年中举，考授内阁中书。他是曾国藩的“曾门四弟子”之一，被曾国藩推许为可期有成者。他曾主讲于江宁、湖北、直隶、陕西等书院，桃李满天下。其中范当世、马其昶和日本的宫岛永士等著名人物，都是他的得意门生。

宫岛永士学成回到日本，传授张体书法，弟子遍及全日本。他的第五代传承人颜田俊夫，在网上获悉他的祖师爷张裕钊文化园开园，急忙率领其弟子们远渡东海前来祝贺。

颜田俊夫是日本的历史学家，这次访问中国，还有一个目的：他为挖掘张裕钊的外公陈中孚的历史而来。

鄂州市外事办接到上级通知，对日本友人颜田俊夫率团参加文化园开园活动非常重视，特邀了考古学家、鄂州市博物馆老馆长熊清前来陪同日本友人。

在热烈友好的气氛中，开园仪式顺利开展，与会人员饶有兴致地参观了张裕钊的墨宝和文物古迹。

参观过程中，颜田俊夫突然操着生硬的中国话向熊清馆长请求道："熊馆长的，我的这次来贵国的，也想到陈中孚的家乡去看看的，据说他的墓地是御赐，江南绝无仅有的。"

"陈中孚家乡？"熊清一怔，他正为他的墓地被夷为平地而闹心。

作为一个考古工作者，他对陈中孚的墓葬曾进行两次考古，该墓位于神山经济开发区秀海村东北弥陀寺旁。《武昌县志》记载："陈中孚墓在县西九十里，御赐墓葬。"其墓规模较大，占地面积两百平方米左右，原墓地周围建有围墙，其墓道有八十六级，墓道红砂石阶两旁，分别有汉白玉石雕刻成的石人、石马、石虎、石狮和石华表等。墓坑均呈长方形，坑内填土系糯米、石灰浆拌合填筑，结构严实坚硬。该墓是大清朝道光皇帝御赐的墓葬，江南绝无仅有，具有很高的文物保存价值。

可惜"文革"期间遭到破坏，他带领考古队修复后，于2003年7月，以鄂州市政府名义立碑，进行文物保护。

陈中孚墓地被毁的事，不能让外人知道。

熊清急中生智地说："颜田先生一行一路辛苦，先到西山祭祀张裕钊墓后，就到我们市博物馆休息一会儿，品尝我们沼山地区产的绿茶'碧玉春'，再参观一下古铜镜之乡和我们吴都胜地的文物，那里有很多关于陈中孚的文物和资料保存着呢。"

颜田俊夫说："中国有句俗话，叫作客随主便。"

看来颜田俊夫是个中国通，熊清友好地说："请！"

日本代表团兴致勃勃地来到西山脚下，刚刚落成的气势恢宏、古色古香的博物馆。在熊清的带领下，他们参观了具有四千余年文明历史的鄂州文物和馆存百余件各个历史时期出土素白王坯的青花瓷、铜锈斑斑的古铜镜和利锋如旧的宝剑，外国客人个个由衷地发出惊叹。

颜田俊夫参观完后，一行来到会客厅，虽然余兴未尽，但他始终没有忘记他此行的目的。

"熊馆长，陈中孚，大大的有？"

熊清微微一笑，他从另一间密室里拿出一幅巨大卷轴古画挂在专用的墙壁上。

“啊！好一个英俊威武的大清朝的命官。”在座的客人们无不发出惊叹。

颜田俊夫走到古画前，脱口而出：“中孚治水图，清代著名画家戴熙的丹青。”

接着，颜田俊夫满怀疑惑地问：“熊馆长，您知道陈中孚是清道光皇帝正准备拜相的贤臣，是怎么突然在任上去世的吗？”

熊清脸色一沉，心想，你还好意思问这个问题，都是你们小日本强盗作的恶，是你们日本人在我泱泱大国犯下的又一罪行。但你们是远方客人，我们中华民族的传统美德是，“有朋自远方来不亦乐乎”。

想到这里，他友好地招了招手，示意颜田俊夫坐回原座。他品了口茶，润了润嗓子，认真地讲起了陈中孚的故事。

第一章

嘉庆帝殿试考武昌三贡士　葛仙镇积翠降水星上街村

一

故事还得从嘉庆帝登基后，第一次殿试说起。

嘉庆三年，朝廷举行的秋闱中，湖北武昌县弹丸之地，录取三名贡士，轰动荆楚。人们在纷纷议论的同时，都在翘首以待第二年开春，这三位贡士的殿试结果。

已经是掌灯时分，京城西直门外一个客栈里，住着荆楚武昌来的三位贡士。房间里摆设简陋，只放着三张单人床和一张三屜桌子。明天要参加殿试，三位贡士围在三屜桌上的马灯前，认真地看着《紫禁城简介》，未雨绸缪，做到心中有数。

紫禁城位于京城的中心，是嘉庆皇帝居住的地方。宫殿古建筑群沿着南北两向的中轴线排列，左右对称，南达永定门，北到鼓楼、钟楼。紫禁城规模宏大，占地六万三千平方丈，建筑面积一万三千五百平方丈，有大小房屋共九千九百九十九间。

宫殿规划有序，气势宏伟，金碧辉煌，庄谐并重。

为了突出君主至高无上的权威，宫殿是按照“前朝后寝”的古制而建造的。建筑有太和殿、中和殿、保和殿，分别是皇帝临时休息、早朝、办公、殿试和宴请群臣的地方，后面则有乾清宫、交泰殿、坤宁宫、宁寿宫、慈宁宫和东西六宫，还有斋宫、后花园等，是供皇后、嫔妃、太皇太后和太妃们休息和玩耍的地方。以太和门为中心，与左边的文华殿，右边的武英殿相呼应。出于防御需要，宫殿四周还筑有三余丈高的围墙，四角建有角楼和十五余丈宽的护城河……

阳春三月，京城的早晨虽然还有些寒冷，但长安街两旁的梧桐、桂花树都在向外显露出了碧碧点点的新芽。特别是紫禁城护城河两岸的柳树，它们像一个个含羞爱美的少女，开始用护城河的镜面，梳理着丝丝秀发。

长安街宽敞的马路上，熙熙攘攘，车水马龙。

突然，嘚嘚的马蹄声由远而近，只见三匹枣红马向紫禁城方向疾驰。

马背上的三个年轻人，是荆楚武昌县秋闱录取的贡士陈中孚、程德楷、张应吾。

按清律法规定，凡通过秋闱录取的贡士，必须通过当今皇帝的面试考核，名曰殿试。被皇上录取者第一名为状元，第二名为榜眼，第三名为探花，也称进士及第，第四名及以后者为进士。全国登榜公示后，再由地方官员将朝廷喜报送到考生家中。

殿试是很苛刻的，嘉庆皇帝虽然是一位勤政图治的守成君主，但他多多少少还是以貌取人，那些麻子、矬子、跛子，他们再有才，也别想入他的法眼。

嘉庆皇帝还特别忌讳臣子们说出不吉利和粗制滥造的词语，就连他解手的厕所，也名为“御净轩”，清雅别致。

在唯才录用这一点上，他没有继承他父皇乾隆的衣钵。否则，驼背刘墉是不会被录取的。

这次是嘉庆登基后的首次殿试，他要为朝廷储备人才。因为，他正在思虑着怎样将“腐化怠惰，尸禄保位”的前朝隐患进行刮骨疗毒，为朝野注入新鲜血液。

全国一千一百五十名贡士中，只录取了一百四十名。

陈中孚他们三位是嘉庆皇帝有意安排在最后殿试。因为他心中纠结着：小小的弹丸之地武昌，到底有何风水，竟能在秋闱中考取三名贡士。这次要着重细致地考一考他们，看看他们有没有真才实学。

本次殿试，嘉庆皇帝还特邀了和珅、朱珪、王杰、讷清、海望等大臣参加。

陈中孚三人来到大前门，将马匹交给在那里等候的守卫，徒步经过金水桥后，就看见皇宫主管太监早已在紫禁城大门等候。

“是武昌来的三位贡士吗？”主管太监迎上前来问道。

张应吾抢先还礼答道：“公公！正是在下三位。”

主管太监脸上带着令人捉摸不透的微笑说：“请跟我来。”

“谢公公！”三人不约而同地道谢后，张应吾在前，陈中孚断后，紧随主管太监身后，直往保和殿而来。

他们走了很大一会儿，才到达保和殿。站在这里，放眼却望不到宫殿的首尾，真是皇宫深似海啊！

保和殿正门前，左右两旁威风凛凛地站立着一十六名持刀侍卫，有一种森严可畏的感觉。

保和殿内两侧分别端坐着老臣们。正中，嘉庆皇帝则威严地坐在龙椅上，目光咄咄逼人地望着他们。

“吾皇万岁，万万岁！”三人连忙跪在龙椅前方，行君臣之礼。

“平身！”嘉庆亲和地说。

“谢皇上！”三位贡士站立起来，转身按座次又叩拜了各位老臣，这才低着头站立在皇帝面前。

嘉庆从主管太监手中接过花名册，威严地问道：“哪位是张应吾？”

“回皇上，小生便是！”张应吾颤抖着向前小跨了一步说。

“你是武昌何方人氏？”

“回皇上，小生是梁子湖（娘子湖）鸭蛋庄人氏。”

饱读诗书的张应吾用武昌腔调实话实说，谁知这样回答是大错而特错了，断送了他美好的前程。

娘子，父亲呢？太不吉利了。再者“庄”与“撞”是谐音，况且武昌口音外地人听起了，庄与撞有点模糊不清。

嘉庆听后，眉头紧锁，心想：地方不发旺不说，鸭蛋怎能往桩上撞呢？那不撞破了，鸭飞蛋打，多么不吉利呀！

只见皇上微闭着双眼，傲慢地用右手摆了摆。

张应吾心怵着，不知皇上何意，立在原地不知如何是好。

“还傻站着干什么！回老家去再好好读书。”主管太监毫不留情面地将张应吾轰出了保和殿。

陈中孚见皇上如此殿试，心中有底了。只可惜同窗张应吾的文采于他们三人中不相上下，而因一句不吉利的话，就名落孙山。

“谁是陈中孚？”嘉庆又威严地问。

“回皇上！微臣便是。”陈中孚低着头回答。

保和殿大学士王杰听后大吃一惊，吴都之地竟出如此狂徒，圣上尚未恩准，他就自以为臣。

前朝老臣和珅则在一旁皮笑肉不笑地点了点头。

“把头抬起来！”

陈中孚遵命抬起了头。

嘉庆将眼睛睁得大大的，认真地打量着眼前这位个儿不高，清瘦简朴，明亮的双眼流露出精明而又自信的眼神，毫不怯场的年轻人。

“好一个自信的年轻人，朕限你在保和殿内溜达一圈，以吴王为题，用一首七律诗将武昌历史文化表达出来。否则，滚出保和殿！”嘉庆威严地命令道。

陪考的大臣们着实为他捏了一把汗，一旁低着头的程德楷，心里在暗自嘀咕着：皇上，这可难不倒陈中孚，这是他的强项。

“是！遵旨！”

陈中孚脸上仍然挂着自信的微笑，开始在保和殿内踱起了步子。

“有啦！”还没有踱到一半，陈中孚转身来到龙椅前，叩拜后说，“皇上！微臣献丑了！”

陈中孚见皇上点了点头，就抑扬顿挫地吟哦着。

圣旨吴王试剑悠，武昌积翠蕴风流。
观音阁上千帆动，庾亮楼前十景收。
苏轼寻梅梅止渴，葛仙制药药夷瘳。
欲持铜镜梳江水，石刻怡亭锁古幽。

陪考的大臣们交头接耳，点头称赞这位贡士，有曹植七步成诗的才华。

和珅暗自发笑，好一个“圣旨吴王试剑悠”，马屁拍得到了炉火纯青的地步，真是青出于蓝而胜于蓝啊，我一定要收这个徒弟。

嘉庆见是一奇才，心中暗喜。何不借题发挥，顺便考一考程德楷。

“程德楷！朕也没有巡视过武昌，不知他诗里蕴含着武昌的历史文化没有，你来注解他的诗？”

程德楷心想：好一个睿智的君主，您这既是一箭双雕，又是一石三鸟啊！既是考我的才智，又要我评论陈中孚的诗。传闻，皇上最恼恨相互吹捧、结党营私之徒。

皇上这是要看我有没有两把刷子，我得把握分寸啊。

设巧有巧，克难不难，江南出才子。程德楷心中有数，他也不怯场，侃侃而谈。

“启禀皇上：武昌是个物宝天华，人杰地灵，历史厚重，江汉水乡的美丽地方。它原名鄂城。三国吴王孙权曾在此地建都。因他在西山试剑，见其剑锋锋利地劈开了山石，灵感大发。建基业，稳根基，必须要用武力征服天下。因而，吴王将鄂城改为武昌，因武而昌。

武昌铜、铁矿藏丰富，春秋战国时期，就被誉为‘铜镜之乡’，江滩怡亭摩崖石刻，它是唐李阳冰篆，印证了吴都几千年的文明史。观音阁是元代县令铁山为保一方百姓平安，建在长江江心的蟠龙矶上，故而每天可观千舟从阁边浩荡向前，也是万里长江第一阁。庾亮楼是晋代庾亮任鄂城县令时，修建的南门城楼，也称古楼，是武昌地标性建筑。武昌城有十大景观：一古楼，二宝塔，三孔桥，四眼井，五家巷，六大坊，七星堂，八卦石，九曲亭，十字街。

晋代医学家葛洪，乘云仙游，发现武昌神山是个炼仙丹的好地方，就隐居此地炼仙丹，后人称神山乡为葛仙镇。宋苏东坡被贬到一江之隔的黄州，经常来武昌览胜，吟诗作赋，还修建九曲亭，留下了'忆从樊口载春酒，步上西山寻野梅'等脍炙人口的诗篇。”

最后，程德楷补充说：“皇上，我们武昌还是个鱼米之乡，金稻掀浪，碧水鱼跃。特别是当地产的武昌鱼，肉质鲜嫩无比，别具风味。”

嘉庆帝听后频频点头，心想：这位贡士名为德楷，才华横溢，思维缜密，重德弘文，轻车熟路而又隐晦地赞美陈中孚的诗，不显溜须拍马之嫌，是个当先生的好材料。朕的龙子们正缺一位好先生，应将他录用，授太子太傅。

嘉庆继而突发奇想：陈中孚是葛仙镇人，不知他那里还有仙丹没有？有了仙丹，就能长命百岁！

他不禁问道：“陈中孚，葛仙镇还有仙丹否？”

陈中孚回答说：“启禀圣上，葛仙镇现在虽无仙丹，但此地风景优美，胜似神仙之地。”

嘉庆帝听到神仙之地，更加来了兴趣，忙问：“怎么个仙地，说来听听。”

完了，完了。陈中孚心想，我就是那么随口赞美家乡一句，哪知皇上打破砂锅——纹（问）到底呢？家乡就是水乡村落，并无名胜古迹，葛洪炼丹也只是个传说。要是答不出个所以然来，就是犯有欺君之罪，那可是要杀头的哟，真是伴君如伴虎！

陈中孚眉头一皱，转而轻快地回答说：“启禀圣上，我们家乡是五湖四海不见海，七大名山不见山，九冲十三岭也不见岭，欣有七山一牌坊，百步五眼桥，两塘管三升的美景。”

嘉庆帝听后，龙颜大悦，连声说：“好，好，好地方！”

皇上的连声几个好字，倒使得陈中孚和程德楷两人有点丈二和尚——摸不着头脑，呆站着。

这时，主管太监慢慢地走过来，微笑着说：“二位，还傻站着干吗！还不快谢过圣上，回家静候佳音。”

二

陈中孚殿试完后就返回家乡待业，对于父亲的中药铺，他是一点兴趣都没有。每天早上练习武功，上午读圣贤书，下午练书法，日子过得既有规律，又充实自在，他满怀信心地静候佳音。

可是，日子一天天地过去，已经有三个月了，按惯例，这次的进士皇榜应该告示天下。可他在家里是左等不到、右等不来县衙的消息。但这种事也不便到县衙里去打探。

人一着急，犹如寒风中等渡船，茫茫的江面不见艄公的影，真是急坏了人。这天午饭时间，陈中孚望着满桌佳肴，就是没有食欲。

唉！他暗自叹了一口气，干脆放下碗筷，一人默默地走进书房。

喟叹中，一首《三月不知肉味》，笔走龙蛇般地跃然上了宣纸：

殿试我儿男，齐间月纪三。
不图斯乐美，好向此中探。
妙与予怀契，都忘世味谙。
饮和如欲醉，食肉竟何甘。
盈耳悠然远，娱心乐且耽。
蟾蜍圆几度，小蚁理徐参。
想象来仪凤，迟回众驻骖。
尧厨滋萐脯，饫德已遐覃。

王金凤身着红色的套裙，像个新娘子似的。她听到丈夫的叹息声后，连忙放下手中的筷子，跟着他进了书房，倚靠在他肩上安慰地劝道：“夫君！莫发愁嘛，愁一愁，白了头。我相信你这次一定能被录取的。”

这时，王金凤的贴身丫鬟彭玥，身穿橙色绣裙，端着一盏香茗从门外健步而入。

“姑爷！请用茶，这是小姐娘家派人送来的上等庐山毛尖。”

陈中孚接过茶盖，一股清香沁入肺腑。他边喝着茶，边接着夫人的话题说：“夫人，何以见得，我感觉到我的心里，总有十五只水桶打水——七上八下的。”

陈中孚望了望眼前这位喜欢身穿红色裙纱，胸前绣着凤凰花，面如桃花的夫人，她贤淑而又会持家，一种幸福感油然而生。

王金凤娇笑地说："夫君，你原本是个自信的人，今天怎么啦？你忘记了我们定亲时……"

陈中孚记起来了，他十八岁那年，姑姑从麦岭严家湾回来探亲后发生的事儿。

陈中孚的姑姑名陈其英，是其字辈最小的幺妹。

在客厅间，陈其英对陪她拉家常的两位哥哥和二嫂说："大哥、二哥、二嫂！我这次回娘家，一是想看看两位哥哥、二嫂和侄儿、侄女们。更主要的是为三侄儿中孚的亲事而来的。"

大哥陈其光高兴地问："谢谢小妹关心，不知是哪家的姑娘？"

陈其英神色飞舞地介绍说："就是麦岭镇赫赫有名的大财主，王有富的小女儿。姑娘年方十六，出落得如我们太武湖的芙蓉，水灵灵的，似仙女下凡一般。她从小饱读诗书，知书达理，心灵手巧。她的女工刺绣，颇有造化，绣什么像什么，恰如自然一样。特别是鸟儿动物什么的，跟活的一样。"

"伢好是好，可我们两家门户不对啊。我是一个小小的药铺掌柜，人家可是富甲一方的大财主。"陈其光担心地说。

老二陈其鹄是个私塾先生，也是陈中孚的启蒙老师。他用手捋了捋他尺余长的胡须说："大哥，我看这门亲事蛮好的，咱们家也是书香世家。"

他自豪地补充说："我们四代为庠生，到了儿子这一辈，老大中履中举后，承皇恩浩荡，任襄阳县令，犬子中楷后为贡生，任襄阳教谕；中孚十七岁就中了秀才，门第有何不对啊？"

"就是嘛！"陈其英抹了抹嘴，故作神秘地说，"这位小姐可是个贵夫人之命。"

"啊？何以见得。"陈其光惊问。

"我们麦岭后面有一座凤凰山，是因为有满山凤凰树而得名，往年凤凰花一般在六月至七月开花，可到王小姐出生那年，却迟迟不开花，但每棵树儿都枝繁叶茂，你们说怪不怪？"

"怎么可能呢？"陈其鹄是个种花能手，他们家的后花园群花斗艳，可就是养不活凤凰花，他百思不得其解。

陈其光是做药材生意的，更知道凤凰花的特点和药用价值。

凤凰花是豆科植物，它的花朵大多呈红色，一朵五个花瓣，光泽鲜艳，具有很高的观赏价值。原产于亚热带地区，是王氏祖先从南洋带回来的种子，播于后山中。巧就巧在它只能在凤凰山上存活，武昌县地区的任何地方，种植后都存活不了。

兄弟俩被妹妹的话吸引住，异口同声地问："小妹，后来呢？"

陈其英继续说："恰巧这年是个暖冬，阳光明媚，十二月初，凤凰山满山遍野地绽放着鲜艳的凤凰花儿，这一奇特景观，吸引了四邻八乡的人们都来赏花。赏花的人群中，财主王有富用一顶花轿，载着挺着个大肚子的爱妾，陪同前来赏花。

突然，一只金凤凰从他们身边的花丛中，腾空而起，向麦岭方向飞去。这时，只听得'哎唷……哟'一阵阵痛苦的惨叫声传遍山野，人们循声望去，原来是王员外的爱妾临盆了……"

"后来呢？"二嫂见小姑子将话题又停顿了下来，端着香茗慢慢地润着嗓儿，她迫不及待地问。

"随着'哇'的一声，王员外的爱妾在轿子里生了一个白胖胖的千金。人家都说这个千金是凤凰转世。"

二嫂惊讶地说："世上真有这蹊跷的事儿？"

"不知王员外人品如何？"陈其光问。

陈其英说："这王员外可是个大善人，经常做善事不说，单说他与汉阳归元寺的缘分就很深。每年九月十九日这天，是观音菩萨的生日，他都会带着家眷们来敬香还愿，每次都施舍重金，年年如此。一来二去，他与主持慧心方丈结下了深厚情谊……"

陈其鹄插话说："慧心和尚可是个高僧，深谙鬼谷子之术，他来我们弥陀寺布道讲经，我有幸去聆听过一回。"

"我的先生，你别插话好不好，听小妹将话讲完，这是有关孚儿的幸福事儿。"

"嘻嘻，"陈其英知道二哥惧内，笑了笑说，"二嫂真是个急性子。"

她接着说："王员外第二年来归元寺敬香还愿时，将小女的生辰报给慧心方丈给算一卦。只见慧心两眼微闭，嘴唇儿不停地颤动。一会儿，方丈睁开眼睛，双手合掌说：'阿弥陀佛……'"

三

也不知是陈其英讲多了口渴，还是有意吊哥嫂们的胃口，一句"阿弥陀佛"后，就故意停了下来，眯了下眼，端起茶几上的茶杯，皱了皱秀眉。

二嫂恍悟，连忙起身换了一杯热茶过来，双手递给小姑。

陈其光心里暗笑，小妹是在故意捉弄她二嫂。别看陈其英娇小玲珑，她三十二岁时就开始守寡，含辛茹苦地将三个幼子抚养教育成人。孩子们个个争气，一为进士，两为贡士，得到了道光皇帝的旌表，她享年九十而逝，汉阳知府授贞节牌坊，这是后话，暂且不提。

陈其光的家族传承了“义门陈氏”祖先的光荣传统。所谓“义门陈氏”，是其祖先居住在庐山脚下的艾草坪村，义聚三百三十二年，十五代人，全族三千九百余口而不分家。同在其田耕作，同在一口锅里搅勺，并且创办书院，以“耕读传家”为家训，人才辈出，官震朝野。得到了唐、宋多位皇帝的旌表，名扬天下。而陈其光他们家庭，父辈兄弟四房中，儿女、孙辈和长工，共有一百单六口，也同在一口锅里搅勺，其乐融融。

再说二嫂将新沏的茶水递到小姑手中，笑容可掬地说：“小妹啊，接着讲，我已令人去鱼市买你最爱吃的樊口的武昌鱼了。”

陈其英满意地笑了笑，转身问大哥说：“大哥！家里还有我们陈镇村酿的稻香酒没？我可是来讨喜酒喝的。”

“有，有！小妹继续讲，厨房准备着呢！”陈其光连连说。

陈其英继续讲道：“谁知一句‘阿弥陀佛’后，方丈道出了一个惊人的秘密。”

“啊！什么秘密？”陈其鹄饶有兴趣地问。

“这位千金原来是千年金凤凰转世，是一品诰命夫人之命。王员外听后，干脆给女儿取名金凤。”

陈其光不无担忧地说：“这伢这么硬的命，中孚儿承受得起吗？”

“大哥！你担心是多余的，人家王员外早就为孚儿想好了。”

陈其光见小妹话里有话，忙问：“小妹，此话怎讲？”

陈其英没有正面回答大哥，她却按自己的思路，继续讲道：

“一家有女百家求。王员外家有一位国色天香的千金，慕名求亲者踏破了他家的门槛。王员外都热情接待，他也不过问男方家庭富贵贫穷，只要男方的生辰八字，可不多日，均被一一拒绝。原先求亲者都不理解，后来有心人才发现，王员外每接受一份庚帖，都要差佣人去一趟归元寺后才定夺。我听到这个消息后，想到孚儿十七岁就能中秀才，不妨将他的庚帖送去试试，反正也不伤大雅，说不定这两个伢是珠联璧合呢！谁知，庚帖一送去，几日后，王员外亲自来到我家，倒求我保媒，要与我老陈家结亲呢！”

“啊！这到底怎么回事？”三人不约而同地问。

原来，王有富接到陈家小姑送来的帖子，是名扬武昌英俊青年秀才陈中孚的庚帖，倒使他认真了起来，他放下手中的生意，专程赶往归元寺。

慧心方丈热情地接待他，拿出了他珍藏多年的云南普洱茶，令小弥煮沸，他们坐在一旁品茗。

一番客套后，王有富来了个拿竹竿子进巷子——直来直去：“慧心大师，我今天专为择婿而来，烦请您再看一看这伢的八字，与小女是否般配？”

慧心接过庚帖，看了一眼，就两眼微闭，嘴唇儿不停地颤动，算将了起来。

好一会儿，方丈猛睁双眼，双手合十说：“阿弥陀佛，此人乃水星仙尊转世，与令爱乃天作之合。此人将来大有可为。”

“好，好，好！”王有富听后，高兴得手舞足蹈。

四

想到这些，陈中孚夫妇相视一笑。

王金凤骄傲地说：“夫君，我俩啊！夫是水星下凡，妾是凤凰转世，今后的日子，有享不尽的荣华富贵。”

陈中孚笑着摆了摆右手说：“我不相信什么下凡转世之说，人者，只有勤奋努力地学习知识，认真清醒地对待挫折，永不言败，才能鹤立鸡群。”

陈中孚见彭玥在一旁闪动着一双天真无邪的眼睛，站在一旁认真地听着，便问道：“小玥，你说呢！”

彭玥噘起她的樱桃小嘴说：“姑爷！我可不管你们什么水星下凡，凤凰转世的，我可什么都不是，但我跟定你们了。”

王金凤眨了眨凤眼，故意挑逗她说：“你不嫁人了？”

“我才不呢！”刚一说完，她见小姐狡黠的眼神，恍然醒悟，这是小姐在逗她，顿时脸红到了脖根。

“哈哈哈！”

“娘！你们笑什么，嘻嘻！”这时，陈中孚夫妇的爱情结晶，牡丹、荷花、蔷薇三朵小金花，像三只彩蝶伴随着一阵银铃般的笑声，一齐飞进屋里。

原来是九岁的大姐姐牡丹，刚吃完饭，见父母和小玥姐姐都不在餐桌上，忙领着两个妹妹来找他们。

“我们在笑牡丹懂事了，晓得带着妹妹们玩哟？”王金凤将问话的大女儿搂在怀中说。

二女儿乖巧，她见妈妈搂着姐姐，就一头扎进父亲的怀抱。只有三岁大的蔷薇见爸妈被两位姐姐抢占去了，“哇”的一声，哭了起来。

彭玥见状，忙将她抱了起来，边用手巾帮她擦拭眼泪，边哄着说：“薇薇乖，不哭，不哭，小玥姐姐爱宝宝。”

“哧”的一声，小蔷薇转哭为笑。

“不对！”牡丹特别机灵，她突然想起，他们在屋里发笑，她和妹妹们还在屋外呢。

“娘骗人，娘骗人！”

王金凤尴尬地解释说：“是娘说错了，是笑我们大人的事，小孩子不问好吗？”

“娘自私，能使人发笑的事一定是喜事，为什么不能分享呢？”牡丹从母亲的怀抱挣出来，跑到彭玥跟前说：“小玥姐姐，你跟我们讲讲好吗？”

小孩子的好奇心得不到满足，她是会打破砂锅——纹（问）到底的。当然，父母是水星下凡、凤凰转世的神话是不能讲给他们听的，况且她们根本听不懂。

彭玥想了想说：“有了！姐姐跟你们讲一个‘姑爷巧断鸡蛋案’的故事，好吗？”

“好哇！”“好呀！”“好啊！”三双小手“呱唧，呱唧”地拍着，将彭玥围了起来。

彭玥见三朵小金花这么高兴，她兴奋地讲了起来。

这天是个大喜的日子，王员外的千金小姐今天出阁（嫁），前来贺喜的人川流不息，流水席开了一桌又一桌，鞭炮礼花响了整整一上午。吉时已到，新姑爷骑着高头大马，伴着男方的花轿人群，踏着鞭炮声中的纷纷飘落的红纸屑儿，蜂潮般地向王员外家涌来。

说迟时那时快，“哐”的一声，王员外家的大门紧闭，将迎亲的队伍拒之门外。

啊！这到底是怎么回事？只见迎亲的小伙子们，都使出了吃奶的力气，欲撞开大门。他们哪里知道，王员外家的大门，是用上乘的楠木做的，里面有两根横杠子闩着，他们是徒劳啊。

这时，只听屋内传出“要想快点迎新娘，就将红包塞进来”的叫闹声。从大门透视小窗里，只看见笑容满面的一群妇人窜动。

原来，这是江南迎亲的习俗，男方没有足够的红包，别想打开新娘家的大门。进入新娘子的家里后，还有嫂子嬲新姑爷的风俗。

好不容易用红包打点完一群娘家亲戚，新娘子的两位嫂子在后厨帮忙，姗姗来迟，恰巧装有二两银子的红包发完了，无奈之下新姑爷只好将两个装有乾隆通宝的红包递了进去，大门这才打开。

俗话说：吃饭莫得罪火头军，姑爷不能怠慢娘家人。本来两位嫂子经常见公公夸赞，新姑爷是个当大官的料，从来不夸他两个亲生儿子，就产生了妒忌心理。这下可好，亲戚们都是银两红包，她俩却是铜板，这不是欺负娘家人吗？

再说两位嫂子见了新姑爷，观他其貌不扬，身材瘦弱，一副书生样儿，就他这相貌，两位还不相信他能当官呢。

新婚三天无大小，反正今天是她们嬲新姑爷的时候，于是，她俩合谋跟新姑爷出难题了。

厨房里有一个熟鸡蛋，她们心生一计。于是，她们将鸡蛋剥开将蛋黄蛋白分开，大嫂将蛋白吃了，二嫂将蛋黄吃了。吃完后她们从厨房来到客厅，见客厅里坐满了双方客人，正是要给新姑爷出洋相的大好时机。

“大家静一静，大嫂趁喜要出一个节目。”二嫂挥着手说后，热闹的客厅顿时安静了下来。

大嫂狡黠地笑着说：“新姑爷，听公公夸你才智过人，耳听为虚眼见为实，我想当着双方客人的面，考考你如何？”

新姑爷坦然一笑说：“请大嫂出题。”

“我和二嫂共吃了一个鸡蛋，一人吃了蛋白，一人吃了蛋黄，你能断出我们俩谁吃了蛋黄，谁吃了蛋白？”

新姑爷略一思索，哑巴吃汤圆，就心中有数。他微笑着说：“两位嫂子，当着这么多客人面，怕是不好吧！”

两位嫂子还以为新姑爷胆怯了呢！异口同声地说：“果然是公公吹嘘女婿，没有这个能耐吧！”

“请问二位嫂子，是真断，还是假断。”

“当然是真断。”二位嫂子不知中计。

新姑爷欲擒故纵地说：“没有官服，何以断案？”

这可难不倒她们，正巧公公请来了武汉著名的汉剧班子，里面就有扮演县太爷的戏服。

新姑爷看见官服，心中暗思：看来两位嫂子是不见真佛不下跪啊，姑爷只能假戏真做了。

“快跟老爷更衣官服，摆上案台！”新姑爷威严地吩咐下人。

不一会儿，一个威风凛凛的朝廷命官坐在审案台中央，“啪”的一声，惊堂木震响。

在场的客人惊吓得鸦雀无声。这时，王员外家前面的一口稻仕塘的鱼儿，吓得纷纷跃出水面。自此，这个塘里养不出大鱼来了。

“两个大胆刁民，还不跪下回老爷的话。”二位嫂子哪里见过这阵势，连忙跪在新姑爷面前。

“去厨房盛两碗清水，给两刁民漱口，但漱口水必须吐在各自的碗里。”下人连忙照办。

新姑爷迈着方步来到嫂子们面前，一观各自碗里的漱口水，不禁哈哈大笑道：“大嫂吃的是银，二嫂吃的是金。”

二位嫂子往自己碗里一看，大嫂碗里有蛋白渣，当然是银，二嫂碗里有蛋黄渣，自然是金了。

“啪啪啪……”客人们拍响了巴掌。

王员外的夫人见状，连忙将二位媳妇扶了起来，嘴里埋怨着：“新姑爷你真是的，怎么能叫自家嫂子下跪呢！”

二位嫂子这才恍然大悟，中了新姑爷的圈套，使她们在众多的客人面前跪着，颜面扫地。自此，她们再也不敢轻视姑爷了。

牡丹见小玥姐姐讲到这儿停顿了下来，便仰着头儿问：“小玥姐姐，后来呢？”

“后来吗？”彭玥闪动着秀眉说，“就是姐姐考考你哟，你猜，这位新姑爷是谁啊？”

牡丹、荷花、蔷薇仨都用一双小手托在腮颊上，想了半天，就是想不出来，她们不约而同地用目光乞求地望着母亲。

王金凤脸上挂着慈祥的微笑说：“傻闺女们，远在天边，近在眼前。”

只有三岁的蔷薇，欢欣地嚷着：“是伯（爸），是我伯！”并竖起了双拇指点赞说：“伯您真棒！”

“哈哈哈……”陈中孚开怀大笑。

第二章

杀傲气殿试不录高屋建瓴　恶风浪同窗遇险奋不顾身

一

正当一家子其乐融融时，一家丁匆匆进屋，打断了他们的欢笑。

“三少爷！您的请柬。”

陈中孚接过请柬，连忙拆封，只见四页开的大红纸上的内容是：

陈中孚先生台启：

兹定于己未年（嘉庆四年）六月十八日吉时，在茅庐举行高中进士第六名喜宴，敬请同窗好友届时参加。

程德楷敬邀

陈中孚看完后，虽然脸上挂着微笑，但心中隐约涌出一丝难以形容的情绪。

王金凤见状，忙上前来观看，他坦然地将请柬递给了她。

她看完请柬，试探地问：“夫君，是你去，还是差人去？”

陈中孚像自我宽慰，又像安慰夫人说：“我去！好友中进士了，我应该为他高兴才是。至于我个人而言，该来的总会要来，该面对的终究要面对。这点挫折都承受不起，还是大丈夫吗？‘天生我材必有用，千金散尽还复来。’我自信，不久的将来，大任于斯也。”

原来，正因为陈中孚的自信和才华，殿试时，使嘉庆皇帝龙颜大悦。特别是皇上听到他概述家乡葛仙镇如此美丽，心口像有一只小虫儿爬着，痒痒儿的。

皇帝是人不是神，同样有七情六欲。嘉庆是乾隆众多的儿子中的第十五个儿子，聪明能干，深得乾隆宠爱，他经常将他带到身边，游山玩水，临终下旨将皇位传给了他。

嘉庆心想：父皇三下江南被传为美谈，我何不仿效父皇也到江南葛仙镇去游玩一番呢？说不定还有意外收获，得到葛洪的仙丹呢。

嘉庆是个行为谨慎之君，他密旨湖北巡抚琦善，将陈中孚所概述的“五湖四海不见海，七大名山不见山，九冲十三岭也不见岭，欣有七山一牌坊，百步五眼桥，两塘管三升”的美景进行实地调查，如属实，他就要来微服游玩。

琦善是八旗子弟中正蓝旗后人，也是饱读诗书之人，深得皇上信任。皇上的密旨中，提到的葛仙镇美景，是他管辖的一亩三分地，怎么不知道呢？为了慎重起见，琦善亲自来到武昌县考察。

武昌知县严淦，带着巡抚大人琦善，费了几番周折，才弄清了美景的真实情况：原来没有什么美景，而是葛仙镇附近几十个水乡村庄的概况。

琦善已经猜想到这是武昌某贡士在殿试时的杰作，他是为了迎合皇上的需要。

自先皇提倡满汉一家亲后，八旗子弟的贵族们才慢慢融入中华民族这个大家庭，他们才发现，大汉族人才如雨后春笋，层出不穷。

但是，一个人的努力达到最高层次时，不论你多么有才华，得不到圣上的认可，那你的努力将是前功尽弃，命运就是这样。

为了不影响该贡士的前途，琦善如实地将实地考察的结果上奏了皇上。

谁曾想到，陈中孚没有被录取的原因竟出在这里。某种意义上讲，他有欺君之嫌。

当嘉庆皇上看过琦善的奏折，直气得吹胡子瞪眼睛，正要下旨降陈中孚欺君之罪时，一阵清风从太和殿中的窗帘吹了进来，使他脾气缓和了许多。他转而一想，此贡士并没有夸大其实而欺骗孤家啊！

他还不甘心，又拿起琦善的奏折，认真地看了起来。

启禀圣上：

经臣和武昌县令严淦一起实地考察，原来“五湖四海不见海”是六嘴湖、乌龙湖、双龙湖、梅桩湖、车湾湖五个小湖和张秀海、袁家海、黄仕海、徐家海四个村庄。“七大名山不见山”是名为七甲山的村庄。“九冲十三岭也不见岭”也是二十二个村庄名字。“欣有七山一牌坊，百步五眼桥，两塘管三升的美景。”其中，一牌坊是七甲山垮子中间的一座牌楼；走出七甲山村百步远，有一小港，小港架有一座石块筑成的五孔小桥；过了桥，就看见有两个小水塘，两塘之间隔着面积为三升的稻田。

情况属实，请皇上明鉴！

湖北巡抚　琦善敬呈

嘉庆帝笑着放下奏折，自言自语地说："可铸奇才，磨角方用。"

这天，保和殿大学士王杰来到太和殿，行罢君臣之礼后，就呈上进士名录，请皇上最后御批。嘉庆接过名录，浏览了一遍后，他从办公桌上拿起朱笔，将第七名陈中孚的名字画了一条横线。

别看这条横线很小很小，它能够决定一个十年寒窗学子的生死命运，这就是君王的权力。

"皇上！陈中孚这……"王杰不解地问。

嘉庆预料着呢，他不等王杰问完，就将琦善的奏折递给他。

王杰看后，回想起那日殿试的场景，奏说："皇上圣明！臣认为该考生是实话巧说，聪慧精明，是不可多得的人才。"

"陈中孚胆大包天，竟耍了朕一竿子啊！"嘉庆大声嚷道。

王杰爱才心切，进一步进谏说："皇上英明，陈中孚能七步成诗，当今奇才。臣调看了他应考贡士的试卷，其文笔俊逸，立意新颖，胸怀大志，蕴含治国之方略，乃是当朝栋梁。如圣上不将他录用，将会失去一位良才，乃是我朝一件憾事也。"

"大胆！"嘉庆闻言，龙颜大怒，声音提高了八度。

王杰闻后一惊，"扑通"一声跪在嘉庆面前说："圣上息怒，臣不是在冒犯皇上，只是在举贤才，为圣上所用。"

嘉庆语调缓和了下来说："平身！"

王杰颤巍巍地起身，默不作声。

"古人云：'良玉不雕，美言不闻，何谓也。'陈中孚只是一块璞石，是不是良玉，还得琢磨琢磨。"说着，嘉庆的话题转向了他。

"看来你还没有老糊涂，你知道你这个大学士是怎样被先皇削职为民，告老还乡的吗？"

"启禀圣上，是臣不给和珅送礼，不想与他同流合污，而被他陷害的。"

"这么说，父皇有失察之责啊。"

王杰突然明白，又钻进了皇上的笼子。又听见"扑通"一声，他重新跪在嘉庆面前，寒瑟地说："皇上圣明，高屋建瓴，臣可没有嘲讽先皇的意思啊。"

嘉庆将他扶了起来，微笑地批评他说："和珅之流排挤你不假，但你虽然饱读圣贤书，却没有将孔孟之道融会贯通，反而变得更加迂腐啊。"

"是！是！皇上批评的极是！"

"人无完人，朕重新起用你出任保和殿大学士，是赏识你为官清廉，学富五车。你要慧眼识珠，伯乐识马，为朕的新政注入新鲜血液。"

"圣上高瞻远瞩，臣一定恪尽职守，选贤任能，辅佐圣上治理华夏。只是……"

"爱卿，直说无妨！"

"皇上！贪官和珅自以为是先皇老臣，更加有恃无恐地贪赃枉法，上行下效，使朝野上下乌烟瘴气。圣上欲全面换血，我泱泱大国，首次进士人才是否少了一点。"

嘉庆老谋深算地说："这就是朕为什么要将陈中孚刷下来的原因。"

皇帝身边工作的大臣个个精明，王杰更是人中之杰。他立即领悟了圣意，拱手说："皇上英明，您这是要杀一杀他的傲气，再举办恩科，进一步选拔人才，一并录用。"

"哈哈哈！"嘉庆笑后说，"知我者，爱卿也。"

二

碧石镇位于武昌的东南边，碧石之名出自白稚山的奇草异石。白稚山与兴国县铁山山脉相连，有的山高林密，有的呈光秃秃的山峰，然而它却蕴藏着丰富的矿产资源。这是一块风水宝地，藏龙卧虎。

在蜿蜒幽深的山道上，一个年轻的书生，他边欣赏着山道两旁的旖旎风光，边纵深慢步而行。

一轮红日已经高挂天穹，阳光穿透茂林修竹，结织成一道道五彩缤纷的网帘，泼洒在尚未逝去的露珠上，晶莹透亮。远处白云袅袅，林间晨雾朦胧，人入其中，如同进入仙境一般。

大山深处的壑间，在片片繁枝绿叶的隐约中，一座座徽式古建筑群，映入书生的眼帘，啊！程家庄终于到了。

在村口，一位书生在不停地向远方张望。

"啊！心畬(陈中孚号)兄，你咋一个人来了呢，没有同余先生他们一起？"

陈中孚走上前，道："远昭（张应吾号）弟，好久不见了，还好吗？你早来了啊，怎么没有见松亭（程德楷号）兄，他应该亲自去请余先生。"

他们三人既是县学同窗，也同住一间寝室，虽未进行撮土为香拜把子的仪式，像刘、关、张那样桃园三结义，但却亲如兄弟。读书人最讲礼数，平时均以兄弟相称。老大是程德楷，这年虚岁三十，老二陈中孚刚满二十八，而张应吾比陈中孚小两个月。

他们所说的余先生，就是他们在县学读书时的恩师余自奎。

张应吾解释说："春风得意马蹄疾，放心，松亭兄已经去临江先生家里去请先生了。否则，他家里今天这么盛宴的首席，谁敢来坐。"

"说的也是，我陪你等他们。"陈中孚说完，就望着山前巨石中的一棵峻松出神，不禁吟出了唐代贾岛的诗句。

松下问童子，言师采药去。
只在此山中，云深不知处。

本是殿试沦落人，张应吾完全理解他此刻的心情。他俩是篾匠铺的竹子，他比他还强一片篾。

张应吾殿试落选后，湖北巡抚琦善爱才心切，将他任用为黄州府学的教谕，虽为八品，但也是拿皇上俸禄的小官，从事教书育人工作，也算是没有虚度十年寒窗之苦。

可陈中孚现在是在洞庭吹喇叭——不知啦嘀啦（哪里哪），前途未卜啊。

忽然，张应吾闻到了一股桂花的清香，他举目一望，原来是村前的一排桂花树散发出来的。有了，为了缓解这等待中的沉闷气氛，他对他说："心畬兄，我们以桂花为题，各赋一首七绝如何？"

和韵诗词，共作对联，是他们在县学常有的雅兴。

"好啊！你先来。"陈中孚回过神来，愉悦地说道。

沉默思索了一会儿，张应吾吟道：

白稚山头桂树生，十年吐蕊馥京城。
蟾宫却有吴刚寂，不见姮娥把酒觥。

陈中孚淡淡一笑，应吾弟是在羡慕程德楷的同时，抒发出怀才不遇，名落孙山的愤懑。

陈中孚始终坚信，天生我材必有用，只待春来雪化时。

这时，他猛然发现，刚刚还霞蔚云蒸的天空，此刻却乌云密布，大有山雨欲来风满楼之势。触景生情，他神色庄重，锁眉沉思，一会儿，竟愁然吟出：

乌云翻滚起风蹂，山雨飘来小卉愁。
来日飞天寻桂子，蟾宫树上看潮头。

“好，好诗！心畲兄失之东隅还忧国忧民，壮志未眠，实属难得，令愚弟佩服，佩服。”

“远昭弟过奖了，失败是成功之母，我决不气馁，从头再来，一定能实现我的初心，为仕治水的愿望。”

“台兄志在千里，令人欣慰，你名落孙山，实属天不作美。”

说到这里，张应吾用手拍了拍脑门，忽然想起他和程德楷在一天晚上，他们乘陈中孚回葛仙镇之机，两个先后睡在他的床上，尽享清风眷顾的事来。

张应吾说到这里，眉头皱了皱，自言自语道：“不应该呀！难道清风之神眷顾松亭兄。”

陈中孚大惑不解地问：“远昭弟，你说什么事呀！哪里有清风眷顾？我怎么听起来如云里雾里啊。”

张应吾没有正面回答他的问话，反问道：“你还记得那年县太爷出题，以‘钟’为题，你获奖的事儿？”

荣誉感人人都有，特别是在同窗间独领风骚之时，更加使人骄傲难忘。

陈中孚调侃地笑了笑说：“瞎猫子好不容易逮着个死老鼠，有幸获得县太爷的奖励，哪还能忘呢。”

那是几年前的盛暑，刚上任的县太爷严淦视察县学，来检查学子们的学习情况。他也不查阅以前的学子作业，来了一个现炒现卖。

严淦入校后，看见县学一棵古银杏树上挂着的一口古铜钟，它是供学子们上课、课间休息和放学之用的时钟。县太爷灵机一动，何不以“钟”为题，用五言古律作答，他亲自监考，考一考这些秀才。

一个课时的考试时间，陈中孚只用了半个课时就交了试卷，走出课堂。

严淦从余自奎先生手中接过陈中孚的试卷，一首俊逸的排律诗，闪入了他的眼帘：

钟应秋分动，严凝义气生。
感通凭考檄，教谕最分明。
正我权衡定，尊王道路平。
因心原有志，入耳岂无声。

方外毫厘弁，空中小大鸣。
傥教违率迪，曷与铿然鍧。
德并安仁具，音殊奏乐清。
于论昭圣在，学校荷陶甄。

严淦是进士出身，饱读四书五经。当他读完陈中孚的试卷后，眼光突放异彩，连连夸赞说：

“好一曲‘因心原有志，入耳岂无声’。旷世逸才，将来必定是我朝栋梁。”

这次考试，陈中孚毫无悬念地得了第一名，荣幸地得到了严县长的亲自嘉奖，奖品是文房四宝一套。

武昌县学的学子，能够获得县太爷的亲自嘉奖，这可是这所县学创办百年来，开天辟地的第一次。秀才们有羡慕者，有崇拜者，也有嫉妒者。

程德楷却一边祝贺陈中孚，一边敲起了他的竹杠子。

“心畲弟，恭喜你获得县太爷的奖励，嘻嘻！红花还要绿叶衬，可要请我们撮一顿啊。”

“是啊，是啊！”程德楷的提议，很快得到全班同学的一致拥护。这也难怪他们，县学食堂的伙食不怎么的，早就将他们的腹中油水儿刮尽了，都想出去打打牙祭。

陈中孚毫不吝啬地拍了拍胸脯说：“算数！大家说，到哪家馆子去？”

“庾亮酒楼！”大家像是商量好了似的，异口同声地说。

陈中孚暗吃一惊，思忖着：他们这不是打家劫舍吗，他口袋里只有五两银子，三十八位同学，还要请余先生和张先生，在县城最好的庾亮酒楼请客，四桌，一般得要二十几两银子，不够啊。但海口已经夸出去了，男子汉大丈夫，岂能言而无信。

“同窗们！不好意思，囊中羞涩，待我今天回家找家父求助。请放心，家父是很开明的掌柜，明晚一定请大家到庾亮酒楼。”

“怕是个借口吧，是想嫂夫人了吧。”

三

盛夏，本有火炉之称的武昌，到了晚上还是燥热难受。寒溪岸边棵棵杨柳的秀枝，一条条地垂着头，一动也不动。就连树上的燥蝉，也热得不知躲在哪里去了，一点声息也没有……

正当张应吾还在想着清风眷顾程德楷时，一阵欢快的马蹄声如疾风般地来到他们身旁，一个头戴青色礼帽，身着青长呢子风衣的青年，飞身下马，倒使得两位书呆子大吃一惊。

来人正是程德楷："快去迎接县太爷和恩师。"

两顶四抬官轿，八个衙卒，二十人的队伍，从蜿蜒的山道中，很快出现在他们的面前。真是徒荣师贵，余自奎先生沾了弟子的光，严淦派了一顶官轿供他乘坐，这是他平生第一次过官瘾。

陈中孚、张应吾两人拜见了县太爷严淦和恩师余自奎后，就一同前往程德楷的家里而来。

程德楷家的房子是两进一天井六幢四合院的徽式建筑，从屋顶与屋顶间，高大白色防火墙的气势，一眼就能看出，这是当地有名望的大户。

宽敞明亮的客厅里，客人众多，倒显得有点窄小。严淦、余自奎、陈中孚和张应吾四人被安排在书房的单间，衙卒和轿夫则安排在大厅里入席。

在当地入席是很有讲究的，一张八仙桌子置于中央，进门的大手方向的座位是一席，理应是为师余自奎坐首。然而，今天有一位特殊的客人，那就是县太爷严淦。

今天安排席位的是当地有名的乡绅，他担任此桌席长。乡绅想了想，站起来安排席位。

他向严淦有礼节地行了行合掌之礼，而后解释说："知县大人，'万般皆下品，唯有读书高'。今天老夫失礼了，委屈县太爷您了，这第一席位，我请余老先生入座啊。"

严淦皱了皱眉头，心口不一地说："无妨，无妨。"

余自奎一听"无妨"二字，心里就明白了几分。我拿的是县学的饭碗，得罪了县太爷，他日后要是给我小鞋穿，那不是瓮坛里捉乌龟——手到擒来。

想到这里，他背心冷汗直冒，忙真诚地说："请县长大人坐首席，县长大人请。"

严淦听后，心里嘀咕着：县学教谕说他是个迂腐子，我看精明得很哩。可恶乡绅，我乃一县之长，怎能屈身坐二席呢？我不坐这个一席席位，看谁敢来坐？我得摆摆谱儿不入席，除非新进士亲自来请。

扯来扯去，大约半个时辰过去，眼看吉时已到，要开席了，急得乡绅头上直冒汗珠。他无奈，只好去请主人。

"程进士，一席县太爷和余先生都不肯入座，这如何是好。"

程德楷父亲年迈，招呼大厅里客人的事儿就落在他身上。而大厅里的客人，都是父老乡亲。自古道：当官莫从家乡过，三岁儿童呼乳名，尚未外出当官，莫引来口沫星儿。

想着，他对他说："老乡绅，辛苦了，您看我忙得抽不开身子，去请我的同窗好友陈中孚安排，他有法儿，就说是我请他代劳。"

乡绅又回到了单间，直往陈中孚而来，倚附着他的耳根，悄悄地说："新进士说，请你出面，调好席位。"

陈中孚点了点头，算是应诺了。其实，从他们的谦让中，他早已明白县太爷的意思。

他来到严淦面前行礼说："严大人，新进士在大厅忙于照顾父老乡亲，孔圣人曾说'学而时习之'， 看来，新进士是在向您学习，做一个时刻为民着想的好官，敬请大人入首席，成为大家楷模。"

陈中孚言语不多，却巧妙地将了他一军。言下之意是，为官要以德修身，你要是好官，就要为大家着想，不能一屋子客人，就等这个席位不坐就不能开席啊。

严淦脸色瞬间出现了微红，他很快恢复了镇定说："陈贡士可畏，只好委屈余先生入二席了，大家请！"

严淦一席、余自奎二席、陈中孚三席、张应吾四席，其余四位乡绅依次席而坐。

一茶一酒，代表主人用最丰盛、最真诚的方式招待客人。

首先端上来的是茶点，下人将八人的茶杯斟上香茗后，跑堂的很快将十盘糕点端放在桌子上，其实都是江汉地区的土特产。

西山东坡饼，武穴酥糖，黄石港饼，孝感麻糖，武昌小蛋糕，汉口云片糕，黄州麻圆，兴国金果，九江小麻花，最有特色的是当地特产，桂花年糕，十全十美，有序地堆满一桌。

"大家请！"严淦用筷子首先夹了一块桂花年糕，招呼大家道。这是当地的风俗，一席不动筷子，其他人是不能先动筷子的。

茶毕，随着一阵鞭炮声，剩余的点心被下人撤了下去，很快跑堂端上了二六十二小碟冷盘。碟子里分别装有六卤菜：卤牛肉、卤肚丝、卤顺风、卤口条、卤凤翅、卤鹅掌；另外还有松花皮蛋、咸鸭蛋、酥花生、黄瓜条、凉拌黄花、野生板栗六盘小菜，六六大顺。

十二盘冷碟上完后，跑堂用托盘端来一个景德镇的大瓷碗，里面香雾袅袅，勾起了人们的食欲。

下人用小勺子首先盛了一小碗给严淦，再按顺序与大家各盛了一小碗。

县长大人是个吃货，一尝就知道是海参鱼翅羹。他用汤匙送了一口在嘴里，咂了咂嘴后，兴奋地说："真鲜美、清香。难得，难得，这深山里还能做出鱼翅席来。"

在座的七位一听说是鱼翅席，都惊讶地望着自己面前香气扑鼻的汤碗。他们只听说江南有鱼翅席，可都没有吃过，一般酒席都是三圆席。就连富甲一方、陈中孚的老丈人，也没有办过鱼翅席。据说鱼翅席不亚于朝廷中的满汉全席，他们今天算是开眼界了。

果不其然，三八二十四盘大菜就上了桌子，三大碗汤是海参鱼翅羹、人参燕窝汤和杏菇山菌汤；鱼类有金鲤跳龙门、红烧河豚、清蒸武昌鱼、千张煮鳜鱼、砂锅炖江鲇、香煎大白刁、豆豉银鱼、蒸螃蟹、香酥河虾、鳡鱼元子；肉类有山羊三鲜、双肚戏鸽、回锅牛肉、烤制牛排、红烧猪膀、秘制蹄花、摇头摆尾、粉蒸排骨、鸳鸯糕、珍珠元子；还有四盘野味：竹笋闷野兔、香菇炖山鸡、红烧鹿肉、青鸭煮粥。

在席长面前放置的两只酒海子（江南盛酒的器皿）中，装有用碧石湖边产的糯谷酿制的，又贮藏十年才开坛的稻花香糯米酒。

这么丰盛的酒席，很快掩盖了因牵席而引起的不快。在严淦的带领下，大家很快就觥筹交错了起来。

四

当大家酒兴正浓时，陈中孚恰到好处地端着酒杯下位，来到严淦面前，将酒杯略低于严淦的酒杯相碰了一下，敬酒说："严大人！您能在万忙之中来到这里，为同窗高中进士道贺，使这场宴席蓬荜生辉，晚生敬您一杯。"说完，陈中孚先干为敬。

"来，来来！同贺，同贺！大家共同干了这杯。"严淦稳坐在椅子上，举起酒杯说。

县长大人不但是个吃货，还是久经沙场的官吏，他是惧怕陈中孚他们连续作战，而他抵挡不住，醉后有失体面。于是，他干脆来了个一锅端。

其实严淦的担心是多余的，陈中孚礼节性地敬了他一杯，就来到余自奎面前，俯首真诚地敬酒道：

"恩师！弟子敬您一杯。我们仨同殿应试，轰动京城，一为进士，二为贡士，是您老谆谆教诲的结果。"

"谢谢，只是可惜了你，就你的才华，理应成为状元或进士，文殊菩萨虽然保佑你，而老天却不开眼啊。”

“恩师您放心，我决不会忘记自己的誓言：读书做官，为官治水！这次与进士擦肩而过，我不后悔，失败是成功之母，四年后我再考进士，不达到目的誓不罢休。”

“且慢，且慢！你为何要治水？”严淦打断了他师生二人的话语问道。

陈中孚鼻子一酸，母亲和四弟被洪水卷走的惨象浮现在眼前。但今天是松亭兄金榜题名的大喜日子，不能提起这伤心惨目的悲剧。他强忍着，假装喝酒过猛而呛着，忙低头避免被人看见。

张应吾与陈中孚坐在对面，猛见他低着头，大惑不解。

余自奎当然知道陈中孚刻骨铭心的悲痛和治水的决心，他见爱徒低着头，忙解围说：“是那年我们一起到梁子湖游玩，他和松亭遇险的事儿。”

“梁子湖？”严淦正为梁子湖，年年汛期时而造成的水灾而发愁，一听到说梁子湖，他倒想听一听这些书生的意见。

“陈贡士，酒已过三巡，乘着酒兴，你给大家讲一讲，你和进士遇险的事来。”

陈中孚正欲解答。这时，程德楷来到书房敬酒，他还不知道，他后面还跟着一个尾巴，他十岁的儿子程敬儒。

看到程德楷春风满面地敬县太爷和恩师酒的样子，张应吾心想：人生的三大喜事是洞房花烛夜、金榜题名时、他乡遇故知。他的命真好，被他占有两喜，他不免有些嫉妒。

陈中孚倒是被后面一个头戴瓜皮帽子的少年吸引住了，只见他眉清目秀、虎头虎脑，样子十分惹人喜爱。他心想：我要是有这么个儿子该多好哇！

陈中孚有一个心结，他家里虽然有三朵金花，可父亲年老体弱，在他有生之年，多么希望看到夫人王金凤生个儿子啊。孟子曰：不孝有三，无后为大。所以，他看到程德楷的儿子，有一种爱屋及乌的感觉。

陈中孚轻轻地拉过孩子，亲切地逗趣儿问：“小才子，今天是你中了进士吗？看你这么高兴的样儿。”

哪知少年并不怯场，他闪动着一双机灵的眼儿，彬彬有礼地回答道：“回叔叔的话，是我大（武昌一带称父亲为伯，过了碧石称父亲为大），不是我，父荣子贵嘛，我是来为大捧场的。”

“哈哈哈……”孩子天真烂漫的话语，逗得大家哄堂大笑。

“好，回答得好！有其父必有其子，这孩子思维敏捷，聪明伶俐，将来一定青出于蓝而胜于蓝。”陈中孚夸赞道。

程德楷忙将儿子从陈中孚怀中抱下来说："乖儿子，我们大人喝酒，小娃子外面玩去。"

"我才不呢。"小敬儒从父亲手中挣脱出来，又跑到陈中孚的怀里，边抚摸着他长长的辫子边噘着小嘴说，"才不哩，我喜欢陈叔叔，特别是他这长辫子，可比大的青壮多了。"

"这孩子，不懂礼数，心畲弟莫怪，是他爷爷奶奶惯的。"

"男孩子就要有调皮的样子，叔叔喜欢，小才子，是吗？"

"就是，就是！"小敬儒连连点头。

张应吾见陈中孚高兴的样子，狡黠地一笑说："心畲兄，你这么喜欢这孩子，干脆领回家做儿子得了。"

程德楷忙说："不可，不可！你这玩笑开不得，要是被我老父亲听见了，他老就这么一个宝贝孙子，非跟你拼命不可。"

"哈哈哈"，张应吾开怀大笑说："都说宰相肚里能撑船，看来松亭兄距宰相的胸怀还有一定的距离哟，你就不能变个方法表态吗？"

"这……"程德楷这几天忙昏了头，一时没有领会同窗的意思，也许是酒精的作用，本是红光满面的新进士，脸上又像似涂了一层胭脂，脸色通红通红的。

知生莫于师，先生余自奎很快明白了张应吾的意思，他笑着对对面的严淦挤了挤眼，意思是，这千百年的好事，理应是您县长大人出面，才有风光。

严淦顿时领会了余自奎的意思，何不来个双喜临门，为新进士入京城赴任，图个好彩头。于是，他开口问道："请问程进士，贵公子年庚几何？"

"回县长大人，犬子属龙，今年仲秋满九岁进十岁。"

"再问陈贡士，令爱年庚几何？"

陈中孚回答说："长女属鸡的。"

"好好好，天作之合，龙凤之缘，我和余先生可要再讨你们两家的喜酒喝啊。"

程德楷高兴地说："承蒙县大人和恩师抬爱，晚生不敢不从，就不知心畲弟意下如何。"

陈中孚听后，忙摇了摇头说："严大人，感谢您的美意，我和松亭兄虽是同窗好友，但他现在是飞黄腾达之士，我乃一介书生，且他家富甲一方，两家门户相差甚远，小女不敢高攀，请您收回成命。"

"这……"陈中孚不给面子，严淦始料未及，一时尴尬得不知说什么才好。

程德楷见状，不禁问道："心畬弟，我们的同窗情谊，何有门户之见，你今天怎么啦？"

张应吾忙帮腔说："就是嘛，我们仨谁跟谁啊，哪来门户？"

余自奎像是没有听见他们之间的谈话，他摘下眼镜，用手巾慢条斯理地擦拭着。

其实余先生也没有想到，陈中孚会以门户不当为由，而加以拒绝。但他们的儿女能联姻，是一件好事啊，一旦成功，他们之间的友谊不是得到进一步升华，何乐而不为呢？

一阵沉默，空气仿佛要凝固似的。

"余先生，你倒是发话啊！"严淦急了，心里想，本县从来没有掉这么大的底子，都是你这个迂腐子挤眉弄眼闹的，你快点拿来梯子，我好下台阶啊。

余自奎慢慢地戴上眼镜，不紧不慢地说："心畬，所谓门户之见，出自《旧唐书·韦云起传》：'今朝廷多山东人……而自作门户。'而你们两人，既有同窗情谊，又有一为进士，一为贡士之喜，加之你们两家一为白稚山富户，一为葛仙镇富商，况且你俩还有过生死患难的经历。"

他说到这儿，严肃地将声音提高了八度："为师而言，你们的门户对着哩！老夫暗示严大人保媒，是给面子于你。你是个懦夫！一点点挫折就将你击得不敢面对现实，这么好的家庭，这么好的伢，你哪里去找！你枉费了县大人和老夫我的一片苦心。你想过没有，你们三人都是为师培养出来的朝廷栋梁，只不过是松亭先高升了一步，我深信你俩会迎接挑战，迎头赶上，三只鸿鹄，一定会翱翔于高阔的蓝天！"

严淦带头鼓掌，顿时，宴席上掌声一片。

一日为师，终身为父，陈中孚最怕恩师严肃的样子，哪敢违抗师命。忠孝节义，乃是义门陈氏传统美德。

他灵机一动，将程敬儒再次揽入怀中，高兴宣布："这本来就是我儿嘛！"

五

喜宴在愉快中散席，程德楷盛情，请来了大冶著名的楚剧班子，今晚开锣演唱《状元榜》，四邻八乡的人们闻讯都陆续赶来看戏。严淦和余自奎是两个楚剧迷，盛情难却，客随主便，倒落得个与民同乐的好名声。

书房的餐桌已经撤出，严淦、余自奎、陈中孚、张应吾四人坐在太师椅上，边品茗，边聊天。

聊着、聊着，严淦突然想起在餐桌上，被程德楷进来打断的话题，便开口道："余先生，你刚才说，程进士与陈贡士有过生死患难的经历，现在空闲，说来听听。"

"好！"余自奎扶了扶他那高度近视的圆框眼镜，开始讲了起来。

"那是前年的汛期，我在课堂上讲解《史记》大禹治水的典故，为了使学子们能领会其精髓，决定带他们实地考察梁子湖、鸭儿湖和樊湖水系及其内在联系。武昌是百湖之地，陆路是三里一渡，水路则四通八达，人们是无舟难出门。渔民流传着：'上抵豹澥，下达保安，只要不死，奔到梁子。'大都是井底之蛙，看到的只是家乡的那一方天地。"

学子们早就厌倦了课堂上的死记硬背，听说先生要带他们实地讲学，个个欢喜雀跃，特别是像程德楷这一类山里出来的学子，都想一睹梁子湖浩如烟海的旖旎风光。

当他们乘坐租来的帆船到达樊湖中心时，这是张应吾的家乡，他顿时活跃了起来。

"我们武昌是由梁子湖、鸭儿湖、喻家湖、花马湖四大水系组成。而鸭儿湖水系又称百里樊川，它由碧石湖、大山湖、三山湖、东港湖、五四湖、峒山湖、鲊洲湖、车湾湖、盘湖、扁湖十个大小不等的湖泊组成。著名的武昌鱼就生长在樊口和长江的交汇处，它与普通鳊鱼区别于，鳊鱼有十八根主刺，而武昌鱼只有十七根。"

一位同窗羡慕地说："远昭懂的可真多。"

陈中孚笑着说："雕虫小技，因为他生长在鸭儿湖。"

张应吾不服气道："就你能干，那你介绍试试？"

陈中孚也不生气，微笑着，指了指水雾笼罩远处的一座山峰说："同窗们，你们知道远处的那座山叫什么山吗？"

程德楷正像刘姥姥参观大观园一般地欣赏樊水秀色，也许是对山的特殊感情，当陈中孚提到有一山，他举目一望，不禁发出感叹："哇！好漂亮的山峦，百里樊川一峰独秀。"

张应吾向其他的同窗摆了摆手，问陈中孚说："你别王婆卖瓜了，你知道是什么山？"

"你以为我不知道，是故意蒙蔽大家的，那是峒山。"陈中孚进一步介绍说，"峒山沿山脚下居住的，都是咱义门陈氏后裔；著名的招隐寺就建在东边的山坳里。"

张应吾惊讶地问：“你是怎么知道的？”

“不告诉你，你猜猜看。”

“他们有支族人住在峒山。好啦！别闹了。”

余自奎制止他们的口水仗，引入正题说：“看见峒山，倒使为师想起了明末爱国诗人阎尔梅，他来峒山招隐寺探访他的同科进士邬明昌时，留下了很多脍炙人口的诗句。”

“啊！恩师，吟来一首，供弟子们欣赏学习如何？”程德楷颇有雅兴地说。

余自奎含笑着用抑扬顿挫的声调，吟咏阎尔梅的诗：

山外长江江外山，菱芡秋香绿草湾。
邀君闲眺芭蕉岭，渔村小棹采中间。

吟完，余自奎提议说：“以‘山外长江江外山’为轴，大家用辘轳体，根据此时此景，各赋一首七绝如何？”

“好哇！”“好！”弟子们一致赞同。从大至小，程楷德略一思索，脱口而出：

舟穿芦荡几重弯，山外长江江外山。
不搅鱼儿成长梦，帆随风向任悠闲。

轮到陈中孚了，他的起句必须是仄韵，方可接轴，难度要大一点。但这难不倒他，只见他轻快地吟着：

银波磨镜风光缕，白鹭飞花湖上舞。
山外长江江外山，武昌学子编新谱。

陈中孚刚刚吟毕，张应吾就迫不及待地吟咏了起来：

鸟戏渔舟拍浪还，白帆点点彩云间。
原来此处天连水，山外长江江外山。

余自奎听见弟子们争先恐后地轮转七绝，首首精妙绝伦，不禁扶了扶鼻梁上的镜架，脸上露出欣慰的笑容。

不知不觉间，他们的船穿过磨刀矶进入了梁子湖。

“弟子们，你们知道梁子湖的来历吗？”

余自奎又在循循善诱地引导他的弟子们。

“我知道。”张应吾见大家都在摇头，自告奋勇地站了出来。

余自奎点了点头说：“好！大家安静，认真听一听，远昭跟大家讲一讲梁子湖的来历。”

张应吾向陈中孚挤了挤眼，意思是说：这你该不知道吧。陈中孚望着他的眼神儿，很谦虚地摇了摇头，他这才讲了起来。

梁子湖，原名娘子湖，娘子湖有一个美丽的传说。相传，在很早很早以前，娘子湖是一块陆地，是高唐县所在地。

高唐县令姓艾名施仁，他是个搜刮民脂民膏的贪官，从不体察民情，也不升堂断案，见到漂亮的女子就抢进县衙，见到真金白银就塞进腰包，闹得鸡犬不宁，民不聊生，天怒人怨。人们背后叫他“害死人”。

一个下雨的夏天，街上来了一个疯和尚，他满街叫唤：“天要塌了，旧伞换新伞。”市民见一疯和尚，谁也不愿意理睬他。一母子俩正好从这里路过，母亲见疯和尚可怜，忙将手中的新伞递给了疯和尚。

疯和尚换过伞后，悄悄地对母亲说：“你每天早晨叫你儿子去县衙看一看门前的石狮子，如狮子口中流血，就要地震，你赶快通知大家往昭山方向跑，你娘俩若是不及，可将此伞撑开，坐在上面就可避难。”说完，一阵旋风卷过，疯和尚就不见了踪影。

母亲回家细一思量，方知是遇见济公和尚来救难于民。于是，她每天清晨令儿子去县衙门前看狮子口流血没有，三天倒未见血流。

第四天鸡叫二遍，朱屠户刚杀了一头猪担着从县衙门前路过，见石狮子怒视于他。他怒从心起，想起昨日的事来：“害死人”蛇蝎心肠，将我的一整头猪强抢充税，今早连你这头石狮，也狮仗人势。狗血喷头能使人倒血霉，我今天来一个猪血喷狮头，毒咒狗县官天打五雷轰，不得好死。说完，就将一盆猪血淋到了石狮子头上。

清早，儿子不明此理，见狮子流血，忙回家告诉母亲。母子俩忙通知街坊邻居：“狮口流血，地震前兆，快往昭山跑呀。”

一来二去时间已过晌午，母子俩见市民均已跑完，这才向昭山方向跑去，刚跑到县衙门口，就听见衙内传出花天酒地的吆喝声。

救人一命胜造七级浮屠。母子俩忙喊：“害死人，尔等快跑，就要天塌地陷了。”

“大胆刁民，竟敢在县衙门前造谣惑众。来人！快与我拿下，打入死牢。”“害死人”狂叫道。

正当一群县衙恶狼扑向母女时，天空突然乌云密布，一片漆黑，一道闪电划破苍穹，大雨瓢泼，地动山摇。

说迟时那时快，母亲见状，忙撑开旧雨伞，只见一叶巨大的荷叶在娘俩面前。母亲刚抱着孩子坐在荷叶上时，“轰”的一声，高唐县顷刻间沉入水底。

娘俩坐在能水涨叶浮的荷叶上，她见“害死人”在水中挣扎，忙喊道：“害死人！快上我们的荷叶上来。”“害死人”见荷叶也能救命，拼命地向母子游去。

“害死人”蛇蝎心肠，恩将仇报，刚要伸手将母子推出荷叶。这时，一阵狂风巨浪袭来……

“不好！狂风真的来了，大家坐稳了，我要掉头到磨刀矶避风。”

正当张应吾要将故事结束时，猛听得艄公一句大喊，打断了他的故事。

程德楷是个山里伢，没有见过大风大浪，他好奇地将半截身子伸出舱外观望，恰好一排巨浪袭来，将他卷入水中。

陈中孚见状，毫不犹豫地跳入湖中救人。

“啊！”一瞬间两人先后落水，同窗们发出惊叫，吓得余自奎跌落了眼镜。

第三章

武圣神神救宿星于磨刀矶　巡抚官官诱进士交不老方

一

在大风大浪中，陈中孚如浪里白条张顺，游刃有余。他用眼光扫视了一下湖面，没有见到程德楷的踪迹，迅速一个猛子扎入水里，蛙游着寻找程德楷。

程德楷是个旱鸭子，落入湖中如秤砣落水，先是拼命挣扎，后喝饱了湖水，渐渐地向湖底沉去，命悬一线。

说迟时那时快，陈中孚见到慢慢下沉的程德楷，如标枪鱼似的冲到他的面前，拉着他的外衣就往水面上升着。

程德楷在昏迷中，本能地身体一转，一双手紧紧地抱住陈中孚，犹如胶粘一般，使陈中孚双手动弹不得。

"不妙！"陈中孚暗自一惊，连忙抽出双手使劲地掰他的两个中指，程德楷负痛，这才松开。

为了使程德楷不在水里窒息，他抓住他的后腰带，迅速将他拖出水面，呼吸新鲜空气。

"在那儿！"艄公眼尖，他边使劲划着双桨，向他们划去，边高声喊道，"快用长竹篙（杆）子，伸向他们！"

"来嘞。"张应吾灵敏地跳出座舱，来到头舱甲板上，迅速抽出横放在船舷边，用于撑船的丈余长的竹竿，立即伸向水中的陈中孚。

陈中孚刚腾出一只手来，正准备抓住竹竿时，突然一排巨浪袭来，再一次将他俩卷走。

"啊！"船上的师生再一次惊呼了起来。

张应吾望着滔滔湖水，又不见了他们的踪迹，一下子像泄了气的皮球，瘫软在甲板上。

他喃喃自语地说："完了，这下完了。这么大的风浪，心畲兄的气力有限，二位兄台怕是要葬身鱼腹了。”

张应吾的担心是有一定的道理，他曾听渔业的父亲说过，梁子湖有千年鳡鱼精，据说是高塘县令“害死人”重新投胎变的，除吃鱼吞虾外，它还嗜吃人肉。千百年来，凡属在梁子湖溺水的人，无一被捞上尸体，都被鳡鱼精抢先一步吞食了。

陈中孚他俩被巨浪再次卷入水中，他并不慌乱，沉着地抓住程德楷，正欲往水面浮游时，突然感觉到双腿像是有人往水底拉似的，两人旋转着往水底沉去。

“不好，遇到漩涡了。”陈中孚努力地使两人的身体平卧在水里，增宽压强面积，试图游出漩涡。

也许只是陈中孚一人，倒是可以游出困境，但他义无反顾地要与同窗同生死。他在拼命挣扎，但不论他怎么努力，还是斗不过漩涡的巨大吸力，渐渐体力不支，两人慢慢卷入深渊。

此时，帆船紧急停靠在磨刀矶边。余自奎清醒地认识到，哪怕是万分之一的希望，也要全心地努力救人。

他捡起眼镜，重新戴好，吩咐张应吾说：“昭远！快去月山村里，请求渔民们救人。”

“哎！”张应吾撒腿就跑。

“哎……哎……哎，姓张的书生，别去了，那不是他们！”又是艄公眼尖，一眼就看出远处的陈中孚正在给程德楷做人工呼吸。

许久，程德楷“哇”的一声吐出一大口水来，才慢慢苏醒过来。

张应吾连忙跑近问：“你们是怎样脱险的？”

陈中孚神秘地说：“是武圣神救了我们。”

严淦听完故事，安慰道：“俗话说得好哇，‘大难不死，必有后福’。这不，松亭就印证了这句话，高中进士了。”

转而安慰陈中孚说：“陈贡士，你积有上苍好生之德，有菩萨慈善之怀，一定有好报，只是时运未到。”

张应吾听后忙问：“县长大人，为救松亭兄，我也立下了汗马功劳，那我呢？”

严淦笑了笑说：“你是瞎子磨刀——快了。”

陈中孚见张应吾听了县长大人的回复，坐在一旁闷闷不乐，忙扯开话题。

“县长大人，在余先生的带领下，我们实地考察了梁子湖水系和鸭儿湖水系，小生对治理两大水系倒有一些不成熟的建议，不知当讲不当讲。”

“啊！”严淦正为两大水系遇汛期时，年年造成水患而发愁，当听到陈中孚有新的建议，精神为之一振，忙说，“但讲无妨。”

陈中孚说：“县长大人，您不认为两大水系其实是名不副实？”

“此话怎讲？”严淦听后一愣，这还是他第一次听到的论调。

“梁子湖与鸭儿湖一到汛期就是一片汪洋不见边，农作物受灾，沿湖边而居的农夫苦不堪言。要想治理这一水患，小生愚见，应该筑堤分湖，疏通长港，建闸泄洪蓄水，只有这样才能旱涝保收。”

严淦听后忙说：“筑堤分湖，疏通长港这两件事都好完成，就是这闸建在何地为佳。”

陈中孚胸有成竹地说：“建在磨刀矶。”

“磨刀矶？”

陈中孚解释说：“就是月山边的磨刀矶。此矶分东西两座山石，地基坚硬无比，恰好梁子湖的汛水是从两矶间流往长港汇入长江。此间建闸，恰到好处，既节省人力、财力，又可一为二用，旱时关闸蓄水，汛时开闸放水，这样就可使百余万顷农田，旱涝保收。”

余自奎补充说：“古代此矶称刃石山，顾名思义，其山石坚硬无比。相传这是当年关羽，为战胜曹操水军，而在此石上将手中的偃月大刀，磨得锋利无比。战斗中，关羽的刀风舞到之处，可怜曹军将士的头颅，如切西瓜似的片片落地。”

严淦听后，高兴地说：“此地甚好，风水宝地也。”

张应吾见县太爷高兴，附议说：“县太爷！小生建议建闸的同时，在关羽磨刀的地方，建一座关帝庙，用于驱邪赈灾，确保两大水系风调雨顺，也是您造福乡梓的政绩，将流芳百世。”

张应吾并不知道严淦迷信，误打误撞，他的建议正合县太爷的心意。

“真是严师出高徒呀，青出于蓝而胜于蓝。我回去后，就将你们师生的建议，拟成奏折上报朝廷，待圣上恩准后，再付诸实施。”

二

程德楷在家里忙完了高升庆禧后，择了一个黄道吉日，就赴京城翰林院报到，被授予翰林院庶吉士。

他的主要工作是协助嘉庆皇帝整理文件，起草奏折等文事工作。所谓庶吉士，按现在的称呼，就是皇帝的秘书。

其实，嘉庆殿试时，见他学富五车，是有意将他留在身边考察他，看是否真正是学识渊博，然后要授他为太子太傅，为大清帝国的龙子们，培养出接班人。

这个庶吉士的位置，程德楷只是个顶缺的，实际嘉庆心中早就有合适的人选。

一日，君臣处理完了当天的奏折后，程德楷正准备礼辞圣上，回翰林院时，嘉庆忽地问：

“松亭士，你在权臣中，拜何人为师？”

嘉庆为什么要这么问呢？因为，自从康熙皇帝提倡满汉一家亲后，清廷官场就形成了一个潜规则，不论是中举、中进士或中状元后，为仕者必须要拜一位朝廷重臣其中的一人为师。否则，就名不正则言不顺，言不顺则事难成。

“启禀圣上，微臣已拜保和殿大学士王杰为师。”

“很好，很好！”嘉庆闻知是王杰而不是和珅，脸上露出一丝令人捉摸不定的微笑。

“谢圣上隆恩。”

程德楷带着一头雾水，辞别皇上，走出勤政殿后，经冷风一吹，他头脑顿时清醒了许多。该去保和殿看望师父，顺便打探一下同窗亲家陈中孚为什么没有被录取，以解开藏于他心中的疑团。

“徒儿松亭前来拜见尊师！”一进保和殿，程德楷见到王杰后，纳头便拜。

“啊！是松亭哦，免礼，免礼。”王杰见是爱徒来了，不免有点惊讶，他不禁问道，“你不在皇帝身边侍候皇上，怎么有时间到老夫这儿来？”

“回尊师的话，刚整理完奏折，得到圣上恩准，忙里偷闲，专程来看望尊师，聆听您的谆谆教诲。”

嘉庆皇帝有心在首榜进士中，选一位才高八斗的进士，任文华殿太子太傅。在征求王杰的意见时，他竭力推荐眼前的爱徒程德楷，正与皇上不谋而合。

目前就等冬季恩科张榜后，陈中孚来接替他这个庶吉士的位置。此人事安排，只有他和皇上两人知晓，在皇上没有下圣旨之前，王杰是不能告诉程德楷的。

王杰向爱徒暗示说：“松亭，空闲时间多看一看老子的《道德经》，孔子的《诗》《书》《礼》《乐》《易》《春秋》《孟子·尽心上》等古代圣贤的教育思想论著，并且要一一融会贯通。这些圣贤书在翰林院藏书阁都能找到，切记，切记。”

程德楷心想：今天怎么啦？皇上和尊师都在跟我打哑谜，难道是我的工作没有做好，要调整新的岗位？

于是，他忐忑不安地说："尊师的指导，晚生一定认真执行，如果晚生某些地方做得不妥，恳请尊师明示。"

"哈哈哈"，王杰开怀一笑说："松亭，你误会了，皇上对你的工作和才干非常满意。正因为这样，你更要孜孜不倦地学习，皇上将降大任于斯也。"

"啊……"程德楷长长地舒了一口气，看来是要被提拔重用了，我虽然前途似锦，但陈中孚呢？当然，他不能从皇上那儿打听，伴君如伴虎，弄不好这自己也搭进去了，只能从尊师这里打探消息。

他乘师高兴，冷不防扭转话题问道："尊师，今年冬季恩科的名单上，怎么没有陈中孚的名字。"

王杰微笑着，故弄玄虚地反问道："你说呢？"

程德楷摇了摇头，茫然地望着王杰。

王杰也没搭理他，他想起了皇上和他商量冬季恩科的事来。

首次殿试，以状元姚田为首的一百三十一名进士，都被嘉庆封官任用。虽然在旧臣中注入了一些新鲜血液，但在泱泱中华的官场里，只是九牛一毛，吐故纳新的效果不佳。于是，嘉庆从礼部呈上来的花名册中，又勾选了一千名贡士，作为这年冬季恩科的人选。

嘉庆没有忘记上次殿试用"两塘管三升"的那个人，为了进一步了解他的真才实学，他传旨礼部，呈上来了陈中孚的有关试卷。

皇帝在万忙之中，一一圈阅陈中孚在乡试、府试的试卷《乡人饮酒杖者出斯出矣》《禘尝之义》《陈良楚产也悦周公仲尼之道》。他被八股文《禘尝之义》之俊逸而吸引，高兴地提笔批示："此文五色斑斓，才华横溢，龙勺鸡彝，岂复人间香火；其才思敏捷，冰雪雷霆，令人不可逼视。此才不用？岂不玷污朕的圣明。"

"来人！传保和殿大学士觐见。"嘉庆雷厉风行，命令道。

"遵命！"当值太监受命而去。

王杰应召来到勤政殿，行君臣之礼叩拜呼："吾皇万岁！万岁！万万岁！"

"爱卿平身。"嘉庆将一千名贡士名单递给王杰说，"上次殿试录取的进士太少了，用于换血只是杯水车薪。故而，朕决定今年冬季，再进行一次恩科殿试，你按名单，周全安排便是了。"

"是，臣遵旨。"王杰接过名单，认真地看了起来，当看完最后一页，又没有陈中孚的名字，太可惜了。

三

王杰出于对皇上的忠心和职业操守，不禁问道："皇上圣明，臣斗胆举荐一人，不知皇上恩准否？"

嘉庆知道他要举荐何人，他没有用错这位老臣，他那任人唯贤的固执性格，正适合保和殿大学士这个职务。

于是，他故意问他道："爱卿要举荐何人？"

"圣上英明，我要举荐的人姓陈名中孚，就是上届殿试被你录取而又被您删掉的人。"王杰直言不讳地举荐道。

嘉庆不露声色："爱卿，你知道吗？朕为什么不将陈中孚列入名单。"

王杰茫然地望着嘉庆，试探地问："难道是为上次之事……"

嘉庆摆了摆头说；"朕是那么小肚鸡肠的君主吗？朕主要是想杀一杀他的傲气，现在水到渠成，就免了这次殿试，直接张榜录用翰林院庶吉士。"

王杰听后，小心翼翼地问："圣上英明，在皇榜里将陈中孚排列第几名？"

这倒是个问题，嘉庆思索了一会儿，反问道："上次程德楷是前几名？"

"回皇上，是第六名。"

嘉庆挥了挥手说："那就第七名，他不能超过程德楷，爱卿明白朕的意思吗？"

"臣明白。"王杰当然明白，这又是皇上杀他的傲气之举。

天刚蒙蒙亮，彭玥就到院子里坚持练起了武功，南拳北剑，而她练的剑道有些诡异，既有北方剑道之功底，又有南方拳路的成分。

一阵鹞子翻飞，左劈右刺，白鹤亮翅等八八六十四个动作娴熟地完成后，已经过去了半个时辰，天已大亮。她秀发里冒着热气，香汗津津。

忽然，一阵"叽叽喳喳"的鸟叫声传入了她的耳朵。她抬头望去，哎哟哟，这一大清早的，院内的老槐树和桂花树上，飞来了十几只喜鹊，欢叫不停。

"小姐、姑爷！快出来看唷，我们家树上来了好多喜鹊。"

陈中孚扶着挺着个大肚子的夫人出来。

王金凤用右手托着肚子，嗔怪她说："你这疯丫头，什么事大惊小怪的，一大早就听见你的高嗓门，小心将孩子们吵醒了，大家又不得清闲。"

彭玥可不管小姐的唠叨，一个劲地用右手指着树上，叫唤道："姑爷快看，快看。"

"哟，真的好多喜鹊，这可是难得的奇观。"陈中孚感慨地说。

王金凤见此奇景，笑嘻嘻地说："俗话说：喜鹊登枝，大喜临门，这么多喜鹊来登枝。"她双手合掌，笑面桃花地礼拜说："恭喜老爷，贺喜老爷，天大的喜事冲着你来了。"

彭玥望了望小姐的大肚子，醒悟地笑着说："我知道，一定是我家姑爷要得小公子了。"

陈中孚深情地望着王金凤说："夫人，是真的吗？"

"还早着呢，别听小玥胡说。我猜，一定是老爷金榜题名了。"

"怎么可能呢？恩科尚未通知我去殿试，夫人别再宽慰我了。"陈中孚惆怅地摇了摇头。

正在这时，宁静的上街村的马路上，传来悦耳的铜锣开道声，一阵急促的马蹄声由远而近。

刚到村口，马背上的县衙信使就不停地高呼："陈中孚中了！陈中孚中了！陈中孚快出来接旨……"

太突然了，太突然了。陈中孚先是以为自己听错了，但一细听，的确是在呼唤他的名字，他顿时愣在原地一动不动。

"老爷！还傻站着干吗，还不快出去接旨。"王金凤提醒催促说。

"啊！"陈中孚回过神来，急忙来到屋前大门，正逢衙使飞身下马，他"扑通"一声跪在地上说："臣，陈中孚接旨。"

奉天承运，皇帝诏曰：

武昌贡士陈中孚于嘉庆四年春闱入选，因勘误延期，特增补秋闱恩科进士第七名，授翰林院庶吉士。

钦此

"谢主隆恩！"陈中孚接过圣旨，恍然大悟，他春闱就入选了，好一个勘误，这不是调戏人吗？

皇帝的话就是圣旨，就是真理，有着至高无上的权威，有意见也只能藏在心里。否则，摸摸九斤半的项上人头，是不是还长在脖子上。

陈中孚深知这个道理，坦然一笑。他接过夫人包的红包递给衙使说："烦请信使带个口信给县太爷，择日我亲自上门请他老人家喝喜酒，到时你也一起来呀。"

"好啊，好。"衙使靠近陈中孚的耳边，悄悄地说，"县大人捎话于你，有一位重量级的人物，也要来参加您的金榜题名喜宴。”

“哦，谁呀？”

衙使神秘地笑了笑说：“来了您就知道了。”

陈其光见三儿子终于登上了进士榜，高兴得眉开眼笑，病弱的身体一下子硬朗了许多。

这天，他和弟弟陈其鹄分别放弃生意和教书，专程领着陈中孚来到陈氏义门宗祠祭拜祖先。

祭拜仪式完成后，陈其鹄捋了捋他那长长的胡须，高兴地对中孚说：“畲儿，一百年后，你终于为咱老陈家长脸啦。”

“叔叔，您老言过其实，抬举晚辈了。”

陈其鹄指了指一世祖陈继铭公的牌位说：“自我们义门陈氏在江州德安艾草坪居住有三百二十余年，萃族三千九百余口，同在一口锅里搅勺而不分家，官震朝野，义薄云天。宋仁宗闻我们家族这一团结现象，恐惧我族聚义造反，令我分家。亲祖陈继铭公率领后裔分居都昌南桥庄，因他老人家及进士第，官拜左仆射，树立了‘诗书传家’的良好家风，我家族祖辈们，如长江后浪推前浪，连续十年考取十二名进士，更有父子同科进士，几百年来有三十四名先祖入进士第，隽永门庭。”

陈其鹄又指了指第十二代亲祖陈端的灵位说：“这是我们的近祖，他老人家考取进士，拜武昌尹后任袁州司理，我们家族是名副其实的书香门第。可喜可贺，一百年后，我们又出了你这个进士，光宗耀祖。”

“确实值得庆贺。”这时，葛仙镇义门陈氏族长陈其昌健步跨进祠堂，接过陈其鹄的话尾说。

葛仙镇义门陈氏是个大家族，自先祖陈太武迁居此地，有三百五十余年历史，到陈中孚这一代有十五代裔孙，分居在附近二十八个村湾，螽斯繁衍有八千余族人。

每逢大小事儿就“陈家的陈，搬家们”，从这句在葛仙地区流传的顺口溜中，窥豹一斑，这支族人是多么团结友爱，他们继承发扬了义门陈氏的优良传统。

四

可想而知，陈其昌在这个家族中，多么德高望重。

“愚侄心畲拜见族长长辈。”陈中孚见是族长，忙上前鞠躬作揖。

陈其昌忙合掌还礼说：“使不得，使不得。贤侄，你现在是进士大人，折煞老夫了。”

陈中孚笑了笑说：“惭愧，惭愧。我这个恩科进士，是托了先祖的洪福。圣人曰：‘爱亲者不敢恶于人，敬亲者不敢慢于人。’”

陈其昌说：“难得贤侄有如此胸襟，将来一定是个为民办事的好官，百姓之福也。”

“我和我长兄中履一样，特别崇拜郑板桥的为官之道，‘当官不为民做主，不如回家种红薯’。”

“很好，很好，请！”一行边说边来到会客室，祠堂主事早已泡好了四杯香茗，放在两个茶几上。

陈其鹄笑着说：“族长兄弟，看你们爷儿俩热火的劲儿，将我和大哥晾在了一边。您是怎么知道，我们要来祠堂祭祖的？”

“贤侄考取进士，要到京城为官，已在咱们小镇传得沸沸扬扬。贤侄现在是全族瞩目人物，你爷仨刚一出门，就有人向我报信了。我琢磨着，你们是知书达理之家，一定是来敬祖的。这不，我就赶过来了。”

陈其光乘机说：“族长老弟不来，老哥我也要亲自登门，与您商量办庆宴的事儿。”

“是应该大排场地庆祝一番，这是我族百年来的大事，贤侄也是我葛仙镇自古以来，屈指可数的进士。”陈其昌用商量的口气说，“我看比中履大侄子中举赴任襄阳县令的庆宴，还要热闹一些。二十八个村子的当家人，纷纷向我打探庆宴的日子，他们都要来捧场呢。”

陈其光问：“心畲，你的同窗亲家办的什么规格的酒宴？”

陈中孚淡淡一笑说：“回父亲大人，是鱼翅席。”

“鱼翅席？”陈其光心里盘算着：一桌鱼翅席最低需要五十两银子，我们这个大家族最低有五六十桌，加之亲朋好友邻里有二十多桌，共七八十余桌。我的乖乖，得需三四千两银子，将我家的全部家当拿出来，也不够办酒席啊。

“这……”陈其光伸了伸舌头。

“心畲，是你的金榜题名庆宴，你的意见呢？”陈其鹄见大哥露出为难之色，开明地征求侄儿的意见。

其实陈中孚已经和夫人商量好了，心中早有打算，为了不增加父老乡亲们的送礼负担，一概不收礼，庆宴一律从简。他还没有来得及同父亲和叔叔商量，没有料到父亲在此场合提了出来。

于是，他谦逊地说道：“长辈们在上，根据我家的实际情况，我认为喜庆从简，不收礼，不办酒。为了答谢父老乡亲们的深情厚谊，就在家祠戏台唱汉剧热闹六天。请戏班子的有关事宜，就烦请族长叔叔操劳，一切费用我随后差人送来。这样安排，不知长辈们同意否？”

“这……这样行吗？”陈其光望了望族长说。

陈其昌沉思了一会儿，继续用商量的口吻说：“不知这样可否，庆宴一定要办，否则我们这个大姓家族，是会被其他友姓家族耻笑。规模以十桌为限，就按常规办三圆席。反正我们都是农夫渔夫，倒还吃不惯那山珍海味。”

武昌地区不论红白喜事，流行办三圆席。所谓三圆席，就是十二道荤菜，四个冷盘，共十六道菜。荤菜里必须有渔粑圆子、清汤圆子、酥油圆子。预示着六六大顺，八八发发，团团圆圆。

陈其光担心地说：“只怕这样会得罪众族人啊。”

“要不这样，我去做一做族人的工作，每村派一名代表，共三桌人，另七桌就安排亲朋好友。”陈其昌补充说。

陈其光连连点头说：“如此甚好。”

陈中孚最后强调说：“来而不往非礼也。我今后远在京城，无暇顾及礼节。这次庆宴一概不收贺礼，特别是族人的，烦请族长大人做通客人的工作。”

“要得，要得。”陈其昌表态说。

陈其鹄忽然想起一件事来，提醒说：“那县老爷和恩师来了，怎么招待，据说还有一个重量级的人物。”

陈中孚说：“这个好办，以父亲的名义下帖子，我亲自去接。庄子云：‘精诚所至，金石为开’嘛。”

陈中孚送完恩师余自奎的帖子，就马不停蹄地来到县衙。

“烦请衙卫通报一声，葛仙镇陈中孚代高堂有请县大人。”说着，陈中孚双手递上请柬。

“好，你在门外等一会儿，我马上去通报大人。”

衙卫刚进去一会儿，就看见严滏身着紫色官服，头戴花翎官帽，满脸堆笑，小跑步地来到衙门口。

“陈进士光临本衙，有失远迎，失礼，失礼。”

陈中孚见他热情的模样，心中一高兴，纳头便拜：“小生拜见县长大人，家父备有薄酒，令我请严大人赴宴。”

严滏还礼说：“谢令尊多礼，下官早就翘首以待。”说着，严滏拉着陈中孚的手说：“走走走，我们去县府驿站，一同去请巡抚大人，他老早就提出，要去造访贵府。”

“使不得，使不得，我家窝小，怎容得下鲲鹏。下官怎敢高攀他老人家呢。”

“巡抚大人是来视察长江汛防的，他提出来去贵府看看，下官不敢违抗，难道你还拒绝不成。这不，本县连请柬都为你准备好了。”严淦递给他一本精装的请柬。

“不敢，不敢，下官只是觉得不妥。”

“妥与不妥我俩说了不算，巡抚执意前往，我们只能热情迎接啊。”

“是这个理儿。”陈中孚无可奈何地随严淦一起来到驿站。

“下官严淦、陈中孚拜见巡抚大人。”陈中孚、严淦见到湖北巡抚琦善，同时单膝跪拜说。

“哈哈哈，本抚早闻陈进士之名，今日一见，果然风流倜傥。”其实琦善是少年得志，年龄略长陈中孚七八岁，却是二品大员。

陈中孚听到琦善的一番赞誉，心里颇感惊讶，他老人家是怎样认识我这个无名小卒的。他茫然地望了望严淦，希望他能够给出答案。

严淦摇了摇头。

琦善友善地说：“两位不必拘礼，请坐，其实本官早就想去葛洪仙地考察一次。陈进士，时间尚早，能否先介绍介绍你的家乡。”

琦善虽为朝廷二品大员，但为人亲善随和，精明强干。他特别喜欢网罗结交有才华的人士，这也是他为官的一个诀窍。

他从皇上密旨中，了解到陈中孚殿试时，描绘的“五湖四海不见海”的家乡美景中，就知道这是个睿智之人。他琢磨着，皇上不仅仅是为了游山玩水，一定有更深的一层意思。于是，他在这期间多次派心腹来葛仙镇暗访，获知葛洪流传下来一本《葆春方》。传说用此方炼制的丹丸，服下它，能让人长生不老。

难道开药店的陈其光收藏了这本秘籍？要是能动员陈中孚做通他父亲的工作，献给皇上，让皇上长生不老，那将是大功一件，这才是他来贺喜的真正原因。

“好的，巡抚大人，恭敬不如从命。”陈中孚见琦善对家乡葛仙宝地感兴趣，就滔滔不绝地介绍了起来。

五

葛仙镇是个千年古镇，人文历史厚重。因晋代道教理论家、炼丹奇人葛洪，云游到小镇炼丹，布道行医，人们为了纪念他而得名。

早在新石器时代就有人类居住，涂家湾至今还有两处遗址，继而白浒镇村也发现了西周文化遗址。流传有葛仙楼、斗牛观、怀恩寺、观音寺、东岳庙、风波亭、万年台等名胜古迹，进一步验证了葛仙镇的历史繁华。

葛仙镇的又一个繁华兴旺时期，是乾隆爷的鼎盛时期。因上承江夏而来，下至武昌而去的长江，犹如一条玉带，而葛仙镇正是玉带中间镶嵌的一颗璀璨的明珠，光彩夺目。

由于特殊的地理位置，经济被上下两个大都市牵动，其商业和手工业迅速蓬勃发展起来，星移斗转，日积月累，自然而然地形成了四里余长，十五丈余宽的街道，分为上街和下街。其中还有万年街、横街、排楼街三条各两里长的横街。而我们上街，大部分是陈姓商人集中地。

有诗为证：

武邑过西山，烟波碧水间。
贾帆随日落，猎犬逐鹚环。
市闹鱼虾泛，觥香恼怅删。
街墙苔藓久，印证故人闲。

由于葛仙镇风景秀丽，依山傍水，气候宜人，历朝历代均有达官贵人来此隐居。除葛洪在此布教、炼丹、行医外，北宋初年的政治家范仲淹，当时为朝廷派往湖广的主考官而居住此地，至今还有很多范大主考的传说。

再者葛仙镇水陆交通发达，历来是兵家必争之地。三国武圣关羽留下武侯祠等遗迹。明崇祯十六年，李自成的大将张献忠曾在此镇屯兵十万，做进攻江夏的准备……

正当琦善听得津津有味时，县衙师爷此时来报："禀报老爷，官船和马匹都准备就绪，各位老爷何时出发。"

严淦打断了陈中孚的演讲，微笑着说："陈进士，今天就讲到这儿，时间不早了，巡抚大人的时间是很宝贵的哟。"

琦善看了看时辰，告诫严淦说："严大人，今天是民间往来，不必搞鸣锣开道的官威排场。"

严淦点头哈腰地请示说："是。启禀大人，我们先乘官船到白浒镇江边上岸，再骑马到陈进士家里如何？"

"好，严县令办事，本抚放心。"

一行人着便装，穿过闹市，倒没有引起行人的注意，一会儿就到了北门码头。刚上官船，船夫就撑篙离港，扯帆逆江而上。

琦善落座后，就迫不及待地说：“陈进士，接着讲一讲千年斗牛观的沧桑吧。”

“遵命。”陈中孚一惊，看来巡抚大人是有备而来啊。他用茶水润了润嗓子，继续讲了起来。

斗牛观位于葛仙镇西边，是一座古色古香的道观。其前三殿和后三殿的建筑群鳞次栉比，壮观雄伟，香火旺盛，名噪四方。历代的信男信女，都要入观叩拜葛真人，瞻仰道教圣地。

道观开的是南向山门，院内四周松柏滴翠。第一大殿中，镇守山门的是王灵官神像，即“天都大灵官”。他赤面髯须，身披金甲红袍，三目怒视，左握风火轮，右举钢鞭，威武勇猛，令人生畏。

每间大殿的墙壁上，都绘有不同时期葛洪炼丹的壁画，翔实的写真，仿佛是留给后人炼丹的宝贵资料。

三八二十四口桃花井分布在道观的周围，诸井的泉水有二十四种口味和不同元素，是葛洪炼丹所用水源。正中一口神井渊深无底，泉水自动涌出，清澈甘甜。传说患疾者或瘟症者来到这里，只要盛一碗清泉，就水入喉而病除。神水传遍华夏，求医者纷至沓来，应接不暇。

穿过神井，进入后院，就耸立着一鼎炼丹炉，其炉火熊熊，终年不息。越过丹炉数步，就有一座六角飞檐古亭，这是当年葛洪炼丹小憩的地方，游人到此深呼吸，圆形石桌上就有一股茗香扑鼻，使人如醉如仙，令游者盘桓，迟迟不愿离去。

后殿三间供有武圣等神像，是供观内真人们净修参道和休息的场所。斗牛观四周的院墙高达丈余，飞龙滚脊，墙面绘有传统古戏，栩栩如生。

“唉，”陈中孚叹了叹口气，接着说，“只可惜这是前人的传说，岁月沧桑，斗牛观已荡然无存，但那口神井的遗址还在，水甜如蜜，冬暖夏凉，只是失去了治病的功能。”

“可惜，可惜。”琦善感叹后，他打断了陈中孚的介绍，提出了新的要求。

“陈进士，像这样的道观华夏大地比比皆是，不过这二十四口泉井，倒有其特色。本抚更想知道为什么叫斗牛观。”

很显然他是醉翁之意不在酒，却在循循善诱陈中孚，引导出他说出他想知道的答案。

严淦乘机点头哈腰，拍着琦善的马屁说："巡抚大人所言极是，下官也想听一听斗牛观的来由。"

陈中孚微笑着说："两位大人，我们地方有句俗语，叫作'心急吃不了热豆腐'。别急嘛，请耐心地听我讲完。"

说完，他端起茶杯，舒畅地小呷了一口。

"快点，快点。"严淦催促道。陈中孚见状，放下手中的茶杯，继续介绍。

葛洪拜南海心鲍玄为师，掌握了医学、炼丹之术后，就辞别师父，独自闯荡江湖。临行前师父叮嘱他，见有"斗牛"的地方，就是他行医、布道、炼丹的最佳地方。他遵师命，乘白鹤云游华夏泱泱大地，边查找仙地，边救死扶伤，深得沿途百姓的爱戴。一日，他从稍作休息之地的武昌边的葛山，云游来到我们的家乡时，葛洪见一农夫将刚耕完田的一头公牛放任去田埂吃青草。谁知，迎面来了一头正在发情的公牛，正是"公牛遇公牛，拼命头对头"，两头水牛互不相让，打斗了起来……

琦善恍然大悟，打断了陈中孚的介绍。但他心想是打破砂锅——纹（问）到底，表面装着漫不经心的样子问道："陈进士，你是否知道，葛仙人的《葆春方》流传下来没有？"

"这倒没听说，不过……"

"不过什么？快讲。"琦善像一只泄了气的皮球，又被人充足了气似的，迫不及待地问。

问者有心，听者无意。陈中孚如实地说："家父倒是收藏了葛洪著的上、中、下三册《肘后备急方》。"

"此书有何妙用？"

"回巡抚大人，该卷撰写了三百余种治疗疑难杂症的方法，所用草药都很普通。"

"哦……"琦善若有所思地发出了长长的声音。

第四章

小姐拜丫鬟为妹方显淑德　进士偕小妾进京流传佳话

一

已近午宴时间，客人们陆续来到陈府，王金凤挺着个大肚子，热情地迎接娘家来贺喜的客人。

这时，忙得满头大汗的陈其光，来到三儿媳面前，焦急地问："凤儿，眼看吉时快到了，怎么还不见孚儿和客人们回来。"

其实王金凤也在担心着，强装笑容地安慰公公说："伯，您老别急，别急坏了身子，他应该快回来了。"

"唉，" 陈其光叹了叹口气说，"我这身子骨不如从前了，屋前屋后来回了几次，就气喘吁吁，幸亏有你二叔张罗，要是覆儿和谦儿回来就好了。"

"伯，都怪中孚，说大哥、二哥都是大忙人，不惊动他们，您别急，我这就差小玥到街口看看去。"

"只有这样了。"陈其光边说边走，又去迎接客人了。

王金凤见公公急匆匆地走了，就急呼："小玥，小玥！"

"哎！"小玥围着围裙，满身鱼腥味儿，从厨房里跑过来问："小姐，什么事儿？"

"你去街口看看，老爷他们怎么还没回来。"

"遵命！小姐两个时辰未看见老爷，如隔三秋啊。"小玥伸了伸舌头，扮了个鬼脸，脱下围裙撒腿就跑。

"这丫头。"王金凤望着小玥的背影，笑着摇了摇头，站在原地出神儿。

"哟，凤儿你一个儿怎么站在门口发呆啊。"

"伯，娘，您二老来了，快进屋里坐。"王金凤亲热地牵着她娘的手，往房间走去，王员外紧跟着进来。

他们刚一落座，王金凤就朝书房喊着。

"牡丹、蔷薇、荷花，快出来，看看谁来了。"

不一会儿，三朵金花像三只小燕子，从书房里飞了出来。

“家爹（外公）、家家（外婆）好。”在牡丹的带领下，三朵金花依次问好后，一窝蜂似的，投入外婆的怀抱。

“这，这……”王员外见没有一个外孙奔向他，伸出的手尴尬地收了回来，脸上挂着一丝苦笑。

王金凤见状，笑着对大女儿说：“牡丹，乖，到家爹怀里去。”

牡丹噘着小嘴儿说：“我才不呢，家爹他不爱我们。”

王夫人耸了耸肩说：“活该，谁叫你重男轻女的。”

“谁说的，我这不跟三外孙带来吃的玩的吗？”王员外不服气地变着戏法儿，从长袍衫的口袋里，掏出了很多糖果、糕点之类的小吃。

“咚咚，咚咚……”最后他变出一只小摇鼓，边摇着边对荷花说，“荷花，要不要啊。”

“要，要。”小荷花挣脱外婆的怀抱，跑向外公。

王员外连忙将荷花抱在自己的膝盖上坐着，边用小鼓逗他，边自言自语地说：“谁说‘外孙是只狗，吃完了就走’，要我说啦，外孙是根环，要想解开还真难。”

“哈……”大家一阵欢笑。

“是啊，天底下就你最疼女儿。”王夫人边拍着牡丹的小手，边高兴地对女儿说：“凤儿，你爸这次放血了，送来了一份大礼。”

“啊？什么大礼。”

“一座进士府，你伯准备出资，为爱婿建造一座进士府。”王夫人边回答女儿，边催促王员外说：“还不快将图纸拿出来，让女儿看看，先高兴高兴。”

“好的。”王员外放下荷花，从口袋里拿出一张还散有墨香的图纸，打开放在八仙桌上。

“凤儿，快过来看看，这种设计还满意吗？”

“哦！好气派的进士府。”

展现在王金凤面前的，是一座徽式建筑风格群，占地面积有两千余平方丈，错落有致的四天井的豪华宅院，可供弟兄四家居住。虽各分院落，但又方便相互串门，和谐景气。大门上方的牌匾，赫然写着“陈府”两个很大的镀金楷体字样。

“怎么样，我女儿还满意吧？”王员外见女儿认真地看着图纸，高兴地问。

王金凤脸上挂着满意的笑容，却在担心地说：“伯！好是好。只不过上街陈氏是个讲义气的大家族，我家建造这么气派、豪华的住宅，是否有炫耀、脱离大家之嫌。”

王夫人不假思索地说：“这有什么好担心的，谁家有钱有能耐就比着做呗。难道还要我家进士姑爷陪着大家一起住不成。”

“女儿的担心还是有一定道理的。”王员外摸了摸他那早已秃顶的脑袋，开动着灵光的脑筋。

“有了。”王员外猛地拍了拍脑门，忽地问女儿，“凤儿，你们老陈家在上街有多少住户？”

王金凤默默地算了算，回答道：“现有四十四天井，大小过百口人家。”

“好，加上你家这四天井，正好是四十八天井。”王员外兴奋地说，“将四十八天井用院墙围着，融为一体，统一由陈府大门进出，这样就既利于防匪防盗，更显得陈氏团结、和谐、义气。”

兴奋之余，王员外也露出了担心：“凤儿，这样做不知陈家人同意不同意。”

“嘻嘻”，王金凤笑了笑，颇有把握地说：“伯，这样统一规划甚好。您的担心是多余的，陈家有三千余口而不分家的历史呢，宴会后，将每户都通知来商议，准成。”

王夫人不相信地说：“牙齿与舌头还有打架的时候，一大家子融为一体，我看难。”

“娘，这您就不知道啊，陈家人血管里都流着‘忠义’之血，团结互助，唇齿相依是我们的家训。”

说到这里，王金凤憧憬地捧着牡丹的小脸蛋说：“女儿，不久的将来，一个宽广气势的大家庭就要在葛仙镇上街诞生了。”

似懂非懂的小牡丹，两手拍着巴掌，高兴地说：“啊啊……我们马上有新房子住喽。”

“不过，暂时还不能跟你女婿说，他不是吃软饭的角儿，准反对你们这样做，还是从长计议好。”

“要得，要得。你们几时决定建府，我就将礼补上。”

正当一家子其乐融融时，王夫人向王员外递了递眼神，然后对牡丹说：“乖牡丹，你带妹妹们出去玩一会儿好吗？”

牡丹听到外婆叫她们出去，小嘴噘得很高很高。

王金凤马上意识到，双亲一定有重大事儿对她说，她哄着孩子们说：“三位宝贝乖，一起去看看小玥姐回来了没有？”

王夫人见孩子们跑出了房间，单刀直入地问：“凤儿，你这身子快要生了，中孚马上要进京居住，谁去料理他的生活起居啊。”

“娘，女儿正为此事发愁呢。就是生了，我也不能去。”

“为什么？”

“公公的岁数大了，身体一天不如一天，哥嫂们又不在身边，我要留下来照顾他老人家。”

“真是难为我女儿有这般孝顺。”王夫人试探地说，“将小玥派往如何？”

“这……唉！”王金凤为难地说，“女儿何曾没有想过，一个女孩子，单独跟着一个男人，成何体统。”

王夫人快言快语，直来直去地说：“干脆将小玥纳为偏房得了。”

“这……”

二

王金凤欲言又止，难以启齿，俊秀的脸上却挂满了愁绪。其实她早就想过，将小玥纳为偏房。但作为女人，谁都想一人与丈夫终生相守，同甘共苦，不离不弃，她的思想一直在激烈地斗争着。

怪就怪自己的肚子不争气，尽是些丫头片子。这不，从这腹中怀孩子的怀相看，又与以前怀的三位女儿一样，喜欢吃酸的。

她专门请来了名噪江湖的算命先生张铁嘴，算了算她的命。其结果是：“一生荣华富贵五朵金花。”从这个命相中，她又想到父亲说她是凤凰花转世，而凤凰花只有五个花瓣。她只好认命。

王金凤苦笑一下，既像是自言自语，又像是对父母说：“我何曾不想为心畲生个男儿，可我生不出来呀！”

“唉，”王夫人叹了叹口气，劝说道，“这就是命，这就是我们女人的命。好女儿，还是将小玥纳了吧，你俩情同姊妹，总比纳一个不认识的女人强吧。”

“女儿何曾不想，只是小玥出身低微，心畲未必同意。”王金凤无可奈何地说。

一直在低头抽烟，而没有搭腔的王员外，当听到女儿道出的担心时，他将旱烟枪儿往鞋底儿磕了磕，慢条斯理地说：“谁说她的地位低微，她可是忠良之后。”

王金凤听后大吃一惊，追问道：“伯，您是怎么知道她的身世？您不是说，彭玥六岁那年，她随母亲要饭时被您收养的吗？”

“女儿，你只知其一，不知其二。”

为了对彭玥的生命安全负责，王员外一直隐瞒着她的身份。现在乾隆爷已经驾崩了，该是公开她身份的时候了。

那是十年前的九月十九日，这天是观音菩萨的生日，我带着你娘一起来归元寺还愿，刚到琴台处，就看见一群人围着一个五六岁的女孩和一个倒在地上奄奄一息的妇人。

小女孩趴在妇人身上不停地哭泣："娘，您醒醒，您醒醒啊。"其惨景催人泪下。

突然，小姑娘转身跪倒在看热闹的人群面前，不停地磕着头，她求情地说："各位大爷、大娘，行行好，救救我娘吧。"

"唉！"只听见一阵阵叹息声，却无援助之手。

你娘正好经过此地，忙下轿，吩咐两位轿夫将她的母亲扶入轿中，自己上前扶起小姑娘说："好孩子，快跟着我们去归元寺，寺内的方丈精通医术，看是否能将你娘救过来。"

我们一行来到归元寺，慧心方丈连忙将小姑娘的母亲放在客房的床上，把过脉后，从口袋里掏出一个小葫芦瓶儿，从里面倒出一粒药丸，塞入她的口中。

我焦急地问："方丈，还有救吗？"

慧心摇了摇头说："阿弥陀佛，女施主劳累成疾，痨病已入膏肓，神仙也无回天之力。我已与她服下了'还魂丹'，就看她的造化了。"

"娘……"小姑娘凄惨地扑在娘的身上，哭诉着说，"娘……您不能走啊，您走了我可怎么活呀！"

妇人在弥留之中听见了女儿的哭诉，奇迹般地睁开了双眼，满脸泪花地望着我们，断断续续地说：

"谢谢好心人，求你们收留我苦命女儿，她……她是忠良彭家唯一……"

妇人再也没有力气说一个字，疲倦地闭上了双眼。

慧心方丈听到忠良彭家后一惊，忙问："你们是河南商丘人？"

妇人艰难地点了点头。

"阿弥陀佛，前山西太原知府彭家屏是你们什么人？"

妇人吃力地抬起右手，指了指小女孩说："是她……她……爷爷……"

"那你是……"

"民妇姓……孙……"说到此处，妇人就撒手人寰。

慧心仿佛明白这妇人是谁了，见她已逝，心如刀绞，强忍着泪水不使盈眶而出。

“娘!……”小姑娘见状，发出撕心裂肺的惨叫。

慧心慈祥地抱起小女孩，交给我说：“阿弥陀佛!王施主，寒寺不便托孤，老衲只有请你将她抚养成人，她是忠良彭家屏的孙女，也是她彭家唯一的骨肉。”

我好奇地问：“方丈，彭家屏是准？”

“阿弥陀佛，就是乾隆二十二年，河南因蝗灾闹饥荒，而河南巡抚图勒柄阿隐瞒不报灾情赈济，饿死的百姓尸横遍野。已经退任在家的山西太原知府彭家屏观其惨景，趁乾隆帝下江南时，冒死在官道上拦截龙驾，如实禀报了河南灾情。”

“唉!”方丈讲到这里，叹了叹口气，狠狠地喝了一口茶水，却一言不发。

我心急，追问道：“慧心方丈，后来呢？”

“阿弥陀佛!”慧心继续说，“河南百姓得救了，而彭家屏却被卷入了满汉之争，被乾隆帝下令满门抄斩。”

“乾隆爷不是一代明君吗，难道这又是一起‘文字狱’案？”

“是的，乾隆爷先是下旨赈济了河南灾民，并把河南巡抚图勒炳阿抓了起来。但他回去转儿一想，彭家屏没有这么大的胆子拦他的龙驾，一定是有人指使。经查，果然是商丘知府段昌绪指使的。于是，皇帝下旨，双双以结党营私罪入狱。在吏部审查他们的案子中，和珅等清朝大臣落井下石，将段昌绪家里搜出来了一张吴三桂的反清告示和在彭家屏家里搜出的族谱里记载，彭姓祖先是上古颛顼为罪状，并与前朝满汉党争李卫案串联在一起。可怜彭家屏只是为民请命，以致招来灭族横祸，成为党争的牺牲品。”

听了慧心方丈的介绍，我恍然大悟，但又冒出了一个新问题。

“彭家不是满门抄斩了吗？怎么冒出个孙女。”

“这……”慧心方丈欲言又止，思考了一会儿，解释说，“民间传说是彭夫人趁乱，将一岁多的儿子，用襁褓包得严实，甩到邻家院内，被邻居救走，留下了一条根。时间过去已三十年了，想必这位姑娘就是彭公子的女儿了。”

我从方丈手中抱过小姑娘，边擦她的泪珠儿边安慰她说：“好孩子，暂且跟我回去，家里有姐姐金凤为伴，待有机会，老爷带你去找你父亲。”

“呜呜……”哪知小姑娘听说找父亲，哭诉着说，“我娘说，父亲在我一岁时，就暴病身亡了。”

“小玥妹妹的命真苦啊。”王金凤听完父亲的介绍，流下了同情的眼泪。

“可不是吗，女儿别伤心了，原来我有同感。可听了慧心方丈一番言语后，我心里才舒了一口气。”王夫人劝说道。

“哦？方丈是怎么说的？”

慧心方丈说：“从姑娘橙色的束装来看，她从小就随她娘习武，她外公姓孙，是个武林奇侠，所开的镖局名震江湖，与彭府为邻。”

“大师说得对，我叫小玥，从小娘就传授我武功。”小姑娘闪动着一双明亮的大眼睛，自我介绍说。

慧心方丈继续说：“阿弥陀佛，老衲第一眼看见这孩子，从她的端庄相貌来看，这孩子是贵人之命，只不过是命运多舛罢了，她是先苦后甜。”

王员外听后一惊：“难道她与小女是同命之女？”

慧心方丈捋了捋长长的银须，神秘地说：“阿弥陀佛，天机不可泄露。老衲收其为徒，传授她武功，王施主收其为养女如何？”

“还未等你伯表态，小玥乖巧地拜过师父后，就说：‘小玥我命苦，就当姐姐的贴身丫鬟吧。’”

王金凤听完母亲的讲解，恍惚明白了一切。

“难道这是天意？”

三

忙碌了一天，客人们陆续散去。王金凤将已忙得发髻有点松散的彭玥叫到她房间的梳妆台前，帮她梳理凌乱的头发。

“小玥，我们像不像一对亲姊妹？”王金凤将酸楚的味儿，深深地埋藏在心底，开始做彭玥的工作。

“嘻嘻，看你说的，小姐。我们虽然不是嫡亲姊妹，却胜似亲姊妹哩。”彭玥发自肺腑地笑着说。

“那我俩结拜姐妹如何？”

“好哇。”彭玥求之不得，立即高兴地双手抱拳，单膝跪地拜说，“姐姐在上，请受小妹一拜。”

王金凤连忙将她扶起来说：“小妹不必如此大礼，姐姐身子不便，礼节从简啊。”

“好，妹妹听姐姐的。”

“小妹真的听姐姐的。”

“当然，君子一言，驷马难追。”

“老爷进京赴任，路途遥远，他孤身一人，身边需要一个知心人悉心照料。我现在这样子胜任不了当差。”王金凤拍了拍大肚子，接着说，“再说公公年迈，身体欠佳，哥嫂们都不在家，他老需要一个人在身旁照料。所以我思来想去，只有你能胜任此差事。”

“什么好差事？”小玥并没有听懂姐姐的意思，大大咧咧地问道。

“你会武功，女扮男装，扮作老爷身边的书童，照顾老爷的生活起居，这样我才放心。”

“这……孤男寡女的，这合适吗？”小玥脸红了。

“合适，当然合适啊。”王金凤神秘地一笑说，“从现在起，你不能叫我小姐了。”

“那叫你什么呢？”小玥天真地问。

“改口叫姐姐！从此，老爷不是我金凤一人的老爷了。”

“姐姐，你……”小玥顿时明白了她的意思，娇嗔地捶打着她。

“好啦，好啦，别闹了。小玥，我是认真的。”王金凤一副严肃的样儿，吩咐说，“妹妹，京城灯红酒绿，你要看管好老爷，他年轻，精力旺盛，决不许他在外面拈花惹草。”

“他敢！”小玥心直口快，一下子就进入了王金凤下的套儿。

“啃，啃，啃。还没有与老爷圆房就管起老爷来了。”

“姐姐！……”小玥撒娇道。

“咯咯！”王金凤边笑边说，“晚上我跟老爷吹吹枕头风，如果他同意，在赴京之前，就跟你们操办大婚之礼！”

“小玥的婚姻大事全凭姐姐做主。”小玥的脸上更加桃红，但她还是担心地问，“要是老爷不同意呢。”

王金凤开始以大夫人的身份，向小妾布置任务：“那就在去京城的路上，生米做成熟饭，妹妹到达京城后，就公开自己是老爷的小妾身份。”

“凭什么啊，又没圆房。”小玥噘着樱桃小嘴说。

“谁叫我妹妹出落得如此水灵，你有为老陈家传宗接代的义务。”

彭玥的脸色更加红了，腼腆地指着她的肚子说：“你这不是为老爷怀了儿子吗？”

“唉！”王金凤叹了叹口气说，“又是个丫头，传宗接代的重任就落在妹妹你身上了。来，姐姐教教你，怎样讨老爷欢心。”

说着王金凤将小玥拉到她的身边，嘴对着她的耳根，如此这般了一番。

“这……羞死个人，我不跟你说……”小玥害羞地跑出她的房间。

当夜，陈中孚送走巡抚大人，回到书房，乘着酒兴，铺纸研墨，酣畅淋漓地抒发一下愉快的心情。

极目长江迴，沿流众水同。
疑来天以上，直到海之东。
万派沦涟意，千川滉瀁中。
出云掀浪紫，升日漾轮红。
若谷源源注，盈科习习通。
敞然歌百谷，仿佛列群雄。
光耀钦尧帝，澜安颂禹功。
长堤欣睿智，和会惬宸衷。

彭玥细心，她端上一杯醒酒茶递给老爷后，默默不语地接过条墨，娴熟地在砚中研磨了起来。

陈中孚见她两个脸蛋儿红得似两个红苹果，开玩笑地说："哟，我家的小玥今天也为老爷我高兴，也喝上酒了。"

"没……"小玥话语吞吞吐吐。

"今晚怎么了，一向大大咧咧的，咋腼腆了起来。"

"小姐，小姐请老爷回房……"小玥话没说完，却撒腿跑走了。

陈中孚一头雾水地回到卧室，见夫人躺在床上尚未入睡，他亲切地将她搂抱着，关切地问："夫人，今天把你累坏了吧。"

"我倒轻松，倒是小玥忙里忙外累坏了。"她温柔地躺在老爷怀里，试探着说。

"小玥这丫头，聪明能干，幸亏有她。"

"老爷！我和你夫妻近十年了，也没能为老陈家生出儿子，总觉得对不住你。"

"慢慢来吧。"陈中孚用耳朵贴在她膨起的腹上说，"这不，我儿子还在你肚子闹腾呢。"

"唉，老爷，我请张铁嘴算过了，又是个丫头。"王金凤又试探地说，"古人云：'不孝有三，无后为大'，我为你再纳一妾如何？"

"纳妾？"陈中孚像似听错了似的，盯着夫人。

"是的。"王金凤将陈中孚搂抱得更紧，缠绵地说，"小玥六七岁就跟着我，情同姊妹，将她纳妾如何？"

“老爷纳丫鬟，成何体统！”陈中孚生气地将夫人推开。

王金凤心里却甜滋滋的，又撒娇地倒在老爷怀里，深情地说：“小玥可不是丫鬟呢，他是忠良彭家屏的孙女。”

“什么？她是为民请命而被冤死的彭大人的孙女？”陈中孚斩钉截铁地说，“那更不行，我不能乘人之危。”

王金凤是知道丈夫的倔强脾气，她心生一计说：“上次进京赶考，老爷是和松亭、昭远三人同行，我和公公都很放心。这次是你一人进京，路途遥远。小玥会武功，你赴任京城，让她扮作书童，一路照顾老爷，我和公公在家里也放心。”

“夫人待我情深似海，我岂有非分之想。小玥扮成书童，一路照料我可以，待我在京城安顿好后，就叫她回来，纳妾万万不可！”陈中孚态度坚决。

“小玥自跟着我嫁过来多年，我俩情同姐妹，对你也早已情根深种。若你能善待于她，也算是对苦命的她一种呵护。望老爷三思。”

说完，王金凤心想，自古英雄难过美人关，何况老爷精力旺盛，哪有不恋花之理。小玥年轻漂亮，风情万种，我不在你俩身边，这层窗户纸又被我捅破了，你们一路不生米做成熟饭才怪哩。

四

后天就要离开家乡了，不知何时才能返回家园。

临行前，彭玥最放心不下的是师父慧心方丈。

归元寺是江汉平原颇有名气的古刹。其是由白光法师于顺治十五年兴建，规模宏大，占地面积有一百五十余亩，寺内古木参天，其荫蔽下有大小殿宇、禅房二百余间，古色古香。最引人注目的是东边的藏经阁，收藏各种经书近万册，圣经吸引了很多中外佛教徒，前来宝寺诵经修学。

特别是慧心来寺住持方丈三十余年间，其香客不断，规模不断扩大，香火兴盛。

彭玥脚下生风，几十里的路程，只两个时辰的工夫，就踏进了归元寺的大门。

寺院首座释能大师守在寺门，看似在焦虑地等她到来。

他一见到她，就双手合掌拜说：“阿弥陀佛，师姑终于来了，师侄等您多时了。”

别看彭玥小小年纪，因为是方丈的徒弟，身份很高，首座称她师姑，小弥们都尊称她为师奶。

彭玥一惊，忙问："我师父怎么啦？"

"快去大雄宝殿看看，方丈已三日粒米未进，一直在等您。"

"师父，师父！"彭玥听到这个噩耗，三步并作两步，飞奔向大雄宝殿。

彭玥跑进大雄宝殿一看，慧心方丈微闭着双眼，双手合十地打坐在拜团上，脸色却是红光满面。

"吓死我了。"她拍了拍胸脯，心里埋怨起释能：开什么玩笑，这种玩笑是能乱开的？

埋怨归埋怨，她今天是来辞行的，忙在他面前跪拜说：

"徒儿拜见师父，我是来与师父辞行的，怕是要与您分别一段时日，还望师父谅解。"

"阿弥陀佛，为师已经知晓。"慧心两眼仍然微闭着，也不起身，继续说道，"你要与你夫君一起去奔美好前程，过着幸福的生活，为师早就盼望你有这么一天。"

彭玥听后，心里大吃一惊，红着脸儿地问："师父，您是怎么知道的，难道是员外老爷来说的？"

"非也。是为师算出来的。"

彭玥孩子气地说："师父不疼徒儿，只将武功传授给我，却将先知先觉的功夫保留着。"

她便撒娇道："师父，教教我吧，教教我吧。"

"阿弥陀佛，只要徒儿能熟读万卷圣贤之书，那就是秀才不出屋，能知天下事啊。"

彭玥伸了伸舌头，心想：我从小喜爱习武，可一见到书本就头疼，看来这本事是学不来的。

"徒儿不要三心二意，将所学武功，用于保护好你夫君，一心辅佐他忠心为圣上当差，他定有飞黄腾达之时，你也能得到皇上的封赏，到那时，你不要封赏，只要皇上为你爷爷平冤昭雪，为师死也瞑目，切记，切记。"

彭玥又是一惊，她隐隐约约只记得母亲带她边逃难边卖艺的情景，至于她的身世，爷爷一家是为民含冤而死的情况，她是一点都不知晓。

于是，她疑惑地问："师父知晓我爷爷？"

慧心运气提神，开始讲述起来。

河南商丘东门是一块景致宜人，舒适恬静的地方，与南门闹市成了鲜明的反差。这里居住的市民，大部分是富商、官户。

乾隆二十一年的早春，东门街面上，两家大院里分别传出欢快的爆竹声，原来一个是孙府喜得千金，另一个是彭府晚年得子。

孙府是开镖局的，彭府是离任的官吏。一个侠义，一个正直，两邻里趣味相合，相处甚是融洽。

真是机缘巧合，同年、同月、同日、同时、同一个地方，出生一对凤凰，天赐良缘。两家在俩孩子满月宴的当天，在亲朋好友的见证下，定下了娃娃亲。从此，孙彭两家亲密无间，其乐融融。

谁曾料到，好景不长，第二年河南闹蝗灾饥荒，彭家老爷竟挡乾隆爷圣驾，为民请命救灾而遭奸臣陷害锒铛入狱。

正当孙镖师在组织资金，营救亲家时，突然有一天，官府的兵马将彭府团团围住，不一会儿，彭府传出阵阵“救命”的惨叫声。

孙镖师夫妇闻声，立马持刀，正准备与官兵拼命解救彭家时，忽地一个包裹从彭府院墙飞了过来。孙镖师飞身接过包裹打开一看，“哇……”地传出一个婴儿因受惊吓大哭不止的声音。

这个婴儿不是别人，正是孙家女婿彭干。孙夫人见状，将女婿抱了过来，一边奶自己的女儿，一边奶自己的女婿。

“不好，官府要斩草除根。”孙镖师马上意识到大祸就要降临到自己头上，趁官兵还未反应过来，逃命才能保住彭家唯一血脉。他立马收拾细软，从夫人手中接过一个孩子，手提大刀，与夫人一起，骑着两匹追风马，从后门逃出城门。

刚出城门，一大队兵马就追杀了过来。镖师夫妻俩左冲右突，因为各有孩子的牵制，施展不开手脚，摆脱不了官兵的追杀。

“夫人，你带着两孩子向东逃走，我来阻止官兵追杀，摆脱官兵后，我再来寻找你们母子。”

“好！老爷小心！”

说完，孙镖师将怀里的孩子和肩上的包袱递给夫人后，策马迎战来犯之敌。

孙镖师与官兵血战了一天一夜，虽然摆脱了官兵的追杀，却与夫人孩子失去了联系。他沿路苦苦寻找了年余，但还是没有她们的踪迹。

慧心讲到这里时，喉咙里急喘着粗气，脸色出现雪白。

听得入迷的彭玥见状，边帮助师父捶打背心边问：“师父，后来呢？”

“后来，镖师心灰意冷，到少林寺为僧，再后来……在本寺……遇……

遇见……你们……母女……”

这时，彭玥见师父还是原来的姿势坐在拜团上，身子一动不动，再也不说一个字。

“师父……”彭玥突然清醒明白了过来，“外公……”她抱着他的遗体，痛哭了起来。

五

金秋十月，从武昌入京的官道上，一个肩背包袱，身着紧束练功服，头上戴着书童六角帽，腰间别着一柄宝剑的后生，步履轻盈地向前迈进，后面紧跟着一个头戴黑呢礼帽，身着长袍，手拿折叠纸扇儿的书生。

路人一看便知，这一主一仆，是在赶长途。

书生举目一望，前面是一座座崇山峻岭，他忙召唤前面的书童说：“小玥，歇会儿，很快就要到孝感了，赴任时间还早，我们找家客栈先住下，在木兰山上游玩两天如何。”

“好哇，小玥一切听从老爷吩咐。”

当提到木兰山，陈中孚望了望小玥的装束，不禁扑哧一笑。

彭玥见老爷望着自己甜笑，不禁心猿意马，俊秀的脸上顷刻荡出了两朵桃花，娇嗔地说：“不许老爷笑话小玥。”

“何处花木兰？远在天边近在眼前也。”

彭玥娇笑说：“原来老爷是笑我这身打扮呀。古有花木兰女扮男装替父从军，今有小玥女扮男装随……”她本想说随夫，但想起他还没有承认我这个小妾呢，忙改口说：“随，随老爷赴任。”

说完，她甜甜地一笑。陈中孚看到她年轻娇美的面庞，想起夫人临行的嘱托，竟一时不敢直视彭玥那灵动多情的眼眸。

客栈很快找到了，他们要一主卧和一客厅的大房间，主卧是主人睡的，客厅小床则是书童休息，主仆以便照应。

彭玥是个情窦初开的少女，经常憧憬未来。她见老爷一到晚上就退避三舍，心中不免有些惆怅。通过这几年的接触，其实她早就暗恋着这个才华横溢、有情有义的男人。皇天不负有心人，小姐淑德有加，给我提供了这么好的机会，我要是放过了，岂不抱恨终生。

彭玥想到这里，便问正要回房休息的陈中孚：“请问老爷，孝感是不是董永的家乡？”

“是的，看来你还懂得挺多的。”

“人家经常陪姐姐看黄梅戏，也能唱上几曲。”她说着，高兴地用黄梅调哼了起来，“树上的鸟儿成双对……”

她刚唱完，陈中孚拍手点赞说：“唱得很好听，腔正圆润，不承想我家小玥还是个文武全才的才女呢。”

“谢谢老爷夸赞。”彭玥沾沾自喜，得意忘形地操着黄梅调说，“此时此景，我与老爷好有一比。”

“怎个比法？”陈中孚信口问了一句。

“君是牛郎，妾是织女。”彭玥说着，偷窥了一下他的眼神。

没有想到，陈中孚下意识地正色道：“不可放肆！”然后，转身而去。

从此，他俩在行进途中，虽然彭玥将情感收敛了许多，但一路上，她始终是用女人温柔之心，去关怀、照顾、温暖着他，从而使得陈中孚这座雪山，在慢慢融化。

他们在路上行走了两个多月了，再翻过一道山梁便到京郊了。北方的冬天说到就到，天上刮起了刺骨的寒风。彭玥仰望了一下天上飘浮的云朵，心想，今晚要下雪了。

“老爷！走快一点，像似今晚要下雪了，前面有一家客栈，我们就此借宿一晚吧。”

“好！一切听从小玥安排。”他们一路同甘共苦，陈中孚深感小玥的能力和精明。

时间是一把刻刀，久而久之，它能改变人的一切。这不，每当他俩眼神对视时，陈中孚就像被电击了一般，他努力地转移视线，仿佛小玥的眼里有一团火，会将他融化似的。

“店家！要一间上好的套间。”他们进入客栈，彭玥向低着头拨算盘珠的店老板说。

“二位客官，今天不凑巧，天气不好，商客都挤到这里来，已经没有了套间，只有一房一炕了。”

店老板边答边用一双贼眼扫视了一下彭玥肩上鼓鼓的包裹，但随后又看到她腰间贼亮的宝剑，不禁收回了目光。

店家这一细微的变化怎能逃过习武之人的眼睛，彭玥提醒自己，别是一家黑店，小心防范才是。

“那怎么行……”陈中孚听后急了。

“哎哟！”陈中孚正要解释，小玥踩了他一脚。

“一间就一间吧，请店家点上几碟热菜，上一壶京城最好的美酒，一并送到房间，我家老爷冻了一天，要暖暖身子。”

“好的！就是楼上最里面一间，酒菜稍候就到。”店家边说边提着钥匙领着他们上得楼来，打开了房门。

小玥进入房间一看，虽不宽敞倒也整洁，五尺宽的炕上里面，整齐地叠放着一床被褥，被褥的上方放着一个长长的绣花枕头。炕的外面放着一张小小的方桌，房间的右边有一个雕龙画凤的衣柜。

这时，店家捧着酒菜来到房间，放在小方桌上：“请二位客官慢用。”说完，就退出了房间。

“老爷！冷了一天了，上炕来暖暖身子。”小玥坐在炕上，将酒杯斟满，含情脉脉地邀请陈中孚。

“还是小玥想得周全，我敬你一杯。”陈中孚上炕后，端起酒杯有点魂不守舍。

“哪有老爷先敬酒之理，还是小女子先敬我们的老爷。”小玥含笑地故意将“我家”说成是“我们”。

陈中孚似乎没有领会，就将酒杯放在嘴上呷了一口：“好酒！好酒！”

突然，一阵寒风从窗外袭来，推开了房间的窗门，小玥连忙下炕去关窗子。

“哎哟！老爷快来看呀，北方的雪下得好大呀。”

陈中孚随着小玥的叫声，来到窗边紧挨着她。一望，可不是吗？外面鹅毛大雪漫天飞舞。来时还五光十色的北国风光，一下子就银装素裹了。

陈中孚沉迷于窗外的景色，彭玥趁机倚靠在陈中孚身上。

“梅花，梅花！老爷快看，多美的梅花。”

陈中孚顺着她的秀指一看，店院内一株株梅树迎风傲雪，争艳绽放。

“啊！好美呀！”

窗外白雪扑梅花，室内美酒伴佳人，一首情诗，陈中孚那才思敏捷的脑海里迸出：

雪为梅花天上来，梅钟雪意敞情怀。
怀冰抱玉忠贞雪，一夜风情梅盛开。

第五章

路遇强盗巾帼英雄显本色　师从和珅楚天俊才不卑亢

一

半夜，余兴未尽的彭玥，望着心爱的人，躺在她身边发出酣畅的鼾声。正当她沉浸在幸福之中时，突然听见她们房间的门闩，有轻微的拨动声。

“谁！”她轻吼了一声，敏捷地跳下床来，手持宝剑，迅速打开房门，探头向外看去，走廊黑暗中的一个人影儿，一晃就不见了。

她正想去追赶，再一看自己，一个女儿家身上只有单薄轻纱，脸色顿时红到了脖颈。

彭玥连忙闩好房门，上床钻入被窝，望着她心仪的男人正在酣睡，保护他的责任感更加使她睡不着觉了，一直等到天亮。

旷日持久罕见的一场大雪，足足地将他们困在这荒郊小店有好几天了，大雪封门，进出不得。

这天雪一停，陈中孚夫妇结完旅店里的账，就匆匆地踏上赴京的路上。临近晌午，他们走到一处荒郊野岭的山涧间时，只见树上有一只饥饿的乌鸦，发出“呀呀”孤哀的鸣叫，山涧里连一只兔儿也都碰不到，阴森森的，毫无生气，给人一种不寒而栗的感觉。

“此路是爷开，此树是爷栽，要想从此过，留下买路钱。”

突然，从密集的山树林里窜出了三四个手持大刀的蒙面强盗，挡住了他们的去路。

彭玥眼尖，一眼就看出蒙面人中有一个獐头鼠目的，他是客栈的店老板。不怕贼偷，只怕贼惦记。看来，他们早就被这伙贼人盯上了。

她“哼”的一声冷笑，心想，姑奶奶我三岁就开始从师我娘和外公，十八般武艺样样精通，十几年来还没有与敌人比试过，今天终于可以一露身手，给老爷看看。

“好大胆，你们知道这位老爷是谁吗？他可是即将赴任的朝廷命官。”

彭玥吼着，敏捷地拔出宝剑。

“嘿嘿，”一个胖头儿的强盗一声冷笑，指着陈中孚骂道，“什么朝廷命官，都是他妈的鱼肉百姓的狗官，我们劫的就是这些狗官。”

看来来者不善，小心为妙。陈中孚本身就会几套防身的功夫，加上有小玥保护，他毫不胆怯地说：“好个不讲理的强人，本进士尚未赴任，尔等怎的知道我就不是好官？”

“朝廷上下贪官污吏横行，就像是一个漆黑的大染缸，难道能染出白布不成。”

“不能！”“不可能！”其他强盗起哄着。

看来胖头儿的贼人，想必是他们的头儿，只见他提着一把钢刀，直奔赤手空拳的陈中孚而来。

“看招！”彭玥见状，一个“蜻蜓点水”，封住了胖贼人的大刀。

胖头儿推出一招“猛虎下山”，看似凶猛，其实是虚晃一招。紧接着，他瞬间提起右腿来了一个“老树盘根”，向她横扫而来，只见地上的白雪被抛得漫天飞舞。

彭玥心想，这一招何等阴毒，他是要将我横扫倒地，一招得胜啊。

她何等精明，一个“鹞子翻身”，身如翔鸽飞入半空，手中宝剑如“天女散花”一般，她突然变换一招“凭空直刺”，寒气逼人的剑锋，从空中直刺胖头儿心窝。

“不好！”另外三个贼人见状，慌忙用手中兵器迎着剑锋一挑，为胖头儿化开了险招。

胖头儿像受到莫大耻辱一般，恶向胆边生，大喊一声：“见鬼去吧！”手中钢刀向她的脖颈儿横扫而来。

彭玥正专心对付仨贼人，忽然感觉到有一丝凉风迎面扑来，原来是胖头儿的大刀片子向她的颈脖子扫来，她本能地将身子往下一矮，大刀将她头上的六角帽子扫飞了。瞬间，长长的秀发就像一个乌黑的瀑布，突然洒落于背后的半腰中。

“哈哈！原来是个美娇娘。”胖头儿大笑一声，满脸淫邪道，“今个儿爷爷走桃花运了，好久没有摸女人的奶子。弟兄们不要跟大哥争抢，待我擒获娇娘做压寨夫人，请大家喝酒。”

“哈哈哈……”一阵淫笑。

直气得彭玥花容发青，美目圆睁，娇躯颤抖。

“找死！”她娇叱一声，连人带剑扑了过去。

胖头儿见她剑招迅速，不敢怠慢，双肩一晃，移身换步，绕到彭玥身后，钢刀一伸，来了一个“顺水推舟”，直点她的麻穴。

彭玥一剑刺空，知道敌人闪向了背后，听风辨位，头也不回，霍地反手一剑，撞在了贼人的钢刀上。

只听得“当”的一声响，那胖头儿的身子，控制不住地倒退了五六步远，这才稳住脚跟。他的手臂发麻，手中的钢刀几乎拿捏不住了。胖头儿这才知道，这女子的功夫好生了得，远在他们几个人之上。

胖匪首跳出圈外，不知道向众匪嘀咕了一句什么黑话，只见众匪将彭玥团团围住，只作佯攻，并不认真打斗。

彭玥左刺右突，只是点到为止，并不想取他们的性命。她的想法正中贼人下怀，她的招式，都被强盗们一一化解。

不一会儿，只见香汗珠儿从她的秀发中溢出，她的动作慢了下来。

看得眼花缭乱的陈中孚，这时看出了端倪，强盗们这是要消耗爱妾的体力，然后再生擒她。

“哈哈……”众贼人见时机已到，“就擒吧！”众贼人的兵器一齐向女子扑来，四把兵器如四口天缸，密不透风地罩在她的头顶。

该出手时就出手，说迟时那时快。陈中孚快步上前，飞起一脚，正中胖头儿的手腕。只听得“当”的一声，胖头儿的大刀，跌落在地上。

几乎与此同时，彭玥一声：“老爷！接剑。”陈中孚刚一接剑，她就用脚尖挑起胖头儿的大刀，握在手中飞舞，泼水不进，罩住了她和老爷的身体。

彭玥只知道老爷会儿套陈家祖传的陈氏太极拳强身，没有想到临场发挥倒解了她的围困。现在双方是四比二，比原来的四比一的劣势，改变了一半，使她更增加了必胜的信心。

彭玥手握大刀，又与四贼人大战起来。只见她出手就使用蚀月斩、吞日斩、陨星斩、浪滔天，四大狠招，直斩得四个贼人只有招架之功，没有还手之力。

为了能迅速制服贼人，她使出了她们孙家流星蝴蝶刀的旋风、疾风、狂风三门绝招后，还未等她使出腥风这一狠招，只见胖头儿跳出圈外，“扑通”一声跪在地上，纳头便拜。

“小姐，你是我家小姐，小的们有眼不识金镶玉，望小姐责罚。”

其他三位贼人见状，也一齐跪在地上磕头谢罪。

瞬间的变化，使彭玥将大刀举在半空中不知所措，直愣愣地站在原地。

陈中孚站在一旁也是大吃一惊，不解地问：“几位壮士，谁是你家小姐？”

“她！”胖头儿指了指彭玥说，“她就是。只有我们的小姐，才使得出孙家独创的流星蝴蝶刀法。”

“一派胡言，姑奶奶我姓彭，是不是打我不过，找借口啊。”

二

胖头儿一听，她不姓孙而姓彭，难道是我搞错了？不对呀，小姐年轻的时候我们经常在一起，眼前的这位女子的长相与孙小姐简直就是一个模子倒出来的，只不过是过去了十几年，孙小姐还是那么年轻。再说了，流星蝴蝶刀法，是孙家的祖传刀法，外人是不会掌握的。

错不了，不会错。胖头儿提示说：“小姐，我是胖头哇！我们在白莲教的时候，经常并肩与官兵作战，难道你忘了。”

“啊……”彭玥恍然大悟，他们所说的孙小姐一定是我娘，他们将我这个女儿误认为是他们的小姐，原来这四位强人是我的长辈。

“四位长辈请起，折杀外甥了。”想到这儿，她连忙上前，将四位一一扶起。

“难怪、难怪，长得太像了，你原来是小姐的女儿。请少小姐宽恕我们四位。”胖头儿内疚地说。

“四位长辈不必自责，嘻嘻，不打不成交嘛。”

这哪跟哪呀！怎么一下子冒出了四个强盗长辈，陈中孚一头雾水，警惕地问道：“四位壮士何方人氏，为何落得此般田地？”

彭玥见老爷出言谨慎，忙介绍说：“四位长辈，这是我家老爷。”

胖头儿说：“甥女不用介绍，我等也知道。否则，你是不会拼命护着他啊。”

接着他们一一介绍自己。

“我叫孙烈，因头大于身，江湖人称胖头儿。”

“我叫柴火，因有一双机灵的眼睛，江湖人称鼠目儿。”

“我叫石金，因身长两丈，江湖人称竹竿儿。”

“我叫成小钢，因身材瘦小，江湖人称薄皮儿。”

四位介绍完后，陈中孚笑了笑问：“好、好，烈、火、金、钢，四大金刚，名不脱俗，你们怎么落草为寇了呢？”

“唉，一言难尽。”胖头儿回忆了起来。

“那是乾隆丁丑年，我们四兄弟押完一趟镖后，就各自回家休假，假满后相约一齐返回。谁知回到师父家中，人去楼空，经多方打探，才知师父受亲家彭府牵连，全家逃命天涯。

没有了主心骨，我们就失业了。于是，我带领三弟兄漫无目标地寻找师父一家，我们沿路卖艺为生，年复一年，越过黄河南下，来到鄂、豫、陕交界的南山。皇天不负有心人，没有想到在此人烟稀少的山区遇见了师母。”

听得入迷的彭玥激动地问：“哦！你们找着了我外婆了，那我父母亲呢？”

“哈哈”她这一问，倒把胖头儿、鼠目儿、竹竿儿、薄皮儿四人逗得捧腹大笑。

他们这一笑，笑得彭玥有点丈二和尚——摸不着头脑。

“老爷！他们笑什么？”

陈中孚想了想，微笑着说：“我想他们笑你此时还未在娘肚子里转筋斗呢。”

“陈老爷神也。”薄皮儿成小钢赞扬后说，“你父亲和母亲尚未成家呢，你娘当时和你现在一般，与你是一个模子刻出来的，漂亮极了。”

彭玥被羞得一个大红脸，不好意思地对胖头儿说：“孙长辈，对不起，请接着讲。”

“好的。”胖头儿接着回忆。

“原来师母带着两个孩子逃难，为了寻找失联的丈夫，她们历尽千辛。孩子们都五岁多了，还是没有师父的消息，她不得不放弃，认为师父不在人世了……”

“外公在！”彭玥激动地插话说。

“师父为何不找师母呢？”四个镖师异口同声地问。

“外公也找她们四五年了，恰好与她们的方向相反，错过了团圆的机会。他心灰意冷，出家为僧。”

“师父在哪儿，还在吗？”胖头儿抢先问道。

“他老人家是一代高僧，百岁寿辰时，圆寂于汉阳归元寺。”

“啊！太可惜了。”他们叹了一口气。

彭玥紧接着问：“我外婆她们后来怎样了？”

胖头儿说：“在她娘仨走投无路时，被一个叫刘松的好心人搭救了，才有了藏身立命的地方。”

“刘松？”这个名字好熟啊，陈中孚忽然想起一个人来，忙问，“是河南白莲教支派教主刘松吗？”

“正是。”真是秀才不出门，能知天下事。

“老爷，别扯野棉花。”彭玥打破砂锅——纹（问）到底，“后来怎样？”

“我们就加入了……”竹竿儿抢着回答。

“三弟……”胖头儿瞪了竹竿儿一眼，制止了他的话语，警惕地望了望陈中孚。

彭玥恍悟了过来，忙解释说："孙长辈，请放心，我老爷是个有修养的人，心善着哩。"

胖头儿这才放心地讲述了起来。

"乾隆四十年，你刚出生不久，教主刘松带领我们起义，遭到朝廷重兵围剿而失败，师母战后活不见人死不见尸，从此失联。我们和你父母亲逃命时，祸不单行，你父亲路上染疾而去。你母亲安葬完你父亲后，坚持要与我们分手，以免目标过大，被官府一网打尽。从此，就再也没有小姐的音信。"

"后来的事，我隐约记得一些。"她转问陈中孚，"老爷！白莲教是怎么回事？"

"就是我们那儿叫抢饭的队伍。"陈中孚接着简单介绍，"乾隆爷后期，由于土地高度集中在地主和官僚阶层手中，农民、佃农饥寒交迫，纷纷外谋生路。大批流民陆续聚集于川、楚、陕交界的南山和巴山老林地区谋生，聚众以数百万计。由于人口增长迅速，中原大地出现大批饥民，而朝野上下贪官污吏横行，他们不顾饥民死活，生活奢侈，民众不满和反抗情绪日增。而白莲教秘密活动，推崇'无生老母'与'弥勒佛'来救苦救难，改造世界，并以'教义所获资财，悉以均分''有患相救，有难同当''不持一钱，周行天下'等平均、互助教义迅速传播，使穷苦百姓在精神上有了寄托，人们纷纷加入白莲教。他们的队伍走到哪，就抢到哪，专抢官府和财主们的财产，他们对那些人恨之入骨。"

胖头儿补充说："我们白莲教主要传播的对象是那些受官吏压迫，受官府差役，受地主剥削，受厂主压榨，受讼棍勒索，生活在水深火热中的劳苦大众。"

"哦！原来是一群苦命的人。"彭玥望着四个漂流大半生的长辈，顿时起了恻隐之心。

她将陈中孚拉到一边，悄悄地说："老爷！四位长辈孤苦伶仃，能否带到京城，为他们养老送终。"

陈中孚听后，坚决地摇了摇头说："你的脑袋进水了吗？"

"怎的？"

"官场比战场还要残酷，要是同僚们知道，我养了四个白莲教的余党，参我一本。"陈中孚用手摸了摸自己的颈脖子说，"我这个项上人头还保得住吗？"

彭玥听后，伸了伸舌头："那……"

陈中孚望着爱妾为难的样子，一下子就有了主意。

陈中孚问她："我们的银两还有多少？"

"姐姐临行前给了三百两银子，一路花了五十余两，还剩余两百四十余两。"

"京城快到了，我们留下零头，其余两百四十两全部给他们，资助他们将店面扩大经营，这样就无后顾之忧了。并劝诫他们金盆洗手，再也不要干这强盗勾当。"

陈中孚特别强调说："我不便出面，你安顿好了他们之后，叮嘱他们一定要将此事烂在肚子里，以免日后生出事端。待我们站稳了脚跟，再接他们去京城养老也不迟。"

"好的。"彭玥按照老爷的吩咐，安顿好了四位长辈后，返回他的身边，两人向京城方向而去。

三

一路上，彭玥再也不用女扮男装，恢复了女儿本色，与陈中孚肩并肩亲热地行走在官道上。

时间过得真快，京城的城墙就闪入了他们的眼帘。

彭玥担心地问："老爷！银两全部给了他们，你暂时又没有俸禄，那我们在京城怎样生活啊。"

陈中孚笑了笑，胸有成竹地说："车到山前必有路，船到桥头自然直。要不，我们打秋风去？"

"嘻嘻，打谁的秋风啊，京城我们人生地不熟的。"

"你忘了，咱们京城还有个做官的亲家呢。"

"啊，原来牡丹未来的公公也在京城。"彭玥喜悦的脸色，刚露出一会儿，就担忧了起来，"那怎么好意思向亲家开口啊……"

彭玥正要继续说下去，突然指着城门说："老爷，城门口有人向我们张望呢。"

可不是吗，说曹操曹操就到，城门口停着两顶官轿，程德楷和夫人伸长脖子正在向官道上张望。

"心畬！""松亭！"两个久别重逢的同窗双手紧紧地握在一起，有说不完的离别之情。

还是彭玥机灵，她向身着高雅的服饰，钟灵毓秀的女人打招呼道："嫂夫人好！”

“好，好，弟妹一路辛苦了。”程夫人见是一位年轻漂亮、风姿绰约的女人，心中一喜，忙扶着她左看看，右瞧瞧。

“看不出来，亲家母已是三个孩子的母亲，保养得真好。”

彭玥一听，脸色羞得桃红，娇羞地解释说：“嫂夫人，你说的是我姐姐，我们还没孩子呢。”

“好你个陈中孚！”程夫人突然声音提高了八度。

陈中孚一惊，连忙松开程德楷问：“嫂子，怎么啦？”

“湖叉子和山旮旯出来的进士，尽是些色狼，一年土，两年城，三年不认屋里人。你倒可好，进京的路上就纳妾，怎对得住我那含辛茹苦的亲家母。”

程夫人不像是太子师母，倒像是山里的一个泼妇。

“你……”程德楷被夫人突如其来的变故，气得说不出话来。彭玥被羞得躲到了陈中孚的背后。

陈中孚面不改色心不跳，尴尬地笑着解释说：“嫂夫人，你误会我了，这是你那亲家母做的主，不然……”

“哎哟！”彭玥在背后重重地揪了他一下。

“我说吗，心畬弟不是那种人。”程德楷乘机递上了梯子，好让陈中孚下台阶。

女人的脸，就像六月的天气，说变就变，一下子就多云转晴天。

“这还差不多，那我们的接风酒明儿再请，今儿个先喝你俩的喜酒。”

“好啊，就找京城最好的酒楼请客。”

“就到一条龙羊肉馆去吃涮羊肉去。”

彭玥见老爷口若悬河，又暗地里揪了揪他，指着空荡荡的包裹，提示他，我们连个铜板也没有，怎么请客。

陈中孚早就有心理准备，诡谲地笑着说：“不过……我请客，太子太傅解囊。”

程德楷已经看出了他小妾细微的动作，他关怀地问：“心畬弟，是不是路上遇到麻烦了？”

“他将……”彭玥本想说他将钱捐出去了，却被老爷制止了。

“唉！避时，避时，哪承想刚过石家庄，就遇到打劫的，被洗劫一空，要不是小妾拼死相救，我怕是见不着二位了。”

彭玥听见老爷的托词，暗自佩服老爷是个工于心计的睿智之人。

“上轿，上轿后再说。”程德楷邀请道。

“你们大男人坐一顶轿子，我和弟妹还有很多知心话儿说呢。”看来程夫人是刀子嘴豆腐心。

程夫人上轿后，这才注意到彭玥腰间别着一把宝剑，她连忙牵着她的手，亲切地说：“没想到弟妹不但年轻漂亮，还是个巾帼英雄，我那亲家真有福气。”

“嫂子，快别夸赞我了，今后在京城生活，还要仰仗嫂子照顾。”

“这个自然。有人在八大胡同口为你们号了一套房子，我们也住在附近，便于两家串门儿。”

“好的，谢谢太傅和夫人想得周全。”彭玥还以为是他们夫妇租的房子。

“不用谢，一家人不说两家话。”

说着，说着，他们就下轿八大胡同口，走进为陈中孚夫妇号来的四合院。

只见丈余高的院墙围着庭院，邻街坐北朝南的门匾上有“陈府”两个笔走龙蛇的镀金大字。陈中孚一看笔迹，就知道是松亭兄的杰作。四合院内分别有几株桂花树、石榴树，还有一些盆景花木，争奇斗艳，散发出淡淡清香；室内各厢房顺应房间的用途，配置有完善齐全而又古色古香的各式楠木家具。

彭玥惊讶这么大的一套四合院，就她和老爷两人居住，多宽敞自在啊。她像刘姥姥进了大观园，查看了东厢房后，又像一只燕子一样飞到了西厢房，那高兴的劲儿就甭说了。

陈中孚和程德楷夫妇刚到客厅的太师椅上坐定，一个四十挂零的妇人，低着头儿，用托盘端着四杯热气腾腾的香茗过来。

“请老爷品茶。”

“这是……”陈中孚望了望妇人，疑惑地问。

程德楷说：“哦！这是和大人为你们家配的佣人，还有一个男丁和四个轿夫，这房子也是和大人安排的。”

“和大人？哪个和大人。”

“就是前朝权臣，名声显赫的和珅和大人。”

陈中孚皱了皱眉头说：“我还不曾拜访他老人家，无功不受禄啊，这如何是好。”

“心畬弟，看来你是个福星，一般的人和大人不用眼瞧。”程德楷狡黠一笑说，“你能入他老人家的法眼，看来你的前途无量啊。”

“松亭兄，别笑话我了，我如云里雾里。”

程德楷挥了挥手，女佣识趣地退了下去，他又向夫人努了努嘴。

“你们老爷们说话吧，我去陪弟妹了。”程夫人说着，就离开了客厅。

陈中孚说：“这是何等讲究？”

“朝廷深似海，讲究的事儿还多着呢。”

“老兄入朝早，快教教老弟，在皇帝身边办差，应该注意的事项。”陈中孚虚心地问。

“心畬弟是个聪明人，要谨小慎微办事，少说话，多沉潜。”

“谢谢松亭兄提醒，伴君如伴虎的道理我是知道的。”

“防虎固然重要，但还要用睿智的头脑，提醒你身边的老虎，注意猎人的陷阱，只有这样你才有发展前途。”

不愧是太子的老师，太深奥了，陈中孚听后，不解地问：“松亭兄，皇上的权力至高无上，谁有这么大的胆子，敢设陷阱于皇上？”

程德楷淡淡地笑了笑，没有正面回答他的问题，而是顺着自己的思路说：“官场如战场，也是个深奥的狩猎场。猎人的陷阱不仅仅是为了套住老虎，由于伪装的巧妙，往往他身边的同僚，一不小心也会落入陷阱。”

四

在与程德楷的谈话中，陈中孚隐约感到：昔日无话不说，坦诚相待的同窗变了，变得圆滑老成。

第二天一早，彭玥为老爷穿戴好八品官服，梳妆镜子里，一个神气十足的朝廷命官出现在她的面前。

“老爷！我们去吃早点，今天是第一次入朝，可不能迟到哦。”

“好的，好的。”

第一天入朝，按朝廷潜规则，主要是行拜师礼。陈中孚已经料到，他的官师是谁了。

餐厅里，女佣已经将稀饭、肉包子、油条和几小碟咸菜摆放在餐桌上了，两双空碗筷摆在了一起。陈中孚已经感觉到，佣人们都是训练有素的。

两人刚刚吃完早点，家丁就进来报告说：“老爷！轿夫在外面恭候着您呢。”

“好的。”陈中孚轻轻地拍着小妾的手说，“你一人在家里，叫女佣陪你说说话儿，我去上朝了。”

“老爷放心去吧，我在家里有姐姐教我的刺绣手艺，正好打发时光。”

听了小妾的话后，陈中孚放心地钻进了轿子。

翰林院坐落在东长安街的南边，为明初鸿胪寺旧址，是为皇上储备人才的地方，为正三品衙门。

入内有三院五楹，西为读书厅，东为编检厅，左边廊围内是功臣馆，右边廊围内是昌黎祠和土谷祠。堂之后为穿堂，左为待诏厅，右为典簿厅。后堂有东西两房书库，正厅则是皇帝的临幸宝座。

陈中孚刚一进翰林院，就被更值带到翰林院学士文祺的办公室。只见文祺在客厅里陪着和珅谈事儿。

“下官拜见学士大人！”

经更值指点，陈中孚进办公室后纳头便拜。

文祺摆了摆手，面无表情地说：“免礼！还不拜见德高望重的和大人。”

陈中孚这才注意到，太师椅上还坐着一位体态臃肿，满脸堆笑的老臣。陈中孚忽然记起，春闱殿试时，在保和殿中见过他。啊！他就是前朝权臣和珅，他老人家又来干什么？

他又是纳头便拜：“下官拜见和大人！”

“免礼，免礼。”和珅笑容可掬地说，“中孚庶吉士，你在殿试时，老夫就欣赏你的才华，做老夫的弟子如何。”

果然不出陈中孚所料，和珅是要当他的老师。使他想不明白的是，和大人已经是个退休的老臣，为什么对我如此上心。

文祺见陈中孚犹豫不决的样子，忙说：“和大人是不轻易收徒弟的，陈吉士，快行拜师礼啊。”

看来他们事先已经商量好了，吃饭不得罪火头军，县官不如现管，文大人已经发话了，不得不服从。

陈中孚只好来到和珅面前，单膝而跪，双手合掌，纳头便拜：“先生在上，请受徒儿一拜。”

官场礼节与民间礼节有不同之处，民间拜师需焚香后，双膝跪地而拜，朝廷命官如双膝下跪，则是上拜皇上，下拜父母。此种拜师仪式倒像似江湖拜把子。

和珅满脸堆笑地站起来，躬身将陈中孚扶起：“爱徒，请起，请起！”

文祺在新旧两朝为官，已经有二十多年了，和大人的傲慢他领教过多次。今天他老人家是唱的哪一曲啊，对一个刚入翰林院的庶吉士如此热情。

看来本官今后要重点留心他才是。

想到这儿，他对更值说：“你陪陈进士到翰林院四处走走，本官陪和大人品茗。中午我在福星酒楼订了几桌拜师酒，到时你将他带去就行。”

“喳！”

陈中孚识趣地说：“请老师和文大人坐会儿，我去熟悉一下环境，拜访各位大人。”

中午的拜师宴好大的排场，凡在京城的官吏想必是都来了，就连一向与和珅不和的保和殿大学士王杰也应邀来参加。每个官员都带有红包来庆贺，和珅府上的管家刘全应接不暇。

一人得道，鸡犬升天。陈中孚沾了和大人的光，在宴会上着实风光了一回，酒不醉人人自醉。这不，程德楷扶着已是吐词不清，交叉而步的陈中孚，辞别各位大人，将他送回了陈府。

彭玥见老爷醉醺醺的样子，边谢过程德楷，边接过老爷，搀扶着向卧房而来。

“刘妈，快泡杯醒酒茶来。”

“哎！”佣人刘妈麻利地端着茶水进来。

“你去忙你的吧，我一人就行。”

彭玥一手挽着他的脖颈，将瘫睡在床上的老爷扶起，一手端着茶盏，正准备喂水时，只见老爷睁开了清醒的双眼，冲着她怪笑。

彭玥一惊，脱口问道：“老爷！您没醉？”

陈中孚眼睛瞥了下房门，彭玥会意，机灵地起身关好房门，转身见老爷从袖口中，拿出一块带着浓浓酒味而又湿漉漉的手帕出来。

彭玥接过手帕，赞扬说：“老爷，你可真聪明。”

“天上九头鸟，地上湖北佬嘛。哼哼，老爷我要成为酒精（久经）官场的战士，就要学会避忌‘酒后吐真言’的技巧。”陈中孚自嘲地冷笑着说。

彭玥问：“老爷，谁是您拜的师父？”

“和珅，和大人。”

“和珅！是这个老不死的。”彭玥听后，愤然地大声骂道。

“嘘……”陈中孚做了一个手势说，“小声点，隔墙有耳。”

彭玥用手指了指外面，轻声地问：“他们是和珅派来监视您的？”

“有可能！”陈中孚说，“害人之心不可有，防人之心不可无。”

彭玥提示说：“老爷您可要当心啊，我爷爷就是被这个老贼害死的。他这么关心你，葫芦里到底卖的什么药啊？”

陈中孚皱着眉头说：“他的这一反常关心令人费解。是福不是祸，是祸也躲不脱。”

“那可怎么办？”她担心地问。

他早有心理准备地说：“顺其自然，以不变应其万变。”

陈中孚说完，迈着稳健的步伐，来到书房，挥毫疾书一首《治心在于忠》：

管子名言著，斯心励厥功。
知难惟省独，主静实由中。
君道期崇正，臣思在竭忠。
观摩澄内照，咸感妙旁通。
豁达重门辟，精征百虑同。
存其闲出入，启乃牖明聪。
九有钦皇极，三无仰圣衷。
洁齐征曰肃，时雨颂绥丰。

五

北方的冬天要比南方冷得多，外面的寒风刮得院内的树枝“吱吱”作响，书房里没有烤火炉子，有一种冰凉冰凉的感觉。

彭玥亲自到厨房，打来一盆热水，劝说陈中孚回到已经烧热的炕上，为老爷洗脚，然后服侍他上炕休息。

其实，中午翰林院举办的拜师宴，早有密探报告了嘉庆皇帝。王杰去捧和珅的场子，是奉皇上的密旨而去的。

下午，王杰来到勤政殿，如实向嘉庆汇报了中午宴会的情况。

“皇上圣明，和珅狗难改本性，他又以收徒为名，实则达到了敛财的目的。”

“这朕早就料到。”嘉庆深藏若虚地问，“这么多进士，为什么和珅只收陈中孚为徒呢？”

“回皇上，臣也不得其解。按理说，他们既无世交之谊，更无师生之情，难道这是巧合。”

“不、不、不！绝对不是巧合，这不符合和珅的本性。”嘉庆话锋一转，继续问道，“陈中孚在宴会上的表现如何？”

“回皇上，敬酒时看似潇洒自余，诚心拜师的样子。”

“哦！看来陈中孚不能留在朕的身边工作啊。”

“皇上圣明，那怎么安排他？”

“还是留在翰林院打杂吧，继续考察他，如有建树，三年后再另行任用，否则，就叫他从哪儿来回哪儿去。”

真是跟好人学好人，跟一个叫花子进庙门。可叹陈中孚为了这一拜师之事，险些毁了政治前程，最可悲的是他还蒙在鼓里。

“是！皇上圣明。”王杰见事儿办完了，就退朝而去。

狡猾的狐狸逃不过好猎手。和珅虽然老奸巨猾，他哪里知道，皇上令王杰参加他的收门徒喜宴，放的是个烟幕弹，从而迷惑他。

王杰是个风向标，因为他是长期在皇帝身边工作的大臣，皇帝的一举一动，他是了如指掌。所以，他能委曲求全地参加宴会，说明当今皇上对和珅还是相当信任的。嘉庆的这一高招，的确麻痹了和珅和众位京城官员。

嘉庆心中还有一个疙瘩没有解开，他待王杰退出后，忙令站在一旁的主管太监：“一定要查清和珅葫芦里卖的什么药。”

“喳！”

自先皇驾崩后，和珅越来越感觉到，新上任的皇上要拿他开刀，眼看安乐享受的荣华富贵人生，就像泡沫一样转瞬即逝。

精于游弋在官场的和珅，通过多年琢磨先皇的一举一动，他得出了这样一条经验：皇上当面批评你，那是爱护你；皇帝当面怒于你，那是要重用你；皇上当面表扬你，那是要遗弃你；皇上不闻不问你，那是要整死你。

在乾隆两年太上皇的时间里，有他老人家罩着，嘉庆皇帝倒也谦逊，朝中大小事务都要与他商量着办。现在可好，皇上对待他，像是他在人间蒸发了一样，不闻不问。

和珅惶惶不可终日，不甘心噩运的到来，得另起炉灶重新开张。他每天苦苦思索，怎样重新博得新皇帝的欢心，解开当年与嘉庆结下的死结。

苍天有眼，就在陈中孚赴任途中，他安插在湖北巡抚琦善身边的密探回报。“报告大人，琦善有一个令人费解的活动。”

和珅淡淡地问：“什么活动？”

“他一个二品大员，却亲自去陈中孚家里去为他道喜。”

“他们两家有什么瓜葛吗？”

“回主人，一个是清朝贵族，一个是汉人乡绅，八辈子不相干，哪有瓜葛。”

和珅警觉了起来，这简直是天方夜谭，在门第森严的君主制度里，琦善没有特殊的利益，他是不会委身于一个进士家里做客。

“快查，彻底查清他去的目的。”

“回主人，小的通过调查，原来琦大人是冲着陈中孚家里的秘笈而去的。”

和珅一惊，果然里面有蹊跷，不耐烦地问：“赶紧往下讲。”

和珅早在乾隆时期，他受明朝朱元璋开办“东厂”的启示，网罗培植了一大批甘心情愿地忠诚于他的鹰犬，通过各种手段，安插于朝廷重臣身边，随时了解他们的动向，从而达到不可告人的目的。

他采取威胁利诱，重金收买，施恩教化等手段来感化他们。因此，这些鹰犬，都能死心塌地为他服务。

和珅狡猾地因人而异，将密探们的聪明才智发挥得淋漓尽致，从而将很多不愿与他同流合污的朝廷命官，送进了监狱或断头台。

和珅的这一毒辣手段，朝廷命官们心知肚明。但关键是这些密探潜伏得很深，一旦被识破，他们就义无反顾地自杀身亡，很难掌握和珅的把柄，奈何不得他。因此，被他拉下水而成为他的死党的官员，不计其数。

琦善仗着他是正黄旗子弟，对和珅畏而远之，尿不到一个尿壶里去。他做事的风格是光明正大，因而他身边的贴身保镖就是和珅的密探，他全然不知。

“是，” 保镖战战兢兢地回答说，“主人，那是炼丹仙人葛洪留下来的一本《葆春方》秘笈，只要服下此丹，会使人长生不老。”

“长生不老？”和珅怀疑地问，“人间真有不老方吗？琦善得到了吗？”

“的确是有此方，但陈中孚没有交出来。”

一听此话，和珅像一个濒临溺水即将要死亡的人，遇到了一根救命稻草。嘉庆皇帝中年执政，很想万寿无疆，长期坐在皇帝的宝座上。琦善寻求秘方，为的是贡献皇上，结果是竹篮子打水——一场空。

天助我也，和珅充满信心地想：我要用一切手段，从陈中孚手中得到秘方，炼成丹丸后，我自己享用一些，献给皇上一些。我有献丹之功，想必是当今皇上更比先皇信任他。

送房子给陈中孚、收他为徒，只是和珅计划中的一部分。他就像河边的一个钓翁，稳坐钓鱼台，静静地等待着鱼儿的上钩。

第六章

师父疯狂敛财百银入账簿　徒弟机智灵活一帛送寿礼

一

自私与贪婪是一对孪生兄弟，如果它们在适当的环境中相结合，会孵化出一条条毒蛇来。和珅就是乾隆年间，孵化出来的一条毒蛇。乾隆去世后，他不但不收敛，反而倚仗他是前朝元老，变本加厉地搜刮民脂民膏。

这不，他的七十大寿马上要到了，奴才们已经放出话来，要着重操办这次寿庆，送银子三百两以上方为礼，才能入席参加寿宴。

朝廷命官除王杰、朱珪、琦善等少数大臣外，上至一品大员，下至七品小吏，无不心甘情愿地巴结他，惧怕日后有“小鞋”穿于脚上。

和珅何许人也，竟然明目张胆地勒索钱财。不说不知道，说来吓你一跳。

和珅，他是清朝正红旗后裔，姓钮祜禄氏，字致斋，生员出身。

他发家是从乾隆三十四年袭轻车都尉世职，授三等侍卫时，受乾隆皇帝赏识，历任户部侍郎，旋擢军机大臣，步军统领，户部、兵部、吏部尚书，理藩院尚书，文华殿大学士，封一等公。

和珅为人奸诈，精明强干，办事干练，善于琢磨乾隆的心思。不得不承认，他的确是乾隆爷肚子里的一条蛔虫，主子想什么他都能准确地掌握。

乾隆偏爱于他，视为心腹，晚年尤甚。圣上的政令传喧，都由他手书口传。他专横跋扈，专擅弄权，各省府奏折须先用副折送他审阅后，方再呈报乾隆。因而，各地宝物珍品，均进贡到他的府上。

上梁不正下梁歪，上有和珅这个巨贪，下有千百万个小贪，一时闹得朝野上下，一片乌烟瘴气。可想而知，平民百姓还能过上好日子吗？白莲教起先造反正是这个历史时期。

一世英明的乾隆皇帝，难道就这样放任和珅胡作非为吗？其实这是有原因的：他执政六十余年，已经是耄耋之人，老态龙钟，哪有精力处理朝政。

而又未设立太子接班，自然而然，一切政务就交给和珅处理了。

乾隆有十七个儿子，却不设立太子殿。历朝历代血的教训告诉他，皇室的太子们，为争夺皇位得到天下，大都是斗得死去活来，骨肉相残。因此，他不设立太子，就是要在平日里，观察儿子们处理各种复杂矛盾和组织能力，优胜劣汰，从优中选优。

这天，乾隆将和珅召进勤政殿。

和珅一进勤政殿，就满脸堆笑地望了望满头银丝的乾隆，然后“扑通”一声，双膝跪在地上，纳头拜道：“吾皇万岁，万万岁！”

“爱卿平身，唉！”乾隆叹了叹口气，“万岁是不可能的，生老病死是人类自然发展规律，朕怕是要去追随先帝了。”

和珅起身，连连摆手摇头说：“不，不，不！皇上圣明，您是神，而不是普通的人，您将万岁万岁万万岁。”

“爱卿不要安慰朕了，朕自己的身体状况自己清楚，趁朕现在还没有糊涂时，朕想跟你商量立新皇帝的大事。”

“新立皇帝？”和珅心想：您还没有驾崩，就新立皇帝，那我怎么办？眼看这大权独揽的日子，很快就要泡汤了。不行！趁他现在老糊涂了，要制止他的这一决定。

“圣上！臣诚惶诚恐，不知为臣哪里做错了，您现在身体还硬朗着呢！不能退居二线啊。”

乾隆说：“朕有个初步想法，决定拥立十五皇子永琰为皇帝，朕为太上皇，你看如何？”

和珅听后一惊，毫不犹豫地反对说：“皇上！老臣追随您近四十年了，您叫我去打狗我不敢去赶鸡，唯您的命令不折不扣地服从。今天老臣斗胆地提出，十五皇子不能担任皇帝。”

“为什么？”乾隆惊问道。

“不是他的能力不行，而是他不完全是我们满人贵族的血统，魏贵妃可是汉人啊，有一半是汉人血统，这样违背了祖上定下来的规矩。圣上英明，请三思。”

乾隆心里一声冷笑，朕已经料到你会反对的。想你和珅聪明一世糊涂一时，自古功高不能盖主，富不可敌国，可这两样你全占有啊。你要是不反对，还有一个好的晚景，这一反对，你的晚年就悲哀啊。我念旧情不办你，你以为我就不向我儿子透风啊，永琰知道你曾经阻止他当皇帝，岂能放过？

乾隆不露声色地说："我和魏贵妃不是你做的媒吗，这有什么不好？满汉一家亲嘛，这也是祖皇康熙爷定下来的治国方略。"

真是哪壶不开提哪壶，看来乾隆爷没有老糊涂。和珅经皇上这一提醒，三十多年前的一幕犹如昨天发生的一样。

那年乾隆爷心血来潮，要微服私访下江南，只委托大臣刘庸主持朝政，秘密带上和珅这个贴身侍卫，就出了京城。

主仆二人打扮得像一位相公带着书童游山玩水的模样，乘便舟，下运河，直达上有天堂下有苏杭的苏州。

他们几天来并未惊动苏州知府，饶有兴致地游完了拙政园、寒山寺、留园、虎丘等名胜古迹。

乾隆爷余兴未尽，突发奇想：何不到乡野去溜达溜达，一来可以呼吸到新鲜空气，看看田园风光，二来可以视察今年农业收成情况，一举两得，何乐而不为呢。于是，他带着和珅直往太湖边的吴县而去。

走着瞧着，时间过得真快，不知不觉间已过晌午，乾隆这才觉得饥肠辘辘。

他对和珅说："你看，前面有一户农家，我们去买点吃的，肚子闹意见了。"

"喳！皇上。"和珅点头哈腰应道。

乾隆嗔怪地说："你是不是脑袋生锈了，我不是提示过你吗？不要叫我皇上，要叫相公。"

"是，相公！奴才记住了。"

二

两人来到这户农家，见只有一个十五六岁的村姑，气质高雅，出落得如刚出水的芙蓉，水灵灵的，漂亮极啦。她独自一人，在家里做刺绣女工活儿。

和珅上前礼貌地行合掌礼说："这位村姑，小的这厢有礼了。"

村姑甜甜一笑问："二位客官，可有何事？"

"我家相公，路走得多了，肚子空空如也，想在你这里买碗饭吃。"和珅特别强调，"我们按价付银两。"

说着，和珅从袖口袋里，掏出一锭银子，递给村姑。

村姑并未接银子，甚至连看都没有看一眼，倒使得和珅讨了个没趣。乾隆一愣，都说民间的人爱财，这位漂亮的姑娘却视银子为粪土，他不由自主地多看了她几眼。

村姑忽然看见相公模样的人，直愣愣地望着自己，脸色一红，羞涩地急转过身子，无意中两条长过屁股盘儿的辫子上的秀发梢儿，轻轻地刷在了乾隆的脸上，怪痒痒的。

“二位客官，你们到堂屋先坐会儿，我一会儿就弄好了饭菜。”村姑说着，闪舞着轻盈的莲步，飘向厨房去了。

一进厨房，村姑傻眼了，橱柜里除了有一碗咸萝卜干外，什么菜都没有，这不是怠慢了客人吗？江南人家都好客，村姑用眼光四处搜寻，有啦！厨房的屋梁上还挂着一串腊肉哩。她将腊肉切成片状后，可又犯愁了，用什么做配菜呢？

这时，柴火灶上的铁锅里，飘出阵阵大米饭的香味。村姑急中生智，连忙将白米饭盛出来，金黄金黄的锅巴另外存放。添柴将洗净的铁锅烧得滚烫，再将腊肉放在锅里翻炒。不一会儿，腊肉飘出特有的香味，这时她将锅巴和米汤一齐倒在锅里。只听得“哧”的一声，腊肉的香味夹杂着锅巴的香气，融成一股特殊的清香，弥漫全屋。

“好香！”“好香！”乾隆主仆二人，已经垂涎三尺。

“相公！山野人家，没有什么好吃的招待你们，请将就着填饱肚子吧。”村姑端出饭菜，放在小方桌上，甜甜地说。

“好吃！”乾隆吃腻了皇宫里的山珍海味，从未品尝过山野人家的粗茶淡饭，何况还是出自美人的手艺。他吃得不肯放下碗筷，高兴地夸赞道：“这真是天下第一菜啊。”

皇帝说的话就是圣旨，后来“天下第一菜”在苏州的月楼里被广为流传。

和珅忙说：“姑娘，还不快谢过黄三！”

“黄三？”村姑听后倒是一头雾水。她心想：这个书童真不明事理，是我做饭他们吃，应该谢我才是，怎么倒要我谢黄三？

“对！我叫黄三。”乾隆见村姑双锁着秀眉的俊秀样儿，心猿意马，这不是西施转世吗？

乾隆回过神来，亲切地问：“请问姑娘芳名？”

“我姓魏，叫秀儿，平时都是我娘做饭，今天我父母亲都去外婆家了，本姑娘只好亲自下厨房，饭菜做得不好，还请相公包涵。”

秀儿轻声细语，娓娓动听，而一双会说话儿的眼睛里的一泓清泉，望着眼前的相公却是含情脉脉。

“很美，这一顿饭就像你这美人一样，美味极了。”乾隆赞美道，羞得秀儿面如桃红，她忙低下了头。

和珅听鼓听声、听锣听音，一下子就明白了主子的意思，主子是出了名的风流天子，他皇宫里有三宫六院七十二妃，全部都是清朝贵族的绝色丽人。今天喜欢上了这位美人儿，是想享受汉人美女的风韵。当然，这层窗户纸儿，只有我来捅破。

于是，他笑眯眯地问："敢问秀儿小姐，芳龄多少，可曾许配婆家？"

秀儿是个很有心计的女孩，她假装嗔怒地说："这位小哥真是的，竟当面问本姑娘的隐私，我还未满十六岁，哪来婆家？羞煞个人了。"

真是女人的心，海底针，看不见摸不着。这个秀儿，看似发怒，实际上是对眼前的相公上心了。

和珅也不生气，满脸赔笑道："秀儿姑娘对不起，小的问话太唐突了。我家相公是从京都而来，承祖德庇荫，家有良田万顷，旺铺千家，富甲华夏。相公下江南是仰慕天堂秀女淑娴持家，欲寻一绝色女子白头偕老。今日巧遇，相公与小姐有缘，真乃天作之合也，不知小姐意下如何？"

凭着和珅的三寸不烂之舌，已经打动了秀儿的芳心。此时的秀儿，脸色如桃花妖艳，她也不作答，深情地望了乾隆一眼，又含羞地低着头，只等相公表态啊。

乾隆何等精明，他忙从右手大拇指上取下价值连城的祖母绿翡翠戒指，拉过秀儿玉藕般嫩的秀手，深情地说："秀儿，这是定情信物，择日我派八抬花轿，前来迎娶你。"

秀儿接过定情信物，嘴里低声叽咕着："难怪我昨夜梦里被一条龙缠着，原来是你这个冤家。"

说完，秀儿低着头，跑进了自己的闺房。

"有戏。"乾隆与和珅望着秀儿的背景，相视一笑。

乾隆此次下江南，喜得一绝世佳人，心满意足地和和珅从太湖出发，返回京城。

可是，经太湖的湖风一吹，乾隆那发热的脑子顿时清醒了许多。秀儿只是个乡野女子，与他的地位悬殊，皇额娘肯定会反对。加之，秀儿是汉女，满汉不许通婚，这是祖宗定下来的规矩。而朕的确仰慕她的气质和美貌，已经送了定情信物给她，"君子一言驷马难追"，朕岂能失信于一个无辜的女子呢，这便如何是好？

"唉！"乾隆想到这儿，重重地叹了一口气。

"皇上，刚才还兴致勃勃，怎么忽然间就叹气了呢？"和珅关心地问。

"唉！都是你这奴才做的好事，现在害得孤家左右为难。"

和珅一听此言，胆战心惊地说：“奴才该死，不知何处冒犯圣上。”

“你想没想到，朕纳秀儿为妃，她是个农家女子且是汉人，太皇太后怎会同意这门亲事。”

真是啊！和珅心想，当时只顾着拍皇帝的马屁，没有想到还得通过太皇太后这一关。既然事情已经发生了，得想个法儿帮皇上渡过这一难关。想到这儿，他开动着他那灵光的脑子。

“皇上！有啦！”一会儿，和珅拍着自己的脑门说。

“什么有啦？”乾隆正在思索解决问题的办法，冷不丁儿被他不着边际的“有啦”，搞得有点丈二和尚——摸不着头脑。

“皇上！秀儿的身份有了解决的办法。”

乾隆听后大喜，忙说：“快说来听听，有什么好办法。”

和珅得意地说：“皇上！内务府管领魏清泰不也姓魏呀，他不是被圣上批准入我们满人籍了吗？又是三品大员……”

乾隆兴奋地接过他的话语说：“你是说令魏清泰秘密将秀儿收为养女，我去选秀，这样就天知地知，你知我知他知，只有我们三人知。”

“吾皇圣明！奴才正是此意。”

乾隆想了想后，摇了摇说：“不妥！这样不是欺祖骗母吗？”

“圣上回顾一下，绝世明君康熙爷，他老人家为了我大清大业兴旺发达，提倡满汉一家亲国策，并带头打开祖制的枷锁，纳汉女为妃，先帝雍正爷不也是在不折不扣地执行这一国策吗？”

和珅说到这儿，用一双笑眯成缝的双眼望着乾隆。意思是提醒乾隆，您也是汉母所生。

乾隆若有所思地说：“我没有违背祖制啊。”

“皇上圣明，没有，没有，绝对没有！”

和珅从回忆中醒悟过来，这才明白他又钻进了乾隆爷早已设置好的笼子，不得不感慨地说：“天意，天意啊。”

乾隆正在闭目养神，忽而听见和珅的感慨，睁开眼儿问道：“爱卿同意了？”

和珅无可奈何地说：“圣上英明，选中的接班人顺了民意。”

“后天是个吉日，定为永琰新皇帝登基的日子，你明天将权力移交给新皇帝吧。”

“喳！”和珅不知何时，衬衫都被冷汗湿透了。

三

和珅要做七十大寿，陈中孚这个徒弟理所当然要出血流汗啊。可当听到同僚们背后议论，师父贪得无厌，每人要送三百两以上银子方能上榜入账，惊得他冷汗直冒。

人随潮流草随风，下官送礼上司，乃是天经地义。使陈中孚不可理解的是，他这个八品庶吉士月薪只有四十两银子，七品四十五两，一般官吏哪来那么多银子送啊！

陈中孚下班后，闷闷不乐地回到家中，只见小玥笑容满面地从厨房里端出他平常最爱吃的酸菜鱼，放在餐桌上，他一时的不快，被酸菜鱼的香辣，冲得无影无踪。

“老爷回来了，快更衣吃饭。”彭玥招呼着，回卧室帮助陈中孚脱掉官服，换上便装后，亲热地挽着他的手腕，双双回到了餐桌。

陈中孚边往爱妾碗里夹菜，边笑着问她：“小玥，你平时不爱吃辣的，怎么现在比我还爱呢。”

“是吗？”彭玥闪动着一双狡黠的眼睛，幸福中带有调皮的语气说，“我不告诉你。”

“你不告诉我我也知道。”

“快说！你知道是什么原因？”

“嫁鸡随鸡，嫁狗随狗呗。”

彭玥见老爷如此回答，失望地摇了摇头。大男人们就是粗心，自己的女人怀孕了也没有观察到。男辣女酸，想必我怀的是个男孩，暂且不告诉你，待我回家问姐姐后，再给老爷一个惊喜。

想到这儿，彭玥轻声地说：“老爷，我想姐姐了，也不知道她生产了没有。”

陈中孚见爱妾想家了，忽地又想起送礼的事儿，就顺着她的竹竿往下溜着，说道：“我也想安排你回家一趟，一是去看看我伯、二叔二婶和你姐姐，再者与我伯商量，从药铺里支取三百两银子，马上返回京城。”

“要这么多银子干吗？”

“我师父和珅要做七十大寿，送礼呗。”陈中孚压低声音说。

“哇！”彭玥一听到和珅的名字，就像吃了臭虫似的，妊娠反应就上来了，她连忙跑进卫生间。

呕吐了一会儿后，彭玥洗漱完呕吐物，若无其事地回到餐桌。

陈中孚关切地问："怎么啦，身子有点不舒服？"

彭玥向四周望了望，见管家和女佣在厨房里用餐，就附着老爷的耳边狠狠地说："我一听到和珅的名字就作呕，奸贼是害死我爷爷的凶手。"

"哦？那你还愿不愿意回去？"

"我是老爷的人，为了老爷的前程，我只得违心地回家一趟了。"

这件事虽然定下来了，陈中孚还是心事重重地来到书房，想起年迈多病的父亲和贤淑能干的妻子，在家里日夜劳作，靠药铺赚两个钱也不容易。我不但不能帮他们，反而还要从家里拿钱，自感惭愧。于是，一首《桑无附枝》就在脑中形成：

种山开广亩，叶叶附于枝。
蚕食供能给，龙精觃可知。
经春和翠折，近舍有条垂。
女手匡频执，墙头斧以斯。
远扬栖戴胜，半妥挂游丝。
不道敷荣日，如逢陨箨时。
余青看乍减，新绿又潜滋。
写入循良傅，图兼麦两枝。

彭玥骑马日夜兼程，不多日就回到了武昌葛仙镇家中。

她一踏进熟悉的家门，就带着礼物去拜望了公公。公公是个受人尊敬的老人。老爷八岁时，一场洪水就夺取了婆婆和小叔子的生命。公公再也没有续弦，既当爹来又当妈，将三个儿子培养教育成人，个个都有建树，十里八乡的父老乡亲都很羡慕和尊重他。

彭玥来到公公的房间，见陈其光躺在病榻上休息，就双膝跪在地上拜道："儿媳小玥拜见公公。"

"咳咳……" 陈其光勉强坐了起来，亲切地说："啊！是玥儿，快起来，快说说你和孚儿在京城还好吗？"

彭玥起来，见公公咳嗽，边帮他披上外套，边倒了一杯热茶，递给他说："回公公的话，我和心畲在京城都生活得很好。老爷工作忙，派我回来看望你老人家，他担心您老的身体哩。"

"这有什么好担心的，人老了毛病就来了，再说还有你姐姐凤儿照顾着了。"

一提起老大王金凤，陈其光就来了精神，赞不绝口地说：“凤儿可是一个贤淑能干的孩子，她既要照顾四个孩子，又时刻牵挂着我，还要打理药铺的生意，可忙坏她了。”

陈其光忽地话头一转，感慨地说：“我老陈家八辈子积了德，修来了你们两个好儿媳妇唷。”

“谢谢公公夸赞，我去药铺帮帮姐姐。”

陈其光知道她姊妹俩，离别这么久了，有很多知心话要说，他挥了挥手说：“去吧，去吧！”

彭玥健步来到葛仙镇陈记药铺，原来破旧的铺面不见了，现在焕然一新。“陈记药铺”四个苍劲有力的镀金大字匾额，挂在大门上方闪闪发光。特别是大门两侧的一副对联格外引人注目：“花放杏林滋气血，药生兰室补肢身。”

看来姐姐继承了王员外的衣钵，颇有经营头脑，将药铺打理得有模有样。

彭玥进入店中，见姐姐和店小二，两人正专心地盘点中药，一旁坐诊的陈中医正要与她打招呼，她连忙向他摆了摆手，闪动着调皮的眼睛，向柜台内喊道：

“老板，有三七卖吗？”

“有、有！”王金凤连忙放下手中的活儿，满脸笑容地回答顾客。她再抬头一望，惊讶地叫着：“唷！原来是你这小妮子，是什么风把你吹回来了。”

彭玥欢快地跑进柜台，搂着王金凤的脖子，撒娇地说：“当然是老爷的东风吹回来的。”

王金凤捧着彭玥漂亮的脸蛋儿，左看看右瞧瞧，忽然她从她的下巴上，看出了妇女妊娠时特有的痕迹。

“小玥，有了？”

彭玥含羞地点了点头说：“嗯！”

王金凤一喜，忙问：“是喜欢吃酸的还是喜欢吃辣的？”

“回姐姐的话，特别喜欢吃辣。”

“好啊好。”王金凤拉着彭玥，急着来到陈中医面前说，“老哥，快给我妹妹切切脉，看是男孩还是女孩。”

彭玥坐在陈中医面前，伸出右手放在脉垫上。根据《内经脉象》学说，孕妇的脉象沉而有力，怀的是男孩，孕妇的脉象沉而平滑则是女孩。

有名的中医，一般是先切脉后，再看孕妇的妊娠印儿，再问孕妇的饮食习惯。可喜的是，彭玥怀孕的三种情况都是男孩的象征。

“恭喜弟媳，贺喜弟媳，怀的是个少爷。”

“嘻嘻，小玥妹妹，你真行，一怀就准，咱们老陈家有后了。”听到陈中医的话后，王金凤比谁都高兴。

彭玥想起分别时姐姐还是个大肚儿，这下苗条了，就试探着问：“姐姐第四胎生的是？……”

“唉……”王金凤叹了叹口气说，“又是个丫头，秋天生的，你回去禀告老爷，就叫秋菊好了。”

“嗯！”彭玥真心实意地说，“我的儿子也是姐姐的儿子。”

“我也是这么想的。”王金凤说到这儿，就吩咐店小二说，“快去通知厨房办几桌酒席，我要给妹妹接风洗尘。这事办完了之后，去麦岭把我伯我娘接来。”

四

“好的，老板娘。”店小二应着，一阵风似的跑了出去。

“没有这个必要吧，都是一家人。”彭玥想阻拦已经来不及了，店小二已经不见了踪影。

王金凤笑嘻嘻地说：“正因为是一家人，姐姐说话算数，完成与你分别时的承诺。”

“承诺？”彭玥想了一会儿，才想起临分别时的那天晚上，姐姐说，只要她能和老爷结合在一起，再给他们补办订婚仪式。

“姐姐，说句知心话，只要我们能真心地爱着老爷，过好日子，小玥并不在乎什么仪式不仪式的。”

“名不正则言不顺，我要使老陈家和亲戚朋友都知道，你是老爷明媒正娶的小妾。”

“谢谢姐姐。”

陈中医在一旁听了半天，才明白老板娘的意思，不禁赞叹说：“老板娘真是贤惠，有海纳百川之胸怀，世上难找的好人。”

“老哥，过奖了，我们关上店门，一起喝喜酒去啊。”

“好啊！喝喜酒去。”

“噼里啪啦……”这天晚上，葛仙镇上街村陈府，又响起了十万响的鞭炮声，一股带有硫黄味儿的白色烟雾，很快弥漫天空。

“陈老爷家里又有什么喜事啊？”街坊邻里在互相询问。

“听说是在京城为官的小妾回来了。”

“走，我们看看去。”这是义门陈家的一大特色，只要是哪家有喜事儿，大家都来捧场子。

一阵鞭炮声，引来了这么多客人，这是王金凤始料未及的。她将公公陈其光安排在堂屋的首座，两旁分别坐着的是她父亲王员外和二叔陈其鹄。

这时，陈管家大声宣布说：“父老乡亲们！静一静！现在是朝廷命官陈中孚的二太太，回家省亲，为两位公公和义父行叩拜之礼。”

彭玥在王金凤的授意下，打扮得像个新娘子似的，来到三位长辈面前，跪在拜毯上纳头便拜。

“公公、二叔、义父三位长辈在上，小玥祝你们，福如东海，寿比南山。”

她这一磕头，就算是认祖归宗，名正言顺是陈家的媳妇。王金凤体贴她有身孕在身，连忙将她扶了起来说：“妹妹起来，礼也行了，你现在是咱们老陈家的人啊，三位长辈！你们说是吗？”

他们早就听凤儿说过，三位连连点头说：“是啊，是啊。”

“这位小妾，不是大媳妇的陪嫁丫鬟吗？”人群中不知是谁，低声咕噜了一句。

陈其英站在一旁看热闹，闻其议论，就站出来大声问：“各位亲朋好友，你们知道我这侄儿媳妇是谁的孙女儿吗？”

“谁啊？”

“小姑，快说来听听。”

“她是前朝被康熙爷文字狱冤死的，为民请命的好官彭家屏的孙女儿彭玥。她五岁时，她娘带着她逃难来到了汉阳，母亲又不幸染病身亡，是王员外菩萨心肠，收为养女，将她抚养成人。”

凭着她在娘家做姑娘时的威望，大家深信不疑。

“啊，原来是官家的大小姐，大户人家。”

王员外也站起来，接过陈其英的话说：“陈家小姑讲的一点没错，小玥是我的养女，受归元寺慧心方丈指点，两个女儿有同侍一夫之缘，所以我也将她和金凤一起嫁了过来。”

今世良缘。从此，姐妹俩同侍一夫被传为美谈。

正当大家高兴地议论着，陈中医来到陈其光的面前，合掌礼拜说：“恭喜大叔，贺喜大叔，心畲弟的小夫人怀上少公子了。”

“是吗！”陈其光的脸上，因病久违的红光出现了，兴奋地说，“这下我心中的一块石头总算落地了，贤侄，你今天要多喝几杯哦。”

既是接风酒，也是归宗宴，大伙儿闹得很晚方才散去。

彭玥心里自然高兴，但她没有忘记回家的任务。散席后，她将公公、二叔、二婶、小姑、义父、义母六位长辈和姐姐请到书房。大伙儿心里都明白，小玥这么远的路赶回，一定有要事和大家商量。

待大家落座后，彭玥一一为他们敬上茶来。

“各位长辈们、姐姐，我这次回来，是想帮助心畲解决目前的困难。他的师父做七十大寿，因他的俸禄还没领取，无钱送礼。所以叫我回来，找家里求援。”

二婶听后，大大咧咧地说：“嗨！我以为有什么大不了的事呢，不就是一个礼钱吗，叫凤儿从药铺里支十两银子，该是重礼吧。”

“二婶，你老人家有所不知，在民间为重礼，可在朝廷大官面前轻于鸿毛啊。”

王金凤心里一惊，忙问：“那得要多少？”

彭玥气愤地说：“他的师父是个出了名的大贪官，送三百两银子才能上账入席。”

“三百两？一个小药铺，值几个三百两啊！咳咳……”陈其光听后，剧烈咳嗽了起来。

王员外见状，忙替亲家分忧说：“亲家，俗话说：‘一个女婿半边子’，你不用担心，这个钱我出。”

读书人毕竟是读书人，心里沉得住气，一直沉默不语的陈其鹄插话问：“玥儿，心畲拜的师父是何人？”

彭玥愤懑地说：“我彭家的仇人，狗官和珅。”

“和珅？”陈其鹄摇了摇头说，“他是前朝的巨贪，名声很坏。心畲这孩子怎么一时犯迷糊了，师父多的是，怎么拜了他呢！”

陈其英埋怨地说：“玥儿你也是的，怎么不提醒你家老爷呢。”

彭玥满肚子委屈，忙解释说：“不知怎的，我和老爷还未到京城，就被这条毒蛇缠上了。又是送房子，又是派佣人，想摆也摆不脱啊。”

一日夫妻百日恩，知夫莫于妻。王金凤心疼丈夫，含泪说：“可怜心畲，在京城为官的日子并不好过啊。”

彭玥心酸地说：“可不是吗，原来是定的在皇上身边工作，后来不知怎的，在翰林院坐了冷板凳。特别是拜了和珅为师父以后，同事们都避而远之。这还不说，回到家里，我们夫妻俩说话都得小心翼翼，以防隔墙有耳。更使他耿耿于怀的是，他怀有治国富民的抱负而不能实现，心情常常闷闷不乐。”

陈其鹄感慨地说：“难怪人们都说官场如战场，是不见血的战场。心畲上没有靠山，下没有经济基础，在这种环境下生存发展，如履薄冰啊。”

陈其光心疼儿子，他边咳嗽边说：“凤儿，你伯赚两个钱也不容易，我们就是砸锅卖铁，也要凑足银子给他送礼。否则，他的日子更难过了。”

可怜天下父母心，陈其光不仅仅是个严父，更怀有慈母般的柔情。

这时，陈其英却提出了反对意见：“我不赞成大哥的意见，与其这样的环境下当官，不当也罢。人家是一人得道鸡犬升天，我家是三儿当官全家着急。再说，如果我们助长了心畲的溜须拍马的风气，他今后也会演变成贪官，祸害百姓，这不是我们老陈家的风范。”

陈其鹄听后，大义陈词说：“我赞成小妹的意见。我们老陈家是官家之后，历朝历代我们的祖宗作出了表率，个个都是清官。其中有直中公官拜宰相，却刚直不阿，不徇私情；继铭公官拜左仆射，而谦虚谨慎，耕读传家；特别是辉公，父子同科进士，任职于四川通判，闻父被高俅陷害，要被昏君处死，他代父赴死，忠孝节义。到了心畲儿这一代，决不能出贪官污吏。否则，我们就愧对祖先。”

五

“咳咳咳……”陈其光咳得更厉害了，一直不停地咳，脸咳成了猪肝色。王金凤见状，忙拿出陈中医研制的清肺止咳丸，彭玥机灵，早已将开水奉上，两个媳妇伺候公公将药服下后，一会儿，他就停止了咳嗽。

陈其英见两位侄媳这么孝顺哥哥，宽慰地笑了笑说：“大哥对不起，是小妹惹您生气了。我的意思是说，天无绝人之路，得想个两全其美的法子，帮助三儿渡过这次难关。”

大家都觉得陈其英说的有道理，一阵沉默。

陈其鹄打破了沉静，捋着自己长长的胡须说：“我倒是有个法儿，不知行否？”

“二叔快说。”王金凤、彭玥两人几乎异口同声。

“老夫画一幅农景图，凤儿手巧，将它绣成一幅锦缎，送给和珅为礼。哈哈……这可是民间的无价之宝呀。”

“行。”“好。”大家纷纷表态，赞同这一办法好。

陈其英和彭玥先后表态：赶在和珅做寿之前，她们当副手，协助王金凤完成绣品。

经过三个女人的日夜刺绣，月余时间，一幅举世无双的农景锦缎图，就诞生在武昌的葛仙镇。

彭玥将绣品包好，辞别众亲，马不停蹄，日夜兼程赶回了京城家中，老爷正在家中翘首以待呢。

陈中孚忙迎上前，帮助爱妾卸下包袱后，就迫不及待地问："小玥，辛苦你了，银子筹到没有？"

彭玥用毛巾擦了擦汗，调皮地说："回老爷，经过全家集体研究决定，来个狸猫换太子。"

陈中孚一头雾水，忙讨饶地说："好小玥，别卖关子了，怎么个狸猫换太子。"

彭玥边解开包袱，边择重地说出了小姑的意见，随后拿出一幅锦缎递给了陈中孚。

"老爷，这就是送给和大人的宝物。"

陈中孚连忙接过，打开一看。啊！好美的一幅农景图。

弯弯的河水，缠绕着一簇茂林修竹，汹涌地流过，一叶小舟在风浪中奋力地航行着；翠竹荫蔽下，有一间茅舍，茅舍的前方，是一片肥沃的土地；一位农夫头顶着烈日，正在茂盛的红薯地里劳作，额头上的汗水，一滴滴地滴在红薯的清叶上，晶莹剔透。

"知我者，恩师二叔也。"陈中孚看后，激动得大声呼叫了起来。

"怎么啦老爷，这幅画里，二叔藏有什么心机？"彭玥倚在老爷的身边，不解地问。

"这幅画里，二叔隐用了四个典故，教育我做人的道理。"

"此画怎么讲的？"

"二叔提醒我水能载舟也能覆舟；为人要像修竹一样，高风亮节，不要用金钱去攀附权贵；要知道锄禾日当午，汗滴禾下土的艰辛；同时告诫我，当官不为民做主，不如回家种红薯。"

彭玥感叹地说："啊！二叔不愧为教书先生，用心良苦。"

"心畲，说谁用心良苦啃？"正当他们夫妇谈论二叔时，程德楷夫妇串门来了。

陈中孚递上绣品，微笑地解释说："我和小玥正在夸我二叔呢。松亭兄，你对丹青颇有研究，看看这幅农景图画得如何。"

"啊！太美了！这心灵手巧的绣工，比七仙女还绣得好。"程夫人看后，首先发出感叹。

程德楷连连咂着嘴说：“真乃世间珍品也！其线条粗细分明、呼之欲出；农舍、修竹、曲河、小舟、红薯、耕者之间的巧妙安排，美轮美奂、出神入化；特别是耕者弯腰农作所产生的汗珠，惟妙惟肖、栩栩如生，老陈家真是藏龙卧虎啊。”

陈中孚见行家赞美此画，征求他的意见说：“松亭兄，将此画送给和大人为寿礼如何？”

程德楷想了想说：“和大人家里珍奇异宝多的是，哪里看得上你这幅农景图呢！”说着，他从袖口中拿出一张银票，递给他说：“心畲，我为你准备好了一张三百两的银票，你拿去送寿礼吧。”

此话听起来有些刺耳，好像陈中孚穷得连送礼的钱都没有。他像是受到莫大的耻辱，脸色顿时沉了下来。

程夫人见状，忙解释说：“亲家！别生气嘛，我和松亭商量好了，孩子们都十五六岁了，该考虑他们成家了，且当我们送的彩礼吧。”

彭玥怕夫君忍不住发脾气，忙附和着说：“是呀，老爷！一晃咱们牡丹十六啦，女大不中留，是该考虑她出嫁的事宜了。”

陈中孚生气归生气，但他是一个顾全大局的人，听到两位夫人的解释，认真地对程德楷说：

“松亭兄，这不仅仅是一幅农景图，它凝聚了咱们老陈家人的智慧和刚直不阿的秉性，我决心已定，就用它为礼。这三百两银票，你去送给他吧。至于孩子们的婚事，不要搞得那么庸俗，一切从简，你们去和夫人商量着办吧。”

“心畲，你看你这驴脾气，一会儿温顺，一会儿又顶上来了，好心当了驴肝肺。”程德楷收回银票，笑着说，“也罢，你是你们太武湖的莲花，出淤泥而不染，难能可贵。可我也是太子太傅呀，为人师表，决不与贪官污吏同流合污，他也奈何我不得，可我是担心你呀！”

陈中孚语气缓和了下来，不屑一顾地说：“松亭兄，谢谢你的好意。我早有心理准备，兵来将挡，水来土掩。通过这次送农景图，我倒要看看和大人到底起了什么心思。”

“好，好！”程德楷松了松口气说，“看来我的担心是多余的，足智多谋的亲家，是胸有成竹。”

第七章

朝野疗毒治贪腐山外有山　皇上赐婚喜同窗亲上加亲

一

和珅的寿庆说到就到了，和府内外张灯结彩，上下人等川流不息，一派喜气洋洋的气氛。

陈中孚第一次来到和府，只见八个家丁，一致着青衣武士打扮，分别持贼亮贼亮的大刀，站立大门两旁，如狼似虎；门户两侧耸立着两只张着血盆大口的汉白玉石狮。

陈中孚毫不畏惧地跨进门内，一个下人很快跑来迎接他。

“请大人自报门户，我家账房先生好收礼入账。”

“下官是翰林院庶吉士陈中孚。”陈中孚自我介绍后，递上锦缎绣品。

下人接过绣品，高声唱喏：“翰林院庶吉士陈中孚送绣品一幅。”

“按规矩办，不入账！哪里来的穷鬼，想在老爷府里骗酒喝，叫他快滚！”远处传来账房先生冰冷冷的声音。

“滚！”下人听罢，将绣品甩在地上，恶狠狠地说。

陈中孚何时受过如此羞辱，但小不忍则乱大谋。他弯腰捡起绣品，自嘲地苦笑着，他早就预料到有这种结果。他只有将一肚子怨恨吞在肚子里，转身昂首向门外走去。

“陈大人，请留步！”陈中孚刚出和府大门，就听见有人在喊他，他回头一望，原来是和府的管家刘全，笑呵呵地小跑着向他而来。

“陈大人，这是你的不是了，怎么不进堂内拜见师父？”

陈中孚不卑不亢地说：“不啦！师父和大人的门槛太高了，下官无颜见他。再说，他老人家的看门狗太凶了，我怕伤着自己。”

刘全顿时脸色通红，但还是忍气吞声地说：“你不想见你师父，和大人却在大堂里恭候着你呢。”

话到了这份上，再推辞就显得失礼了，陈中孚跟在管家的后面，又重新回到和府。

“刘管家，这不是刚才被轰出去的叫花子吗，你怎么把他请进来了？”账房先生惊讶地问。

“啪！”刘全重重地打了账房先生一耳光，狠狠地瞪了他一眼说：“狗眼看人低，他是老爷的爱徒陈大人。”

账房先生一边护着自己发痛的左脸，一边点头哈腰地说：“陈大人！小的有眼无珠，还望大人不计小人过。”

陈中孚摇了摇手中的绣品，调侃地说：“账房先生，用它能否换到一张寿庆的入场券？”

“这……”哈巴狗永远是听主人的，账房先生目不转睛地望着刘全。

“能，能！千里送鹅毛，礼轻人意重嘛，还不快收下陈大人贵重的礼物入账！”刘全边假惺惺地奉承着，边向账房先生挤了挤眼。

哈巴狗领会了主人的意思，他悄悄地在账簿的最后一页，记下了“庶吉士陈中孚送绣品一件”。

陈中孚不明就里，跟随着刘全，来到了富丽堂皇的中堂。果然，和珅皮笑肉不笑地等待着他。

陈中孚上前行单跪合掌礼说：“晚生祝恩师福如东海寿比南山。”

和珅坐在太师椅子上，满脸堆笑地挥了挥手说：“起来，起来，咱们师徒情同父子，不必拘泥礼节。”

说着，他瞪了瞪管家刘全一眼，不满地说：“还不快点给陈大人赐座，上茶。”

“喳！”刘全点头哈腰，指着一旁的客座说：“陈大人，请！”说着，就从一个下人手中接过一杯香茗，恭敬地放在一旁的茶几上。

陈中孚挽起官服，半截屁股坐在太师椅上，诚惶诚恐地望着和珅解释说：“恩师，您的七十寿诞，作为徒弟的本应出血流汗，只因家境贫寒，加之晚生俸禄微薄，只得命内人刺绣一幅农景图送给恩师，惭愧，惭愧。”

“哎！”和珅假惺惺地说，“千里送鹅毛，礼轻人意重嘛，你人来了我就高兴。”

“谢谢您的抬爱。”

“为师身为老臣，整天忙于政务，没有时间去你府上看望你们一家，南北气候，饮食习惯不一样，你们还过得习惯吗？”

“习惯，习惯。”陈中孚心知肚明，这是提示他不要忘记了他的恩典，忙感谢说，“谢谢您老的恩惠，赏赐晚生住房家丁，晚生今后将尽力回报您的大恩大德。”

“举手之劳何足挂齿。”和珅见眼前的这条鱼儿慢慢上钩了，就试探着问，“爱徒，听说你们家乡是葛洪炼丹仙地，你家又有悬壶济世之德，可曾得到葛仙真传？”

陈中孚听后一惊，狐狸的尾巴终于露出来了。为什么我能无缘无故地得到他的馈赠，一直存在心中的疑惑，终于有了答案。看来眼前的和大人，也和琦善巡抚一样，都是冲着子虚乌有的葛洪《葆春方》而接近自己。

陈中孚想到这里，身上直冒冷汗。一边是虎，一边是狼，冷不防处在虎狼之窝，我这个小小的八品庶吉士，怎样才能全身而退呢？

保全自己，实现远大抱负很重要。陈中孚巧妙地回答说：“回恩师的话，葛洪的《葆春方》只是民间传说而已，我家开的是小小药铺，与葛仙八竿子打不着，何谈得到他的真传。不信，请您老问问琦善巡抚大人。”

和珅一声冷笑。好一个狡猾的陈中孚，真是哪壶不开提哪壶，你应该知道我历来与他不和，你却把他搬出来搪塞老夫。不知天高地厚的东西，老夫弄死你犹如踩死一只蚂蚁。

都是什么《葆春方》惹的祸，陈中孚从和珅那冷酷的眼神中，看出了恶狼的本质。

看来只有使用三十六计中的欲擒故纵之计了，静观其变，祈求上苍来转危为安。

“恩师！容晚生再派人回家认真打探，一定在短期之内给您一个满意的答复。”

料你也逃不出如来佛的手掌心。和珅脸上又露出常有的假笑说：“好，好，不急！你是老夫的得意门生，快去帮老夫接待客人吧。”

“是！”陈中孚忙去宴会厅端茶递水，笑迎八方来客，客人们暗自惊讶，和大人又收养了一只哈巴狗。

陈中孚从客人的眼光里，看出了嘲讽的味道，但他还是强装笑脸，不露声色，夹着尾巴做人。

陈中孚忙里偷闲，他自嘲地吟哦一曲《慎之慎》：

励节高风隐，寿堂慎独知。
三贪吾不惑，四聚国之危。
惕若无人辩，严乎指视随。
相投虽以闇，屡照几曾疲。

鉴水神常澹，悬铜胆尽披。
莫因来暮夜，而竟玷清时。
有觉珠凭记，无贪实是持。
轩廷悬朗鉴，黾勉企芳规。

二

正当和珅的七十寿宴闹得乌烟瘴气时，嘉庆也正在勤政殿里生闷气。原来父皇交给朕的是一个烂摊子，刚刚平定了白莲教，又冒出了天地会。好比水里按葫芦，按下去了这头又冒出了那头。出兵？谈何容易，自古道：兵马未动，粮草先行。由于前段时间为镇压白莲教，动用了大量军费开支，国库空虚，朕是巧妇难为无米之炊啊。

嘉庆想集思广益，听一听大臣们有何平定天地会的良策，忙令一旁伺候的主管太监。

“快传各部臣工进殿议政。”

“这……”主管太监并没有马上去执行圣旨，而欲言又止。

“有什么话语但说无妨。”

“回皇上，今天是和大人七十大寿，想必是现在大臣们，已经是烂醉如泥。”

嘉庆听后，愤怒地骂道：“狗奴才！狗贪官！和珅误国，误国兮！”

“皇上明鉴，奴才想户部尚书朱珪，保和殿大学士王杰两位大人，是不会去凑这个热闹的。”主管太监不失时机地提示着。

“朕被这个贪官气坏了，倒忘了这两位良臣，快传，快去！朕去养心殿小憩一会儿，在那儿会见他们。”

“喳！”主管太监传旨离去。

皇帝也不好当啊！嘉庆日理万机，确实是累了，特别是心累，刚刚躺卧在龙床上，就迷迷糊糊地睡着了。

睡梦中，嘉庆做了一个噩梦：天地会、白莲教合为一体，逆匪成千上万人，攻城略地，势如破竹，紫禁城摇摇欲坠……突然，一个身着白色衣服和一个身着黑色衣服的厉鬼，又像是白莲教和天地会的两位教主，他们来到他的床前，伸出两只令人作呕又使人寒噤的长舌，像两只软软的吸管，分别在两旁吸取他身上的血液。

他惊吓得出了一身冷汗，却又动弹不得，连忙大呼：“救朕！救朕！”

王杰、朱珪早已来到了养心殿，见皇上熟睡，就不便打扰他，静静地坐在他的床边，等候他醒来。

“皇上，怎么了？”“皇上，你是不是做噩梦了？”两位关切地问。

嘉庆这才从噩梦中醒转过来，强打起精神下床来。

王杰、朱珪两人行君臣之礼毕。

王杰主动地问道：“皇上！你这么急着召见我们，一定有重大事情发生是吗？”

“正是。”嘉庆将那颜成的奏折递给王杰说，“两位爱卿先看一看，再发表你们的意见。”

王杰看后一惊，忙将奏折递给朱珪。

朱珪看后也是一惊，这如何是好，我这个大清朝的财务主管，当然知道米缸的米不多了，国库里还没有一千两银子，如何派兵打仗？

朱珪胆战心惊地禀报说：“皇上圣明，由于这几年平息白莲教之乱，致使国库空虚，现在库存的银子，只有八百二十四两，如果出兵，军费从何筹得。”

嘉庆想了想说：“现在唯一的办法，通知全国各县府，提前将税银缴上来，以解燃眉之急。”

王杰听后，直言不讳地禀奏说：“吾皇圣明，这样万万不可。此时农耕正是青黄不接之时，农者没有收入，哪里去找银子上缴。官府圣命不敢违，就会强征强收，势必又会造成民众与官府的对立矛盾。那时全国都掀起了反抗之潮，风起云动，这种局面更难收拾。”

“那如何是好？”嘉庆听到王杰的一番直言，觉得也有一定的道理，不禁紧锁眉头问道。

朱珪乘机进谏说：“皇上圣明！我大清朝的资本大部分被地主、官僚持有，我们何不仿效外夷，开采矿产资源。以朝廷为主，吸收富人资本。这样是一举两得，既解决了军费开支，又能使国力增强。”

嘉庆心想：这个朱珪，什么都好，就是太固执了。

“不行！矿场其实就是祖宗的龙脉，我们不能救一时之需，而去挖断龙脉，这样对我大清朝很是不利。朕丑话说在前面，如果有谁再提开发矿产，就以反朝廷之罪论处。”

朱珪吓得低下了头。

“哈哈哈！”王杰见朱珪似一个落水鸡儿，不禁大笑了起来。

“大胆王杰，你竟敢当朝咆哮。”

王杰胸有成竹地说：“皇上圣明，您借臣十个胆儿，臣也不敢。我是笑我们君臣三人，现成的钱庄不起用，而在这里干着急。”

嘉庆一听，来了精神，忙问：“哪个钱庄？”

王杰故弄玄虚地说：“先帝爷留下的呀！”

他是一个很懂得政治，驾驭官场的老手，不直接向皇上说出答案，是有他的考量。

皇上采纳还好，如不采纳，势必会留下严重的后患，只能提醒圣上，点到为止。

嘉庆思索了一会儿，突然高兴地说：“王爱卿是说和钱庄吧！”

王杰与朱珪相视一笑说：“皇上圣明，这可是您说的。我可没说。”

嘉庆佯装生气，用手指着他说：“你这个老奸巨猾的奴才。”

“皇上圣明。”朱珪回报王杰一个怪脸，然后担心地说，“和珅是一个典型的铁公鸡，像貔貅一样，只进不出，叫他出钱，谈何容易。”

“这……”嘉庆恼羞成怒地说，“朕令他出资，他不从，朕就治他的违抗皇命之罪。”

朱珪提醒说：“皇上圣明。和珅有先皇赐的免死金牌，您奈何不了他啊！”

嘉庆一听，又犹豫不决了起来。

此贪官不诛，我大清朝大厦危在旦夕。想到这一层利害关系，王杰感到身上的责任重大。于是，他抬出了先皇的撒手锏。

“圣上日理万机，却忘了先皇的遗盒了。”

经王杰这一提醒，嘉庆想起来，父皇临终时，曾留下遗言：“皇儿，在朝廷财政遇到严重困难时，你再打开这个密盒。”

“快请父皇的密盒。”嘉庆命令道。

“喳！”主管太监很快双手捧着精致的密盒。

三

“奉天承运，皇帝诏曰：朕为嘉奖和珅一片忠心，曾赐免死金牌一块。此牌只在当朝有效，待儿朝时，自行废止，钦旨。”

嘉庆刚打开密盒，王杰就跪在地上背诵了起来。

一字不差，嘉庆吃了一惊，忙问：“王爱卿，你是怎么知道密旨的内容的？”

“回皇上，先皇神武英明，他老人家早就预料到他仙逝后，和珅会仗着这块金牌犯上作乱。故而在他病重期间，密令臣起草了这道圣旨，作为遗嘱，助您解难纾困。”

“父皇英明，父皇英明啊！”嘉庆感慨地说。

朱珪还是担心地说：“皇上圣明，和珅可是两朝元老，欲治罪于他，必须要有真凭实据的罪证，才能服众。”

“也是这个理儿。”嘉庆赞同朱珪的意见。

王杰胸有成竹地说：“皇上请放心，我已收集到和珅有十四条罪证，证证能定他为死罪，将他打入死牢，再没收他的全部家产。我想还能找出五六条罪证，有二十条死罪，再判他死刑，也是民心所向。”

说完，他将早已准备好和珅十四条罪状的折子，双手递给嘉庆。

嘉庆看了，龙颜大悦：“王爱卿！你心系我大清根基稳固，洞察秋毫，可贺可喜，朕要重重地嘉奖你。”

“谢主隆恩！臣未图圣奖，只愿我大清官场，能像紫禁城护城河的水，清澈见底。”

经王杰这么一提醒，朱珪进谏说：“皇上圣明，乘惩治和珅这个大贪官之机，彻底废除尸禄保位的旧制，以减轻朝廷俸禄过重的压力。在全国掀起一股反贪治惰的浪潮。”

“好！就这么办。”嘉庆已经下定决心，以惩治和珅为契机，根除不合理的旧制，反腐倡廉，使天下民众真正拥护朝廷。

炎夏六月，紫禁城上的天空，乌云密布，沉闷得令人喘不过气来，大有山雨欲来之势。

今日去早朝，和珅坐在八抬大轿里，热得前额汗珠直冒，管家刘全应招坐进轿里，使劲地帮着和珅扇着风，还时不时地用锦帕帮他擦着汗。

“轰”的一声巨响，一道闪电划破长空，好像一条吐着信儿的火龙直扑和珅乘坐的轿帘而来，直吓得和珅瑟瑟发抖。惊吓中，他突然产生了一种不祥的预感。

和珅忙令刘全。“快！快！转回去，我忘带免死金牌了。”

“老爷！有这个必要吗？”

“少啰嗦，快去！”

刘全的身影，消失在茫茫大雨之中。

虽然刚下过一场大雨，却没有给朝廷命官们带来一丝凉意，反而使勤政殿内的空气更加沉闷。

“吾皇万岁！万岁！万万岁！”群臣们跪在地上，脸上的汗珠儿滴在地板上。

“众爱卿平身。”嘉庆努力使自己的语气平静，轻声地对主管太监说，“将两广总督那颜成的火急奏折，读给臣工们听一听。”

“喳！”

主管太监刚读完奏折，嘉庆就威严地说：“各位臣工都知道，由于白莲教犯上作乱，朝廷连年出兵弹压；加之连续三年洪灾、旱灾、蝗灾等自然灾害不断，致使国库空虚。今朝广西天地会又犯上作乱，如不尽快弹压，就会危及我大清江山的稳固。故而，今天的早朝，是一次募捐动员大会，希望各位臣工，慷慨解囊，以解户部燃眉之急。”

他老人家怎么想出了这个馊主意呢？都说嘉庆帝宽厚仁慈，原来也是个不按常理出牌的角儿，从古至今还没有哪位皇帝，亲自伸手掏大臣们的腰包。

一阵沉默，大臣们你望我，我望他，最后将目光都集中在和珅的身上。和珅此时感到，那不是一双双眼神，而是一支支不带血的冷箭，一齐射向他。

这些狗日的，都望着我干吗，我也没有开钱庄。和珅心里骂着，一双贼溜溜的眼儿四处扫射着：今日早朝，怎么不见户部尚书朱珪、保和殿大学士王杰两个政敌和御林军统领海望呢？

不祥的预感又一下涌上心头，和珅背上流出了阵阵冷汗。他颤颤巍巍地咬了咬牙，忙跪奏道：“皇上圣明，体恤民情。我等臣子，享受朝廷俸禄，理应为朝廷分忧，老臣带头捐一百两银子。”

嘉庆心里一阵冷笑，好你个老贼，想用一百两银子来打发朕，朕暂且忍耐一会儿，再给你好果子吃。

众臣见嘉庆脸上不露声色，都以为他默认了，纷纷向和珅投去了感激的眼光，暗自嘀咕：您老定的调子太好了。

“臣捐八十两。”

“臣捐五十两。”

……

顿时，原本死气沉沉的朝会，一下子活跃了起来，倒是忙坏了记账的主管太监。

当文武百官最后一个表态时，朱珪、王杰、海望三人脸色铁青地来到朝廷，行完君臣之礼后，朱珪向皇上呈上了一本清单和一本账册。

嘉庆翻了翻清单，猛地力拍龙椅扶手，勃然大怒。

“贪贼和珅，你知罪吗？”

“咚”的一声，和珅脸色吓得雪白，本能地跪在地上。“圣上！冤枉啊，老臣尽心竭力地辅佐先皇和您，不知何罪之有。”

“王爱卿，朕令你宣读和贼所犯罪行。”

“喳！”王杰高声地宣读着。

经圣上密旨都察院暗察，奸贼和珅犯下了如下二十条死罪：

一、泄露国家机密罪。乾隆先帝病重期间，征求和珅意见，册立嘉庆为皇帝接班人时，先是极力反对，后又暗自透露给嘉庆帝，以泄露国家机密，表拥戴之功。

二、目无朝纲罪。和珅经常在圆明园内骑马，直入左门，过大光明殿，至寿山口。藐视当朝，目无朝纲。

三、目无清律罪。乘轿出入神武门，直进宫中。

四、藐视后宫罪。竟公然娶逐出宫的宫女做小老婆。

五、延误军情罪。川、楚教匪滋事，各路军营文书报告，延搁不报。

六、藐视先皇罪。乾隆皇帝病重时，毫无忧戚，谈笑自若。

七、口出狂言罪。乾隆皇帝病重批阅文件时，字写错了，他竟然说不如撕掉另拟。

八、集权谋反罪。乾隆皇帝病重期间，其大权独揽，竟管理吏、户、刑三部，一手遮天，变更成法，使贪污腐败之风在全国蔓延。

九、隐匿不报罪。西宁报匪贼聚众抢劫杀人，将原折驳回。

十、违抗圣旨罪。朝廷有旨蒙古王公未出痘者不能入京，他违背谕旨，无论出否者，俱不许入京。

十一、任人唯亲罪。与自己关系密切的奸臣贼子吴省兰、李潢等人，俱保提升。

十二、扰乱军心罪。军机处在册人员随意撤出。

十三、违规建筑罪。私盖楠木房屋，奢侈豪华，超标、超规格。

十四、私建陵园罪。其坟茔设立亭享殿。开置隧道，百姓称为“和陵”。

十五、贪污腐化罪。所藏珍珠手串二百余串，比宫中多好几倍，其中的大珠比皇冠还大。

十六、蓄谋篡国罪。其珍宝石顶，不是臣子戴的，他藏有十余颗，珍奇异宝不计其数。

十七、搜刮民脂民膏罪。家中银两、衣饰、古玩等物，数逾亿计。

十八、富可敌国罪。夹墙内藏赤金二百万六千余两，私库赤金六千余两。地窖埋银亿万两。

十九、扰乱国家金融罪。在全国各地私开当铺、钱庄三十余座，其资本十余万斤黄金，扰乱国家金融市场。

二十、纵容家奴罪。家奴刘全房产亦二十余处，且有大珠和珍珠手串。

四

当王杰宣读完和珅的二十条罪状，原跪伏在地上的和珅，在没有得到嘉庆恩准的情况下，竟疯狂地站了起来，气急败坏地用手指着王杰骂道：

“王杰，你这个狗娘养的，竟敢诬陷老夫。别以为你有皇上撑腰，就能置我于死地，做梦去吧！”

“大胆！”嘉庆勃然大怒，命令说，“来人，和珅这个狗奴才竟敢咆哮朝廷，将他打入死牢，秋后问斩！”

“哈哈哈……”和珅疯狂大笑后，举起免死金牌说，“我有先皇免死金牌在手，谁敢动我！”

嘉庆一声冷笑后说：“朕早就料到你有这一手，来人！请出先皇遗嘱。”

主管太监早已准备好了，他捧出金匣，从里拿出一幅用锦缎书写的圣旨，高声唱喏：

奉天承运，皇帝诏曰：

朕为嘉奖和珅一片忠心，曾赐免死金牌一块，此牌只在当朝有效，待儿朝时自行废止 。

钦旨

蓄畲经训印

大清帝国乾隆六十年季秋

“呜呜……乾隆爷！你不公允啊，奴才对您一片忠心，您却为我埋下了致命之雷。”

和珅听完先皇的遗旨，像一只泄了气的皮球，瘫软在地上哭诉着。突然，他嘶叫道：

“不，不，不！这不是先皇的遗旨，这是你们炮制的文字狱假旨。”

可怜和珅，用文字狱害死了多少忠良，到如今他怀疑他人用文字陷害他。

这时，进来了两名全副武装的御林军，一人携着和绅的一只膀子，毫无表情地拖着他欲出勤政殿。

“皇上！饶命啊，老臣临死前，有一个重大秘密要告诉您，以示我对您的忠心。”

正当和珅黔驴技穷时，他突然想起了一根救命稻草。

“且慢，看他还有什么幺蛾子使出来。”嘉庆说。

“谢皇上！为了使皇上长生不老，永坐江山，臣四处寻找仙丹，刚刚得到消息，翰林院庶吉士陈中孚家中藏有晋代炼丹仙人葛洪流传下来的《葆春方》，如炼成此丹，能使人长生不老。”

这个该死的老贼，无中生有，临死还要拉上一个垫背的。朝中陈中孚听后，只恨得咬牙切齿。

湖北巡抚琦善听后也大吃一惊，《葆春方》之事只有我、严淦、陈中孚三人知道，和珅是怎么知道的呢？难道他在我身边安排的有奸细，太可怕了。

“长生不老？”嘉庆听到陈中孚有《葆春方》，一下子就来了精神，忙问，“陈中孚，可有此事？”

此时的陈中孚，脑袋瓜子在高速运转着：和珅这个贪官，是我大清朝的祸害，此贼不除，贪腐之风更加蔓延，严重危及大清朝的安危，为皇上分忧是为臣子的职责。但和珅是我名义上的师父，此时我落井下石，必然会留下不仁义的口实。如果我做伪证瞒天过海，《葆春方》之事再来一个缓兵之计，和珅的命不但能保，他还能够在官场上为非作歹，我岂不是与虎谋皮了啊。看来今朝皇上是铁了心要办和珅，以正朝纲，同时也为我解除了警报，也为爱妾等被冤枉得家破人亡的民众报了仇，乃民心所向，他是罪有应得。

古人云：忠孝不能两全，我只有效忠皇上才是天理。

陈中孚想到这里，机智地抬出了琦善，实话实说：“皇上圣明，和珅是我师父是事实，但微臣是他七十寿宴之日，第一次上他的府上，送上了一幅夫人绣的锦缎为寿礼。和大人在中堂里接见了我，问我家里是不是保存着《葆春方》，我当即回答，这是无中生有的事，不信可以问问湖北巡抚琦大人。至于他要《葆春方》何用，他没有与微臣道出实情，请皇上明鉴。”

看来是无风不起浪啊，嘉庆亲和地问：“琦爱卿，可有此事？”

琦善站来说：“启禀皇上，湖北葛仙镇确实流传着晋代医学家葛洪著的《葆春方》，有长生不老之功效。臣本想寻得献给皇上，原猜测着陈中孚家里保存着。原因是，葛店地区只有他一家药铺，经营长久，是否与葛洪有某种渊源。后我派人多方打听，陈中孚乃官家之后，是从江西万载县搬过来的，只有四百年的历史，而葛洪有千余年的历史，且他家的药铺只有一百年的历史，不可能藏有《葆春方》。”

“嘘……”陈中孚听到这里，长长地舒了一口气。要不是有琦大人这个清官为证，《葆春方》之事，我可跳到黄河里也洗不清啊。

这时，琦善怒目盯着和珅质问道：“和大人，你是怎样知道《葆春方》的？”

“这……”和珅支吾着答不上来。

“那我代你回答！”琦善气愤地说，“皇上请明察，和珅这个奸贼，他在仿效明太祖朱元璋，派东厂暗探盯梢朝廷大臣，图谋不轨！”

“啊！……”朝廷像炸了窝似的，大臣们都发出了惊叹。

“狗奴才，可有此事？”嘉庆听后也大吃一惊，怒问和珅。

此时的和珅是死猪不怕热水烫，他“哼哼”一声冷笑后说：“老臣不这样，怎样能驾驭他们，怎样能向皇上提供真实的情报。”

和珅的一番话，是破竹篙子打水，沿街喷，引发了众怒。加之他平时欺压在他们头上的种种恶行，使朝廷命官们个个义愤填膺，纷纷进谏。

“皇上圣明，除掉此贼，以正朝纲！”

“是啊！”

“严惩贪贼！”

……

“来人！将和珅打入死牢。”嘉庆再一次命令道。

嘉庆见和珅像一只癞皮狗被拖了出去后，威严地对朝廷文武大臣说：“你们有多少是与和珅同流合污的，朕是闭着眼睛吃汤圆心里有数，但法不责众，朕就不一一追究。但现在国库空虚，尔等需自觉地将平时所贪污的银子上缴国库。否则，一经查实，严惩不贷。”

“谢主隆恩！”跪地声响成一片。除王杰、朱珪、琦善、程德楷、陈中孚等十几个臣子外，黑压压跪成一片。

嘉庆苦笑地望着这一锅硕鼠，严肃地宣布说：“从今日起，实行高薪养廉制，各品官员在原俸禄的基础上提高一倍，根据其贡献大小，每年由朕实行奖励。对贪腐怠惰者，一经查实，革职查办。同时，根治‘尸禄保位’而不作为的恶习。任人唯贤，以品定禄，满汉和其他民族官吏一视同仁。”

所谓“尸禄保位”，就是朝廷大臣，上不能匡主，下无以益民，为恪尽职守者。

“遵旨！”朝中文武大臣们如山呼海啸般地应诺着。

“退朝！”

嘉庆此刻心情特别舒畅，不但军费有了着落，国库也增多了许多银子。

他将主管太监叫到身边，大发慈悲地说：“念及和珅对先帝忠诚，去死牢赐白绫一匹。告诉他，家人死罪可免活罪难逃，全家充军发配到北方为奴，以儆效尤。”

就这样，权贵一时，富甲国家的巨贪和珅临死时才明白，他被乾隆父子玩弄于股掌之中。

五

自从嘉庆皇帝开展反腐倡廉、根治“尸禄保位，贪腐怠惰”运动后，以和珅为代表的贪官污吏得到了严惩，各地衙门官员都在认真履行自己的职责，全国出现一片欣欣向荣的景象。

《葆春方》之事像一块石头，沉重地压在陈中孚的心头上，和珅一死，这块石头自然而然地搬掉了，使他轻松了许多。他像一艘开足马力的行船，干劲十足，工作兢兢业业。三年来，他连升两级，被提升为翰林院编修，正六品。这不，脖子上的朝珠都戴上了，威风凛凛。

好事连年，头年爱妾小玥为他生了一个白胖胖的小子，了却了父亲多年的期盼。陈中孚为儿子取名陈兆霖，寓意是温润如玉，福满乾坤，恩泽万世。

巧就巧在儿子出生的那天，陈德楷夫妇的女儿也出世了，只不过比儿子晚了两个时辰。

一家是四凤之后喜得麟子，一家是四麟转胎喜得千金，为了跟这俩孩子做满月，两同窗、两亲家还闹了一曲让人啼笑皆非的故事呢。

这天晚上，程德楷兴冲冲地来到陈府，见陈中孚正抱着襁褓中的儿子，逗趣儿地在客厅里来回走动。

“心畲！你看，我为你宝贝儿子带来了什么好礼物！”说着，程德楷从官服的袖口中，拿出一把金锁，不由分说，就戴在霖儿的脖子上，其闪闪金光印照在孩子的脸上，使孩子更加灿烂，更加可爱。

“干吗，干吗呀！”陈中孚说，“松亭，你是看霖儿没有亲外婆送祝米（江南小孩祝九朝习俗），你来充当娘家人是吗？”

程德楷神秘地笑了一笑说：“心畲，你误会了，这两把金锁，价值连城，你儿子一把，我女儿一把。”

“谢谢你们夫妇的一番美意，我夫人的娘家，也是霖儿的外婆家，一定是会来送祝米的。”

程德楷摇了摇头笑着说：“你是不是有了儿子喜昏了，武昌离京城有多远，来回两个回合，最快也得两个多月，黄花菜都凉了，怎么给孩子们做九朝。”

陈中孚拍了拍脑门说：“说的也是，这几时我被工作上的事而忙昏了，倒把这个路程的时差给忘了。”

他突然像是明白了什么，闪动着一双精明的眼睛望着程德楷问：“看来松亭兄是有备而来哟？”

“什么事都瞒不过你的眼睛，夫人令我过来与你商量，待俩孩子九朝后，再来一个喜上加喜，将儒儿和丹儿的婚事办了。”

“哈哈哈，我就知道你不怀好意，是来讨债，要我宝贝女儿的，日子定好了吗？”

“别说得那么难听好不好，这是俩孩子千百年的好事。”

程德楷像变戏法似的，从另一个袖口中，拿出一张大红喜帖，双手有模有样地恭敬地递给陈中孚。

“我已看好了，今年的十月初八是个好日子。”

官吏人家也与民间一样，喜欢选择良辰吉日，操办各种喜事。

“松亭兄学富五车，按你选择的吉日办喜事吧。”随后，陈中孚表情严肃地说，“亲家，我建议俩孩子的婚事，就在老家武昌操办，拒不收礼。”

“这是为何？”

“因为皇上正在实行反腐倡廉，我等作为圣上身边的臣子，更应该带头执行。太子太傅，你说好吗？”

陈中孚的这一军将得太突然了，使程德楷始料未及。来之前，夫人早已和他商量好了，两方都是长子长女，孩子们千百年的好事，准备到京城大张旗鼓地举行婚礼。这下可好，精明的亲家，抬出了皇上的圣意，谁敢反对？

程德楷无可奈何地表态说：“那好吧，我俩告假回乡为孩子们操办婚事。”

陈中孚像是早有心理准备地说：“松亭兄，我现在负责翰林院编修一职，由于前期翰林院编修贪腐怠惰，使国史馆的档案资料乱成了一锅粥，我现在要认真负责地履行职责，要将历代朝廷的资料，有条不紊地整理出来，供皇上和大臣们查阅使用，我忙得脱不开身，只能有劳你了。”

“这怎么行，哪有嫁姑娘父亲不在家里的道理！”程德楷声音提高了八度，越来越生气地说，“乡野人家是抬头嫁姑娘，低头接媳妇。我的编修大人，你可要想清楚，我是四品太子太傅，而你却是六品编修，按我大清朝律法，我俩到底谁听谁的。”

陈中孚这是他第一次见到他生气的样子，虽是吹胡子瞪眼睛的以官压人，倒是一副迂腐气派，怪可笑的。

他一点都不生气，却狡黠地劝说：“好啦好啦，我的太子太傅四品大人，下官听你的便是了，过几天皇上要亲自视察翰林院，皇上要问我为什么还不将资料整理好啊，我就直话直说，是程太傅令我告假回乡为女儿操办婚事呀！”

"你……"程德楷气得两手发抖，说不出话来。

"你什么你！"陈中孚学着他声音也提高了八度，假装生气地说，"亏你还为人师表，家事国事哪个重要，都分不清楚。"

"哇……"襁褓中的孩子，被大人们的高嗓音吓得哭了起来。

"两亲家商量得好好的，怎么就吵了起来，看把我宝贝儿子也吓哭了。"彭玥听见孩子的哭声，缠着头巾从房间里跑了出来，忙从老爷手中接过孩子，埋怨地说。

"是他！"两亲家不约而同地用手指着对方，相互推卸责任。

彭玥"扑哧"一笑："两个官老爷怎么像两个孩子似的。"

说着，她正准备将还在哭闹的孩子，抱进房间喂奶哄着，这才发现孩子颈脖子上的金锁，她爱不释手地欣赏着。

"啊！好漂亮的金锁，还刻有龙的图案呢。"

程德楷情不自禁地接话："我女儿那把是凤的图案。"

"好啊好啊，那就是龙凤配了。"彭玥有口无心地欢喜道。

程德楷憨厚地笑着问陈中孚："你说呢？"

陈中孚恍然大悟，他这是唱的哪一曲哦，是要亲换亲。乡野人家贫穷，有换亲的习俗，我们可是正统的官家，可朝中没有先例。

"不行！"

"老爷，什么不行？"夫君冷不丁的一句"不行"，使彭玥有点丈二和尚——摸不着头脑，她好奇地问。

"这个迂腐子不知道搞什么名堂，要以牡丹换他的千金，成什么事啊。"

"这……这有点儿好说不好听，好像我儿子找不着媳妇似的。"彭玥拿竹竿子进巷子——直来直去地说。

真是一条被子不盖两样的人，程德楷摇了摇头，使出了撒手锏。

忽然，程德楷仿效主管太监的腔调高声唱喏："陈中孚接旨！"

这不是开玩笑的事儿，陈中孚立马跪下："臣陈中孚接旨。"

"奉天承运，皇帝口谕：朕喜闻太子太傅程德楷和编修陈中孚，两家在同一日降生一麒一凤，乃金玉良缘，特赐龙凤配金锁一对为证，钦此。"

"谢主隆恩！"陈中孚谢主隆恩后站起来说，"好你个松亭兄，竟敢请皇上压我。"

"彼此彼此。"

哈哈哈！两人同时大笑了起来。

第八章

减轻民赋九歌颂扬新天地　调查国库一臣担当赴征程

一

嘉庆皇帝今天特别高兴，悉闻天子脚下的各个部门，通过整治后，面貌焕然一新，特别是他钟情的翰林院。

“快去保和殿通知王大人，让他陪同朕一起去翰林院视察。”嘉庆命令主管太监。

“喳！”主管太监去后不多时，王杰就来到了皇帝身边。行罢君臣之礼后问：

“皇上，您日理万机，今天怎么有时间出去视察啊？”

“悉闻通过根治‘尸禄保位’运动后，各部面貌焕然一新，翰林院传来消息说，陈中孚自任编修以来，工作兢兢业业，将国使馆的资料整理得井井有条。百闻不如一见，我俩去实地考察一番。”

“臣遵旨！”王杰暗自一笑，实际他早已去过，领略到了陈中孚的才能。看来皇上是以巡视翰林院为借口，实则是考察要重用陈中孚。为了不扫皇帝的兴，他就不道破。

你别看翰林院是个清水衙门，大清历代皇帝，都对这个部门相当重视，因为他是为国家储备人才的机关，先帝乾隆将其定为国家重要机关。

一群卫队，举着龙旗和“回避”“肃静”的旗旆，鸣锣开道地护卫着嘉庆乘坐的龙辇，浩浩荡荡地来到了翰林院。

翰林院学士文祺提前得到主管太监的报告，早已带着翰林院的百十名官员，列队跪于大厅的两旁，山呼万岁，迎接嘉庆。

“各位爱卿平身！”嘉庆亲和地挥着手说。

文祺忙站起来，低着头来到嘉庆身边，轻轻地请示说：“皇上，请到休息室里休息一会儿，我向您汇报工作。”

嘉庆笑着说：“免了，朕这次来，是想来查查国史馆的资料，你和陈中孚跟着就可以了。”

“喳！”文祺应着，又与王杰的目光相遇，两人相视一笑，心知肚明。

精明的陈中孚见状，心里也明白了八九分：一定是上次我陪同皇上视察白洋淀堤防工程，撰写的《圣驾巡幸淀津关视河堤各恭纪》得到了皇帝的赏识。

那是嘉庆十二年九月末，直隶总督温承惠等官员奏请：因淀津（白洋淀至天津）堤河工程告竣，恭请皇上视察。

嘉庆应许，还特地带了翰林院编修陈中孚一同前往。陈中孚的主要任务是记录皇上这次巡视的所见所闻，在讴歌皇帝圣德的同时，也要颂扬劳动人民战天斗地的劳动场景。

不多日，陈中孚就向嘉庆呈送了《圣驾巡幸淀津关视河堤各恭纪》，内容是九歌十八曲并作序：

盖闻润下微畴，能以美利不言利。善防著礼，惟度士功时乃功。纳琛卖于东鲽西鹣，八垠云集。恬波澜于壬燕癸赵，三辅星罗。当天津析木之交，实上谷广阳之胜。懋和底绩，洽庆阐珍。吾皇道迪前宁，惠绥近甸。法祖省方无非事，承先展义，以为民工。咏子来乐，现成于虹。戊吉肇震，出于岁巡。度地以济粮储，派分温裕。濬川面蓄禾溉，轨顺直沽。孚洊至于坎流，协重申之巽命。一游一豫，夏谚宜和乐之声。九叙九歌，春台绘熙皞之俗。葵心就日，久望幸于龙颜。草德成风，悉胪欢于蚁慕。而醲膏氾，获闾泽蒸濡。凡有血气之伦，俱切尊观。微臣虔成芜制，敬抒下情。莫名盛德之形容，勉効颛愚之窥测。体乾元而用九，愿赓天保之九如。蕴太极而函三，窃拟华封之歌祝。谨序。

九歌吟唱十八曲：

一 农歌

（一曲）

三月行春帝念农，芳畴绣错遍尧封。

祥霙早卜绥丰屡，甘澍还如湛露浓。

（二曲）

山邨望杏计开田，桑柘荫成漠漠烟。

饱食赐租衔风诏，黎民长庆太平年。

二 牧歌

（三曲）

海疆买犊洽皇风，短笛微欹细雨中。
蓊蔼山头添草绿，盘纡谷口见花红。

（四曲）

辰润郊原麦气浮，蒲鞋跨出秾如舟。
横吹一笛锡策里，心唱丰年乐倍收。

三 樵歌

（五曲）

背负薪柴步履坚，南山烧炭饮清泉。
卧冬窗外窥鹅雪，又是丰收吉兆年。

（六曲）

津淀堤长篝火旺，热迎圣驾舞蹁跹。
樵夫酌酒农夫醉，共度祥和不夜天。

四 渔歌

（七曲）

新绿轻摇欸乃声，春流滑笏一川平。
生来蟹舍渔莊贯，收拾缗纶望旆旌。

（八曲）

扁舟纚缆近陂陀，夹水虹桥一镜磨。
天子新开鱼藻宴，河流未足比恩波。

五 儒歌

（九曲）

菁莪中沚各沾儒，济济言观礼器图。
圣主右文增学额，相逢欢喜勗编蒲。

（十曲）

旧业频年寄缥缃，有才可得赋长扬。
簪毫原就临轩试，汇吉欣逢泰运昌。

六 吏歌

（十一曲）

殷蕾千里沃桑麻，蝶躞虹桥策五花。
筐港凤河环水驿，遗蝗净尽育鱼虾。

（十二曲）

帝录新猷宥夙愆，诏书宽大示矜全。

原勒抚字宣臣力，不数循良古史传。

七 估歌

（十三曲）

蒲绒叶叶展行舟，估客轻装自在流。

得使樵风旗角转，芦碕小泊待宸游。

（十四曲）

桃花浪已涨前津，颂祷声声接水滨。

传说烝徒邀渥赏，涵濡到处是皇仁。

八 饶歌

（十五曲）

水营环列肃兵防，执戟人邀给月粮。

绕淀黄头催画角，卒如隼击将龙骧。

（十六曲）

操控金汤水辑宁，绉波翻藻狎凫汀。

闽疆战士昭黄武，海水浇将扑点萤。

九 衢歌

（十七曲）

辕童址叟尽欢娱，敷固年年被惠孚。

作息何曾忘帝力，难名巍荡即尧衢。

（十八曲）

肃清砥道跸回鸾，德溥还同万泉欢。

绕路嵩呼声几叠，朝仪阊阖拥千官。

二

王杰见陈中孚落单在后面想心事，忙善意地提醒道：“陈大人，皇上已经步入你管辖的一亩三分地了。”

“啊！谢谢王大人提醒。”

陈中孚从回忆中回过神来，三步并作两步来到国史馆，只见皇上饶有兴趣地在第一远古史厅里，欣赏着存放有序，标识明朗，编号醒目的古代线装本和竹笈。

嘉庆还时不时地翻翻竹笈，看看古书，脸上挂满了笑意，看一次就点一次头赞许，他见陈中孚来到了他身边，突然问道：

“陈编修，怎么没有看到司马迁的《史记》？”

“回皇上，司马迁编纂《史记》唐代本，存放在十三柜二层中间，编号为 1-13-2-0000546 号。”

陈中孚有过目不忘的本领，国史馆分三个大厅存放的百十万本国史资料，他都熟记于心中。

主管太监根据陈中孚提供的数据，很快拿来了一本唐代的线装本《史记》，递给皇上。

嘉庆拿着《史记》，见上面的条码都是洋文，不解地问：“爱卿，你怎么不用国文标识条码？”

陈中孚见皇上第一次称之为爱卿，心里甜滋滋的。

“回皇上，这上面的数字是阿拉伯文。用国文编条码，长而烦琐。我偶尔发现，用阿拉伯数字编码，清晰简洁。这本书的条码解释为：前面的 1 是代表第一库，也是我们现在的远古库；横杠后的 13 代表第十三个柜子，又横杠后的 2 代表第二层，七位阿拉伯数字代表本馆藏书有几百万册，其中的 546 号，代表着这本书的编号。所以，他很快就能找到这本书。”

嘉庆假装生气地说：“大胆！你难道不知道朕也主张闭关自守，不引进那些洋玩意儿的吗？”

“微臣知道，皇上英明，虽然您是个守成君主的形象，但思想并不僵化，愿意接受一些新鲜事物。”

“陈编修，不要妄加评论皇上。”文祺着实为陈中孚捏了一把汗，忙提醒道。

嘉庆大度地说：“哎，但说无妨。《诗经》里就有：‘知而不言，言而不尽’嘛。”

“谢皇上恩典！”

不知怎的，今天陈中孚的每一句话，嘉庆听起来句句顺耳。他摇了摇手中的《史记》问：

“爱卿，这本《史记》，出自何时期，是何人编译的。”

“皇上明鉴，《史记》是司马迁在狱中用了十年时间，用竹笈编写完成，民间保存甚少。这是唐玄宗天宝三年，我祖伯宣公编译的版本。”

“哦！你是史记官的后人啊？”

陈中孚淡淡一笑说：“回皇上，先祖不愿意步司马迁的后尘，隐居匡庐，花了五年的时间，才完成编译成书。”

听锣听音听鼓听声，嘉庆已经听出来，陈中孚并不安于现状，他有鸿鹄之志。

嘉庆不露声色地说：“看来朕提拔你为编修，是大炮打蚊子，大材小用了哦。”

“皇上英明，知我者君主也。”

“朕就事论事地提出三个问题，你如果答对了，朕就委以重任；如果答错了一项，你就安心地干你的编修吧。”

“说话算数？”

“君子一言。”

“驷马难追。”

王杰在旁边匿笑，看来这对君臣，恨不得玩起小孩拉钩的游戏。

嘉庆不容他多想，提出了第一个问题：“你们的陈姓来源，《史记》中是怎样记载的？”

“回皇上，《史记·陈杞世家》记载：陈胡公妫满者，虞舜帝之后也。昔舜为庶人时，尧妻之二女，居于妫汭，其后因为氏姓，姓妫氏。舜有两位妻子娥皇和女英，娥皇无子，女英有一个儿子叫商均。商均与尧的儿子丹朱一样，是个庸人，舜将帝位传给治水有功的大禹。禹即帝后，封商均于虞城。周武王灭商，建立周朝，在分封‘先圣王’后裔时，寻到舜帝的后代妫满，建立陈国。其后裔以国为姓，从而产生了陈氏姓族。”

“好记性，一字不差。”嘉庆看着《史记》赞扬后问，“那么王大人的王姓呢？”

陈中孚胸有成竹地答道：“回皇上，《史记·齐太公世家》记载：齐桓公之夫人有三：王姬、徐姬、蔡姬，皆无子，桓公好内，多内宠，如夫人者六人，长鞼姬，无生诡；少鞼姬，生惠公元……管仲卒，五公子皆求立。因而，王姓是以上古‘王’的爵位而得姓。”

“很好！”嘉庆诡异地笑了笑后问道，“那我们爱新觉罗姓氏的起源呢？”

陈中孚心知肚明，这是皇上故意刁难自己，爱新觉罗是满语金和姓哈拉的意思。于是，他笑着回答说：“爱新觉罗是个伟大的姓氏，司马迁无胆识记载。”

这个回答充满着智慧，嘉庆心里高兴，嘴里却问：“为什么呢？”

“皇上是知道的，爱新觉罗的由来有一个美丽的传说：有一次，天女佛库伦在长白山天池里洗澡，误吞食了神鸦所衔的果子，觉得身体忽然加重了不能升天，不久就生下了一个男孩，体貌奇伟，落地说话。佛库伦女神对儿子说：‘汝以爱新觉罗为姓，名库布里雍舜。’这个神奇的孩子，就是我大清朝的奠基人，爱新觉罗·努尔哈赤始祖。”

“哈哈哈！”嘉庆哈哈大笑说，“看来你是将国史馆的万卷书都翻了过遍啊，你是怎样做到的呢？”

陈中孚见皇上问到这个问题，他不慌不忙地从自己的办公室里，拿出了《校书如扫叶》的心得诗一首，双手递给皇上。

鲍彪成大乐，至妙审音希。
试验无声始，从知所感微。
研搜凭记史，点勘付钞胥。
碧树秋吟里，青藜夕照余。
菁华归剥落，芜秽任芟除。
证误歧风雨，传讹慎鲁鱼。
同条堪术古，别体转愁予。
圣代词林富，蓬山藻思摅。

“好！经验之谈。”嘉庆看完后，递给文祺说，“将这首诗装裱后，挂在翰林院正厅，激励学士们向他学习，搞好自己的本职工作。”

嘉庆见文祺退出后，又对王杰他们说：“尔等退下，我和陈爱卿有要事相谈。”

“喳！”待王杰一行退下后，嘉庆对陈中孚说：“朕从不食言，决定委任你为监察御史，秘密赴山西调查国库亏空一案。”

陈中孚立马跪在地上，叩头表态说：“谢主隆恩！臣决不辜负皇上的厚望，一定将此案查个水落石出。”

“平身！”嘉庆亲自将陈中孚扶了起来，亲切地说，“爱卿此行责任重大，这是一宗贪腐大案，临行前你还有什么要求提出来？”

于是，嘉庆向他道出了山西国库空虚的种种疑点。

“皇上英明，微臣官职低微，要是查到官衔比我大的官员，皇上又不在身边，我如何是好。”

“将尚方宝剑拿来！”嘉庆命令主管太监，将尚方宝剑递给了陈中孚，然后说，“你千里之遥查案，朕将尚方宝剑赐给你，你有先斩后奏的权利。”

嘉庆最后强调说：“朕再派几位朝廷侍卫，一路保护你的安全。”

陈中孚想了想说：“谢皇上，侍卫就不需要了，人多反而嘴杂，不利于秘密调查此案。”

嘉庆担心地说：“这次出行，风险很大，朕担心你个人的安危。”

“皇上恕罪，臣未报告臣的爱妾，身怀绝技，有她伴随，皇上大可放心。”

“好！待你夫妇完成此重任后，朕封她为诰命夫人。”

“谢主隆恩！”

三

君臣商量好工作之后，嘉庆对主管太监说：“传文大人进来说话。”

不一会儿，文祺快步来到嘉庆身边问：“皇上有何吩咐？”

“明日陈编修另有重任，你去安排后厨，置酒为他饯行，翰林院全体官员都参加，朕今天高兴，也要与他们同乐。”

“好，好，好！老臣这就去安排。”

文祺是两朝翰林院大学士，以老好人著称，他心知肚明他所管辖的一亩三分地，是藏龙卧虎之地。因而，他从不得罪同僚和下属，人称“不倒翁”。

嘉庆望着他屁颠屁颠的身影，忍耐不住对陈中孚说：“爱卿在仕途中，不要向你们的领导文大学士学习，他为人过于圆滑，走路怕树叶子落下来打破了头，那将一事无成。”

“皇上，臣血管流淌着义门陈氏的血脉，忠、孝、廉、义是我们祖先为仕中，流传下来的传统美德。我一定忠心地为皇上当差，实心地为民众办事，只是……”

“只是什么？但说无妨。”

“只是我有时不按常理出牌，如有人为此事参臣一本，还望皇上明鉴。”

陈中孚何等精明，他在钉钉回脚，使嘉庆心里有底。

“这个你放心，只是不要锋芒毕露，引火烧身，拳头收回来再打出去，这样才有力量。”

“谢谢皇上教诲，臣为任一方，深知其肩上的重量，一定励精图治，造福一方。”陈中孚表态说。

“时间是检验人的试金石，朕相信你不会辜负朕的一片苦心。”

君臣正谈着心呢，时间过得真快，文祺又折转了回来。

“皇上，饯行酒席已办好，敬请皇上和陈大人入席。”

“走，与咱大清朝的接班人同乐去！”

嘉庆轻车熟路地来到翰林院的后厨餐厅，只见宽敞的大厅里，左右里三层外三层地摆满了小条桌，一人一桌，正厅中间的上首，摆放着五张小条桌，中心的座位当然是皇上的。

按官职品位，理应是王杰和文祺坐在皇帝的两旁，但今天嘉庆皇帝却破例，将陈中孚拉坐在他的身边，王杰只好挨着陈中孚而坐。

皇上一行坐定后，翰林院的百官方才鱼贯而入，紧接着是海啸般的“吾皇万岁！万岁！万万岁”的参拜声。

“众爱卿，平身！”嘉庆的话语刚停，大厅里就响起了古筝的优美旋律，余音绕梁。

在这期间，臣工们按等级自觉地依次入座。

自从开展反腐倡廉运动后，满汉全席在各种宴席上已经销声匿迹。皇帝的菜肴，与大臣们一样，一盘烤鸭、一盘青蔬、一碗蛋汤，外加一壶嘉兴进贡上来的米酒。要说特殊，京城烤鸭是嘉庆最爱吃的。

嘉庆首先举杯，发表祝酒词：“朕今午赐宴臣工，一是朕从翰林院的新气象，看到了国家的未来；二是为编修陈中孚另有任用，即将离开翰林院而饯行，来，众臣工，我们来共同举杯同喜同贺！”

“谢皇上恩典！”

“同喜同贺！”

一片祝酒声，响彻宴会大厅。

席下很多臣工交头接耳，打探陈中孚升任了什么官。

嘉庆皇帝见状，忙贴着王杰的耳朵说：“你站起来跟他们解释，说是朕身边的书记官。”

“各位储秀，皇上日理万机，身边缺少一个整理奏折和文书的人，所以就将陈大人调到他身边任书记官。”

这下炸开了锅，席下继续议论：“书记官是个什么职务，几品官员，我们大清朝可没有这个职务啊。”

“这是皇上圣明，新发明的职务呗。”

嘉庆微笑着听着他们的议论，也不作解答，只要能为陈中孚保守秘密就行了。

酒过三巡，嘉庆突然心血来潮，提出要仿效先皇甲子年的群臣宴时，一起赋诗接龙，以助酒兴的场景。

他与左右商量，一致得到了王杰、文祺、陈中孚等大臣们的积极响应唱和。

“大家静一静，皇上要题诗接龙，请大家积极参加，可不要掉链子啊。”文祺站起来高声宣布说。

于是，乾隆首先吟出：“朕为镇腐正用才。”

这个接龙难度很大，七个字里有三个同音字，接龙者必须用“才”字组成一句七字诗，且意思相近，平仄工整，每人必须接上龙。否则，轻者自觉卷铺盖走人，永不为官。如遇皇帝龙颜大怒，就要重新调查你的进士资格，治罪于你。

从左至右，按顺序接龙，主管太监早已准备好了一个只有五分钟的沙斗，掌握时间，超时者自动弃权。

首先是翰林院大学士文祺接龙，他毕竟是大学士，才思敏捷，很快吟出下联：“才将柴火拭财源。”

“源头原是自然流。”

“流水难留刘地客。”

“客侵咳疾刻痊愈。”

……

众臣不愧是翰林院的储士，不过两个时辰的工夫，百余名臣工一路畅通无阻，很快转到了王杰和陈中孚最后两名。

王杰接的是“杨”字龙，如果不考虑下家，就他的才华，很快就能吟出答案。最难的是最后一名是陈中孚，他不但要吟出诗来，而且最后一句要与前面皇上的一句遥相呼应。

王杰沉思了一会儿，就以“作”字为龙吟出：“杨柳轻扬洋气作。”

陈中孚见是“作”字为龙，心里想着：这是王大人抬爱自己。他向王杰投去感激的目光，脱口而出：

“作人倬汉琢章追。”

“好！”嘉庆不禁大声叫好，“爱卿乃神来之笔，达到了画龙点睛的效果。”

君臣同乐，一直闹到酉时方才散席。

四

陈中孚回到家中，第一件事就是将宝贝儿子抱在怀中亲了又亲。

“不要，不要，爸爸的胡子扎人。”三岁多的兆霖，牙语反抗着，努力地挣脱父亲的怀抱，跑到一边玩去了。

“老爷，你看你，孩子就怕你亲他，也不知道自己的胡须多长多扎人。”彭玥嗔怒地说。然后边帮他脱下官服，边笑着问：

“老爷，又升官了？今天这么高兴。”

“知我者，小玥也。”

“升官，升官……”这时，客厅里挂着竹笼里的一只鹦鹉，受到主人的感染，也学起舌来。

陈中孚见状，走近鹦鹉竹笼，打开鸟笼，手托着鹦鹉，对它说：“天高任鸟飞，你自由地去空中翱翔吧。”

说完，他托着鹦鹉，来到室外，放飞了鹦鹉。

彭玥从小就是一个鬼机灵，她兴奋地摇着夫君的手说：“老爷，皇上放你去外地为官吗？你终于能够实现你治水的愿望了。”

陈中孚诙谐地说：“奉皇命，去治理污泥浊水。”

他说完，吩咐说：“快去准备准备，我们着便装明日出发，多带些银两盘缠，路途遥远着呢。”

“我也去呀，那儿子怎么办？”

“我也想好了，将他寄养在他岳父家里，有他姐姐牡丹照看着，你大可放心。再说，孩子也该启蒙读书了，有他的太子太傅岳父教育，接受其岳父潜移默化的影响，将来一定是朝廷栋梁。”

“我不去行吗，我舍不得孩子。”彭玥怯生生地与夫君商量着。

“不行！”陈中孚态度坚决地解释说，“老爷这次接受的皇命，具有挑战性，并且风险很大，难道你不担心你夫君的安危？再者，如果我们这次圆满完成任务，你爷爷平反昭雪的心愿，就能实现。”

玥儿乖巧地去收拾行装，陈中孚信步来到室外，见一群大雁，呈人字形向南飞去，思绪万千，吟出了一首《飞鸿响远音》：

极目层霄迥，飞鸿写素秋。
俄兼风送雨，恰直客凭楼。
古塞苍烟淡，澄江匹练浮。
闻声催画角，望影隔芦洲。
远梦欹孤枕，严更下几筹。
虫吟初唧唧，鸟语漫啾啾。
不尽长空碧，无边落叶稠。
何如评岁海，笔点凤池头。

第二天一早，他们就来到太子太傅府上。

“哟嗬！是哪阵风将我们的书记大人吹进了我的府里，快请！贵客，贵客。”

程德楷夫妇闻门卫报告，双双出来迎接。这也难怪程德楷说是贵客，陈中孚进京有九年余了，还是第一次踏进程府的门槛。倒是彭玥，有了亲上加亲这层关系，还经常来串门儿。

陈中孚笑着说：“搞得这么客气，反而感觉生疏了。”

一行来到客厅刚坐定，只见女儿女婿抱着外甥来给外公请安，彭玥连忙接过孩子，看了又看，亲了又亲，喜上眉梢地说：“像、像，太像牡丹了，是咱们老陈家的后人。”

一旁的小兆霖机灵，来到程德楷夫妇面前，用手挽起少爷袍的一角，跪在地上叩拜说：“侄儿兆霖拜见大伯、大婶！”

“快起来，快起来！”程夫人心疼未来女婿，连忙把他抱在怀中。

“哈哈……”程德楷大笑，说，“还是我婿兆霖乖巧，留在岳父家里多住几天，如何？”

陈中孚接过话头，问儿子：“怎么样？儿子，你可愿意在你岳父家里生活？”

程夫人还以为他们是在开玩笑，故意问女婿：“兆霖，快来，快来，拜你岳父为师，来我家生活吧。”

小孩儿实话实说：“我娘教我说的，愿意，愿意！”

“哈哈哈！这不！狐狸尾巴露出来了吧。”程德楷笑着说，“心畬，你咋想的，老夫早就猜出来了。快说，你们要将孩子寄养到我家多长时间？”

“我就知道松亭兄会同意的，少则一年多则两年。”

“你们这是玩真的啊。”程夫人恍然大悟，并真心实意地表态说，“亲家、亲家母请放心，在你们离开的这段日子，我保证将我的女婿养得白白胖胖的，完璧归赵地交给你们。”

“谢谢亲家母！”彭玥真诚地谢道。

“好啊！我儿子有舅舅陪伴玩啰！”牡丹听后更加高兴，就将儿子也放在婆婆的怀里，牵着弟弟的手说。

“走，我带书记官去参观老夫的书房。”

五

程府的书房距离客厅还有一段的距离，是一座单独的小阁楼，隐藏在林荫翠竹之中，给人一种优雅、舒适、安静的感觉。

陈中孚一走进书房，就发出惊叹："真不愧为太子太傅，书房不亚于御书房。"

原来这个书房布局分上下两层。楼下室内，一层层的红木书架书柜，鳞次栉比，陈书格内摆放着各种线装书和竹笈，内容五花八门，应有尽有。室内只有横纵宽敞的过道，便于查阅者通过，再无其他家具摆设。

陈中孚也是见多识广之人，见到这些琳琅满目的书，不禁赞道："松亭兄，你家可谓汗牛充栋啊！"

"楼上请！"程德楷颇为自得地笑笑，伸出右手向楼上引路。

从木质楼梯来到楼上，原来楼上别有洞天，楼上明亮宽大的窗户旁，摆放着两张满人特有的卧榻，一张铺着青花的炕毡垫，一张铺着黄色的炕毡垫，两张卧榻紧挨着，摆放着一张镶金边的条桌，桌上摆放着文房四宝。一眼就看出，这是太子太傅教太子读书练字和午间休息的地方。

卧榻的对面，摆放着一排太师椅，太师椅与太师椅之间都有茶几隔着，这是师生交流或招待客人的地方。

宽敞的阁楼的空间显得狭小曲折，堆摆着形态各异的香几、长条桌、半圆桌、月牙桌和古琴桌；还有各种形状的椅子、绣墩、方案等家具。家具多为精细小巧的黑漆描金、漆中镶嵌贝壳花饰等品类。家具上恰到好处地摆放着宝石、玉、瓷、珐琅、竹雕、木雕、象牙雕、兽角雕、古筝、玉箫等珍玩、文具和乐器。

四周的墙壁上，除挂有锦绢、纸帖画外，还挂有多幅乾隆、嘉庆的御笔墨宝和名人山水字画。

整个布局，给人一种富贵、文雅的感觉。

看到这么豪华的布局，陈中孚不禁挖苦说："看来松亭兄也是喜欢将筷子伸向别人碗里的人啊。"

"心畲，别说得这么难听好不好，你以为朝廷上下只有你是清官。这是太子执意要到我这里读书，皇上赐赏给我的。"

"哦！是我错怪松亭兄了。"

这时，下人端上了两杯香茗。陈中孚也不客套，揭开茶盖，一股清香扑鼻而来。

"好茶，好茶！"他品了一口，赞叹说。

"这是今年清明前的西湖龙井，刚进贡上来的，皇上赐给我品尝。"

"看来皇上赏识你教子有方啊。"

"彼此彼此，你也不得到了皇上的重用吗？只不过我想不明白，书记官到底是干什么的，几品啊！”

陈中孚认真地说：“松亭兄，好友面前不说假话，我是专程来跟你商量这件事的。”他将皇上在国史馆单独对他说的情况，如实地向他道来。

“山西道台吕诲上奏说：山西今年闹蝗灾，民不聊生，请求赈灾。皇上召见了户部尚书朱大人，朱大人如实汇报说，山西地方国库尚有八万二千两银子库存，建议就地解决。不久，吕道台又上奏说，他查实地方国库根本没有这些库银，且账物两清，一定是户部没有销账。朱大人看后，肯定地对皇上说，这不可能，这里面一定有猫腻。于是，皇上命令吏部派人去调查，结果是无功而返。”

程德楷听后大吃一惊，气愤地说：“也就是说，这八万多两银子不翼而飞了，看来朝廷上下都有硕鼠啊。”

“我也感觉到此事蹊跷，难道国库管理制度有漏洞？”

“这不可能！”程德楷是秀才不出屋，能知天下事。他如数家珍地介绍了国库制度。

“我大清朝国库，大体分为中央国库和地方国库，而中央国库又分为内府库藏与户部银库。内府库藏一般用来储存皇家的财产，户部库藏主要包括银库、缎匹库和粮库。地方国库为中央分库，主要是库存地方税赋，一部分用于地方官员开支外，一部分按朝廷计划数额上缴中央国库，剩余部分保存在地方国库，以应不时之需，但库存数量必须报户部备案。

嘉庆元年，皇上特令王公大臣统管三库事务，并赐予官印以行使权力。去年，成立了独立的三库衙门，由三库大臣（也称库头）对库藏和进出银两匹粮进行统一管理，其库头为正、副两职，分别为满汉二人担当。其国库安全全部由库兵负责，库兵分为卫兵，其职责是负责保卫国库周边环境安全。二是监察兵，其职责是负责监察搬运兵的进出库的检查工作。三是搬运兵，只有他们才有权力进入国库搬运银两，任何人不能进入国库，包括库头。”

陈中孚打断话头问：“这些库兵是皇家的军队吗？”

“是的，他不属兵部管理，直属内务府管理，清一色的满人，且实行的是世袭制。”

“哦！”陈中孚若有所思，继续问，“地方国库管理也是一样的吗？”

程德楷不厌其烦地回答说：“管理模式是一样的，只不过地方政府有管理国库的权力。”

陈中孚似乎明白了什么，他像是自言自语，也像是对他说道：“看来监守自盗是不存在的。”

“为什么？”

“如果是库兵监守自盗，那吕诲道台大人，为什么不直接向皇上奏明实情呢？”

程德楷按照陈中孚的思路，分析说：“也就是说，银两进出是符合手续的，根本不存在亏库现象。那只有一种可能，是官库内外勾结，侵吞了这么一大笔银子。”

“砰”的一声，陈中孚用手狠狠地拍了一下太师椅的手柄，气愤地站了起来说：“看我怎样收拾这群硕鼠！”

程德楷诙谐地说：“硕鼠太多了，得多找一些猫帮忙。”

“从老兄的话语中，像似有合适的人选了。”

“我听恩师说，太原布政使耿直，人如其名，具有莲花的性格。这类官员虽然为数不多，山西还是有的，团结他们，我深信你一定会将国库亏损案搞个水落石出。”

“谢谢老兄的箴言，心畲就此别过，请放心，我会充满了信心地踏上新的征程。”

第九章

沉着应战夫妇联手惩恶狼　灵活机动钦差巧募抚恤金

一

陈中孚夫妇轻装简从，翻燕山，过汾水，他们披星戴月，日夜兼程，很快来到山西太岳山二郎神沟的脚下。

“老爷！太原城不远了，我们坐下来歇会儿，吃点干粮，喝点水，再走也不迟。”

彭玥望着不远处清澈的沁河河水，摇了摇手中空空如也的盛水皮囊，请示夫君道。

“好的，快去快回，我在这里歇一会儿。”陈中孚看见附近有一块巨石，就一屁股坐了上去。

彭玥来到河边，拿着皮囊正弯腰灌水，突然耳边传出“救命，救命啊”的急促呼救声。

她循声望去，只见山坡上一老妪，向他们挥手哭喊着：“好心人啊，我孙子被两只狼包围着，快救救他吧！”

陈中孚听后明白了，忙对她说：“小玥，快！救人要紧。”说着，他和彭玥握剑在手，急忙向山坡奔去。

他们很快来到老妪的身旁，顺着她手指的方向一看，啊！四只眼睛放着绿光的两条饿狼，一前一后做俯冲状，正准备扑向前面的猎物。

陈中孚顺着狼的眼光向前方看去，哈哈，他不禁被眼前的一幕逗乐了，虽说是初生牛犊不怕虎，山西的娃子可也不惧狼啊！只见一个七八岁的勇敢少年，左手将一只羊羔护在怀里，右手拿着一只粗木棍子，紧靠着一棵大树作掩护，两眼圆睁地怒视着两只饿狼。两只饿狼也被眼前的少年毫不畏惧的壮举惊得犹豫不前，人狼就这样对峙着。

这时，个头小的母狼发现了陈中孚夫妇他们，突然“呜”的一声嚎叫，带头扑向少年。很显然，狡猾的母狼是通知公狼先下手为强。

“啊……”老妪只吓得转过头去，不敢面对这血腥的场面。说迟时那时快，只见彭玥一个鹞子翻身，提剑直劈飞扑过来的母狼。

“嗷！”母狼一声惨叫，前左腿被锋利的剑锋砍断了，跌倒在地上。

公狼见心爱的母狼受伤倒在地上，张着血盆大口，毫不犹豫地扑向彭玥。她感到身后有一股腥风向自己扑来，敏锐地知道，是另一头狼在袭击她。她俯身一卧，同时向侧边一滚，躲过了这次险情。

公狼见扑了一空，残忍的本性上来了，转身不等她站立起来，又向她猛扑过来。彭玥一个鲤鱼打挺，举剑平刺，直逼恶狼的心脏。

狡猾的公狼似乎是防着她这招，猛地刹住了自己的身体，张着血盆大口，“嗤”的一嘶，向她的眼睛喷了一口毒气。

不好！这是一只毒狼！

山西狼也称西北狼，狡猾聪明，个头如一般家犬大小，成双成对或一家大小外出猎食。虽然是杂食犬齿类动物，但尤爱牧民养的羊羔为食。夏天没有食物来源的时候，也以毒蛇为食。久而久之，恶狼喷出的口臭，也能毒伤人畜的眼睛。

公狼瞅准迷了彭玥眼睛的时机，它张开血盆大口，箭一般地冲向她的喉咙。

“小心！”陈中孚见状，边喊边握着尚方宝剑冲向恶狼，欲助她一臂之力。

女侠的险境，英勇少年也看得真切，在这千钧一发之际，只见他从兜里拿出一块石块，狠狠地掷向恶狼。

又听见一声“嗷”的惨叫，石块准确无误地砸中了恶狼的一只眼睛。难怪少年不惧怕狼啊，原来他有撒手锏：石头功夫。这是放羊娃长久练出来的功夫，目的是控制头羊不要乱跑，没想到在这儿用上了，一石定输赢。

公狼见占不到什么便宜，又是“呜呜”嚎叫，原来它是通知母狼快跑，只见一拐一瞎的两只狼，狼狈不堪地向森林里逃去。

老妪见两只狼逃了，“扑通”一声跪在彭玥面前，不停地磕头作揖，叨叨地说：“谢谢女侠，不不不！是观世音菩萨，是您救了我跟孙子的命啊，要是孙子没了，我也不能独活，否则对不起我那死去的儿子媳妇啊……”

陈中孚听了老妪的话后，心里一酸，从她那脸上布了沟壑的皱纹里不难看出，这是一个不幸的家庭。

彭玥连忙将老妪扶了起来说：“大娘，不用谢，路见不平拔刀相助，是我们习武之人的本分。再说了，我还要谢谢你这勇敢的孙子呢，要不是他一石定乾坤，我是凶是吉还说不定啊。”

这时，英雄少年放下怀里的羊羔，拍了拍它那雪白的绒毛说："去，去找你妈妈。"

说完，他来到彭玥身边，抱拳跪倒在地："阿姨！你武功好生了得，请收我做徒弟吧！"

彭玥慈母般抚摸着少年的头说："暂时不能，阿姨和老爷还有很多重要的事情要办呢。"

少年流露出失望的眼神，彭玥不忍心，留下希望安慰少年说："好孩子，待阿姨办完了事，再来收你这个徒弟可好？"

少年听后，脸色多云转晴天，笑嘻嘻地伸出手指，彭玥心领神会，也伸出了手指。

"拉钩，拉钩，一百年可不许变。"

"柱娃，快引恩人们去我们屋里喝口水。"

少年应着，机灵地背起彭玥放在地上的包裹，他指了指前方不远处，袅袅升起的炊烟的山坳说："师父阿姨，那里就是我们村子，我家在村子的东边，是三间瓦房呢。"

陈中孚夫妇也不推辞，因为赶了几个时辰的路程，粒米未进，口渴难当，加之又与恶狼进行了一番搏斗，饥肠空空如也，在"咕咕"地提意见。

村子很快就到了，陈中孚放眼望去，这是一个穷山村，几十间用山上的石块垒起来的茅草屋，零零星星地布满了山坳，有两间特别显眼的青砖瓦房，分别坐落在东西两边。

柱娃一蹦一跳在前面带路，很快来到东边的瓦屋。这时，一声"吱"的开门声，陈中孚循声望去，只见瓦房隔壁的一间茅屋里的大门半开着，一个长相猥琐的尖脸儿男人，从门缝里伸出头来，神情可疑地望着他们。

"柱娃，过来，叔叔这里有你最爱吃的姜糖。"尖脸儿用手招呼。

柱娃一听说有姜糖吃，来不及跟他们打招呼，就屁颠屁颠地跑进尖脸儿的屋里。

二

东边的瓦房正是老妪的家，坐西朝东，山坳下如一把大靠背椅将瓦房护卫着，早晨东方升起的阳光正好沐浴着屋前大门，沁河之水恬静地从屋前流过。一进屋，他们看见了堂屋中整齐地摆放着几张古色古香的太师椅、茶几、八仙桌和条台等家具。

陈中孚夫妇不禁好奇，看来这个家庭算是个富裕之家，可为什么只有奶孙二人呢？

陈中孚见老妪端上茶水，便开口问道：“大娘，刚才您说您儿子和媳妇儿遭遇了不幸？”

老妪一听，泪水夺眶而出，哽咽道：“都去了。柱娃他爷爷在世时，为我那苦命的儿子，买了一个太原国库的差事。”

“太原国库？”彭玥情不自禁地重复道。真是瞌睡来了就有人送枕头，也该老爷官运亨通。他此行正是调查太原国库的案子，看来是踏破铁鞋无觅处，得来全不费功夫。

“是的，恩人。”老妪接着说，“儿子在国库一直干得好好的，突然有一天，官府有人抬着他回来，那些人说他突发疾病去了，可怜的儿啊，丢下我跟孙子，孤苦伶仃。呜呜……”

“大娘别伤心了，人死不能复生，您老还要保重身体呢，柱娃还小，还指望您将他抚养成人啊。请问您儿子在国库是干什么的？”陈中孚边安慰老妪边问。

“儿子叫冯清明，是乾隆爷五十年的秀才，有文化，是国库物资进出的账房先生。”

“哦……”陈中孚若有所思。

彭玥插话问：“大娘，那您儿媳妇呢？”

“被那天杀的鸭婆儿害死了。”老妪气愤地说。

“鸭婆儿？”彭玥一头雾水，不解地问。

“他不是人，是畜生！”

“大娘，能详细说来听听吗？我们为你儿媳报仇！”彭玥抖了抖手中的宝剑，神色庄重地说

老妪点着头说：“恩人，我相信你。”她伤心地回忆起了往事。

那是去年的腊月二十四，家家户户敬灶神，炸年糕，过小年。我和媳妇刚炸完年糕，贪吃的柱娃就将小手伸进了还冒着热气的笵箕。

“去，别烫着，我和奶奶还要打扫卫生，你去村口看看你爸回来了没有？”

“哎！”柱娃抓起一把年糕，就往村口跑去。

往年这个时候，儿子会担着鱼、肉、新布等满满的两箩筐年货回家过年。

正当我在帮助站在椅子上的媳妇打下手，打扫厨房上的烟尘时，一只小花猫不知何时窜进厨房，冷不丁地将灶台上供奉的灶神泥像撞倒在地上了。媳妇见状，麻利地跳下了椅子，去捡地上的灶神，灶神已摔成两半。

媳妇捧着两半的灶神，瘫坐在地上，自言自语地说："小年破灶神，听公公生前说，这是凶兆啊。"

果不其然，还未等媳妇站起来，柱娃带着哭腔就冲了进来。

"奶奶、娘，俺爸他……他……"

"你爸咋的？"

"他死了，太原的人正抬着爸往家里来呢。"

我一听到这噩耗，一口气没有接上来，就哭死了过去。

待我醒转过来，已是掌灯时分，好心的邻居们早已帮我们搭好了帐篷。啊！我们这里白事有个传统习俗，突然在外面死的人，是不能存放尸体在自家屋内的。否则，会带来更大的噩运。这不，丧头正在外面的棚子里，帮助儿子换寿衣。

媳妇、孙子披麻戴孝地跪在儿子的尸体旁，可能是娘儿俩哭久了，声音沙哑了，只是颤抖地抽泣。一个身穿黄马褂，像是朝廷的官兵，双手扶着媳妇，不停地安慰、劝说。

我突然想起什么，疯了般跑到丧头身旁说："慢点，让我老婆子看我儿最后一眼。"

丧头掀开覆盖在儿子身上的白布，只见儿子两目圆睁，脸色铁青，嘴角儿还有乌血的痕迹。

丧头将我拉到僻角处，悄悄地对我说："你儿子像是中毒死的。"

"儿啊！你死得冤啦！"我抱着儿子的尸体哭诉。

"怎么可能呢！"穿黄马褂的官兵听到我的哭诉，立马站了起来解释说，"我和清明兄是要好的朋友，他这几天老跟我说，头脑有时昏眩刺痛，我还劝他去看过大夫呢，大夫说，这是中风前的预兆，让他吃药后休息，谁知他脾气倔，非要上班，没想到就这样与我们分别了。"

陈中孚问："大娘，这个穿黄马褂的官兵是什么人？"

老妪恨恨地说："就是那个天杀的鸭婆儿。"

"怎么叫他鸭婆儿呢。"

"他祖上缺德，代代都是罗圈腿，走路一歪一拐的，像是鸭婆儿走路。"

"哦！原来是这样。"彭玥恍然大悟，继续刨根问底，"那后来呢？"

"后来他常以儿子的好友的身份，带点鱼、肉之类的东西来看望我们，挺献殷勤的。开始我们并不介意，还好吃好喝地招待他，时间久了，这个色狼露出了狐狸的尾巴，经常对我媳妇动手动脚，每当这样，媳妇就正言厉色地呵责他。谁知我们是养虎为患呀，一次鸭婆儿趁我和柱娃外出放羊之机，他将我的儿媳妇强暴了。媳妇感到羞耻，就抛下我们祖孙俩，悬梁自尽了。”

“呜呜……”老妪说不下去了，悲痛地大哭了起来。

彭玥将秀拳握得“咯咯”作响，义愤地说：“大娘，请不要再伤心了。这个该死的鸭婆儿，最好别让老娘撞见，我要剥他的皮，为您老的儿媳报仇。”

“您老报官了没？”陈中孚迂腐地问。

“唉，”老妪停止了哭泣，叹了口气说，“报了。报官何用，他是朝廷的军官，官官相护，就这样不了而了之。”

“大娘您放心，我一定要查清此案，为您儿子和媳妇报仇雪恨。请您如实地告诉我，您儿子生前，向你交代了什么。”

“你是……”大娘一下子警觉了起来。

儿子生前确实向她交代过，如果他遇到不测，皇上定会派人来调查，让她擦亮眼睛，明辨昏官和清官，确认是清官后，方可告知真相。

这一年来，太原官府多次派人来追问账册之事，鸭婆儿也多次软硬兼施地逼问，她都守口如瓶。

一朝被蛇咬，十年怕井绳，老妪是被这些贪官污吏的威逼利诱吓怕了，她对陈中孚多了个心眼。

陈中孚哪里知道其中的蹊跷，正要回答他是朝廷派下来的御察史使时，柱娃兴高采烈地跑了进来嚷道：

“奶奶，尖脸叔的姜糖真好吃，你看，我还为你带了一块呢。”

“我孙子长大了，懂事了，真了不起，知道孝敬奶奶了。”老妪竖起大拇指，夸赞道。

陈中孚问：“大娘，尖脸叔是谁？”

“他呀，”老妪一脸不屑地回答说，“是我的邻居，一个老光棍，游手好闲的，成天赖皮地在别人家里混吃混喝的。”

老妪忽然间想起来什么，她怀疑地说：“不知他最近在哪里捡了一笔钱，经常买姜糖给我孙子吃，哄骗他问这问那。”

如果陈中孚分析得不错的话，这个尖脸儿，可能是太原的官员收买来监视老妪的，其目的是追出账册的下落，这是放长线钓大鱼。

三

为了证明他的判断是否正确，陈中孚装着漫不经心的样子，随口问道：“柱娃！你尖脸叔问了我们是干什么的吗？”

“问了，问了，问得可多啊！”柱娃回答说。

“你是怎样回答他的？”

“我说你们是我的救命恩人，没有你们，我早就被两只饿狼吃了。”柱娃还得意扬扬地说，“我还说了，我拜了阿姨为师的事呢。”

“哦！”陈中孚若有所思，忙令彭玥，“小玥，快去将尖脸儿监视起来，直觉告诉我，他今天晚上要悄悄地去太原报信。”

“是！”彭玥一阵风似的闪了出去。

柱娃如云里雾里，老妪用狐疑的眼光望着他，不禁大声地问：“你们到底是什么人！”

陈中孚解释说：“大娘，您放心好了，我们不是太原的官兵。”

大娘仍然用警惕的眼光望着他。

陈中孚耐心地解释说：“大娘，我是京城皇上派下来的御使，专门来调查国库亏空的事。啊！你儿子遇害可能与这个案子有关。”

“啊，您是钦差大人。”老妪半信半疑，有这么年轻的钦差大人？

“您儿子生前是否藏有一本账册，这是一本重要物证，请您交给我，我为您儿子做主，还他一个清白。”

陈中孚观察到，大娘的眼神先是充满希望，后来一听账本，希望的眼神马上就消失了。

“钦差大人，天已黑了，我去做晚饭，您坐一会儿，马上就好。”老妪人老，可脑子并不糊涂，她答非所问，故意岔开话题，步子蹒跚地去了厨房。

“唉。” 陈中孚无可奈何地叹了口气。看来是心急吃不了热豆腐，大娘的自我保护意识很强，是不会轻易说出实情的，得从长计议。如果彭玥回来证实，尖脸儿的确是去太原报信，那我们的行踪就暴露了，这祖孙二人，有被人杀人灭口的危险。那首要的任务是保护他们的安全，否则就前功尽弃。

当务之急是将这祖孙二人转移到哪个安全的地方。陈中孚灵活的脑子里，立即闪现出彭玥的长辈，石家庄的胖头儿他们四人的身影。对！他们的旅馆偏僻，远离山西，他们又有武功有能力保护他们，是个理想的安全地方。

目前还是有一个难题，大娘的脾气倔强，对我们还不信任，她是不愿意跟着我们走的。

不一会儿，大娘就将晚饭端了上来。

“钦差大人，不怕你笑话，自从儿子他们去了以后，家中贫寒，没有什么好吃的招待你们，只有红薯和咸菜了，请将就将就吧。”

“我在家里最爱吃红薯了。”说完，陈中孚拿起红薯就大口吃了起来。

“慢吃慢吃，别噎着了。”大娘宽慰地笑着，提醒他。

“大娘，我跟你商量个事儿。”

“什么事？说啊，大娘听着呢。”

“我猜想尖脸儿是太原官兵买通的奸细，是监视您祖孙二人，我们的到来，打草惊蛇了，他们会对你们下毒手，我想把您和柱娃转移到一个安全的地方，待您儿子这个案子破了以后，再回来如何？”

果不其然，大娘脾气上来了：“我不去！我是为人不做亏心事，半夜敲门心不慌，看他们能把我们祖孙怎的。”

陈中孚此刻哪还有心情吃饭，两眼直愣愣地望着门外，盼着彭玥早点回来，推翻他的判断。

“老爷你真神啊！”说曹操曹操到，“吱”的一声，大门洞开，彭玥一阵风似的闪了进来。

“怎么，尖脸儿真的去了太原？”

彭玥认真地汇报说：“回老爷，我奉命潜在尖脸儿的窗户下的暗处，先倒没有什么动静，待到掌灯时分，突然他的大门‘吱’的一声大开，只见尖脸儿牵出一匹枣红马，急促地走出村口，迅速地骑上马背，扬鞭往太原方向而去。我怕你担心，就折了回来向你报信。”

“果然如此！”陈中孚突然问，“小玥，你怎样才能与你石家庄的四位长辈联系上？”

彭玥心领神会，像变戏法似的，从包裹里掏出一只信鸽，得意地说：“用信鸽传书。”

“柱娃，家里有文房四宝吗？”陈中孚问。

“有，有，俺爸生前留下的。”

陈中孚用一张小纸片写道：

请四位长辈速来太原见　玥儿

彭玥将纸片小心地绑在鸽子的脚上，放飞了信鸽。

柱娃瞪着一双稚嫩的眼儿，好奇地看着他们忙完了一切，不解地问：“阿姨师父，你们这是干吗？”

彭玥再次抚摸着他的头，开玩笑地说：“柱娃不是要学武功吗？阿姨从石家庄请来了四位武林高手，将你培养成武林大侠，长大以后行走江湖，匡扶正义。”

"好啊，好啊！"柱娃高兴得手舞足蹈。

陈中孚说："小玥，快吃点东西，我们连夜赶回太原，直接去官方驿站歇息。"

柱娃望着他们夫妇消失在黑夜中，恋恋不舍地用小手放在嘴上，形成喇叭状高喊着："阿姨，我在家里等着你！"

四

陈中孚夫妇披星戴月，紧赶慢赶，天上露出了鱼肚白，终于来到了太原。

太原城真大呀，一早儿的，去哪里找太原驿站呢？

彭玥见一位菜农担着青菜赶早集，忙上前拦着他问道："请问这位大伯，太原官家驿站往哪走？"

"不晓得。"菜农未停脚步地远去了。

陈中孚两眼扫视着冷清的大街，见一灯光处的马车行，已经在开门营业，就对彭玥说："办法总比困难多。找一个坐的地方，帮我将官服换上，去马车行租一辆豪华的马车，自然就会到达驿站。"

他们夫妇坐在一辆豪华的马车上，穿过了几个巷口，马车就在一家匾额上写着"太原驿站"的地方停了下来。

马车把式殷勤地搬来一只踏脚凳子放在马车边，掀开帘子说："二位官大人，太原驿站到了，请下车。"

只见一位美丽的妇人，小心翼翼地扶着一位身着五品朝服，头戴花翎的朝廷命官，从马车上下来。

驿站门口，一位戴着八品官帽的人，双手不停地搓着，两脚不停地小跳着御寒，想必是在大门口站了许久，正在四处张望。

他就是太原驿站的站长侯精。昨晚，太原知府吕诲通知他，有位钦差大人要来太原，命令他热情接待，迅速通知他，不得怠慢，否则就卷铺盖走人。

侯精怎敢怠慢，他深深地记着，他头上的这顶八品官帽，还是托人用五百两银子，从吕大人手中买下来的哩。

为了保住这顶乌纱帽，他天不亮就在门口等着了，终于等到了从豪华马车下来的陈中孚。

侯精点头哈腰地来到陈中孚面前，单膝跪下行礼说："微臣是太原驿站站长侯精，奉吕大人之命，前来恭迎钦差大人。"

陈中孚与夫人相视一笑。果然，他们的行踪不再是秘密了。

“免礼！”陈中孚傲慢地望都不望他一眼，挽着彭玥的手，亲热地进了驿站。

侯精心想：这是钦差大人吗，我自从任这个驿站站长以来，已接待过几位钦差大人，从来没有见过携带夫人的，更没有见过如此轻薄的朝廷官员，竟在下官面前，毫不掩饰地卿卿我我，他不是一个冒牌货就是一个玩家子。管他呢，先安顿好他们，再去向吕大人汇报。

“钦差大人和贵夫人，一路辛苦了，楼上请。”

“好。”陈中孚夫妇被他带进了一间上等房间。

紧随着，两个下人就用精制的铜盆，盛着两盆还冒着热气的洗漱水进来。

“请大人和夫人洗漱完后，下官就去安排早点，吃罢早点，请二位休息到中午，吕知府他老人家要为大人接风洗尘。”说完，侯精就弯着腰退了出去。

不一会儿，下人就送来了丰盛的早点，他们刚吃完，就双双打个哈欠。一夜未眠，的确感觉到很困了，两人上床，很快就进入了梦乡。

侯精见陈中孚夫妇睡下后，就从后院牵出一匹马，骑上后直往太原府衙门而来。

“吕大人，您老真是诸葛在世，神啊！掐指一算，就知道钦差大人要来。”

太原知府吕诲听后，心里“咯噔”了一下，皇上这是要穷追猛打啊。幸亏我布置在冯清明家这个眼线尖点儿，他提供的情报是准确的，难道钦差大人与他老娘和儿子会面，真的只是一种巧合？

吕诲“哼”的一声冷笑，看来要先下手为强了，先除掉他们祖孙，让账本的秘密永远消失，无人证物证，想必你钦差陈中孚，也奈何我不得。

“来人！”他刚要命令身边的侍卫，去执行暗杀任务时。突然，衙门外刮进了一阵凉风，使他清醒了许多。我这不是此地无银三百两吗？是直接告诉陈中孚，国库贪污案是我带人干的。这是自乱阵脚，得沉得住气，试试陈中孚的钢火，再派人去暗杀也不迟。

吕诲决定先摸摸情况，再作打算，于是问侯精：“跟他一起来的那个女人是谁？”

“回大人，像是他的夫人，更像是他的小妾，看见他们毫不顾及地卿卿我我的样子，有失体统，哪像个朝廷命官的样子。”

“是吗！”吕诲听了，不置可否，命令道，“你快点回去，悄悄监视他们夫妇的一举一动，有什么不对劲的地方，及时向我汇报。”

“是。”待侯精出去后，他又命令管家：“派人去通知各部门，本府今天中午在太原老酒馆请客，宴请钦差大人。”

吕诲边说边用右手拇指和食指反复搓了搓说：“按老规矩办。”

管家点头哈腰地说：“好嘞，小的明白。”

太原官场有句顺口溜：不怕知府吝啬，最怕吕大人请客。从这句顺口溜中，不难看出是知府请客，下官放血，他又从中渔利，这就是太原官场的潜规则。

中午，太原老酒馆被清场一空，酒馆两旁站立着一排如狼似虎的清兵，戒备森严，场面气派。

陈中孚夫妇在吕诲等地方大臣们的簇拥下，来到大厅的主席的桌子边。

“钦差大人请坐首席。”吕诲客气地请道。

“不可，不可，吕大人是朝廷四品大员，我一个五品小官，怎能坐首席呢，请吕大人坐首席。”

“哎，陈大人谦逊了不是，您乃是圣上派下来的钦差，代表着皇上，见官大一级，客不坐主难堪啊。”

“吕大人太客气了，话说到这个份儿上了，那我就坐下了。”

“坐下，坐下，今天的首席非你莫属。”吕诲见陈中孚坐了下来，他指着首席旁边的座位说，“请陈夫人就座。”

彭玥微微一笑说：“谢谢吕大人，妾乃是钦差大人的侍卫，哪能与主人平起平坐。”说完，她双手抱着尚方宝剑，面无表情地站立在陈中孚的身后。

这咋回事啊，钦差大人身边还带了个漂亮的女侍卫，而女侍卫胸前的尚方宝剑却寒气袭人，难道今天是鸿门宴？来参加今天宴会的七品以上官员，有百人以上，宽大的酒馆里，四处都是人头攒动，他们在一睹女侍卫风采的同时，一边猜疑着。

陈中孚用眼光扫视了一下全场，看来太原的文武百官都到了，就是没有看见按察使耿直。

五

今天的宴会相当丰盛，酒桌上堆满了具有晋中风格的大菜：山西过油肉、糖醋鲤鱼、什锦火锅、黄芪煨羊肉、西红柿烩鱼鱼、酱梅肉荷叶饼、定襄蒸肉、鹌鹑茄子、晋城十大碗，沙棘开口笑。十道菜，十全十美。

在每位客人面前还放着一碗山西老陈醋，陈中孚耸了耸鼻子。

吕诲见状，忙解释说：“陈大人，来山西不吃山西老陈醋，就等于是没有到过山西。”

陈中孚一语双关地笑着说：“是吗，那我吃起醋来，吕大人可不许眼红啊。”

“不会，不会。”吕诲说。

这时，精彩的一幕出现了，只见吕诲的管家托着托盘，在一桌一桌地收着份子钱。各官员将已准备好的银子用纸条写上数量和签上自己的名字后，一同装入一个红色小布袋里，放入托盘。

陈中孚见此情景，心里恨得痒痒的，难怪京城都在传说，吕诲是个奇葩，每次他请客，就要下属凑份子，这不是公开受贿敛财吗？

难道这山西真是山高皇帝远，反腐倡廉之风，刮到这儿就刮熄了？看来是力度不大，地方官员就像茅厕的石头，又臭又硬，有恃无恐。

这时，他那灵活的脑袋瓜子，立刻出现老妪那似干柴的双手捧着一碗红薯的样子，心里就有主意了。

陈中孚假惺惺地对吕诲说：“吕大人，谢谢你和各位大人的红包。无功不受禄啊，点到为止，差不多就行。”

吕诲心想：这位钦差大人不愧是和珅的徒弟，青出于蓝而胜于蓝。这不是公开打劫吗？可人家是皇上派来查国库的案子的，我做了亏心事就怕鬼敲门，得罪不起。这么多的一笔钱，就得奉送给他了，真是哑巴吃黄连——有苦难言。

也罢，他是冲着银子来的，就好办了，有钱能使鬼推磨，看来这次又能逢凶化吉了。

站在陈中孚身后的彭玥，见老爷是瞎子见钱把眼开，竟然在大庭广众之下公开受贿，气不打一处来，心中暗暗着急。

吕诲借驴推磨，阿谀奉承地说：“陈大人，山西地方穷，这是百官们的一点心意，请笑纳。”

说着，他向管家挥了挥手，管家理会，将托盘里的银子双手递到陈中孚面前。

“玥儿，还犹豫什么，快收下呀。”

彭玥不知道陈中孚葫芦里装的是什么药，只好用包布将银子全部包了起来，挂在肩上，沉甸甸的。

吕诲看陈中孚收好了银子，干咳了两声后，双手抱拳，切入主题地说：“山西闹蝗灾，官员们口袋里也不暖和，还望钦差大人，回到京城后在皇上面前多美言几句，将赈灾银两拨下来，本官替山西百姓感谢您了。”

这个贪官真是利欲熏心，死到临头了，还打着民众的幌子，催要朝廷的赈灾款。陈中孚心中暗骂，嘴里却慢条斯理地说："好说，好说。待我将这次皇命的程序走完，一定奏明皇上，拨款赈灾。"

"不知陈大人怎么走程序？"

"老一套，先成立专案组，我和你负责，成员你来定，衙门就设在太原驿站。"

"好，好！"他们俩不约而同地哈哈大笑了起来。

吕诲是笑眼前这位乳臭未干、见钱眼开的钦差大人，没有什么官场经验，我的专案组成员，都是来监视你的，想必你这条小鱼也翻不起大浪来。

陈中孚是笑眼前这位利令智昏、刚愎自用的贪官，在一步一步地走向他设下的圈套。

一场别开生面的接风宴，看似风平浪静，却是狂风大浪的预兆，山西的百官们却全然感觉不到，以为不过是来了一个拿着"尚方宝剑"的贪官。

回到驿站，陈中孚是酒后春风，而彭玥却噘着樱桃小嘴独自在生闷气，一句话也不想跟他说。

她越是这样，他就越喜欢她这种刚直不阿的性格。

陈中孚故意挑逗她说："爱妾，怎么啦，老爷我今天初战告捷，赚了一大笔银子，你应该高兴才是，怎么小嘴噘得能挂油瓶？"

"呜呜……你才拖油瓶呢。"

彭玥正在气头上，误解了他的意思，她一边委屈地哭诉着，一边收拾行李，准备离开他。

"算我瞎了眼，跟了你这个视钱如命的贪官，你迟早要遭报应的。也罢，我不当拖油瓶了，我这就回去将霖儿带回武昌，你有钱了，就一个人风流快活吧。"

陈中孚匿笑着，上前抱住她的手，制止她不要收拾东西，嗔怪地说："看看，看，你还来真的了，好话坏话都分不清楚，还想带着我儿独自生活，娘俩不饿得讨饭才怪呢。"

"你别将我小玥三斤鳊鱼侧看了，就凭我这一身武功，我娘俩哪儿都有饭吃。"

陈中孚转而严肃地问："是的，你娘俩有饭吃，可柱娃和他奶奶呢？你想过没有？"

彭玥心里一阵触动，不解地问："你这是什么意思啊！"

"我再问你，柱娃的父亲冯清明，是不是忠于朝廷而死了，死得冤不冤？他们该不该得到朝廷的抚恤？"

彭玥恍然大悟，破涕为笑。这才明白老爷用心良苦，他是要将这笔银子作为朝廷的抚恤金，来资助他们。

女人的脸就像六月的天气说变就变，刚才还阴沉沉的，现在却眉开眼笑。她娇嗔道：“你真是的，怎么不早说。”

“哈哈……”陈中孚大笑道，“我要是早跟你说了，不就露馅了，下面的戏可怎么演啊。”

第十章

瞒天过海施巧计计计连环　敲山震虎布迷局局局获胜

一

专案组何时挂牌成立，何时升堂审案，陈中孚不闻不问，成天只带着彭玥游山玩水，品珍尝鲜，好像他是来山西旅游的。

这天，他突然兴起，命令侯精准备官轿，要偕同夫人上五台山朝山拜佛。

这侯精却心里打着算盘，想尽快把他们送走。请神容易送神难，只有成立专案组，走走过场，也好使钦差大人回去交差，尽快地送走这个瘟神。

吕诲刻不容缓地将专案组名单拟好后，来到驿站，征求刚从五台山回来的钦差大人的意见。

"陈大人！这是专案组名单，请你过目。明天是个黄道吉日，专案组就挂牌成立吧。时间久了，皇上怪罪下来，你我都吃罪不起啊。"

陈中孚接过名单一看，组长陈中孚，副组长吕诲，成员是太原知县常春藤、布政使吴可法和库兵统领善任。

陈中孚脸上挂着令人捉摸不透的微笑说："好啊，安排得还挺周全的，那本官明日升堂办案了。"

吕诲假惺惺地说："好的，本府在万忙之中，也要来陪钦差大人升堂办案。"

"吕大人，在办案之前我有个建议。"

"什么好建议，快说来听听啊。"

"太原按察使耿直，他的职责是审查各种案件，不把他吸收进来，皇上知道了，会责怪我们避开他办案，我俩也吃罪不起啊。"

耿直，一个不让人待见的家伙，尽跟本府唱对台戏，我每次请客他都不到场，不凑份子钱不说，每年连进贡本府的银子也不理会。他既然不是嫡系，我就没有必要把他拉进来。

吕诲想到这儿，不屑地说："他呀，一个占着茅房不拉屎的家伙，一点作为都没有，我正准备上奏皇上弹劾他。”

陈中孚诡谲地笑着说：“这不正好吗，我们需要一个稻草人做做样子，免得一群麻雀叽叽喳喳的。”

吕诲无可奈何地说：“好吧！那就把他拉进名单里来。”

驿站宽大的会客厅，改装成了临时衙门，侯精还有模有样地在审案堂的上方，悬挂着一块“明镜高悬”的匾额；八位衙卒杵着长长的过堂棍，分别站立两旁；主审台上陈中孚正襟危坐，彭玥今天是女扮男装，一副侍卫的打扮，手捧尚方宝剑，面无表情地站在陈中孚的身后；两边分别是吕诲、耿直、吴可法、善任；常春藤和书记官则坐在案台的最外边。把个审案厅显露出庄严、威武的气场。

“啪”的一声惊堂木巨响，直吓得吕诲心惊肉跳。他忙低声对他说：“陈大人，用力轻一点，这只是走走过场，不必认真。”

“啊！知道了。”陈中孚直话直说，“本官一直从事文史整理工作，这不是第一次审案吗，心情激动了一点。”

“啪！”这次的惊堂木声小了一点，吕诲听起来还是那么刺耳。

“将国库搬运兵全部带上来，本官有话要问他们！”

只见国库的八个搬运兵鱼贯而入，陈中孚惊讶地发现，他们像一个模子倒出来的，不全是军装一样，而是走起路来也一模一样，全是罗圈腿，像鸭婆走路似的，一歪一歪的。这里面谁是冯老妪说的鸭婆儿呢。

“啪”的又是一声惊堂木响，陈中孚威严地命令：“下面八个兵丁听好了，本官命令你们沿着大堂正步走三圈，不，走五圈！不执行者，大刑伺候。”

“威武……”

“喳！”八个兵丁哪见过这阵势，连忙列队正步转起了圈子。

坐在吕诲身旁的善任，嘴对着他说：“大人，陈大人这哪里是审案子，分明是在过官瘾嘛。”

吴可法、常春藤也投以鄙视的眼神，四人相视后露出了冷笑。

“哧”的一声，彭玥被兵丁们滑稽的正步走的样子，逗得禁不住发出了笑声。

“啪！”又是一阵惊堂木巨响，“严肃点，大堂之上不许发笑。”陈中孚一本正经地批评说。

其实，他从八位兵丁的步伐中，发现第七位并不是罗圈腿。

“第七位留下，其他退出公堂。”

七位罗圈腿撒腿跑出了公堂后，又是“啪”的一声巨响。

“堂下何人，还不跪下，你可知罪否！”

“威武……”这时，两旁的卫士口喊着，手中的过堂棍杵在地上“乓乓”地响。

“回大人，小的名叫琦绮，世代为国库搬运兵，遵纪守法，不知犯有何罪。”琦绮跪在地上，浑身像是刚从冰窖里捞出来似的，不停地瑟瑟发抖。

“八个搬运兵中，就你不是罗圈腿，跑得最快，国库里的八万两银子，不是你偷的还有谁？”

这不是糊涂官打糊涂百姓，找替罪羊了吗？坐在陈中孚下手的耿直不禁皱起了眉头。

琦绮头磕得如小鸡啄米似的说：“大人明察，国库戒备森严，何况我们进出国库，都要脱得赤身露体，如何偷得了银子？”

“那他们都是罗圈腿而你不是，如何解释！”

“那是他们练祖传……”刚说到这儿，琦绮的眼光突然碰见台上善任那毒辣的眼神，不禁一颤，欲言又止。

琦绮这一细微的变化怎能逃脱陈中孚鹰一样的双眼。他突然想起来善任进大堂时，也是罗圈步子，难道他是……

“看来是本官冤枉你了，你回去后与你们的同事好好想一想，有什么疑点随时向本官报告。”

“喳！”琦绮爬将起来，撒腿就跑。

陈中孚转头跟吕诲说：“吕大人，今天开堂到此为止吧。”

他见吕诲点了点头，高声宣布道：“退堂！”

二

彭玥假装上茅房，见身后没有尾巴跟着，她施展轻功，身体如紫燕般地飞出了驿站的院墙，快步如飞地往官道的远方而去。

“前面官差是琦大人吗？请留步，钦差大人委托我有话问你。”彭玥远远地看见，一位身着兵服的人，在不慌不忙地向国库方向而去。

“琦大人？”琦绮感到惊奇，这是他平生第一次听见有人喊他是大人，他回过头一望，是钦差大人的侍卫。

“刚才在堂上，钦差大人不是都问完了吗？”

“此处不是说话的地方。”彭玥四处望了望，见附近有一所“迎春茶楼”，她邀请他说，“前面有一所茶楼，我请你喝茶。”

琦绮见侍卫笑容可掬，不像是狐假虎威之人，就跟她来到了茶楼。

他边喝茶边问：“请问钦差大人还有什么话要问吗？只要我知道，我一定会如实地告诉你们。”

“谢谢你对我们的信任。”彭玥微笑地说，“就是问你在公堂上没有说完的那半截话儿。”

琦绮想起来了，就是罗圈腿的事儿。他一贯看不惯他们的总兵善任，在他们头上作威作福的样子，当面我不敢说，可我心里的一口怨气总是要向人吐出来的，憋着不舒服。

“他们的罗圈腿不是娘胎里带出来的，而是练鸭蛋功练出来的。”

彭玥行走江湖多年，民间五花八门的武功耳闻目睹了许多，就是没有听说什么鸭蛋功。

“什么鸭蛋功！”

“这还得感谢皇恩！”

“此话怎讲？”

“我们的祖先都是清朝旗人，为打下大清帝国的江山，立下了汗马功劳，而没有得到提拔重用。先皇祖皇太极为了安抚我们先祖，赐世代为国库兵勇，永远有一个固定职业而安逸生活。”

“这与鸭蛋功有联系吗？”

琦绮没有正面回答，反问道：“你听说过搬运兵盗银子的技巧吗？”

“没有！我只听说搬运兵进出银库都要脱得赤身露体接受检查，他们是如何将银子盗出库的呢？”

“从屁眼里盗出的。”

彭玥摇了摇头说：“这怎么可能呢，屁眼那么小，进入国库一般的银锭有十两重，又大又重，屁眼里根本藏不住。”

琦绮见侍卫不相信他的话，索性全盘托出这里面的奥秘。

“原先是不可能，可善任的爷爷是个奇才，他为了能从屁眼里藏银子，每天坚持将鸭蛋塞入屁眼，久而久之屁眼的特殊功能就练出来了，十两的银锭也能藏起来，只是走路就像鸭婆儿歪了。”

啊，原来他们的罗圈腿，是练鸭蛋功练出来的。

彭玥笑着问：“那你怎么不是罗圈腿，没有练鸭蛋功吗？”

“我爷爷为人正直，忠于朝廷，从不与他们同流合污，故而立下家规，子孙宁可清贫，决不做鸡鸣狗盗之事。”

她对他这个家族肃然起敬。

彭玥恍然大悟后，想起了一个重要人来，她冷不防地突然问："谁是鸭婆儿？"

"他是国库总兵善任的绰号，就是靠盗得的银子，买了一个国库总兵的官职。"

"鸭婆儿就是他！"彭玥脑海里浮现出柱娃娘一根绳索上吊的惨景，她牙齿咬得"咯咯"作响，脸色阴沉。

琦绮见状，小心翼翼地问："你与他有仇？"

彭玥恨恨地说："这个淫贼，他害死了柱娃的亲娘，哦，就是你们银库的原账房先生冯清明的老婆。"

"唉，"琦绮叹了口气说，"多好的一个人啊，就是由于交友不慎，才落得家破人亡的下场。"

"你知道冯清明是怎么死的？"

"传说他是与善任一起喝酒，突发脑出血死的。"

"死后没有请仵作验尸？"

"这个我就不知道了，我当时也不在场。"

彭玥转移了话题问："善任住在什么地方？"

琦绮以为她要去报仇，善意地提醒她："大侠，万万不可，他家住在戒备森严的军营，有众多兵丁保护着他，平时很少见他出门，报仇谈何容易。"

彭玥借机继续问："他有什么爱好？"

"啊！我想起来了，我与同事们闲聊时，听说他在翠香楼包养了一个妓女，名叫翠红。"

彭玥见已经达到目的，叮嘱他说："谢谢你提供的情况，今天的谈话你可要守口如瓶啊，避免惹来杀身之祸。"

"这个你放心，我会将今天的事儿烂在肚子里的，我知道善任是个吃肉而不吐骨头的恶狼，我不会穿蓑衣灭火——惹火（祸）上身。"

彭玥放心地辞别了琦绮，悄悄地回到驿站他们的房间，见老爷正在房间里翘首以待。

她开心地说："老爷你真是料事如神，今天大有收获。"

陈中孚急忙地问："快说来听听。"

于是，彭玥如竹筐里数豆子，一五一十将今天了解的情况，滴水不漏地向他如实汇报。

"好，好，好！"陈中孚夸赞她说，"有了你这个既聪明又能干的贤内助，天下没有什么疑难的案子，是本官侦破不了的。"

彭玥娇羞地说："跟好人学好人，跟个聪明人就能进衙门，人家都是跟你学的嘛。"

陈中孚笑着打诨说："这叫一床被子不盖两样人。"

"去你的！"彭玥撒娇握着玉指轻轻地给了他一拳，然后问，"我们下一步该怎么办？"

陈中孚胸有成竹地说："万事俱备只欠东风。"

"什么东风？"

"就是你的四位宝贝长辈么，他们一到，我们就该收网了。"

陈中孚解释完，就拉着她的手说："走，天色已晚，驿站的佳肴我们吃腻了，太原街上吃夜宵去，换换口味。"

还未等她回过神来，他不由分说地挽着她的手臂，大大咧咧地走出了驿站。

三

太原城的夜晚阴沉沉的，一点星光都不见，更不要奢侈有月光儿了，漆黑一片。只有那黑夜深处的街道挂起了大红灯笼，在旷野的天空闪烁，如点点鬼火，格外刺眼。

走不多远，彭玥不情愿地说："这黑灯瞎火的，哪儿去找夜宵，老爷，我们还是回去吧。"

陈中孚哪里是出来吃夜宵的，他编织的天罗地网，还差一根纲，纲举目张，才能网住大鱼，他今晚就是想去找那根钢绳。

"你看，前方不是有灯光吗，有灯光的地方就有人群，有人群的地方就有夜宵。"

"好吧，走。"彭玥见夫君今晚兴致勃勃，也不便扫兴。

啊，挂灯笼的地方，原来是一个叫翠香楼的妓院，打扮得妖艳的妓女们，站在院门旁，卖弄风骚地勾引顾客。果然，在翠香楼附近，有几家叫卖夜宵的小摊。

"走！我们到翠香楼去逛逛。"陈中孚不像是开玩笑。

真是天方夜谭，哪有逛妓院带老婆的事儿。这不是懒驴子撒野——欠揍吗？

"你敢！"彭玥直气得又咬着银牙。眼前的人，虽然是自己的丈夫，可他是钦差大人。真是豆腐掉到灰里面去了，拍又不能拍打又不能打，只有搬救兵来制止他的荒唐举动。

她威胁他说："只要你越雷池半步，我就回去告诉姐姐，一同将你这个花心大萝卜休掉。"

陈中孚见她生气了，方才正色道："你是不是来山西醋吃多了，满身醋味，老爷是那种人吗？我是想进去证实一下琦绮话语的真实性。"

彭玥的樱桃小嘴噘得高高的，勉强同意说："要去你去，反正我不进这肮脏的地方。"

陈中孚会心一笑，也是的，她一个女人打扮，怎能进这种地方呢？

"你在外面等着，我去去就回。"

陈中孚刚走进妓院门口，就见两个妖艳的女人一边一个挽着他胳膊，亲昵地抱着他往妓院里边而去。

"唷，这位爷，是位稀客，您看中了我们的哪位姑娘，我叫下人给你们安排房间。"一个打扮得像妖怪似的鸨母，忙迎上前说。

"听说你这里有个翠红姑娘，天姿国色，本爷是慕名而来。"陈中孚淡淡地说。

"这位爷，对不住了，翠红姑娘已经被军爷善总兵包养着。"鸨母指了指楼上还亮着灯的一间绣楼说，"这不，善大人和翠红姑娘正在亲热着呢。要不，再换一位比翠红姑娘更漂亮的姑娘给爷。"

陈中孚侧耳细听，楼上秀楼里，果然传出善任淫秽的笑声。看来，琦绮的话是可信的。

"老鸨，我明儿再来，翠红姑娘有时间吗？"

老鸨悄悄地对着他的耳根说："要来，明天白天来，这几时，善大人天天晚上都要来。"

"好的，一言为定！"陈中孚说完，就趾高气扬地出了妓院。

他一出来，就看见向里张望的彭玥，他迎上前去拉着她的手说："走，小玥，我们吃夜宵去。"

"老爷，我发现有人跟踪我们。"彭玥依偎在他怀里，悄悄地说。

果不其然，他们刚坐下，就看见隔壁的桌子上，来了两个青衣打扮的人。彭玥用嘴向隔壁的桌子努了努，提醒夫君说："就是他们。"

陈中孚也不理会，高声向正在忙碌的老板说："老板！来两碗羊杂碎面条。"

"好的！"老板喜笑颜开地说，"二位客官稍等，马上就好。"

一会儿，羊杂碎面条就端了上来。陈中孚边吃面条边对彭玥说："想办法甩掉这两只尾巴，我们今晚还要去会见一位重要人物。"

“这个好办，我俩吃完面条后，我们一直往前走就是了。”

他们很快就将面条吃完了，结账后，手挽着手就往前面黑暗的街道走去。走到一个小巷口，彭玥轻身一闪，就躲进了巷子里，陈中孚则一直向前走。

两个青衣人在黑暗中，保持了一定距离跟踪他们。他们刚走进巷口，只听见“嗖嗖”快如闪电的两声，两人双双兀然地倒在地上。

彭玥紧急几步，就追上了陈中孚，轻松地说：“老爷，没有费吹灰之力，两个尾巴解决掉了。”

陈中孚担心地说：“他们两个是胁从者，你不会将他们弄死了吧。”

“放心吧老爷，我只不过是点了他们的昏穴，一个时辰就会醒转过来，不会死的。”

“这就好！”陈中孚加快了脚步，很快来到太原按察使衙门，他上前轻轻地敲着门环。

“谁呀？这深更半夜的，还让人睡觉不？”一个管家模样的人，将大门打开半条缝，伸出脑袋问。

“烦请通报耿大人，钦差大人有要事求见。”

“啊，是陈大人，我家老爷早就吩咐过，只要您登门拜访，就不要通报，直接带你去会见他。”

“哈哈，看来耿大人与本官是心有灵犀一点通哦。”陈中孚一见到耿直，就哈哈大笑着说。

“恕下官直言，自从第一次审案就领略到了你的风采，你是个不按常理出牌的角儿，我就知道，太原的天要变了。”

“谢谢耿大人赞誉，你也在卧薪尝胆嘛。”

英雄所见略同，耿直也不避讳，直接拿出来这几年太原知府吕诲、布政使吴可法、国库总兵善任等二十四人相互勾结，贪赃枉法的调查材料递给陈中孚。

陈中孚略看了一遍问：“你怎么不将这些情况，上奏给皇上？”

“这些材料，证据还不充足，不至于扳倒贪官吕诲之流，若是上奏皇上，反而会打草惊蛇，他们要求朝廷赈灾的阴谋就会得逞。”

陈中孚大吃一惊地说：“你也知道山西闹蝗灾，是假的？”

“钦差大人偕夫人假装游山玩水，暗地里却在调查蝗灾的事儿，虽然能蒙蔽一部分人，但古人云：要想人不知，除非己莫为。”

陈中孚假装生气地说：“你好大的胆子，竟敢派人监视钦差大人，你执法犯法，是罪加一等。”

耿直并不惧怕地解释说："下官岂敢，这是下面有正直良心的官吏秘密向我报告了，我可提醒钦差大人，没有不透风的墙啊，吕诲也在监视你的行踪，你可要小心一点，防备他们狗急跳墙。"

"这个我知道，刚才我们来你府的路上也有人跟踪，被我小妾解决了。"陈中孚说到这里，不禁问他，"他们谎报蝗灾其目的何在？"

"他们侵吞了国库八万多两银子，为了掩盖国库的亏空，故意谎报蝗灾疫情，如果得到了朝廷的赈灾款后，既填补了国库亏空，又能大捞一笔。"

"这群硕鼠，胆大包天！"陈中孚气愤地拍起了桌子，站起来说，"我的按察使大人，你失职呀，这么重大的阴谋，你应该密奏皇上呀！"

"陈大人，我也有我的苦衷，我在找一本账本，那是本案重要的物证，证据确凿，我才能上奏弹劾我的顶头上司，只有这样，才不会犯以下犯上之罪呀。"

"是找冯清明的那本账本吧？"

耿直向他投了一个敬佩的眼神，心悦诚服地说："皇上英明，派了一位精明强干的钦差大人，下官佩服。不知下官可有帮得着陈大人的地方，愿听从大人差遣。"

"好，将材料保存好，我去想办法取得账本，再联名禀奏皇上，将太原的一群硕鼠一锅端掉。"

耿直担心地说："善任拥兵自重，是个专横跋扈的角儿，要防备他狗急跳墙，做出令人想象不到的事。"

"这个耿大人请放心，国库兵丁并不是铁板一块，据本官调查了解，以副总兵傅强为首等绝大多数官兵，是忠于朝廷的，只要我亮出皇上的尚方宝剑，他们就会反戈一击，听命于本官。"

陈中孚最后命令他说："你想办法将我去调查蝗灾一事如实通报给吴可法，来个敲山震虎。"

"啊！"耿直长长地吁了一口气说，"这个好办，原来太原的整个局势，都在陈大人的掌控之中。"

四

陈中孚夫妇刚刚回到驿站，就被站在门口等候他们的侯精拦着。

"陈大人你可回来了，你夫人的四位舅舅从大老远的地方，来看望你们来了。"

“哦！他们在什么地方？”陈中孚兴奋了起来。真是瞌睡遇到了枕头，来得早不如来得巧，正缺人手之时他们就来了。

“在你们的房间等着你们呢。”

“快去准备酒菜，今晚我要好好地招待他们。”

“喳！”

侯精料理完了陈大人之后，就急匆匆地赶往太原府衙，向吕诲报告而去。陈中孚望着他远去的背影，脸上流露出一丝冷笑。

吕诲听到侯精的报告，心里一惊，此时此刻，陈大人夫人的四个舅舅来造访是何意？他警惕地问：“他们是从何处而来？”

“禀报大人，下官问了，他们说是从石家庄来看望外甥女儿的。”

“石家庄来的？这么远的地方，他们却不辞劳苦，仅仅是为了看望外甥女儿？他们长的什么样儿，他的小妾与他们有相似的地方吗？”

吕诲一阵连珠似炮的发问，侯精小心翼翼地做了回答：“回大人，他们的确说是来看外甥女儿的，想必是乘机想来山西玩玩，打打大人您的秋风。至于长相嘛：一个胖头儿，一个薄皮儿，一个麻秆儿，一个鼠眼儿，根本就不像一母所生，更别与如花似玉的陈夫人比了。下官看，他们就不是什么好人。”

吕诲严肃地命令：“管他什么好人坏人，你多派人手，将他们盯紧了。”

“喳！”侯精退出后，吕诲正准备回后院休息。

突然，室外传来高呼声：“老爷，老爷！请留步，小的们有要事相报。”

吕诲往门外一看，原来是他派出去监视陈中孚夫妇的两名家丁急匆匆地跑了进来。

“什么事这么慌张，像是来报丧似的！”吕诲见他们这副狼狈的样子，没好气地说。

跑在前面的家丁急忙汇报说：“老爷，今晚钦差大人夫妇走出了驿站，先是去了翠香楼，后来在夜市摊上各吃了一碗羊杂碎，就往回走，我们紧跟着，黑夜里，我们不知怎的被一个鬼影人点了昏穴，后来什么事儿都不知道了。”

“啪”的一声，吕诲重重地甩了家丁一耳光，气急败坏地说：“一群废物，滚！快滚！”

管家听见大堂老爷的吼叫声，忙跑进来问：“老爷发生了什么事？”

“一定是善任这个色鬼的辫子被陈中孚抓住了。快去把他叫来，将足智多谋的吴大人也请来，一起商量对策。”

不一会儿，善任精神萎靡地走了进来，他恬不知耻地埋怨说：“吕大人，我正和翠红姑娘翻云覆雨，什么事这么急啊？”

吕诲气得破口大骂："你死到临头了，还在妓院里逍遥快活，你已经被钦差大人抓住了尾巴。"

善任大大咧咧地说："我嫖娼怎么了，我乃世代皇亲国戚，他一个乳臭未干的毛头小子，奈何我不得。"

"你……太放肆了。"

"谁这么大胆啊，竟敢在太原府衙放肆。"随着话音，吴可法从黑暗中走了进来。

"还有谁，就是眼前这个不知天高地厚的东西。他死到临头了，还想着逍遥快乐。"

当吴可法听到陈中孚今晚去妓院调查了善任并打昏了两名跟踪人员。忽地一拍大脑。

"吕大人！不好，我们中了陈中孚的连环计。"

"啊！"吕诲、善任听后惊得目瞪口呆。

"我刚得到线人举报，陈中孚带着老婆游山玩水是假的，实则是暗地里调查蝗灾一事。"

吕诲恍然大悟地说："原来陈中孚先跟我们玩的是缓兵之计，后来再用瞒天过海之计，来麻痹我们。"

他又咬牙切齿地对吴可法和善任说："陈中孚他不仁，休怪我们无义了。兵来将挡，水来土掩，我们不能自乱阵脚，得想出一个两全其美的办法来对付他。"

善任不屑一顾地说："我去派兵把他秘密地抓起来，再治他个乱党之罪。"

吕诲恨铁不成钢地说："你只会逞匹夫之勇，他可是皇上的钦差大臣啊，别玩火自焚了。"

"我们何不来个先下手为强呢？"吴可法到来之前，早已想好了应对的办法。

吕诲迫不及待地说："吴大人，快将你先下手为强的办法说来听听，别绕圈子了，真是急死个人了。"

"陈中孚并不是铁板一块，您我分别奏他一本，您奏他作为朝廷命官，在大庭广众之下与小妾卿卿我我，有伤风化之罪。我上奏一本，他来山西的第一天就公开在我山西百官面前索要银子百余两，犯有敲诈勒索之罪。"

吕诲连忙说："这个办法好，事实是明摆着的，证据确凿，既参了他一本，又能使皇上认为我们不是拉帮结派。皇上一发怒，就将他调回去治罪，这样我们的事儿就不会败露。"

吴可法拍马屁地说：“我这都是跟吕大人您学的。”

谁说善任是个武夫，他是他爷爷正宗传下来的种，鬼点子挺多的，他此刻也想出了一条毒计。

“下官也乘机参他一本，‘乌金锁链’案，够他喝一壶的。”

“啊，什么‘乌金锁链’案？”吕诲、吴可法不约而同地问。

于是，善任将如何炮制陈中孚巨额贪污受贿的证据，如此这般地说了出来。

“好，好！这真是一条毒计，陈中孚不死，也要他牢底坐穿。”吕诲听后，不无得意地说。

吴可法突然想起了一个漏洞，担心地说：“只是死鬼冯清明的那本账册不知藏在何处，绝对不能落入陈中孚之手。”

吕诲听后，两眼露出了狼一样的凶光，命令善任说：“一不做，二不休，你连夜派杀手去将她祖孙俩干掉，手脚干净一点，要做到人不知鬼不觉。”

善任狰狞一笑，拍了拍胸脯说：“吕大人放心，这是下官的强项，我亲自带人去，悄悄地潜入房中，将他们勒死，然后将尸体，带到后山里去喂狼，造成一个祖孙俩不幸落入狼口的现场。”

吕诲听后，满意地点着头说：“快去快回，不要惊动村里的任何人，包括我们的眼线。”“喳！”善任离开吕府，消失在黑暗之中。

五

善任走出吕府，鬼使神差般地又来到了翠香楼下，听见楼上传出翠红的荡笑声，心里的醋坛子打翻了：老子今天哪儿都不去，待我安排心腹去执行秘密任务后，再回头来收拾你这个骚货。

深山深夜冯家坳的山村，格外宁静，除了树林里偶尔传出几声猫头鹰的叫声，一户人家的黄犬“汪汪”的几声吼叫外，就只有“嗖嗖”的寒风声了。

这时，村东头突然闪出两个黑衣人，黄犬正欲吠叫，忽见一块香喷喷的鸡肉飞了过来，它禁不住诱惑，一口就将鸡肉吞进了肚子里。不一会儿，就听见黄犬发出一声惨叫，七孔流血地倒毙在地上。原来黄犬是吃了黑衣人喂有“三步倒”的毒药，中毒身亡。

两个黑衣人蹑手蹑脚地来到老妪的家门口，四处张望了一下，连个鬼影子都没有。一个放哨，一个掏出匕首，在慢慢地拨开她的大门闩儿。不一会儿，两个黑衣人就闪进了黑暗的堂屋里，一个闪进柱娃睡觉的东厢房，一个闪进老妪睡觉的西厢房。正当柱娃房间的黑衣人，拿出一根细小的麻绳，准备去套柱娃的脖子时，突然室内灯火通明。

“不好，我们中埋伏了。”说着，黑衣人就掏出匕首，负隅顽抗。可他们哪是胖头儿、薄皮儿两人的对手，只几个回合，就被缚手擒拿。西厢房的黑衣人，也同样被麻秆儿、鼠眼儿五花大绑地押出了堂屋。

彭玥搂着柱娃、冯老妪坐在八仙桌旁，目睹了这一幕，脸上露出了欣慰的笑容。

彭玥正准备学着老爷，初审两个凶手时，胖头儿却嚷了起来：“小玥，哪有你这样对待长辈的，我们饿了一晚上，该吃饭了吧。”

“嘻嘻”，彭玥扮了个鬼脸说：“四位长辈对不住啊，晚辈一高兴，就把这事给忘了。”

“柱娃，快去厨房拿碗筷来，阿姨赏你个大鸡腿吃。”说着，她像变戏法似的，从肩上的包袱里，掏出了很多鱼、肉、鸡、鸭等香喷喷的菜肴。

原来，陈中孚夫妇在驿站餐厅里，正准备宴请四位客人时，他从窗口中无意看见侯精急匆匆地走出了驿站，脸上露出了一丝冷笑后说：

“四位英雄对不住了，今晚的接风宴要改在路上吃了。”

他见彭玥傻愣愣地望着他，就严肃地对她说：“还傻站着干什么，快打包呀。柱娃与他奶奶今晚有性命之危，你快带着你四位长辈去保护她们祖孙安全。”

“啊！”彭玥明白了，边打包边担心地问，“那老爷你呢？你一个人在驿站里我不放心。”

“我在这里麻痹对手，你放心好了，我有尚方宝剑，他们奈何我不得。”陈中孚安慰她后，着重强调，“哦！将抚恤金带去，一定要做通老大娘的工作，拿到账本后，让四位英雄将她们祖孙俩带回石家庄，避避风头以防不测。”

胖头儿明白事理，忙表态说：“我们马上就动身，成事之后，由麻秆儿、鼠眼儿带着当事人回石家庄。我和瘦猴、薄皮儿留下来保护老爷您的安全。”

陈中孚推辞说：“没有这个必要，想必他们不敢对我怎么样。”

“不怕一万就怕万一吧，再说，古代包公办案，还带王朝、马汉保护呢。”

彭玥也在帮腔说：“老爷，胖长辈说得有道理，就依了他吧。”

“好吧，去吧，去吧，祝你们一路顺利。”

彭玥想到这里，心里越来越佩服老爷的神机妙算。她望着四个狼吞虎咽的长辈，想起来还有一件重大的事情没有办好，她从包袱里掏出一包银子，递给大娘说。

“大娘，这是我家老爷，为你儿子冯先生保护朝廷的利益，而申领到因公殉职的抚恤金，有了这笔钱，你们祖孙今后就不愁吃穿了。”

她当然知道不能直接说明银子的来路，怕大娘听后不收，说了一句善意的谎言。

冯老妪用颤抖的双手接过银子，眼含热泪地说：“谢谢，谢谢！谢谢青天大老爷。”

彭玥趁热打铁地说：“大娘，青天大老爷要惩治那些害死你儿子的贪官污吏，尚苦于无重要证据，只有您老深明大义，将你儿子生前的一本账册拿出来，青天大老爷才能将那些贪官污吏绳之以法。”

冯老妪听后，连连说：“我拿，我拿，我那苦命的儿生前交代过，这本账册，只能交给青天大老爷。”

说完，老妪颤颤巍巍着从西厢房的抽屉里，拿出一串手戴的佛珠，来到堂屋后，郑重地交在彭玥的手上。

“儿子生前交代，他跟五台山大宝寺慧空大师关系很好，他把账册藏在他那儿了，只要你们拿出这串佛珠，他就会将账册交给你们。”

冯清明真是个正直的有心人，吕诲之流万万也想不到，他会把账册藏在寺院里。

“啊！原来是慧空大师。”彭玥忽然想起前几时老爷带她去大宝寺游玩，辞别中慧空大师一句令人回味的话来：“阿弥陀佛，两位施主慢走，你们与本寺有缘，还会来的。”

原来慧空大师早已看出来，我们是他要找的人，只是没有佛珠作为凭证，他不违背主人之托罢了，真是一代高僧。

彭玥想到这里，宽心地一笑，转向冯柱说：“柱娃！阿姨没有食言吧，还不过来拜见你四位师父。”

冯柱倒也乖巧，伏在地上就拜：“四位师父在上，请受徒儿一拜。”

他这一突然的动作，将四位正在狼吞虎咽的师父逗得大笑。胖头儿放下手中的碗筷，忙将他扶起来问：

“你小小年纪，就拜我们四位为师，武艺学成之后，你想干什么。”

柱娃歪着脑袋想了想说：“学成长大之后，我就跟着阿姨和陈老爷的身边，像王朝马汉一样，保护青天大老爷的安全。”

“哈哈哈，小小年纪有志气，你这个徒儿我们收了。”胖头儿大笑着说。

彭玥见任务圆满完成，她担心老爷的安全，催促他们说：“长辈们吃好喝好了没？我们按计划分别行动，麻秆儿和鼠眼儿两位舅舅迅速带他们祖孙离开这里，我们去驿站与老爷会合。”

此时的陈中孚一人踱着方步上了驿站的小阁楼上，望着那模糊不清的五台山，不禁想起三国诸葛亮的空城计的情景来，只可惜他手中没有鹅毛扇子，否则，就不要上戏台看诸葛亮了。

他想起了这半年多来，他用缓兵之计瞒天过海，抽丝剥茧，斗智斗勇，终于使国库亏空案浮出水面，能完成皇上交给他的重任。他心潮澎湃，思如泉涌，一曲《一树百获》喷涌而出：

隆栋占爻吉，无如广树人。
三升才济济，百获士莘莘。
垂象天罗宿，从龙案降神。
爰求饶杞梓，薄采富樵薪。
槐列兴朝彦，乔瞻故国臣。
飞熊来大老，鸣鹿有佳宾。
屋庇千间夏，台登六宇春，
卮言卑管子，棫朴荷陶甄。

第十一章

不避嫌流传两事忠肝义胆　持正义连奏三折倒海翻江

一

正当陈中孚春风得意，即将迎来胜利曙光的时候，而家乡亲人却乱成了一锅粥，他却全然不知。

前几时，两个官差押着一个五大三粗、戴着脚镣手铐的“囚犯”，突然来到陈中孚武昌葛仙镇的家里。躺在躺椅上的陈其光还以为两个官差是来讨水喝，他忙吩咐下人。

“快去冲一壶茶来，拿三只杯子，想必是官差他们一路走渴了。上屋到下屋都是客，两位官差大人和这位好汉，快坐下喝口茶吧，解渴了再上路也不迟。”

“谢谢您老人家。”一位官差试探地问，“您老人家是钦差陈大人的高堂吧。”

陈其光暗自一惊，好奇地问：“官差大人，你们是怎样知道我是孚儿的父亲。”

二位官差和“囚犯”不由分说，跪在地上叩头就拜：“老爷，小的们是钦差陈大人派来看望您老人家的。”

陈其光看到他们这样装扮，有点丈二和尚——摸不着头脑，探亲还要押犯人吗？

领头的官差见陈其光双眼带着疑惑的眼神，打开“囚犯”的脚镣手铐，拿着一副脚镣，来到陈其光的面前，悄悄地对他说。

“老爷，这根脚镣是乌金打造的，这是我家大人收获的一笔意外之财。”

陈其光眉头一皱，不露声色地说：“有钱就悄悄地寄回来不就是了，还要用这种方法，这不是脱裤子放屁吗？”

官差解释说：“老爷，这是大人为了慎重起见，令我这位弟兄在太原街上直呼他的名字，大清朝有律法规定，凡在大庭广众之下，直呼朝廷命官的名字，就是犯法。于是，就演了这一出苦肉计来运财，神不知鬼不觉。”

“咳咳”，陈其光听着脸色由红转白，不停地咳嗽，并用手指着他们说：“我孚儿不是那种人 ‘咳咳’……你们到底是什么人，‘咳咳’ 还不拿着你们的东西快滚！‘咳咳’ 否则，我这就叫人报官了。”

报官？善总兵的计谋不就曝光了吗，那将前功尽弃，我们如何回去交差。官差拿着乌金脚镣，和另外两人悻悻而去，他看见陈中孚家门前有一口鱼塘，“咚”的一声，他将乌金脚镣甩到了那口鱼塘里。

官差恶狠狠地说：“你个老不死的不收，我叫你家里鱼塘收，这个赃我们栽定了，你想洗也是洗不掉的。”

三人走后，陈其光以为是汉口下来的三个好吃懒做之徒，来敲诈他的，并没有将这件事放在心上。

这天上午，从汉阳府来了一队官兵，说是奉圣旨来搜查陈中孚在山西任钦差时，贪污受贿的证据。

“三儿犯事了？”陈其光吓得出一身冷汗，跌坐在地上。

好事不出屋，坏事传千里。汉阳府派官兵来搜查陈中孚家里的消息，不翼而飞，来看热闹的人挤满了上街村。

好就好在这队官兵事先被汉阳知府打了招呼的，只许文搜不许武搜。所以，家里的家什用具、坛坛罐罐，幸运地完好无缺。他们将陈中孚家里翻了个底朝天，每一个旮旯里都没有放过，就是没有找到什么贪污受贿的证据。

带队的总兵，突然想起来，知府大人临出发时交代，陈中孚家门口的一口鱼塘里，可能藏有秘密。

带队的总兵命令说：“一班二班全体都有，组成横队下到鱼塘里，拉网似搜索，我就不信，皇上的情报还会有假的。”

这个时候，天气已经进入深秋，虽然鱼塘里的水，不是那么刺骨，但也是冰凉冰凉的。两个班的兵丁下到水里后，个个冻得直哆嗦，但君命难违，一个一个在水里认真地摸索起来。

突然，只见一个兵丁兴奋地大喊了起来：“总兵大人！找到了，找到了！”他从水里摸起了乌金脚镣，高高地举了起来。

“啊！这是什么证据啊，不就是一个普通的脚镣吗？”看热闹的人群中，一个陈姓人不屑一顾地说。

总兵从士兵手上拿过脚镣，用手掂了掂，自言自语地说：“乖乖，想必是有二十来斤，这真是乌金打造的，那可就价值连城了。”

“谁说义门陈氏历代出清官，吹牛吧，陈中孚这是打了他们祖先一耳光。”

人群中张三幸灾乐祸地说。

李四早就眼红陈中孚家里尽出官儿，趁机煽风点火地说：“我们乡党要联名上奏县大人，将他们陈家扫地出门，免得一粒老鼠屎损害了我们葛仙镇的名誉。”

王二麻子是个正直人，他顶撞李四说：“这话亏你说得出口，你摸摸心口想一想，陈老爷在葛仙镇悬壶济世，做了多少善事，是多么善良的一家子啊。再说了，乌金锁链是从他家鱼塘里搜出来的不假，但不一定是陈中孚的，说不定是有人陷害的呢。”

姜铁匠卖铁器走家串巷，见识多广，他接着王二麻子的话问：“你们知道陈中孚在朝廷里，拜谁为师？”

“谁呀？”

姜铁匠神神秘秘地说：“就是大贪官和珅呀。”

范篾匠读了两年私塾，每次说话都爱附庸风雅，他慢条斯理地说：“近墨者黑近朱者赤嘛，算不到的（说不定的）是陈中孚所为。”

……

陈其光闻听乡亲们的纷纷议论，虽然有说咸的有说淡的，但他听起来格外刺耳，“咳咳……”肺火病儿又上来了，可惜地上没有地洞，不然他会毫不犹豫地钻进去。

王金凤闻讯从药铺里赶回来时，见官兵们已经撤走，看热闹的人群没有散去。虽然她不知道来龙去脉，但从公公及家人还安然无恙的情况看，丈夫可能还没有出事。

“乡亲们！为了我家的事儿，让你们在这么冷的天站了大半天，真是过意不去，都请到家里来坐坐，喝杯热茶，暖和暖和。”

“不啦！”“谢啦！”看热闹的人们，见陈家少夫人，如此沉着镇静，都识趣地散去。

不是亲、不关心。傍晚时分，王员外、陈其英、陈其鹄闻讯赶了过来，就连县学的老师余自奎也赶到陈府，打探陈中孚的消息。

“咳咳……”陈其光一阵剧烈的咳嗽以后，就有气无力地将那天两位官差押着一个“囚犯”的蹊跷事儿，说了出来。

最后，他后悔地说：“万万没想到，他们将脚镣丢在水塘里了，要是看见了叫人捞起来，再丢在长江里去，就能帮助孚儿渡过这次难关，也不知道他现在在京城怎么样了。”

王金凤安慰说：“伯，您老放心，我猜想中孚绝对没有什么事，要是有事，我们家不翻个底朝天，也会株连到我们的，我们此时都在大牢里了。”

陈其鹄理了理他的银色长须后，赞同地说：“凤儿分析得很有道理，依我看孚儿一定是得罪了什么人，被人栽赃陷害了。”

“对，对，对。”陈其英也赞同说，“二哥分析得对，说不定孚儿还蒙在鼓里呢。”

“这怎么办？”陈其光又担心说，“谁去跟孚儿报信啊，咳咳咳……”

一直没有言语的余自奎此时自告奋勇地说：“我去！陈老先生保重身体要紧,老夫正想去京城看看我那两位得意门生,趁这个机会,我亲自跑一趟吧。”

王金凤礼貌地站起来弯腰作揖说：“有劳恩师了。”

二

余自奎与陈中孚他们几乎是同一天出发，都在去京城的路上。

一路上，老师这边倒平安无事，陈中孚这边则有惊无险。

原来，监视冯老妪一家的尖脸儿一早起来，发现她们祖孙俩人去楼空，慌忙跑到太原府来汇报。

吕诲闪动着狡黠的眼睛，假装生气地说：“你这个笨蛋，叫你看一老一少也看不住，现在人跑了，你还有何用，还不快滚！”

尖脸儿死皮赖脸地伸出一双黑炭般的手说：“大人！我这辛苦了一早上，是不是要给点……”

吕诲大怒：“来人！将这个癞皮狗给我轰了出去。”

他见家丁将尖脸儿拖了出去，“哼” 的一声冷笑，本府早就知道她祖孙俩喂了狼，还想在我身上敲竹杠子，做梦去吧。

正当吕诲得意扬扬时，又见善任慌慌张张地跑了进来，一个劲儿地嚷道：“吕大人，不好了，不好了，大事不好了。”

吕诲心想今天起早了,出门就听见院子里有乌鸦叫,原来是这两个丧门星,他没好气地说:“一大早的,慌慌张张地跑来报信,是你娘死了还是你爹死了。”

“大人，都不是，是我昨晚派出去的两个杀手失踪了。有人看见，陈中孚的小老婆将他们押去了按察使的大牢。”

吕诲听后跌坐在椅子上，颤声道：“也就是说，你们中了陈中孚的埋伏，不对呀，我不是令你亲自去吗，你怎么没有被抓住。”

“我……”他昨晚又去妓院了，是绝对不能实话实说的，善任扯起谎来脸不红心不跳。

“大人！陈中孚他们有五个人，个个都是武林高手，幸亏我跑得快，不然我现在也在耿大人的牢房里。”

“来人，快去叫吴可法来！”吕诲声嘶力竭地吼叫道。

吴可法匆匆赶来，一听说事情败露了，连连说：“完了，完了，我们都完了，我们又中了陈中孚的敲山震虎之计。他现在一定拿着死鬼冯清明的账本，回京城在皇上面前邀功请赏去了。”

说完，吴可法像一只泄了气的皮球，瘫软在地上。

果然与吴可法说的一样，驿站的侯精也慌慌张张地跑来报告说：“吕大人，钦差大人也不打招呼，他们一行回京城了。”

吕诲听后，恍然大悟，他们都不是陈中孚的对手。他不甘心被灭亡的命运，心中决定破釜沉舟背水一战，走一着险棋。他心里明白，如果这着棋走成了臭棋，那不是一个人的死罪问题，按大清律法是犯有灭九族之罪。他心里战栗了一下，不动声色地问侯精：

“你不是说过，陈中孚小妾的四个舅舅不像是什么好人？”

“是的，我曾经说过，大人的记性真好。”侯精虽然不知道吕大人葫芦里卖的什么药，得先拍拍马屁再说。

吴可法听出了吕诲的弦外之音，他像落入深海中即将溺死的人，遇见了一根救命的稻草。他猛地站了起来，趁机吹着星火说：“他们一定是乱党，白莲教的余孽。”

善任果然中计，自告奋勇地说：“我这就带兵，去将这些乱党缉拿归案。”

“嘿嘿嘿！”吕诲、吴可法望着善任雷厉风行的背影，不禁同时发出了一阵冷笑。

陈中孚、彭玥、胖头儿、薄皮儿四人雇了一辆马车，由胖头儿驾驭着，薄皮儿坐在旁边，陈彭夫妇二人则坐在车厢里。一行刚出了太原城门。

彭玥还有点恋恋不舍，她将头伸出车窗，饶有兴趣地最后一睹太原城的风光。

突然她听见城里传出善任那哑嗓儿声音：“快追，别让乱党陈中孚他们跑了。”

城内尘土飞扬，传出急促的人呼马叫声。

“不好，老爷，一定是善任带兵追过来了。”

陈中孚暗自一惊，善任敢带兵追过来，说明了他已做好了鱼死网破的准备，难道我手中的尚方宝剑还镇不住他？

追兵越来越近，彭玥临危不惧，她对胖头儿说：“两位长辈，保护好钦差大人快走，我去将敌人杀退后，再回来与你们会合。”

“好的，少小姐一定要小心，薄皮兄弟，你也下去助少小姐一臂之力。”

“遵命！”薄皮儿和彭玥敏捷地跳下了马车。

“大家不要惊慌，将车停下，本官有尚方宝剑在手，我看他们还敢造反不成。”

陈中孚话音刚落，善任带着百余名官兵，已将他们团团围住。

“快将陈中孚及其乱党捉拿归案！”善任凶巴巴地命令说。

彭玥、胖头儿、薄皮儿，她们三人形成三足鼎立之势，保护着马车上的陈中孚。

双方一时间僵持着，仿佛空气都要凝固似的，大有一触即发之势。

陈中孚抱着尚方宝剑，不慌不忙地从车厢里钻出来，愤懑地质问善任：“善总兵，是谁给你这么大的胆儿，竟敢私自动用朝廷的军队，来捉拿本钦差。”

“这……”善任本想说是受吕大人之命，可以一想起来吕大人并没有直接命令他，他强词夺理地说，“本总兵查明你们是白莲教的余党，捉拿余党是我的职责，何须他人命令！”

说完，他命令说：“弟兄们！少跟他们废话，给我上。”

“皇上尚方宝剑在此，犹如皇上亲临现场，谁敢大逆不道！”陈中孚迫不得已地使出最后的撒手锏。

善任气急败坏地大声吼道：“别听他的，尚方宝剑是假的，弟兄们！快给我上。”

眼看着一场血腥的搏杀就要开始了。突然，陈中孚他们看见戏剧性的一幕。

只见副总兵傅强，带着几位兵丁以迅雷不及掩耳之势，下了善任的兵器，并结结实实地将他捆绑了起来。

善任还在做垂死挣扎，大骂道：“傅强，你个狗娘养的，我平时待你不薄，关键时刻，你跟我来阴的。”

傅强也不搭理他，他来到陈中孚面前，单膝跪下拜说：“下官奉皇上之命，前来保护钦差大人进京。”

皇上？皇上怎么知道我有此一劫。不可能啊，他远在京城，太原所发生的一切，我尚未向他禀奏，他是怎么知道的？难道他是仿效明太祖朱元璋，在军队里暗地里设置了东厂里的人。想到这儿，陈中孚不禁打了一个寒噤，此事是天大的秘密，不能深究，否则会惹来杀身之祸。

“哈哈……”陈中孚大笑说，“皇上英明，本钦差回京复命，再无后顾之忧了。”

傅强请示说："善任这个逆贼怎么办？"

"他私自动用军队，威胁本钦差，就是犯上作乱，不但死罪难免，反而株连九族，押回京城，交给吏部打入死牢，再由皇上定夺。"

"喳！"傅强亲点了十几名精明强干的兵丁，保护着钦差大人，押解着善任，浩浩荡荡地往京城而去。

三

陈中孚一行到达京城，天色已晚，傅强告辞说："陈大人，已经到了天子的脚下，下官的使命也完成了，就此别过，后会有期。"

"这么晚了，你们十几个军士，在什么地方落脚啊，要不，在我府里将就一晚，明天再返回不迟。"

"谢谢陈大人关心，山西在京城设有会馆，我带他们在那里去休息一晚上，明日返回太原。"

自雍正年间，相国陈敬廷为了方便山西父老乡亲进京有个落脚的地方，自掏腰包，购置了一片土地，建了一座山西会馆，保留至今。

"啊！本官知道京城有个山西会馆，是山西官民进京的驿站，那里的条件肯定比我们家里好，咱们后会有期。"

陈中孚辞别了傅强，心里想着明天上早朝，要拟奏折的大事，催促着胖头儿快马加鞭。

刚一进屋，女佣就迎上来说："老爷和夫人回来了，路上辛苦了，这是亲家太子太傅派人送来的书信。"

陈中孚接过一看，高兴地说："小玥，叫下人安顿马车，老家的恩师来了，太子太傅请客，在西直门羊肉馆里为恩师和我们接风洗尘。"

"好哇，好哇！余老师来了，你们师生今天要开怀畅饮啊。我就不去了，我好想念霖儿，我去将他接回来。"

"今晚不能喝酒，我还有奏折没拟好呢，要加夜班了，只有烦请两位英雄多饮几杯。"

胖头儿拍了拍胸口说："别的我不敢吹牛，论酒量我有武二郎三碗还过冈的本领，包将您的老师灌得个烂醉如泥。"

陈中孚笑着说："恩师一大把年纪了，谁叫你将他灌醉哟，点到为止。"

薄皮儿点着头儿说："老爷！知道了，知道了。"

宴席中，师徒三人有说不完的分别之情，一盘又一盘的涮羊肉，倒是让胖头儿、薄皮儿过了个足瘾。

余自奎望着春风得意的陈中孚，委婉地问："心畬，听说你任钦差大人，收受了不少的好处吧？"

"别人不了解我，恩师你不了解我吗，我不是那种人。"

"那……那乌金脚镣是怎么回事。"

"什么乌金脚镣，恩师倒将我问糊涂了。"

"你还不知道啊？"于是，余自奎将他家里最近所发生的一切，如实地向陈中孚讲了一遍。

"竟有这等蹊跷的事，"程德楷插话说，"一定是有人在陷害心畬。"

"汉阳来抄家的总兵说，是奉旨而来，难道有假？"

"他们不敢假传圣旨。也就是说，皇上已经知道了这件事，并在派人调查，只是还没有定案而已。"程德楷分析后，提示陈中孚说，"心畬，明日早朝你可要有个心理准备。"

陈中孚紧锁着双眉说："谢谢恩师年逾半百，千里之遥，不辞劳苦地来为弟子报信，此恩此德弟子永世不忘。"

"为师爱徒心切，来送信儿是应该的。真是伴君如伴虎啊，你们在朝廷为官真是不容易。"

陈中孚忽然明白，恩师来一次不容易，不能够将气氛搞得这么沉闷。他连忙转移话题，将一大块羊肉夹给恩师碗里，笑着说：

"先生学富五车，洞察秋毫，心系民众，本来就是一个为仕的好材料，我们武昌县令严大人任期已满，待徒儿明天奏请皇上，举荐您为武昌县令如何。"

程德楷由衷地佩服陈中孚临危不乱，心胸开阔。他本人是泥菩萨过江——自身难保，却心系他人。

"这个主意好，这叫举贤不避亲。"

"哈哈哈！"师徒三人愉快地大笑起来。

晚上，陈中孚委托程德楷进一步照顾好恩师后，回到家里一头钻进了书房。

倒是他们的宝贝儿子陈兆霖，半年多没有见到父亲的身影，吵闹着说："娘！我要到爸爸的书房里去玩。"

彭玥忙拉着他劝道："霖儿，不要去影响你父亲工作，他心里装着的是国家大事，你要在你岳父那儿好好读书，长大了也考进士，像你父亲一样，为朝廷办事，为皇帝分忧，为民众造福。"

"嗯！"陈兆霖乖巧地点了点头。

已是三更时分，陈中孚根据这半年，调查山西国库一案的真实情况和处理意见，以及防范措施，拟好了三份奏折，小心翼翼地放在书桌上后，他嘘了一口气，站了起来，伸了伸懒腰，本想回房歇息，可此刻却一点睡意都没有。

这时，陈中孚听见窗外下起了沥沥小雨，他倚窗望着京城秋天雨中，紫禁城周边既朦胧又有点点宫灯的光亮，给天地一片光明。

他心潮澎湃，顿时诗兴大发，挥毫写了一首《雨过琴书润》：

深秋新过雨，意似抚琴书。
润积崇朝后，清流一座余。
金徽调缓缓，锦帙校徐徐。
绿绕桐枝腻，青涵草带疏。
湿痕侵曲槛，爽气挹前除。
鹤舞驯三叠，芸香渍五车。
不须愁径滑，聊复爱窗虚。
松牖熏弦洽，晴晖照石渠。

四

每日的早朝，是商议国家大事的地方，更是一个不见血的战场，正义与邪恶每每都在这个舞台上交锋，测量胜负的天平，就是看君主英明还是昏庸。有些倒霉的，不是被弹劾，就是被立即推出午门斩首。

“各位大臣，有本上奏无本退朝！”

主管太监操着他那特有的腔调，例行公事地唱喏。

“臣有本上奏。”陈中孚按品级站在第六排等了一会儿，见没有大臣上奏，于是奏请道。

嘉庆听出了久违的声音，眼前一亮，忙说：“是钦差陈爱卿嘛，快上前来禀奏。”

“臣禀奏关于山西国库亏空一案及山西蝗灾真相：臣受吾皇密旨，查山西国库亏空一案，经半余年查明，国库的八万两白银系太原知府吕诲、太原布政使吴可法、国库总兵善任等二十一位地方官吏相互勾结，胆大妄为，分三次私分了这笔巨款，他们订立攻守同盟，谎报山西受蝗灾要求朝廷赈灾，妄图将赈灾款用以掩盖国库亏空。证据确凿，请圣上明鉴。”

奏毕，陈中孚将奏折呈上，同时呈上了耿直所调查的犯罪材料和冯清明的账册。

“啊！”朝廷上下一片哗然。

“这一群蛀虫真是胆大包天。”

“千里之堤溃于蚁穴，严惩这些不法之徒。”

“可恨至极！”嘉庆气愤地命令，“吏部朱爱卿，立即将太原的这帮硕鼠缉拿归案，秋后问斩。”

“喳！臣马上立案缉捕。”刚从户部尚书调任吏部尚书的朱珪领旨后，退朝去布置抓捕任务。

“臣另奏一本。”陈中孚说。

“准奏！”

“山西国库总兵善任拥兵自重，在他们的罪行即将暴露之时，他带兵围捕本钦差，当本钦差亮出尚方宝剑时，他蒙蔽士兵说是假的，公然藐视皇上，按我大清律法，应立即处斩，九族同罪。”

正当嘉庆准备表态“准奏”时，王杰立即奏说：“臣认为善任罪行累累，九族律当诛之。但应念及本族为正红旗裔孙，为我大清立下了赫赫战功。因此，其罪一人诛之，族人应网开一面。”

姜还是老的辣，朕在气头上，没有想到他是正红旗人。要是株连九族，说不定就牵扯到皇亲国戚，到那时就骑虎难下了，多亏王杰即时提醒。

嘉庆想到这里，来了个菜刀切豆腐两面光，他表态说：“陈爱卿上奏善任一案，按律应株连九族，但王爱卿说的也有一定的道理，法外有情，查清善任三代，发配北疆充军，善任押往菜市口斩立决。以正朝纲。”

“皇上英明，臣再奏一本。”陈中孚说。

“准奏！”

“通过这次山西国库亏空一案调查中发现：国库管理制度有一些弊端，请令管理国库的郎中、员外郎、司库各员按日执宿，所有库丁需轮班稽查巡视，并登记册档，按月查核。要废除库丁世袭制度，以防日后生端。”

嘉庆冷静地一想，建议虽好，但废除库丁世袭制度，是万万不行的，那是皇太祖皇太极定下来的规矩，怎么能够随便打破。

“户部尚书听旨：按陈爱卿的建议重新建立国库管理制度，至于库丁世袭制保持不变，子孙万代都不能变。”

正是因为嘉庆的这一表态，使国库罗圈腿的搬运兵们有恃无恐，到他儿子道光年间，制造出中央国库被盗千万两白银的惊天大案。

这时，主管太监高声唱喏：“监察御史陈中孚听旨！”

“臣接旨。”陈中孚跪伏在地上说。

“监察御史陈中孚偕同夫人陈彭氏查山西一案有功，赐白银五百两，黄马褂一件，赐封陈彭氏为诰命夫人。钦旨！”

“谢主隆恩！”陈中孚谢过后却跪在地上不起来。文武百官如一头雾水，嘉庆见状心里不高兴了，又该杀杀他的傲气。

“其他臣工退朝，陈中孚就让他跪下！”

待文武百官退朝后，嘉庆突然猛拍龙椅，大声斥问：“陈中孚你知罪否？”

陈中孚伏在地上暗自一惊，皇上这是唱的哪一曲啊，刚刚还奖励我，现在又要治罪于我。为人不做亏心事，半夜敲门心不慌。

他坦然道：“皇上圣明，臣在兢兢业业地为您办差，不知何罪之有。”

“吕诲密奏你偕同夫人游山玩水，不讲场合地与夫人卿卿我我，并带夫人逛窑子，有损我大清臣子形象，伤风败俗，可有此事？”

“表面上是这么一回事，但这是臣用的瞒天过海之计，来迷惑他们。臣在临行前，就跟圣上请示过，时有不按常理出牌之事，还望皇上恕罪。”

“朕再问你，吴可法密奏你，上任的第一天，就公开向山西的百官索要银两，可有此事？”

“回皇上，确有此事，臣是为皇上着想，虎口夺食罢了。”

“大胆，朕不在你身边，怎么把我也给扯进来了。”

“冯清明忠于朝廷，记下了吕诲之流贪污国库公款的证据，他们怕事情败露，被善任用毒酒害死，理应对家属进行抚恤。臣为皇帝分忧，来了一个顺手牵羊，办法虽然有点不雅，但我将所收银两全部抚恤了冯家，请圣上明察。”

“啊！原来是这么回事。”嘉庆说完，向主管太监挥了挥手，主管太监心领神会，从旁边拿出一根乌金脚镣丢在陈中孚面前。

“这根乌金脚镣是怎么回事？”嘉庆严肃地问。

陈中孚抬头望着这根精制而又价值连城的脚镣，回想起恩师的介绍，心里明白了几分。

“皇上圣明，这根脚镣价值连城，一定与某富家有着联系，吕诲等官吏不可能拥有这东西，否则他们就不会贪污公款。一定是善任将他家祖上几代人盗取国库的赃银打造而成，他为了诬陷微臣，不惜动用血本进行栽赃，望皇上明察。”

“所以你今天在朝上置朕于不忠不孝，鼓动我废除祖制，还狡辩你没有罪。”

“圣上英明，千里之堤溃于蚁穴，明知国库有漏洞而不加以制止，今后必生祸端。”

嘉庆扯开话题问：“这件事日后再议。朕再问你，朕在大庭广众之面嘉奖你，你为何谢恩不起？”

“臣正想禀奏，您却宣布退朝。只是贱内来时交代，她不要皇上封赐，只求为她爷爷平反昭雪。”

“她爷爷是谁？”

“就是前朝和珅以文字狱冤死的良臣彭家屏。”

“啊！原来她是忠良之后，更应封赐。彭家屏一案，朕马上下旨吏部重新调查，还忠良一个清白。爱卿平身！”

“谢皇上，臣还有一事禀奏。”陈中孚站起来说。

“你看你，蹬鼻子上脸了不是，朕刚给了你一点颜色，你就想开染坊，还有什么事，快说吧。”

“从山西这二十一名贪官中，臣发现除善任外，全部都是进士出身，从这一件事上，使微臣悟出一个道理，皇上选拔人才，不可一味追求科考，也应在民间选拔一些忠于朝廷、精明强干的人士入仕。”

嘉庆并不昏庸，听出了陈中孚话里有话，他不动声色地问：“看来爱卿是要举贤啊。”

“皇上英明，臣的家乡武昌县令空缺，臣举荐我的恩师余自奎担任。他学富五车，教学风趣灵活，经常教育引导弟子们要学有所用，服务民众，是一个当县令的好材料。”

“大胆陈中孚，你居功自恃，竟敢拉帮结派。”嘉庆怒道。

陈中孚并不胆怯，光明正大地说：“皇上英明，臣这是举贤不避亲啊。”

“朕不能听信你的一面之词，要亲自考考他的才学，传余自奎进殿面试。”

五

余自奎的确如陈中孚介绍，是个很有才干的人，但他有一个致命的弱点，就是临阵怯场。所以屡试不第，至今还是个秀才身份。

今天，嘉庆给足了陈中孚的面子，破例面试一个秀才。

果不其然，余自奎见到无比威严的嘉庆皇帝，早已吓得瑟瑟发料。

嘉庆见状，嘲笑地出一上联：“两个活宝徒进师未进。”

余自奎伏跪在地上只是颤抖，脑子里一片空白。陈中孚站在一旁急得干瞪眼。

嘉庆心想，为仕者要有应付各种场合的能力，陈中孚推荐的一个软柿子，根本不是当官的料。

嘉庆委婉地说：“你恩师来一趟京城不容易，就陪他好好地玩几天。”他继而严肃地吩咐：“送走恩师后，你立马赴山西任河东道，将你在山西捅破的一片天重新补起来，不要辜负了朕对你的一片期望。”

“喳！”陈中孚扶着身体还在发抖的余自奎，退出了大殿。

一心一意举荐恩师谋取一官半职，为朝廷出力，哪承想恩师是马尾毛穿豆腐，提不起来，倒没有料到自己反而捞了个河东道。

官又升了一级，陈中孚却高兴不起来。

在招待恩师的宴会上，陈中孚苦笑地问：“恩师，你在授课时的满腹经纶、谈吐风雅的形象哪里去了，皇上这么简单的题目你却答不上来哟。”

余自奎不好意思地摆了摆手说：“惭愧，惭愧，一介书生人能命不能。”

陈中孚叹息说：“可惜啊，弟子跟您老提供这么好的入仕机会，您却怯场，皇上出的上联，您这不工整地对出来了吗？”

余自奎自我解嘲地说：“书中自有黄金屋，三尺讲台度余生。”

刚送走恩师余自奎，任山西河东道的圣旨就来了，君命难违，陈中孚准备偕家眷重赴山西走马上任。

临行前，嘉庆又单独召见了他一次。

陈中孚一进勤政殿，只见皇上坐在龙椅上，正在翻阅一本书，他忙行君臣之礼，伏地跪拜。

“吾皇万岁！万万岁！臣山西河东道陈中孚奉召求见。”

“爱卿平身。”嘉庆举了举手中的书说，“这是你著的《宏运免愚录》，朕在万忙之中，将它看完了，的确是一本治国平天下的锦绣文章。希望你能理论结合实际，在河东道这个官位上，作出特色来，朕要在全国推广，树立标杆。”

“谢皇上信任和鼓励，臣决不辜负您的期望。”

“说说你的初步打算。”

陈中孚胸有成竹地说：“启禀皇上：一是采取多种宣传手段，认真贯彻朝廷的政策法令，并督促两府三州（蒲州府、平阳府，解州、隰州、霍州）认真实施。杜绝上有政策下有对策的事件再次发生。二是管理好两府三州的朝廷官员，实行考核政绩制度，上报朝廷督抚，按期发放俸禄，充分调动各官员在工作中的主动性、忠诚性和创造性。三是认真抓好税收工作，充分发挥晋商优势，营造舒适的经商环境。鼓励农民垦荒、牧民种草、渔民养鱼，发展多种经营。民众口袋有钱，心里不慌，上缴皇粮税赋的积极性就能大大提高。四是彻底清查多年来的冤案、积案，取信于民，还山西民众一片蓝天白云。”

“很好，爱卿有此雄心壮志，乃我大清之幸，河东之福啊。”

河东道台衙设在平阳城里，街面商贾云集，热闹非凡，呈现出晋南特有的繁华景象。

这天，平阳城里传出“哐哐”的阵阵鸣锣开道声，陈中孚乘坐的四抬大轿，在“威武”“回避”幡帜的引导下，浩浩荡荡地往道台衙门而去。

热闹街面的人群见是刚上任的道台队伍，连忙避之两旁。当队伍行至南门街口时，只见街道被看热闹的人群堵得水泄不通。

“去看看，是怎么回事。”陈中孚吩咐薄皮儿成钢。

薄皮儿虽然灵巧，也是好不容易挤进人群，经打探，原来是一群人在春来茶馆大门口闹事。

“禀报道台大人，是几名流氓地痞，他们在春来茶馆闹事。”

“春来茶馆？这个名字好熟悉，太原有一家，像是我们武昌人开的。”同轿而坐的彭玥记起来了。

陈中孚是眼里容不得沙子的人，管他什么地方的人，只要是合法商人，我们官府就应该保护。为了营造一个安定和谐的营商环境，今天本官的第一案，就来个现场办案。

“这还了得，光天化日之下，平阳的流氓地痞竟敢在大街上耍横，目无我大清律法。孙烈、成钢二位听令，快将这些地痞流氓抓起来，本官要在茶馆现场审案。”

平阳市民听说新任道台要在现场审案，纷纷涌向春来茶馆看热闹。

茶馆老板见是新任道台大人，连忙跪下诉说：“青天大老爷，小民是外地人，这帮地头蛇欺生，隔不了两天就来收保护费，小馆已经经营不下去了，恳请大人为小民做主。”

“欺生？”陈中孚坐在太师椅上，听见老板声调，典型的老家语言，他亲切地问。

“老板免礼！起来回话！你是何方人氏，他们为什么要在你这小小茶馆捣蛋？如实说来，本官为你做主。”

“回大人话，小民乃湖北神山乡葛仙镇竹林陈村人，姓陈名其安，前年来太原寻亲，尚未寻着亲人，故开这一家小茶馆惨淡经营安身。后经朋友介绍，平阳是晋南重镇，商贾云集，所以就将茶馆转到这里了。谁知这帮人经常来收保护费，今儿个生意欠佳，没有现银，这帮人就开始砸茶馆了。”

“啪”的一声，陈中孚本想拿惊堂木的手，犹豫了一会儿，很快用手掌猛拍桌面，斥问跪在地上的几位地头蛇说：“大胆狂徒，刚才陈老板所说是事实吗？”

几位地头蛇无所谓地望着他，理都不理。陈中孚望着他们趾高气扬的样子，怒从心起，心想本官今天不制服这帮地头蛇，平阳今后还有安宁吗？

这时，道台衙门师爷领着衙卒匆匆赶来。

“启禀道台陈大人，我是原道台衙门师爷，有失远迎，还望陈大人见谅。”

“尔等来得正好，你们都是当地人，这帮地头蛇你可认识？”

师爷指着地上昂着脑袋，两眼望着天上的头儿说：“他是他们的头儿，是平阳首富袁老爷的公子。”

啊，来头还不小啊，难怪这帮家伙敢在平阳为非作歹，有钱做后盾是吗，今天本官要这个富户流流血。

陈中孚看着茶馆一片狼藉，又问道：“陈老板，你这茶馆损失有多大？收了你多少保护费？”

“回大人的话，这些家具茶什都损坏了，怕是要得二十两银子才能配齐，半年来，他们一共收了有八十两保护费。”

“好！本官知道了。”陈中孚开始判决，“袁公子，本官罚你赔偿陈老板物质损失费二十两、误商费二十两，精神损失费六十两，共计一百两，你服是不服？”

袁公子不屑一顾地说：“凭什么，这不是打劫吗，本公子不服。”

“不服是吗？”陈中孚命令，“孙烈、成钢，将这一干人犯押往渭河筑堤工地，强制劳动改造。”

“是！”胖头儿孙烈、薄皮儿成钢二人带着衙卒们，像老鹰抓小鸡似的，将地上七八个地头蛇押往工地。

陈中孚又命令说：“师爷，以本道台的名义起草公文，列举这帮地头蛇的犯罪事实，以及本官的处理结果，公榜于城门口，以儆效尤。并通知他们的家属，交清罚款半个月后再放人。要磨破他们一层皮，今后看还敢不敢为非作歹。”

“啪啪啪”一阵热烈的掌声从看热闹的人群中发出。

“青天，青天大老爷来了。”

“这下子，我们平阳城百姓有好日子了。”

“谢谢青天大老爷为小民做主，小民们在平阳做生意腰杆子也直了。”

陈其安连连作揖，兴奋地说。

陈中孚微笑着，问道：“陈老板有文房四宝吗？”

“有！有！”陈其安连忙拿出笔墨纸砚放入茶桌上。

陈中孚脱掉官服，提笔一气呵成“江南茶楼”外圆内方的四个大字后，对陈其安说：“请陈老板制成匾牌，挂在门首，本官看哪个还敢来收保护费。”

完毕，陈中孚更衣而去，老板陈其安和围观市民连连赞叹说：“好官，好官啊！”

师爷紧跟其后，边走边向大家介绍说：“陈道台就是惩治太原众贪官的钦差，陈中孚大人。”

“陈中孚？”陈其安若有所思，难道他是我们上街，其光大哥的三儿子？

第十二章

讲孝义对手托孤欣然接受　救命官少年出手化险为夷

一

一年多来，陈中孚任河东道台兢兢业业，将他的一亩三分地治理得风生水起，民众安居乐业，可圈可点。

民众口袋里暖和了，日子如日中天，就爱怀古颂今。这不，运城常平关的百姓正积极捐款，重修常平关帝庙，为了纪念这一盛会，当然要刻碑铭记。这碑文理所当然要请当地的社会名流撰写，人们情不自禁地想起他们心目中的清官、好官、能官——陈中孚。

陈中孚盛情难却，正在书房聚精会神地撰写碑文时，突然"阿嚏"一声，把正在送茶水的彭玥吓了一跳。

"老爷，你是不是伤风感冒了？"

陈中孚耸了耸鼻子，发现并没有鼻涕："不会吧，这是秋天啊，晚上并不冷。"

彭玥自作多情地说："那一定是姐姐念叨我们。"

如果不是生病打喷嚏，就是有人念叨自己，这是一个自然现象，是人的脑海里经常想起某种事物的积累，也可以说是心有灵犀一点通。

陈中孚若有所思地说："一定是皇上又要差遣本官了。"

"难道皇上又有什么烦心的事儿，要老爷您去办差。"

"很有可能。"

果然与他们猜测的一样，第二天一早，传达圣旨的快马就到衙门口了，嘉庆又把他调任到云南，任乡试总监。

别小看了这个临时职务，按规定各地乡试的考棚监考官，其考生的题目都由监考官命题，可想而知是个肥差。历代的监考官是由翰林院选拔，必须是进士出身。实际这是皇上的恩惠，一是为本监考官储备人脉（凡参加应试者都是监考官的弟子），为今后为仕中网罗人才。二是皇上知道翰林院的俸禄是最低的，他们常常还要家里接济，才能在京城勉强生活，是皇上有意让他们下去搞点灰色收入。

官场中：十年清知府，万两白花银。而一届监考官，就有千两以上的灰色收入，就不足为奇了。

彭玥见夫君接过圣旨谢恩后并不高兴，她好奇地问："老爷，这是皇上照顾你的一个肥差，你怎么不高兴呢？"

"肥差？"陈中孚苦笑着说，"我的前任翰林院编修张进，就是任云南这个监考官而丢掉了脑袋。"

"老爷，不怕，有我们保护您呢。"胖头儿孙烈还以为是个危险事儿，忙打气说。

陈中孚说："监考官表面看是个肥差，可肥也腻人啊，你们谁也帮不上这个忙。"

彭玥担心地问："你的前任到底发生了什么事啊？"

薄皮儿成钢说："老爷，快说来听听，我们帮你参谋参谋。"

陈中孚道出了嘉庆六年云南乡试公榜后，秀才们闹事，而引发血流成河的事件。

那是嘉庆六年，也是皇上上任的第二个乡试，早在翰林院中，穷得叮当响的张进，兴高采烈地前往云南赴任。

这天，秀才们日盼夜盼的乡榜终于张贴在考棚街的显眼处，第一名解元是刁一池。

"刁一池是谁啊！"秀才们你望着我我望着你问道，好像这届乡试没有这个人。

站在一旁的秀才罗进喜突然想起来了，他是滇池靠普洱茶发家的富商刁占魁的公子刁一池。

罗进喜小时候是与刁一池同在一所私塾里念书，知道他是一个不学无术的纨绔子弟，经常将自己的名字写成刁一也，私塾先生帮他纠正，他还大言不惭道："我不爱喝水，不要三点水，这样简便！"

罗进喜仔细看了看乡榜，竟没有号称滇池第一才子的他，心里就像打翻了五味瓶。这哪里是考试，分明是在烧钱嘛。

他不服气地高喊着："刁一池，就是连名字都不会写的刁一也。这哪里是乡试，分明是在暗箱操作嘛，不公允啊！"

"不公，不公！"十几位没有入选的秀才跟着起哄，一时考棚外群情激奋，不知是谁还将乡榜撕得粉碎。

这还了得，撕乡榜等同于撕皇榜，犯有杀头之罪。于是，昆明巡抚下令将以罗进喜为首的十几个闹事的秀才都抓了起来，请示皇上后斩立决。

“真的要斩啊，这不是一次突发事件吗，秀才们只是一时之气，惩戒一下就可以了。”彭玥听后，为秀才们鸣不平。

陈中孚说：“张进要是你这么想的就好了。”

薄皮儿成钢埋怨彭玥说：“我的少小姐，别插话好吗！老爷，您继续讲下去。”

陈中孚继续往下讲道。

张进闻后，不但不平息事态，反而气急败坏地在昆明知府面前挑事说：“这些人等，不配为秀才，有辱斯文，是一群乱党所为。”

乱党！巡抚大人不需请示皇上，就有生杀大权。

彭玥问：“后来呢？”

陈中孚气愤地说：“由于昆明知府丁丑获巡抚批准，草菅人命，将闹事的几位秀才全部砍头。因此，昆明爆发了大规模骚乱。”

“这样的贪官、庸官、狗官留在世上害人。”胖头儿孙烈，咬牙切齿地说。

陈中孚说：“皇上圣明，他老人家查明真相后，将昆明知府和张进下旨公开在昆明斩首，这样才平息了云南的骚乱。”

薄皮儿恍然大悟说：“啊，皇上有前车之鉴，这次就派聪明能干的老爷您去了。”

陈中孚淡淡一笑说：“不说这些陈谷子烂芝麻的故事了，大家快去收拾行李，在进京复命之前，我们顺道去太原看望一位老朋友。”

二

刚升任太原知府的耿直，见到陈中孚一行格外亲热，忙迎上去抱拳作揖说：“陈道台万忙之中，能来太原巡视，乃太原我等之荣幸，有失远迎，罪过，罪过。”

陈中孚幽默风趣地说：“耿大人过谦了，今非昔比，我也不是钦差，你我现在是同品级官僚，不必行如此大礼。本官奉旨回朝复命，顺道来看望一位老朋友，还请耿大人你获准哟。”

“不敢，陈大人说话真风趣，你的客人就是我的客人，哪有主不待客的道理。”

陈中孚怪笑着说：“我的朋友被你关进了大牢，准备秋后问斩呢！”

“你是说吕诲？”

“正是！”

“不行，不行，一个犯罪之人也是人，陈大人何必以胜利者自居，再去戏谑挖苦他呢。”

“耿大人真是耿直，我俩虽有共事之缘，说明你还不完全了解我，我是那种人吗？”

“那你此行的目的？”

“真神面前不说假话，据我了解，吕诲家境贫寒，父亲早逝，是母亲含辛茹苦地将他培养成人，他原先并不坏，只是后来变坏了。我想与他推心置腹地长谈一次，了解他思想变化的根源，计划写一本《警世秘录》，用来警示从仕不能自律者。”

其实陈中孚这次来还有第二个目的，只是不想声张罢了。

“佩服，佩服，陈大人胸有丘壑，志在千里，本官这就去提出吕诲，安排一处干净僻静的地方，供你们长谈。”

“心畲在这里谢了。”陈中孚说完，伸手向彭玥要了二两银子，递给耿直说，“还烦请耿大人派人置些酒菜，一并送来。”

耿直也不推让，他知道推让也没有什么用，陈中孚不是将筷子伸向别人碗里爱占小便宜的人。

“好，我这就安排人去办。”

陈中孚安排家人说：“你们先去太原驿站休息一会儿，我跟耿大人去去就回。”

耿直安排的是太原监狱的一间会客室，陈中孚坐在里面正在思考着见了吕诲后，怎样开头做工作。门“哐”的一声被打开，两个狱卒，一人押着囚犯，一人提着饭盒进来。

吕诲蓬头垢面，昔日的威风一点儿都不见。他正暗自嘀咕着，树倒猢狲散，自入狱一年来，没有哪位来看他，今个儿是谁呢？

他揉了揉在漆黑的死牢里，长久没有见到阳光而退化枯涩的眼睛，原来是身着四品官服，微笑地望着他的陈中孚。

仇人相见分外眼红。吕诲此时恨不得上前去撕咬他，喝他的血，吃他的肉，抽他的筋。可苦于他被脚镣手铐行动不便。

“来人，来人啦，我要回死牢，我不愿意看到这个人面兽心的东西！”吕诲突然狂吼着，冲向会客室的门口。

“陈炜，你给我回来！”陈中孚尽量压低声调叫着。

吕诲一惊，回首望着他，情不自禁地问：“你怎么知道我的小名？”

“豆腐泼了架子还在嘛，有点风度好不好，请坐下说话。”陈中孚指了桌子对面的一张椅子说。

“坐就坐，我一个将要死了的人，还有什么可怕的。快说，你是怎样知道我叫陈炜的。”

陈中孚见吕诲坐了下来，他起身从饭盒里边拿出酒菜，边如数家珍地说：“我不但知道你实际姓陈，是你爷爷这代顶吕家外婆差的，所以你儿子三代归宗叫陈述。我还知道你是运城人，夫人早逝，家有耄耋老母，和五岁的儿子陈述，你父亲也是个读书人，可惜你八岁那年你父亲就去世了，是你母亲含辛茹苦地将你抚育成人，更令人叹息的是，你学成为仕不能自律，致使八十多岁老母又复前辙，还要抚养五岁的孙儿。”

“呜……”吕诲听后号啕大哭，“我这一走，她祖孙俩怎么活呀！”

“现在哭有什么用，悔之晚矣。我这次来看你，是与你商量你母亲和你儿子的事儿。”

吕诲眼前一亮，连珠似炮地问：“你见过我母亲大人了，她老人家知道我出事了吗？她们祖孙还好吗？”

“我是跟你一样缺心眼的人吗？我跟你母亲撒了一个善意的谎，说你受皇命调到很远的台湾当差去了，我俩是同科进士是好友，专程接她老和孙儿去京城享福，你看可以吗？”

“你为什么要这样做，是你的良心受到了谴责吧。”吕诲不相信地望着他。

陈中孚义正词严地说：“受到良心谴责的应该是你，你愧为义门陈氏后人，自盛唐以来，历朝历代我义门陈氏官震朝野，个个清正廉洁，我大清朝相国陈廷敬就是我们的榜样，没想到今天官场出了你这个败类。”

“这能怪我一人吗，朝野上下有几个不贪的。”吕诲强词夺理地说，“不说别的，就说下官向上官送礼的这一件事，我一个四品知府一年要得上万两银子送礼，什么乔迁宴、升迁宴、喜宴、寿宴等，京城的请柬一到，忙得下面跑断了腿儿。就你师父和珅，我每年得准备上千两银子送他。他虽然被赐死了，可他搜刮民脂民膏的余毒并没有带到棺材里去，上梁不正下梁歪，上行下效，不刮、不贪我们怎样行走官场。”

“这不是你贪腐的理由，”陈中孚说，“朝中朱珪、王杰两位大人就是我们学习的榜样，你的原下属耿直就是出淤泥而不染的莲花。”

“耿直！你搞没有搞错啊，他可是乾隆四十六年的进士，资历老着呢，正因为他这种性格，才迟迟在五品位上停滞不前，要不是你在皇上面前举荐，他还在原地踏步走呢。”

“正因为是你利欲熏心，才落得如此下场，辜负了你父亲生前对你的期望。”

“我记不得了。”

“据你母亲讲，父亲与你起名陈炜，是沿用高僧唐三藏的名字，期望你长大以后以慈善为怀，不畏艰辛，学有所成，名垂青史。以吕姓起名诲字，是出自《论语·述而》‘学而不厌，诲人不倦’之意，长大以后成为一个受人尊敬的人。同时诲诫你长大以后为官要以三国吕布为戒，谦虚谨慎。”

“唉！”吕诲叹了口气说，“母亲为什么早不跟我说。”

“你母亲早就跟你说了，是你被‘升官发财’这个历史的灰尘糨糊了你的脑袋，使你自私、贪婪，最后不择手段地敛财，反而误了卿卿性命。”

“唉！”吕诲又叹了一口气说，“听君一席话胜读十年书，罪人好后悔啊。”

他端起了桌上的酒杯说：“陈大人！可惜世上没有后悔的药吃，我敬你一杯，年迈老母，尚幼之子，全拜托您了。”

“你放心上路吧，我会让你老母愉快地安度晚年，会教育好你儿子，长大以后，成为朝廷栋梁之材。”

“谢谢！陈大人乃忠义之君也。”

三

陈中孚辞别耿直，来到太原驿站，看见家人们正焦急地等着他。

“时间不早了，我的事儿办完了，我们赶紧上路吧！”陈中孚说。

一行五人坐在一辆简易马车上，直往京城而去。

彭玥搂着儿子说：“老爷，刚才我们在驿站商量好了，这次你赴云南监考，是个短期的差事，我就不去了，我要陪霖儿去太傅那儿读书。你一路的安全就由我这两位长辈负责。”

胖头儿孙烈、薄皮儿成钢不住地点头同意。

陈中孚说：“你们谁都不去，这个差事安全着哩。再说你们又没读书，去了也没用，我有一件大事要交给四位英雄在京城办理。”

“啊，什么大事？”胖头儿问。

陈中孚说：“四位英雄年纪大了，也该有个落脚的地方，我想在京城买一块地方，建一所多功能的武昌会馆，由四位打理。”

“好哇，我们武昌早就应该在京城有一所会馆，只是不知老爷说的多功能，是什么意思。”

“一是要成为一所驿站，供家乡的父老乡亲和学子们来京有个落脚的地方；二是要办一所武馆和一所私塾，供冯柱子、陈述和霖儿等众多孩子读书习武，为朝廷培养人才；三是要建一个舒适的环境，供冯大娘、陈大娘和四位英雄颐养天年。”

彭玥戏谑地说：“我算听明白了，老爷这是要办慈善机构。可你想过没有，这要得多少资金。你为官几年，一点积蓄都没有，上哪儿去筹这笔钱。”

“这个我已经考虑过了，老亲爷（岳父）不是个大善人吗？他要捐我建进士府，就用这笔钱来建武昌会馆。”

胖头儿孙烈听后忙说：“嗳，怎么能让他老人家破费呢，我们四兄弟这几年有些积蓄，再把石家庄的酒楼盘掉，这笔钱不就解决了。”

彭玥担心地说：“不知其他三位长辈同意否？”

薄皮儿成钢忙表态说：“同意，同意，我们都听大哥的。再说了，老爷是为我们着想，有什么不同意的啊。”

事情定好后，一进京就各自忙各的去了。陈中孚按惯例，这日上早朝复命。

陈中孚站在文武百官的第四排，见前面的大臣们禀奏完毕，他上前拿出他在马车上写的奏折。

“臣有本上奏！”

“陈爱卿回来了，快奏！”嘉庆高兴地说。

“臣通过调查了解原太原知府吕诲腐败堕落的人生和上届云南乡试骚乱事件，追究其根源是朝廷官员利用请客送礼为幌子，实则是受贿敛财，翰林院乡试监考的潜规则，都是腐败现象，应明令禁止，实行高俸禄养廉制度。”

朝野百官听后为之惊愕，这不是要废除祖制吗？其中，翰林院大学士文祺最为恼怒，你陈中孚从翰林院出去才几天啊，就胳膊肘往外拐，要断我们的财路。

嘉庆听后也不高兴，就你陈中孚事多，高俸禄养廉，说得轻巧，户部有这么多银子吗？但考虑到他是个勤吏能臣，还是给面子于他。

“陈爱卿所奏有一定的道理，但事关重大，日后再议，你先说说你去云南办差有何打算。”

白费了一番心血，陈中孚心里真不是滋味，原想好的另一本奏折是将监考肥差变为瘪差的办法收了回去。奏也是白奏，皇上是不会恩准的，反而将翰林院的同僚们都得罪了。

陈中孚直截了当地说：“皇上圣旨，臣理当不折不扣地完成监考任务，但臣对教育界的情况一知半解，欲举荐黄州府学教谕张应吾为臣的副手完成这项艰巨的任务。”

“张应吾？”嘉庆似乎熟悉这个名字。

“就是武昌鸭蛋庄的贡士。”陈中孚有意将鸭蛋庄名的语气提高了一点。

嘉庆想起来了，这是上届殿试被他踢出局的武昌贡士。陈中孚能举贤不避亲，既是他的可爱之处也是他可恨的地方，这不是与朕为难嘛。

正在嘉庆左右为难之际，一向当老好人的文祺却带头出来反对。

“皇上圣明，陈大人所荐之人并不是进士出身，严重违背祖制。”

人一遇到切身利益时，就会出来维护。如果开了不用翰林院进士为正、副监考官的先河，那翰林院今后真正是清水衙门。

“嘿”，接任朱珪户部尚书的海望，听见文祺出面反对，心里发出一声冷笑，陈中孚的棱角太锋芒了，是时候落井下石了。

“奏请皇上明察，陈中孚所举荐之人，是他的同窗同党，这是他明显在朝中结党营私的表现，如不治罪于他，他会肆无忌惮地再举荐他的亲兄陈中履进京为官。”

不提其兄则可，一提起大哥的为官之事，陈中孚就气不打一处来。大哥也是贡士出身，为人忠厚老实，不会溜须拍马，请客送礼这一套，受顶头上司海望的打压，任襄樊县令十年余，至今还是个七品县令。

“皇上英明，襄樊县令陈中履是我亲兄不假，他在任上十余年的政绩，户部应该有据可查。”

真是个刚直不阿的人，竟然不畏权势，在朝上公然顶撞一品大员。王杰暗自佩服，同时也为陈中孚捏了一把冷汗。这个愣头青至今还不知道，海望早就对他耿耿于怀：太原知府吕诲是他的徒弟，也是他身边的一条狗，你断了他的财路他不恨你吗？这下可好，你与他结下了梁子。要知道海望是正红旗弟子，皇亲国戚，如果此时老夫再不出面说句公道话，皇上的天平就会向海望倾斜，那陈中孚就有好果子吃了。王杰用眼神扫视了一下文武百官，只见兵部尚书讷清、吏部尚书朱珪和湖北巡抚琦善都在朝上，心中就有底了。

“皇上英明，陈大人举荐之人张应吾，臣读过他的文章，隽秀华彩，饱含报国之志。举贤荐能是我们每个为臣子的职责。陈大人能举贤不避亲，乃继承了圣人之德，还请圣上恩准。”

王杰刚一奏完，朱珪紧接着上奏说：“皇上英明，陈大人时时为我大清江山社稷着想，举荐的人才如现任太原知府耿直，个个拔尖。臣原执掌户部，了解陈中履，他在任上亲民如子，筑城防贼，祸害一时的白莲教徒也奈何不得坚固的襄阳城墙。更难得可贵的是，有的州县都以各种托词延缴或欠缴朝廷税赋，而他每年都是按期足额上缴。为此，臣曾令副手海大人上奏皇上，予以表彰。至于为什么海大人拖着不奏，只有他心中明白了。”

“是啊，陈大人举荐的太原国库总兵傅强就很优秀。”兵部尚书讷清虽然也是正红旗人，但他一贯看不起海望，他胸无大志，却是善于将筷子伸向他人碗里夹肉的贪婪之辈。他的这一证词，起到了关键性的作用。

琦善在旗人官场中，是一个正直大臣，他站出来禀奏说：“皇上明鉴，张应吾自进士落选后，臣爱其才，将他委任黄州府学任教谕，他尽职尽责，为朝廷输出了像杜茶村一样的大量优秀人才，使黄州府学名声大振，前来求学的儒士源源不断。”

听完六位大臣的意见后，嘉庆心存魏阙，下旨说：“赐张应吾为进士，授七品衔为云南乡试从监考臣。升调陈中履为无锡知县，授六品衔。”

一场朝廷斗争，虽然以陈中孚为代表的正义方获胜收场，而云南昆明的乡试戏则刚刚开锣。他此时才感到肩上的担子是多么沉重，随波逐流容易，既发了财，也不得罪人，但却愧对皇上对自己的信任，更愧对祖先。

陈中孚在书房缓缓地踱着步子，看到了一面铜镜，自言自语：为官就像一面镜子，要镜清砥平，顿时来了灵感。

摹绘升平景，摛词尚忆裴。
镜光沉海底，砥道接春台。
烟雾三霄净，舆图万里开。
轮如悬日月，域不阻崔嵬。
棹引神山路，车轻舒馆埃。
寰中龙烛耀，疆外雁臣陪。

瑞共珠囊启，人携玉管来。

尧年常照炳，同轨达埏垓。

四

朝廷又要举行乡试的消息一传到云南，秀才们蠢蠢欲动，有的抓紧复习，有的去庙里朝拜文殊菩萨，还有的削尖脑袋在打探今年皇上会派谁来监考。因为乡试的题目，朝廷没有统一规定，是由各考棚的监考主官命题。如果能锁定监考官，投其所好进行贿赂，提前获知考题，考生入秋闱就大有胜算。

这几时最忙的要数昆明知府詹通了，他家门庭若市，每天来送礼打探消息，恳请帮忙的富贾、社会名流是灶里不断火，烟囱不断烟。他照单全收后，便假惺惺地对来访者用上千篇一律的几句假话进行搪塞。

“今非昔比，有前车之鉴，皇上也怕再出骚乱，破格地派了一个油盐不进的二杆子，原山西河东道陈中孚来监考。此人不好打交道，本官想想办法，争取将你推荐的人选入闱，如果没有办成，你们也不要怪我哟。”

这天晚上，詹通的几位面上的朋友邀在一起来拜访他，个个都是滇池的富贾。当然，人人都带有厚礼。

这时的詹通就像大理森林的变色龙，满脸堆笑，殷勤接待。

茶商刁占魁大大咧咧地说：“詹大人，这些老板都是来为犬子刁一池站台的。”

詹通扫了一眼大家，见个个都臣服地点着头儿。

詹通说：“刁老板面前不说假话，贵公子名气太大了，上届闯了那么大的祸，谁还有这么大的胆子，再将贵公子入闱。”

刁占魁说：“这个请詹大人放心，我们几个商量好了，将犬子的名字改为刁二行，并为他进行了易容手术，神不知鬼不觉的。这次乡试只要入闱就好，不要什么头名解元，免得树大招风。烦请大人你能从中周旋操作，事成之后，除监考陈、张两位大人的红包外，另封百两黄金给你詹大人。”

“百两黄金？”詹通听后，两眼发呆了好一会儿，忽然问道，“你家大业大，天涯何处无芳草，为何偏要公子考官呢？再说贵公子假如这次真的入了围，进京还有贡试、殿试，他这……”

詹通知道他们是姑表结亲，生了个白痴的儿子。本想说草包，但又觉得此话不妥，别小看了刁占魁貌不惊人，他可是昆明商会会长，纳税大户。

于是，他圆滑地改口说，“我是说贵公子独特聪明，想必这两关不好闯过，也是白搭。”

“詹大人真是慧眼识英雄，犬子的确有他过人的聪明。这个你放心，有钱能使鬼推磨，我就不信我家出不了当官的。”

这时，一起来的药商艾子豪替刁占魁解释说：“詹大人有所不知，昆明算命的张铁嘴说，他们刁家只发商人，出不了当官的，他是个从来不服输的人，决心买也要买个官位给儿子。”

“啊！原来是这么回事。”詹通还是担心地说，“这个忙本官确实想帮，据说陈中孚不但水泼不进，而且他不按常理出牌，让人捉摸不透。本官是怕偷鸡不成反而蚀把米，弄不好会人财两空。”

“财去财来倒无所谓，只是要确保犬子的安全。”刁占魁想起上次要不是自己精明，买通了刚接任昆明知府的詹通从中斡旋，他和儿子都难逃法网，至今还心有余悸。

“这……这如何是好。”另一富商说。

大家沉默了一会儿，药商艾子豪打破了沉寂。

“我倒有一个办法！”

刁占魁眼前一亮，忙问：“什么好办法？”

“我常在深山里采购药材，认识苗人里的一个高深莫测的巫婆，请她出面对监考官施放蛊术，一切问题都可以迎刃而解。”

“蛊术？”詹通心知这是一种妖术，但假装不知地说，“本官是东北人，不知什么蛊术。但本官提醒你们，不要加害陈大人的性命，否则，在座的都难逃干系。”

药商艾子豪连忙摆手说：“不会的，不会的，我自有分寸。”

其他几位富商与艾子豪一样，名义上是来为刁占魁站台的，实际各怀鬼胎，都有开后门入闱的庸才名单。

“这个办法好，天知地知，只有我们几个知道，待事成之后，再与监考大人解术，神不知鬼不觉。”大家一致赞同。

詹通心事重重地将客人们送出府衙门口，客厅里顿时恢复了安静。这时，房梁上忽然洒落了一丁点儿灰尘后，一个着青衣的梁上君子，飞速地跳了下来，消失在茫茫的黑夜之中。

陈中孚单枪匹马从京城出发，见驿换马，见河乘舟，紧行慢走一月余到达了昆明城郊。他见一集市上人头攒动，小商小贩们吆五喝六，穿着五花八门服饰的少数民族男女，穿梭如织于大街小巷，好不热闹。

反正离开考时间还远着呢，不如找一处风雅别致的茶肆，边品品正宗的云南普洱茶，边欣赏南国风情。

陈中孚坐的茶肆正是双桥街的中心，这里街面店铺无窗无门，大都是地摊，各式民族商品琳琅满目，珍稀百奇的山货，熙来攘往的人流，都使他甚为好奇。

于是，他叫来跑堂问道："请问云南都是这么热闹吗？"

跑堂见是一位身着官服颇有气质的官爷问话，听其口音像第一次来云南的江南人，便自豪地说："只要官爷记住云南十八怪，您就不后悔来云南了。"

"啊！哪十八怪，说来听一听。"说完，陈中孚从袖口中掏出一块碎银。

跑堂接过赏银，兴冲冲地背诵道：

你说奇怪不奇怪，云南就有十八怪：
四个竹鼠一麻袋，蚕豆花生数着卖；
袖珍小马多能耐，背着娃娃谈恋爱；
四季衣服同穿戴，常年盛产好瓜菜；
摘下草帽当锅盖，三个蚊子一盘菜。
石头长在云天外，西边下雨东边晒；
鸡蛋用草串着卖，茅坑上无天篷盖；
和尚可以谈恋爱，话语交流歌舞代；
蚂蚱炸后下酒菜，竹筒却是水烟袋；
鲜花四季开不败，脚趾常年露在外。

陈中孚饶有兴趣地听着，两眼不停地向街面巡视风景，却不知道附近的人群中，有一双邪恶的眼睛在望着他狞笑。

正当他漫不经心地端起茶杯，揭开茶盖正欲喝茶时，暗处的巫婆瞄准机会，闪电般地将手中的一条小得肉眼难得看见的毒虫，飞向他的茶杯里，他却浑然不知。

五

他举起茶杯，正要喝的时候，"当"的一声，从暗处飞来一块小石子，将陈中孚手中的茶杯，击落在地上，跌得粉碎。

"啊！蛊毒！"跑堂只见流淌在地上的紫色茶水渐渐变成黑色，不禁惊叫道。

“蛊毒？”陈中孚被瞬间的一幕惊得目瞪口呆。

“陈大人，此地不能久留，快走。”突然，人群中闪出一位身着青衣少年，不由分说地拉着他离开了茶肆。

陈中孚感到纳闷，萍水相逢的，凭什么跟他走。

“放开我，放开我。”陈中孚欲努力地挣脱，而那只白嫩的手却像一种黏胶剂死死地粘在他的手腕上，他这才明白，这少年小小年纪内功好生了得。

“这位小哥，我俩又不认识，你为什么救我？”

“是受师命来救你的，师父说你是个好官，清官，能为我父亲报仇雪恨。”

“你父亲是谁？”

“一时半会儿说不清楚，待到了客栈再说。”

“我不住客栈，官方有驿栈，我去那儿。”陈中孚见问不出个所以然来，就想与他分手。

“不行！”少年不置可否地说，“他们官匪一家，把你害死后，我的仇谁来为我报？”

一官一少说话间就来到了昆明市内一家偏僻的小客栈，在门口的小摊各吃了一碗过桥米线，少年也不在柜台前登记，直接将他带到楼上一间还算卫生的套房。

看来，是少年提前订好了房间。他是怎样知道今天发生的事呢，陈中孚两眼紧盯着他，仿佛要看穿他身上的秘密。

少年见一双眼睛紧盯着自己，脸唰地出现了红晕。

云南的天气真热，一路急行使陈中孚汗流浃背，他脱下官服挂在衣架上，正要脱换上身的内衣时，突然少年大叫道。

“别脱了，别脱了，再脱我可要走了，等会儿有人来下蛊毒，我可就不管了。”

陈中孚虽然没有明白他不让他脱衣服的意思，但蛊毒二字却让他起了兴趣。

于是，他笑了笑说：“不让我脱衣服可以，但你必须解释清楚，蛊毒到底怎么回事。”

少年娓娓道来：“蛊术是云南西南部的苗族古代遗传下来的神秘巫术，有虫蛊和草蛊两种，虫蛊害人，草蛊治病。一些会下蛊的神婆巫师把有毒的虫子收集起来，放在一个陶罐里养着，如毒蛇、蝎子、蜥蜴、籽蚊等放在一起养着，使其互相啮食、残杀，最后唯一存活的毒虫便是蛊。养蛊者可用法术遥控蛊虫，给被害人带来各种疾病或控制被害人的神经，使其完全按照施蛊者的意志而转移……”

“怎么个控制神经法？”陈中孚打断少年的介绍，刻意问道。

“这种蛊毒只有当地特有籽蚊才能拥有，它比菜籽粒还小，它在残杀中存活率微乎其微，一旦成活施毒于人，中蛊之人就像一个木偶，听信于施毒之人使唤。你在茶肆饮茶时，就有一个巫婆暗地里对你施放此毒，要不是我发现得早，用石子击落你的茶杯，想必你现在就跟着刁恶霸的后面屁颠屁颠的呢。”

“太可怕了。”陈中孚心有余悸地问，“哪个刁恶霸，本官与他不曾相识，他为什么要加害于我？”

“就是霸占云南整个茶市，残忍害死无辜百姓和我父亲的刁占魁！谁叫你是监考官呢，他施蛊控制你，你就会将考试题目提前告诉他，使他那白痴儿子能考上举人升官发财。”少年咬牙切齿地说。

陈中孚问：“他害死了你父亲，你怎么不报官呢？”

“官匪一家。”原来那天潜入詹府的梁上君子就是他。他将秘密听到他们的谈话，原原本本地告诉了陈中孚。

陈中孚听后，气愤地说：“朗朗乾坤，岂能让恶霸、贪官横行霸道，本官为你做主，彻底清除这些恶霸，为你父亲报仇，还云南一片蓝天。”

“真的？”少年羞涩地说，“只要老爷能为父报仇，本小……本少年说话算数，厮守侍候老爷一辈子。”

“哈哈哈，本官可没有这个企图。”陈中孚笑着说，“你要本官替父报仇，本官还不知道你姓甚名谁？父亲是谁？”

“我姓罗，名春颖，云南大理人，家父是当年云南名噪一时的才子罗进喜。”

“你父亲据我所知，是被张进所杀，何为被刁占魁害死，本官总要弄个清楚明白吧。”

“实际当年我父亲看完乡榜后，就说了一句‘刁一池就是连名字都不会写的刁一也’，就离开了现场，根本没有参加秀才们的闹事。是刁恶霸在狗官张进面前诬陷我父亲是幕后指使者，将我父亲抓去。”

“呜呜……”说到此处，罗春颖就大哭了起来。

陈中孚见状，忙劝说道：“春颖，别哭，人死不能复生，你要节哀顺变。你父亲的悲惨遭遇与顺治十四年的山西才子陈敬同出一辙，只不过是陈敬比你父亲幸运一些，遇到了贵人相助。”

罗春颖擦着眼泪问：“什么贵人，我父亲怎么没有遇到？”

“陈敬遇到了时任钦差大人卫向书救了他一命。”

“后来呢？”

“后来陈敬考取了进士，顺治皇帝赐名陈廷敬。”

“再后来呢？”

“再后来他做了我大清朝的相国，赫赫有名。”

“唉，”罗春颖叹了口气说，“我那苦命的父亲，可没有这个福啊。”

“从这两起事件看来，根子是出在朝廷的科考制度的漏洞上。待本官奏请皇上，健全科考制度，从此杜绝你父亲这样的悲剧重演。本官负责任地告诉你，我会派人调查搜集刁占魁为霸一方的犯罪证据，将他绳之以法，为你父亲和被他害死的百姓报仇。”

“谢谢，谢谢青天大老爷。”罗春颖含着眼泪，跪下伏地便拜。

陈中孚忙将他扶了起来说：“春颖，时间不早了，你该回去了。”

罗春颖噘起小嘴说：“我才不呢，我师父说了，要我寸步不离地保护你。你睡里间，我睡外间，可先说好啊，睡觉都不许脱衣服。”

脱不脱衣服陈中孚并不在意，可能是为了应付晚上如果发生突发事件的需要，他倒是在意他师父是谁。

“你师父是谁，为什么这么关心本官？”

罗春颖调皮地说：“保密，我才不告诉你呢。”说完，他伸了伸懒腰，和衣就躺在外间的地板上。

陈中孚躺在里间的地板上，翻来覆去的睡不着，他怎么也不相信，今天发生的事儿与昆明知府詹通有关系，他可是朱珪的弟子。近墨者黑，近朱者赤。师父是当朝德高望重的清官，他不应该与当地的土豪恶霸相互勾连，谋害本官啊，那罗春颖所看到的一切……

第十三章

救同窗勇闯虎穴鸟儿献计　惩恶霸报仇雪恨小姐许身

一

詹通这两天有点儿心神不宁，按时间推算，钦差监考陈大人和张大人应该到了昆明，他多次派人到驿站里讯问，驿站总管还是那句原话：“未见其人。”

两位监考大人可不能在他管辖的一亩三分地里出事啊，要是真出了事，皇上追查下来，师父也难保啊，他这颗项上人头，恐怕是要步前任的后尘。

想到这里，詹通问匆匆而来的管家道：“我叫你快派人去广西驿站打探，陈张两位监考官住过他们驿站没有，那是他们入云南的必经之路，有消息吗？”

“回大人的话，家丁回报，陈张两位大人曾住过他们的驿站，陈大人早来两天，先走的，两人并没有在一起，他们先后入云南有七八天了。”

“还不派人去找！”詹通吼道。

“是！”管家是第一次见到大人发这么大的脾气，连连后退，正准备安排人手去找。

“别找了，我知道监考官躲在哪儿。”刁占魁不知何时，大摇大摆地走了进来。

“是你将两位大人软禁……不，不，不！接去了。”詹通问。

“你借我个胆儿我也不敢啦。”刁占魁假惺惺地说，“是陈大人喜欢游山玩水，有一个后生陪着，住在香格里拉客栈。”

有了监考官陈大人的下落，詹通长长地吁了一口气，心中悬着的一块石头终于落地了。

“还不快准备轿子，我们一起去接陈大人。”他吩咐管家说。

“是！”

在去香格里拉的路上，詹通又想起了一件事来，他将头伸出轿窗外，向骑在马儿上的刁占魁问：

“刁老板，你神通广大，可知道副监考官张大人的下落？”

刁占魁诡异地一笑说：“我哪儿知道啊，待会问问陈大人就知道。”

“说得有道理，轿夫快点。”

陈中孚这几天被罗春颖招待得十分开心，游兴未尽。罗春颖尽地主之谊，白天带他钻石林，游滇池，爬玉龙，穿古城……

为了安全起见，晚上虽然不许他出客栈，但罗春颖却像变戏法似的，餐桌上常常堆满了云南各种风味小吃、烧烤和彝族特制的米酒，香气扑鼻，甘醇醉人。使一向能克制内心感情的陈中孚，似乎有那么一种人在桃花源不知晋和汉的感觉。

这天是来昆明的第四天，该到县官不如现管的府衙报到了。

陈中孚早早起床，洗漱完毕，与往日一样，罗春颖已将丰盛的早茶摆放在桌上。他细品慢嚼一顿后，正欲与罗春颖出门，官轿却已早早地在门口候着。

陈中孚正与詹通客套时，却见罗春颖紧盯着同詹通一起来的刁占魁，眼里直冒火儿。陈中孚见状忙向他递了递眼神，仿佛在说：小不忍则乱大谋。

罗春颖心领神会，强压住了心头之火。

罗春颖紧跟着陈中孚的轿子旁，一手紧握着腰间别着的大刀刀柄，两眼警惕地巡视周边。

一行很快到达府衙，陈中孚的轿子刚停下，只听“嗖”的一声，一只飞镖向他的轿子飞来。罗春颖眼疾手快，又听“当” 的一声，飞镖被他的大刀挡落在地上。

好身手，刁占魁见到这瞬间的一幕，心里暗自叫好。他仔细打量着他，啊，从他那纤细的身材来看，他似乎在哪里见过他。他努力地回忆着，难道是三年前跪在府衙门前喊冤，罗进喜的女儿吗?

当时他正好在府衙内与知府大人闲聊，忽见一个貌似桃花吐蕊的漂亮少女跪在地上，他顿生邪念：难得罗进喜养有这么一位气质高雅、如花似玉的女儿，我何不以救出她父亲为条件，收作八房小妾呢。

第二天，刁占魁兴冲冲地提着聘礼，来到罗进喜的家，只见大门紧锁，人去楼空。

不对呀，罗进喜只有一个独生女儿，并且是闺阁秀女，手无缚鸡之力，根本不会武功，眼前这后生是?

罗春颖拾起地上的飞镖一看，只见镖尖处插着一张纸条，他忙将纸条递给陈中孚，陈中孚接过一看，顿时脸色大变。

詹通见此，忙接过纸条一看：钦差陈大人亲启：你同窗好友张 ×× 被本爷动刀，你带一百两银子亲自来龙潭洞收人，不从就撕票。下面画着的是一把大刀，大刀口下还滴着血。

詹通看了半天才看懂信纸的内容，气急败坏地命令管家：

“快去通知总兵阮大人，令他率兵迅速去黑龙寨剿灭这帮土匪，救出张大人。”

一直在远处窃笑的刁占魁，忙上前劝说：“大人冷静冷静，想那龙潭洞肖二疤子，如果看见有兵清剿，一怒之下将张大人杀了怎么办？”

“那你说怎么办？”

“解铃还须系铃人，他信中提及要陈大人亲自去救人，就看陈大人有没有这个胆量啊。”

陈中孚暗自一惊，他没有看书信，怎么知道其中的内容？他恍然大悟，一定是这个恶霸勾结土匪绑架了张应吾，从而来要挟我，达到他们不可告人的目的。

他不露声色，脸上却流露出惊慌失措的样子。

“只好这样了，为朋友两肋插刀是为人的本分。”陈中孚向詹通搓了搓指头说，“詹大人先借我一百两银子，待日后奉还。”

罗春颖听后急了，自告奋勇地说：“大人，我去。我知道黑龙寨的肖二疤子是个杀人不眨眼的恶魔，您去凶多吉少。”

“我俩一起去吧。”

詹通看见了陈中孚的手势，心知肚明，却流露出为难之色，他用眼角瞧了瞧刁占魁。

“陈大人放心，正巧鄙人身上带有一百两银子，你先拿去救人，什么还不还的。”刁占魁大方地说。

陈中孚说：“谢谢刁老板。春颖，快去接过银子，救人要紧，宜早不宜迟。”

说完，他一头钻进轿子里，命令道：“去黑龙寨。”

轿夫们听说是去土匪窝子，两腿直吓得颤抖，但官命不敢违抗，只得抬起轿子。

刁占魁骑在马上，看着不停颤抖的官轿往黑龙寨方向而去，脸上露出了冷笑。

二

陈中孚坐在轿子里出城后，仍见轿子在不停地抖动。心想，谁说西南人粗放，胆大如虎，上山如飞，看看这四个轿夫，个个胆小如鼠，他最瞧不起的就是这种人，软骨头。

他没有好气地说："慢点慢点，稳稳神再上山，别把本官甩下来了。"说完，他竟悠闲地欣赏起一路的山水来。

他们一路走着，看着，不知不觉中来到了一片竹林，只见清晨的露水还在竹叶上晶莹剔透。随着微风的吹动，竹叶上的露珠，一滴滴地滴在地上的草丛中，发出清脆的响声。触景生情，陈中孚不禁高声吟哦一首《竹露滴清响》：

谁种山前竹，春来露气清。
淡烟笼万个，细响滴三更。
地僻疏篁静，天凉晚翠生。
团珠零错落，敲玉泄空明。
坐轿心如洗，临窗耳共倾。
于时怀彼美，此境独余情。
栖雀啾啾语，宵虫唧唧鸣。
浩然诗景绝，荷盖挹香盈。

"老爷，您不着急啊，此刻还有这么好的心情。"罗春颖见陈中孚与在府衙前判若两人，他不禁仰着脸，好奇地问。

反正是饭未熟趁嘴儿空着，还不如与他闲聊打发时光。通过这几天的接触，他越来越喜欢上了这个后生，他的长相和平常的细心如女人一般，但他疾恶如仇，胆大心细，机智灵活，自有主见，心直口快的性格，却深受他的喜爱。

"春颖，本官问你，为什么土匪要我亲自去接人呢？"

罗春颖是个善于思考的后生，他想了想说："是的哈，按常理土匪绑票只是为了要钱，谁去都行，一边交钱，一边交人，皆大欢喜。要老爷亲自去赎人，这里面包藏着什么祸心呢，莫非土匪们会有更大阴谋？"

陈中孚又问："为什么刁占魁没有看信却知道信的内容？"

"您是说刁恶霸事先就知道这绑架的事儿。"

“本官再问你，土匪劫一次镖不容易，况且张大人是朝廷命官，是个肥镖，而他们却要一百两赎银，是不是少了一点，这帮土匪好仁慈啊。”

罗春颖接过话头，继续分析说：“巧就巧在刁占魁身上正好带着一百两银子，这是一起……”

他俩不约而同地说：“商匪勾结，逼其就范。”

“因为土匪压根不会伤及张大人性命，所以老爷您就高枕无忧，胸有成竹，去会会这帮土匪。”

“春颖真聪明，像是本官肚子里的蛔虫。”

罗春颖听后脸儿唰地桃红，一直红到了脖根儿。他暗思忖，只要老爷您能替父报仇，我一生一世地当您肚子里的蛔虫。

“站住！来轿可是监考官陈大人？”

突然，密林中传出一声叫吼，很快窜出一帮土匪来，将他们团团围住。

轿子停下来了，陈中孚不紧不慢地从轿子里钻出来，慢条斯理地说：“本官就是，钱我带来了，人呢？”

一个土匪头目上前抱拳说：“我大哥敬佩大人的为人，在山上准备了一桌‘丰盛’的宴席，请大人喝完酒后，就放张大人跟你们一起下山。”

“那我先谢谢肖大王了。轿夫，你们在这等会儿，我去去就回。”

陈中孚与罗春颖相视一笑，就跟土匪们上山了。

“哈哈……”随着一阵大笑声，右脸上明显有两道刀砍疤痕的大汉在黑龙寨门口大笑。

“陈大人，失礼了，本大王劫道，不知是你同窗，为了道歉，本王在广场上特为你准备了一锅鲜汤，请。”

“请！”陈中孚放眼望去，广场上一堆熊熊燃烧的柴火上，悬挂着一口大铁锅，锅里有一缕白色的气体直冲云霄。

陈中孚和罗春颖同时吸了吸鼻子，一股带有血腥的怪味弥漫在黑龙寨的上空，令人作呕。罗春颖不禁用手掌捂着鼻子，跟在他们的身后，来到铁锅前。

“哇！”罗春颖见锅里是一颗人头，顿时吐了起来。

“请！陈大人在朝中吃惯了山珍海味，小寨愧无珍肴，特别熬制一锅人汤，请陈大人品尝。”肖二疤子狞笑着，指了指锅。

这些残忍的土匪，是一群灭绝人性的毒蛇，竟然用人肉来一个下马威，试探本官有没有胆量吃人肉。

陈中孚望着旁边的桌子，见一双筷子也没有：“这是要本官用手抓啊，可这滚烫的汤水，不将手烫掉了？”

绑在一旁的张应吾见状，忙大声说：“心畬，士可杀而不可辱，你不能像这群畜生一样灭绝人性啊！”

这时，天空中飞来一只小鸟，围在他们上空盘旋，嘴里不停地“叽叽喳喳”地叫唤。

罗春颖懂鸟语，他连忙依附着陈中孚的耳根说：“鸟儿叫你拍桌子，筷子在桌子底下。”

“啪”的一声，果然一双筷子飞向天上，陈中孚以迅雷不及掩耳之势接过筷子，朝锅中人头的眼睛插过去挑起，用袖子挡住嘴巴津津有味地吃了起来。

这一连串的动作干净利索，直看得肖二疤子目瞪口呆。

“陈大人，人家说我毒，你比我还毒，我只敢吃人肉，你连人的眼睛都敢吃，佩服，佩服。”

肖二疤子快言快语地说：“一床被子不盖两样的人，我俩同为毒人，结为兄弟如何？”

谁跟你这个畜生结成兄弟，那我不真成畜生了。但为了铲除这个畜生，不得不假戏真做。

“行走江湖，四海皆兄弟。”

“兄弟们上酒上香，我要与陈大哥举行拜把子仪式。”

“哎，谁叫我们是吃人的人，不按常理办那虚伪的仪式，说是就是兄弟。”

“嘿嘿，”肖二疤子厚着脸皮，凑到陈中孚的跟前说，“大哥，有财一起发哈，兄弟手上有笔大买卖，还望大哥支持。”

“哦？肖老弟也会做生意。”

“你还不知道啊，大哥是个摇钱树，只要你将这次乡试的题目卖钱，那金子就会向你我口袋里飞哩。”

绑着的张应吾急忙提醒说：“心畬，做不得，这是欺君之罪，是要掉脑袋的。”

远昭，谁叫你多嘴的，本官导演的一曲独角戏，别让你穿帮了。就你聪明，聪明反被聪明误，让你多绑一会儿，多受一受缚身之罪。

陈中孚暗忖着，假装心有余悸地说：“是啊，这也是将脑袋系在裤腰带上的活儿，做不得，做不得。”

“大哥，兄弟早为你想好了，为掩人耳目，让考生将试题夹带进去，神不知鬼不觉的，万无一失。”

“如此甚好。”陈中孚向肖二疤子招了招手，贴着他的耳根说出了题目。

“兄弟，可记好了，开考哪天，请兄弟下山抬抬桩，看看老兄我监考的风采。”

“一定，一定。”

陈中孚忽然想起一件事说：“老弟，人肉真好吃，用牛皮纸打包，我带回去吃。”他怕肖二疤子生疑，补充说：“外面用红布包好，红布是避邪的。”

肖二疤子吼着身旁的喽啰：“快去按大哥说的办。”

罗春颖听起来就恶心，老爷这是唱的哪一曲啊？

三

张应吾与陈中孚同乘一顶轿子下山，嘴唇儿噘得老高老高的。直后悔不该来云南，与身边坐着的人面兽心的家伙为伍。

陈中孚知道他心中想什么，也不与他搭讪，他心情沉重地望着轿窗外，想着心事。为官十年来的所见所闻，特别是刁占魁与肖二疤子的罪恶行径，使他清醒地认识到，朗朗乾坤只是一个美好的愿望，正义和邪恶时刻在人间较量。就像头顶上的一片天一样，时而乌云密布，时而蓝天白云。他想起了李白的《行路难》中的诗句：

长风破浪会有时，
直挂云帆济沧海。

想到这里，他越来越感觉到身上的担子更重了，责任感增强了。

轿子很快下山了，陈中孚见山脚下一块玉米地旁有一块风水之地，一个农夫正在清理地沟。

陈中孚说：“快停下，春颖，去将农夫手中的铁铲借来。”

“哎！”罗春颖对老爷是唯命是从。

陈中孚从罗春颖手中接过铁铲，放眼望了望方位，认准了一块吉地后，第一铲挖了一铲土丢在上方。

他放下铁铲，自言自语地说：“冤魂，这是一块旺地，该入土为安。本官是朝廷四品大员，能亲自为你破土，你也不枉在人间走了一遭，你虽然在人间受尽了煎熬，但你的子孙会如雨后春笋，越发越旺。”

说完，他命令轿夫说：“还傻站着干什么！还不挖坑。”

见轿夫们轮番挖着，陈中孚对罗春颖说：“将你手中的红布包裹放在地上打开。”

罗春颖将包裹放在地上，畏缩地说："我不敢！老爷叫我干什么都行，就这事儿太残忍了，太恶心了。"

陈中孚也不勉强，亲自打开包裹，从袖口中拿出一只人眼，小心翼翼地安放在被煮人尸头的眼眶里，再一层一层地包好。

看到这一切，张应吾恍然大悟。啊，原来心畲并没有吃掉人的眼睛，而是悄悄地藏在袖口中，是我错怪他了。

陈中孚的这一举动，震撼了默默站在一旁罗春颖的心。这是个顶天立地的男人，高大而又伟岸，智慧而又勇敢，疾恶而又慈善，难怪师父说，是一个可以托付终身的人。

这时，飞来了一群小鸟，围着他们飞旋，叽叽喳喳地欢叫个不停。

罗春颖翻译说："老爷，小鸟们说，您是个好官、清官。"

陈中孚说："是吗，你真的懂鸟语？"

"是的，在峨眉山上，是师父教的。"

"为了感谢鸟儿们的善良提醒，再看玉米地里的苞蕾，本官心中涌出了一首《大苞群生》，以当这座新坟冤魂的祭文。"

上善观如水，洪畴冠王行。
德堪资挹注，体合配施生。
蕴蓄天苞启，涵濡地数成。
本来无畔岸，何处问亏盈。
匪祸人汤献，冤魂土地沉。
八荒归络绎，万物极纵横。
见说污容纳，从来利不争。
包含钦圣量，渐被暨沧瀛。

一场沉重而又简单的葬礼结束后，一行又乘轿回城。

张应吾道歉说："心畲兄，对不起，我误会你了。"

陈中孚抚摸着他的手臂，玩笑地说："你的刚正不阿使你的手臂绑痛了吧，你差一点误了我的大事，今后当官找我学着点儿。"

"是，我的陈大人。难怪山西民众传说你是神仙下凡，来民间拯救苍生的。"

"我可不敢当。世上本无神，神是民众崇尚和权者借以愚昧人们的产物。上半身是善良的人们塑造的，下半身是当权者泥塑的，因各自的目的不同，所以才出现凶神恶煞，神出鬼没。"

“哈……”陈中孚说到这里，不禁大笑了起来。

“心畲兄的一番宏论，远昭如雷贯耳，今后还望多多指教。”

“一向不服输的远昭，怎么变得谦虚起来了。”

“服了，服了，心悦诚服！”

陈中孚严肃地说：“别再吹捧了，说正经事儿。你有经验，要考虑乡试出试题的大事，一定要严守秘密，在未乡试前包括我也不能告诉。丑话说在前面，如有泄密事件，别怪我翻脸不认同窗啊。”

“好的，我明白了，你向肖二疤子说出的试题是个烟幕弹，用来迷惑他们。”张应吾忽然想起了乡试制度里的规定，征求他的意见说，“按规定，如果副职出题，主考官要写作序，以便参照评卷。”

“请放心，这我知道，到时我拿出序文。”

两人谈话间，不觉轿子已经到了昆明府衙门口，只见詹通带着昆明的文武众官在衙门口夹道欢迎。

詹通忙迎上前招呼说：“欢迎陈张两位监考大人受命光临昆明，我们在香格里拉酒店里摆有酒宴，为远方的客人接风洗尘。”

陈中孚挂着个脸儿，挖苦地说：“詹大人，我们两个受皇命前来贵地，没有想到云南人真是热情，一个用蛊毒招待，一个请土匪招待，你说说，我们气都气饱了，还有肚子装酒菜吗？”

詹通脸色红一阵儿，白一阵儿，他指了指众官：“这……这……”

陈中孚双手抱拳向众官赔礼道歉说：“各位同僚，确实对不起，本官来云南水土不服，偶感风寒，改日我请大家。”

众官见状，识趣地散去。

詹通虽然心中不悦，但他装出大度的样子说：“请两位大人到本衙客厅里休息一会儿，再回驿站。”

陈中孚说：“如此甚好，我们正有事儿同你商量。”

詹通带路，他们三人来到府衙，陈中孚不待詹通客气，喧宾夺主，一屁股坐在案台主座。

“啪”的一声，惊堂木发出刺耳的响声。

“大胆詹通，你知罪吗？”

詹通毕竟是见过大世面的，他先是一惊，很快镇定了下来，气急败坏地说：“陈中孚！你搞没有搞错啊，这可是我的地盘，哪有你撒野的地方。”

“放肆，本官乃钦差，按我大清律法，是见官大一级，为何不能审你？”

“你是钦差不假，可你的职权仅仅是监督乡试。”

“可有的人要秘密篡夺我乡试的权力啊！”

“谁呀？”

“你！昆明知府詹通，勾结地方恶霸，妄图用蛊毒控制钦差，欲想制造三年前昆明乡试骚乱事件，罪不可恕。”

完了，陈中孚是怎么知道那晚的事儿呢，好就好在当时我是制止他们的。要说错误，是我没有及时提醒他罢了。

想到这里，詹通欲想抵赖：“你……你血口喷人，人证何在？”

“我！”罗春颖上前，指了指房梁上一块有明显痕迹的地方说，“那晚，我跟踪刁恶霸欲找下手杀掉他的机会，趁你们相互客套之机我施展轻功飞上房梁藏了起来。你们在这个屋子里商量，怎样将刁恶霸的傻儿子入闱，你说不行，他的名声在外。药贩子艾子豪出主意说用蛊毒控制钦差，来达到你们了解题目的目的，刁恶霸们极力赞同。不过，你虽未制止，倒是提醒他们，不要伤及陈大人的性命。”

四

蛇最怕打七寸，人最不敢当面对质。詹通听后，就像泄了气的皮球，瘫软在地上。

陈中孚振振有词地说：“你身为朝廷命官，却与地方恶霸们，沆瀣一气，欲使三年前昆明血流成河的悲剧重演。你上愧对天子，下愧对昆明百姓，更辜负了你的恩师朱珪大人对你的培养。人在做天在看，你不知悔改，反而狡辩你没有罪，殊不知恶有恶报，善有善报，不是不报时候未到的规律。”

詹通此时已是大汗淋漓，他的嚣张气焰被打下去了，连忙跪在陈中孚面前求饶说：“陈大人，您大人不计小人过，我知罪，我罪该万死，请饶了下官这一回，从今往后，下官一定听从您的差遣。”

这还差不多，达到了本官预期的效果。陈中孚大度地说：“詹大人能诚恳地认识自己的错误，本官念在朱大人的份儿上，就原谅你一次。不过丑话说在前面，这次乡试，你要戴罪立功，认真执行我的命令。否则，我在皇上面前参你一本，你的项上人头就会落地。”

詹通见陈大人，只是想帮助教育他，而不是为了将他置于死地，顿时感激流涕地说：“陈大人请放心，您在昆明一天，不，不，下官一生感谢你不杀之恩，终身忠心地听从你的差遣。”

“我相信你的良心未泯，起来，本官将借这次乡试为契机，彻底铲除盘踞在昆明的恶霸和土匪这些毒瘤，还昆明百姓一片安宁。”

于是，陈中孚将早已想好的方案，附在詹通的耳边，如此这般了一番，詹通听得频频点头。

一直没有说话的张应吾，在回驿站的路上，不解地问：“心畲，你为什么对詹通如此仁慈，而又相信他呢？这不是你的行事风格。”

其实陈中孚心中有他的忧虑，官场是不见血的战场，他像一张透明而又宽大的蜘蛛网，稍有不慎，就会被网住，在劫难逃。上次在山西他将吕诲之流送上了断头台，却与户部尚书海望结下了死梁子，而处处得小心谨慎。只有保护好自己，才能为皇上分忧，为民众服务。这次他不严惩詹通，是不想在朝廷树敌过多。

“詹通这次只是个胁从者，胁从者无罪，反戈一击有功。”陈中孚不便多说，善意地提醒道，“张大人，我俩今后只能以大人相称，官场很复杂，你慢慢就会体会到的。”

“陈大人请放心，下官谨记了。”

陈中孚宽心地一笑，远昭就是悟性高，顷刻间就能活学活用了。

“张大人，乡试的题目拟好了吗？”

张应吾听到陈中孚直呼张大人，总有一种别扭的感觉。他忽地明白，陈中孚是个工于心计的人，他这是在试探我是不是忘了保密原则。

他也不用话语点破，例行公事地说：“请陈大人放心，题目已在下官腹中，不会延误后天的考试，不到时候，你也别想知道。”

“哈哈哈！如此甚好。”

云南秀才们盼望三年一度的乡试终于开考了，他们提着专用书匣，里面装的是文房四宝，经过门口安检，一个个在考棚里寻找贴有编号，属于自己的单独考棚。

看热闹的人们发现，今年的乡试有两个重大不同：一是考棚门口的安检由原来的专业监考人员，换为兵丁检查，戒备森严；二是考棚门前宽大的广场上，用宽宽的白布搭起了标有“贵宾席”的凉篷，供昆明的乡绅名流边喝茶，边等待乡试结果。

贵宾席中，刁占魁、艾子豪、肖二疤子等，被热情的知府大人安排在首座。

兵丁值守开先河，吸引了很多观众。会看的人看门道，不会看的人看热闹。刁占魁、艾子豪、肖二疤子等人心里明白，詹通提前跟他们打了招呼，看似戒备森严，实际是外紧内松，掩人耳目。专业监考人员经验老到，要想从文房四宝中夹带作弊谈何容易，别看兵丁个个凶神恶煞，但他们都是门外汉。

刁占魁、艾子豪、肖二疤子三人看见各自的对象很顺利地进入考棚，相互对视了一下，脸上露出灿烂的微笑。

考棚内一间秘密的会议室内，罗春颖把守着大门，警惕着周边的动静。室内正在召开考前会议。云南巡抚孙玉庭作了重要讲话，提调粮储道额特布作了后勤补充说明。

陈中孚待两位大人讲完后，俨然像一位临阵指挥的将军，在下达命令：

“阮总兵，你将兵丁化装成便衣，悄悄地将考棚广场包围，我以钟声为号，就强行将贵宾席中的‘贵宾’请到府衙，为了防备他们狗急跳墙，要选精兵强将执行抓捕任务。”

阮元表态说：“是，保证一人也不漏网。”

“张大人，待试卷发到考生手中后，你立即领导监考人员，仔细巡察各考棚动向，凡属不认真思考，在摆弄毛笔、砚台、条墨、书匣者，认真检查有无夹带，一经发现，扣留考生，听候处理。”

张应吾表态说：“陈大人放心吧，对作弊者下官有的是办法。”

詹通忙问：“陈大人，那我呢？”

“你一如既往地去招待‘贵宾’，不要让他们看出破绽。大家执行去吧，本官就在这里作序，如有什么特殊情况，立即向我报告。”

孙玉庭暗自发笑，真是蛇服花子盘，刺头儿詹通在陈中孚面前这么唯命是从。

待大家离去后，陈中孚打开试卷蜡封，只见上面是用正楷小颖写的试题：

拟：足食足兵、行而世为、天地之高，赋得“广厦采众材”古律一首，再取“材”字撰文。

陈中孚暗自佩服张应吾考虑全面周到，该卷能反映出考生的基本功是否扎实，灵活而又不死板，不愧是黄冈府学的教谕。

五

云南乡试通过三天三轮角逐，经阅卷专家组认真阅卷评定，从全省三千九百名考生中，以云南蒙自人刘翙为解元，共录取五十四名举人后，并用快马上报朝廷，不日就可公榜。

望着快马奔向朝廷方向，张应吾在考棚办公室里长长地松了一口气，不禁提笔作七律一首：

共拜恩纶荆楚士，相言相近复相愉。
霓裳旧咏怀同日，骢马新歌听九衢。
差喜昆山留片玉，尚愁河海有遗珠。
好将楚水黔山路，为续联吟并乐图。

陈中孚、詹通和罗春颖有说有笑地进来，见张应吾还在案台上奋笔疾书。

“上报文书还没有批下来，按惯例批下来也得秋后问斩啊。”

陈中孚斩钉截铁地说：“将在外军令有所不受，三个恶霸根基很深，要快刀斩恶魔，天长地久会节外生枝，一切后果由我来承担。”

詹通诚服地表态说：“好，我马上选定刑场，并张贴布告，明日午时三刻将三名恶贯满盈的恶霸土匪斩首示众。”

“父亲，青天大老爷陈中孚一言九鼎，终于为你报仇了。”

罗春颖喜闻明天就要处决刁恶霸，顿时热泪盈眶，用手掩盖着泪儿，跑出考棚，跪在父亲埋葬的方向，向九泉之下的父亲诉说着。

“父亲，您在九泉之下为女儿祝福吧，该是女儿履行诺言的时候。”

原来，罗春颖正如刁占魁猜疑的一样，她是女扮男装。

三年前，罗春颖跪在衙门前为父亲喊冤，知府丁丑理都不理，正在与他聊天的刁占魁好奇，出得衙门口一看，见是一个大家闺秀跪在地上，他就像猫儿闻见腥一样，上前假惺惺地安抚，见其果然姿色超群，貌若天仙，顿生邪念，命令贴身保镖刁三强抢回去做八姨太。

她当时还不知道父亲就是被眼前的禽兽陷害的，只知他是昆明的富豪恶霸，心想我一个弱女子难逃魔爪，不如来个缓兵之计脱身。

“老爷，小女子乃大家闺秀，注重礼节，待你救出我父亲，就一同来我家下聘礼啊。”

“好，美人儿，一言为定。”刁占魁发出一声淫笑后离去。

在回家的路上，刁占魁心想：去你娘的，谁叫你父亲罗进喜多嘴，害得我儿臭名远扬，不除掉他难解我心头之恨。你不是要我救你父亲，今个儿我就去，明儿带着你父亲的尸体去下聘礼。

“走，返回府衙。”

刁三不解地问道：“我们不是刚刚从府衙出来吗？”

“嘿嘿”，刁占魁一声冷笑后说：“为了抱得美人归，老爷我只有不辞劳苦了。”

“刁老板，又有何事折回？”丁丑迎上前问。

刁占魁恬不知耻地说：“刚才跪着的是我八姨太，她是来救她父亲罗进喜的。”

丁丑说：“这就奇了，哪有女婿将亲岳父送进监狱的。”

“原先不是，这不约好了明天去下聘礼吗？”

“我明白了，是个准女婿，哈哈哈！”丁丑大笑后说，“昆明出了古气，女婿大岳丈五岁。看在你老牛吃嫩草猴急的份儿上，本官马上令人放人。”

丁丑说着，用手指搓了搓说：“刁老板，罗进喜一案事关重大，不是本官一人说了算，得上下打点，少说也得两百两银子才能摆平此事，捂住众官的嘴巴。”

奸商就是奸商，刁占魁讨价还价地说：“减半，减半，我只要一具尸体就行。”

“为何？”

“敢与我刁某作对的没有一个好下场。”

“未定案官府是不能杀人的。”

“丁大人真是聪明一世，糊涂一时，谁叫你杀人了，是罗进喜畏罪自杀。”

丁丑听罢，竖起大拇指称赞说：“刁老板是足智多谋，心狠手辣的高手，本官立即派人去执行再验尸。”

“嘿嘿嘿！”两位官商相互勾结，草菅人命的恶毒笑声，把站在一旁刁三震惊到了。

他一直崇拜罗先生的人品和才华，可惜自己人单力薄，不能从虎口里救出罗先生，但决不能再让他的女儿落入虎口。

晚上，刁三以回家为幌子，借故连夜赶到罗春颖家里，讲述了罗先生遇害的实情，通知她们母女趁天黑逃命，越远越好。

母女俩闻此噩耗，抱头痛哭。罗夫人是大户人家出身，很有主见，深知现在不能沉痛在悲惨之中，救女儿要紧。

“恩人，谢谢你救了我和女儿一命。”

罗夫人带着女儿跪谢后，拿起一锭银子递给刁三，哭着说：“还烦请恩人将我那苦命的人儿收敛，别暴尸街头。”

“请夫人放心，我不能亲自出面，但会叫人办好丧事，让罗先生入土为安。”

罗夫人母女收拾好细软，跪辞恩人后，消失在茫茫的黑夜之中。

第十四章

庆宴融融设情局春儿投怀　长江滚滚念苍生家门不入

一

今天，昆明城内格外热闹，众多穿着民族服装的人，走上街头载歌载舞，欢庆朝廷为民除害和乡试圆满结束。

罗春颖今天特别兴奋，她仍然是一副青衣后生打扮，强拉着陈中孚上街看热闹。张应吾望着他们远去的背景，摇了摇头，自言自语地说："心畲，你已经被这条美丽的青蛇缠着，看你怎样脱身。"

罗春颖像她母亲一样，是一个心高气傲、很有主见的女孩，她在峨眉山曾在师父面前发誓："谁人能为父报仇，我就以身相许。"

云南是个少数民族地区，女孩儿不像江南女子那么烟视媚行、腼腆守旧的样儿，她们大胆泼辣、敢作敢为。她几次欲在陈中孚面前表白情意，但都被他正直无邪的气质打消了念头。她不在意他有一妻一妾，认准了他是可以托付终身的男人。

好事多磨，爱情就像熬糯米红枣粥儿，越熬越黏，越熬越甜。

哎嘿……
什么结籽高又高啰？
什么打苞半山腰？
什么时候是蓝天啰？
什么时候爱欢笑哎？爱欢笑。

云南是个以歌代语的地方，街头上一个着苗族服饰的漂亮女孩，放声对歌了起来。罗春颖听罢，寻思是该在心仪的人儿面前露一手了，她扯开嗓子高歌：

哎嘿……
高粱结籽高又高哩，高又高。
玉米打苞半山腰。
乌云过后是蓝天喂。
人逢喜事爱欢笑哎，爱欢笑。

哎嘿……
什么水面打跟斗啰，
什么水面起高楼，
什么水面撑阳伞啰，
什么水面共白头哎？共白头。

哎嘿……
鸳鸯戏水打跟斗哩，打跟斗。
同船共度起高楼。
荷叶出水撑阳伞哩，
水和青天共白头哎，共白头。
……

“嘻嘻嘻！”唱罢，罗春颖得意地一笑。

“啃嘀，啃嘀！”一会儿，对歌的苗族姑娘带领一群俊男靓女，快步跑到陈中孚他们跟前，手拉手地跳起了欢快的舞蹈。

刚跳到兴处，詹通满头大汗地挤进欢舞的人群。

“陈大人，圣旨到。”詹通拉着他小跑步地来到府衙，罗春颖也挤出人群，紧跟其后。

衙门口，一匹枣红马旁，主管太监和张应吾，在向街口张望。圣上身边的主管太监不远千里，亲自来下圣旨，可见事情紧急重大。

事出有因。正当陈中孚沉浸在超额完成朝廷乡试的任务喜悦之中，嘉庆皇帝在紫禁城里，却在为浙江巡抚帅承瀛的一则奏折发愁时，朱珪兴冲冲地来到勤政殿，向嘉庆报喜。

“皇上英明，授陈中孚为云南监考官，他鹤立鸡群，不但圆满地完成了乡试任务，而且还协助昆明知府詹通，铲除了当地的恶霸土匪，为民除了害。”

朱珪说完，递上昆明府关于惩处恶霸刁占魁、艾子豪，首匪肖疤子的请示奏章。

“好，好，好。心畲不负朕望，这是个喜讯，将朕的烦恼冲走了一半，真乃忧喜参半啊。”

朱珪见嘉庆愁眉还未散开，就跟他逗乐子。

“恭喜皇上，贺喜皇上。”

“喜从何来？”

“陈中孚和詹通他们为您做了一笔大买卖，为国库增添了一千八百万两银子。”

“啊，他们是怎样筹得的？”

“没收了恶霸刁占魁和艾子豪的全部财产所得。”

嘉庆连忙问：“那土匪头子肖疤子呢？”

“回皇上，梁山都是逼上的，穷则为匪。陈中孚来了个首恶必办，胁从不问，除肖疤子被斩首外，其他土匪作鸟兽散。”

“哈哈哈！”嘉庆突然来了灵感，舒眉大笑说：“扫恶除霸这个办法好，既是民心所向，又能增加朝廷收入。朱爱卿，以吏部发文，在全国开展扫恶除霸运动。”

“喳！臣回去后，立即按圣上的旨意办理。”朱珪见嘉庆已是眉开眼笑，这才问，“皇上因何事烦恼？臣能为您分忧吗？”

“帅承瀛上奏说：宁波遭海啸袭击，农庄和谷物受损严重，最可怕的是，紧接着暴发人瘟，每天有百余人因传染而失去生命，可宁波知府额索图却束手无策。”

朱珪知道宁波知府额索图是正蓝旗后人，是个投机钻营之徒，没有治理一方的能力，当然在突发事件面前束手无策。

“皇上圣明，依臣之见，宁波海啸实属天灾防不胜防，但发生人瘟则是人祸啊。”

“此话怎讲？”

“皇上圣明，要是宁波知府能在第一时间抗啸救灾，及时清理动物和人畜尸体，消毒饮用水，人瘟何来？”

“爱卿说的有道理，那你说怎么办？”

朱珪想了想说：“奏请天子令门神，降妖除魔。”

嘉庆没有听懂他的意思，不满地问：“别说半截子话，谁是门神？”

朱珪笑着摇了摇手中的奏章。

“你是说门神是陈中孚。”

“皇上英明！”

嘉庆一喜，忙令一旁站着的庶吉士说：“拟旨，一、皇上天恩，体恤昆明百姓受恶霸土匪压榨之苦，免税赋两年。二、陈中孚等除霸选才有功，奖陈中孚白银千两，詹魁八百两，张应吾、阮元各六百两，凡参加除患乡试者各奖一百两。三、调陈中孚为宁波知府，不必回京复命，立即赶赴宁波府赴任。四、张应吾为朕赐进士，回京任翰林院编修。”

庶吉士很快根据嘉庆的旨意写好了圣旨，双手递给嘉庆审阅。

嘉庆看后，盖上玉玺，就递给身边的主管太监说：“你整天像个蚊子似的，老在朕的耳旁嗡嗡嗡，昆明是个春城，如何如何的好，朕今天就照顾你去云南传达圣旨，也了却你的夙愿。”

主管太监连忙跪在地上叩拜：“谢主隆恩！”

二

陈中孚、张应吾、詹通、阮元跪地接旨谢恩后，陈中孚将主管太监拉到一边问：“请问公公，皇上为什么急于令臣去宁波，难道宁波发生了什么事儿？”

“令你去救人的。”主管太监于是将宁波沿岸发生海啸后，诱发人瘟的情况向他如实相告。

“人瘟？”陈中孚家里是开药铺的，知道人瘟俗称乱肠瘟，是饮用不洁之水所致，危害极大。

陈中孚说：“公公，臣本想陪你在昆明游玩几天，救人如救火，今日天色已晚，明日我就启程去宁波，让詹大人尽地主之谊，由张大人陪同，你在云南游玩几天再回京城复命如何？”

“可以理解，你去吧，去吧。”

詹通闻言邀请说：“陈大人，本官知道你是个注意影响的清廉之士，让我尽一回地主之谊，就在府衙摆上一桌，一套锣鼓两边敲，一是为公公接风，二是为陈大人饯行，除我们几个人外，就把阮元总兵一人请来陪同。我府上还保存有一坛用长白山老参和鹿茸炮制的高粱酒，来个一醉方休如何？”

罗春颖听后，欢快地拍手说：“好哇，好哇，今天非把钦差大人灌醉不可。”

主管太监皱了皱眉头说：“这是哪儿的愣小子，一点规矩都不懂。”

詹通笑着解释说：“他是陈大人的贴身保镖，云南人就是这样直来直去。”

“啊！”陈中孚的面子，主管太监是要给的，随方就圆。

晚宴的气氛相当融洽，酒过三巡之后，首先败下阵来的是主管太监，这也难怪，他长期侍候皇上，谨小慎微，哪儿见过酒场这阵势。倒是第二主角陈中孚还在谈笑风生。

詹通向紧挨着陈中孚而坐的罗春颖递眼色说："罗壮士，你们明天就要分别了，还不尽地主之谊敬你陈大人一杯。"

是的么，詹大人这句话倒是提醒了她，我心仪的人明天就要走了，我再也没有理由跟着他，难道我们的缘分就此断了吗？……

罗春颖羞得满脸通红，未喝先醉。

"陈大人，来，小生敬您一杯，我幸运认识了您，您是我心中的英雄，是我生活中的偶像。"

真情难辞，陈中孚一干而尽。

张应吾起哄说："陈大人，春颖救你一命，你应该回敬一杯啊。"

今天怎么啦，我身边的人尽朝本官放黑枪。

陈中孚端起酒杯，敬酒说："春颖，感谢你的救命之恩，更应感谢你这半年多来的悉心照顾。"

春颖调皮地说："老爷若是真心实意地敬我，就连干三杯！"

"对，连干三杯！"

"三杯为敬！"

一来二往，宴会推向了高潮。张应吾敬他举荐之恩，詹通敬他教诲之恩，阮元敬他知遇之恩。很快，五斤装的坛子里的大补药酒所剩无几。陈中孚此时还算清醒，但语言结巴了起来。

"不……不能喝了，再……再喝本……本官就……就醉了，明……明天还……还要赶……赶路哩。"

张应吾一笑说："我与他同窗多年，从未看见他喝这么多酒，春颖，还不快扶陈大人回驿站休息。"

"哎！"罗春颖也许是对酒精过敏，脸儿一直是红红的，她搀扶着他，钻进了官轿。

到达驿站他们住的套间，罗春颖将陈中孚扶上床上，她再去关上房门，这时人参、鹿茸的功效上来了，她燥热难当，索性将头上的男儿帽子甩掉，顷刻间一束乌黑的瀑布洒落在她的背后。

陈中孚朦朦胧胧中，看见一个女人在帮他脱去官服，头发上女人特有的清香，一下子使他精神大振。

"小玥，你来了，想死老爷我了。"

……

一觉醒来，柔媚的阳光已经透过窗帘，泼洒在床上。陈中孚一惊，怎么怀里还躺着一个女人，他隐约记得，昨晚小玥来了。

“小玥，快起来，我们还要赶路呢。”

“嗯！”罗春颖翻个身来，揉了揉因睡眠不足而发红的眼睛，嘴里嘟噜着说，“夫君，太困了，再睡会儿，一会儿。”

“你是谁，怎么跑在我床上来了。”他像一屁股坐在了老虎身上，瞬间弹跳下床来了。

“夫君，我是您的春儿啊。”

“你到底是谁，为什么要女扮男装缠着本官。”陈中孚完全清醒了，记起了昨夜她主动与他缠绵。

“夫君，春颖现在是你的人，心都交给你了，您听我说……”罗春颖跟他袒露了心迹，向他娓娓道来：

漆黑的夜晚，一对母女从昆明逃出，迈着两双三寸金莲，艰难地行走在云贵高原的密林里。

“娘，女儿实在是走不动了，歇会儿好吗，我们这是要往哪儿逃啊？”罗春颖顾不得大家闺秀的矜持，一屁股坐在地上，边喘着气儿边问母亲。

罗夫人看了看四周，确认已经进了贵州地界，“吁”地松了一口气，看来已经摆脱了刁恶霸的魔掌，这才对女儿说：“我琢磨着，在云南举目无亲，只有上四川峨眉山，寻得我的姑姑正阳师太，才有我们母女的立身之地。”

罗春颖倔强地说：“我不去，女儿要留下来为父亲报仇。”

“女儿有此决心，为娘非常高兴，但你想过没有，你一个弱女子怎么为父报仇？只怕是父仇未报又添新仇。”

“那上了峨眉山就更难为父报仇啊。”罗春颖急得泪水都出来了。

“孩子，正阳师太修得一身本领，你只要虔心拜她为师，学得一身过硬本领，何愁不能为父亲报仇。”

三

娘儿俩风餐露宿，经过半个月的艰难跋涉，终于到达峨眉山飞来殿，娘儿俩已是骨瘦如柴了，至正阳师太打开山门相迎时，差点认不出自己的亲侄女和侄孙女了。

危难中好久未见到亲人，罗夫人见到了亲姑姑，眼泪像泄了闸的洪水，夺眶而出。

她带着女儿跪在她面前哭诉着说："姑姑，我是您侄女慧慧呀，您那苦命的侄女婿被人陷害至死，家破人亡，侄女只好带上女儿来投奔您老人家来了。"

罗春颖磕完头说："求师太收春儿为徒，学成武功后替父报仇。"

"无量天尊，道有救人之贵生，无量度人。两位施主请起，一路劳顿，随贫道回殿歇息，再作计较。"

"谢谢姑姑。"罗夫人见正阳师太应许了，忙拉起女儿。

可罗春颖倔强地不起来。"师太还没有收我为徒呢！"

正阳师太慈祥地望着眼前的小姑娘，仿佛看到自己以前的影子，这孩子的性格太像我了，有一股坚韧不拔、不达目的誓不罢休的执着劲儿，是一块习武的好材料。

"徒儿起来，为师答应你就是了。"

"谢谢师父！"罗春颖连叩了三个响头，这才起来，一起进入飞来殿。

三年来，在正阳师太的悉心传授下，罗春颖不断掌握了十八般武艺，而且轻功练到了炉火纯青的地步，还学会了鸟语，一有空儿，她就会来到南山密林，与鸟儿一起唱歌呢。

今年初春的一天，正阳师太将她唤进禅房对她说："恶有恶报，善有善报，不是不报，时候未到。今你武功已成，可下山替你父报仇去了。为师算得你会遇到你的夫君，他会助你一臂之力的。"

"师父，人家还是女儿之身呢，哪来夫君？"

"你不是常说，谁能为你父亲报仇，你就嫁给谁吗？"

"师父，他在哪里？"

"此乃天机，快快下山去吧。"

"原来你是蓄谋已久的。"陈中孚听她讲完了故事，用手轻轻地刮了刮她的鼻梁。

罗春颖翘起香唇说："你才坏呢，人家几次暗送秋波，你却假装没看见，羞死个人了，非要本小姐投怀送抱。"

"你可冤枉我了，我家里有一妻一妾，我怎么会有非分之想呢。再说了，夫人贤惠好说，可小玥眼里是进不得沙子的。"

"照你这么说，小玥姐姐是个醋坛子啊！"

"你认识小玥？"陈中孚又是一惊。

“嘻嘻，听师父说我和她是表姊妹。”

“表姊妹？”陈中孚一下子明白过来了，试探地问，“难道你的师父正阳师太，是小玥的外婆？”

“夫君真聪明！”

“好哇，好哇，小玥要是知道她外婆还健在，该不知有多高兴。”

“夫君你看，我俩只顾说话，却把正事给忘了。”

“什么正事？”

“我师父在峨眉山修道几十年，尝遍百草，积累了很多治疗瘟疫的秘方，你这次不是要去宁波救人吗，我们顺道上一趟峨眉山，岂不是一举两得。”

“不，是一举三得，一是可寻得秘方，二是去看望外婆，三是去拜见岳母大人。天助我也，春儿，快收拾东西，马上启程。”

“好的。”正当罗春颖埋头收拾行李时，只听房门“笃笃”地响，陈中孚打开房门，原来是张应吾造访。

张应吾进来一看罗春颖恢复了女儿身，俨然就像女主人似的收拾行李，他顿时明白了，抱拳玩笑地说：“恭喜陈大人，贺喜同窗，昨夜春风一宵，可要请我们喝喜酒啊。”

“你是不是早就知道春儿是女子？”

“哈哈……我可没说。”

“啊！我明白了，昨天晚宴是你们设的局。”

张应吾实话实说：“我原来只是怀疑你的春儿是女扮男装，在宴席上我和詹大人看出春颖向你频送秋波，就明白她的一片痴情，于是我们配合默契地为你们搭起了鹊桥。”

“说的比唱的都好听，东北的鹿茸酒后劲真大，差点将本官醉死。”

“是吗，嫂夫人。”张应吾借故道，“多亏了你救了陈大人一命啊。否则，我和詹大人就罪责难逃了。”

“你又笑话我了。”罗春颖一本正经地说，“你已喊我嫂子了，今后可不许在嫂子面前开玩笑了。”

“是，嫂夫人。其实我今天来是请你当大红叶（媒人）的。”

“你呀，你们这些男人，个个都是花花肠子。说，是哪家女子，嫂子说媒去。”罗春颖还以为张应吾在云南看中了哪家女子做小妾，要她做媒呢。

“不不不，嫂子你误会了，是犬子看上了你们家三小姐蔷薇了。”

罗春颖对陈府不甚完全了解，期望地望着陈中孚。

陈中孚故意说：“你在京城尚无片瓦，我凭什么要将女儿嫁过去。”

“这不是问题，我已委托松亭在京城号了一处房产。”

“啊，原来是你和松亭合伙来夹我的心头肉。”

“别这么说，哈哈，松亭不是还了一块肉给你了吗？我可丑话说在先，我是有心不能照月哈。”

“好你个张应吾，你是笑话我只有一根独苗。”

“岂敢，岂敢，你误会我的意思了。”

罗春颖听懂了他们之间的哑语，嘻嘻一笑说：“夫君放心，我师父算过，姐姐虽然是五朵金花，我和小玥姐姐可都是先果后花，还有紫衣妹妹呢。”

“啊，原来你还有金屋藏娇啊，看不出你还是个采花高手。”

“哪有的事，别听她乱说。”

“张大人，嫂子替姐姐做主，同意蔷薇嫁到你家做媳妇，可我有言在先，你们老少可不要欺负她哟。”

“他敢！”陈中孚开始护犊子了。

“我们不敢啊。”张应吾装着害怕的样儿，对她说，“你看他那以势欺人的样儿，多难看。”

“好，这个大红叶，三娘我当定了。待我回去与姐姐商量置办嫁妆的事后，就将蔷薇一起带到京城于归。”

陈中孚扯开话题说：“远昭，皇上圣明，将你调到翰林院任编修，是让你回京城镀金的，使你成为正牌的朝廷命官，将来一定会重用你的，你要把握好这次机会。”

“搞了半天，我还不是朝廷命官啦。”

“你现在还属地方官，如县令一般，只有从翰林院出来的才是。”

“我明白了，朝廷官位等级森严啊！”

“你的顶头上司，大学士文祺为人厚道，就是本位迂腐，在干好本职工作的同时，你要好生地伺候他啊。不是亲不关心，我可提醒你哈，京城虽然是天子脚下，但也是龙鱼混杂的地方，官场如战场，我建议儿女的亲事不要大操大办，注意点影响。”

“知道了，我的好亲家。”

四

陈中孚重任在肩，在云南辞别众官后，携小妾罗春颖各骑一匹朝廷快马，直奔峨眉山而来。

峨眉山山路陡峭，不能骑马，只好步行。罗春颖登山如履平地，刚到半山腰，而陈中孚已经是气喘吁吁。

“夫君，坐下来歇息歇息，吃点干粮加加油。”

罗春颖见到路旁有一块大石头，她用手巾擦了擦，就扶他坐下，随后从包袱里掏出一块玉米饼儿递给他。

“春儿，还有多远。”

她用手指了指前面的一座山峰说：“不远了，翻过前面的一道山梁就到了飞来殿。”

“叽叽……”陈中孚只听得有猴叫声，手中的干粮就不翼而飞。

“大胆猴王，他可是我们峨眉山最尊贵的客人，你竟敢抢他的东西，还不还给他。”

“哈哈……”陈中孚被眼前滑稽的一幕逗得开怀大笑。原来猴王就像做错了事的小孩一样，两眼一眨一眨地望着他，迟迟不愿将手中的饼儿还给他。

“算了，算了！本官念你知错就改，就赏给你吃吧。”

怪了，猴王听懂了他的话语，做了一个叩头的动作，高兴地爬到树上，津津有味地品尝着它的胜利果实。

“春儿，这猴是你们养的？”

“哪里是我们养的，峨眉山是佛教圣地，历代香客不断，香客们仁慈，每上一次山就要带一些小吃的赏给它们，一来二去，它们个个就成猴精了，一见到生人，或讨或抢。”

“啊，峨眉山风光旖旎，烟雾弥漫，藏幽待时，猴搅轻风，鸟语花香，真乃神仙之地也。”

说到这儿，他不禁吟哦了起来：

猴搅轻风鸟语欢，峨眉积翠入云端。
重峦岫壑层层雾，叠岭天梯瑟瑟寒。
欣听小溪流响水，诚祈大佛吐仙丹。
巴山谁说都通径，脚踏荆丛不畏难。

吟完，“走，去飞来殿！”陈中孚站立起来，理了理官服，充满信心地向前面的蜿蜒的山路奔去。

“师父，娘，春儿回来了。还跟你们带回了郎君……”

陈中孚忙上前行拱手礼说：“心畬拜见外祖母，岳母大人，因晚辈身着朝服，不能行跪拜之礼，还望两位长辈原谅。”

正阳师太收起拂尘，双手合十说：“倒是贫太有失远迎，罪过，罪过。请！”

宾主坐下后，一个美女很快端上茶水，虽然竹叶青茶芳香四溢，但陈中孚哪有心思品茗，他心急火燎，如坐针毡。

“外婆师太，心畲皇命难违，不便久留。今日上山是想求您施得治疗人瘟的秘方。救宁波百姓于危难之中。古人云：救人一命胜造七级浮屠，还望您老应许。”

正阳师太笑笑还未作答，一旁的罗夫人赶紧说道：“孩儿，别急，你外婆早已令人将治疗人瘟的草药装上了快船，在长江码头候着呢。待我们祖孙三代在一起用过斋饭，再出发也不迟。”

“谢谢，谢谢外婆，谢谢亲娘。”陈中孚兴奋地起身，来到她们面前抱拳作揖致谢。

“这是治疗人瘟的秘方，如果草药不够，你可按此方配制。”

陈中孚双手接过，展开一看，只见上面写着：

干姜二十钱，小茴香七钱，葛根十钱，黄连十钱，黄芩十钱，藿香十钱，乌梅十五钱，赤石脂八钱，麦冬十钱，石斛十钱，丹皮十钱，佩兰十钱，苍术十钱，赤芍十钱。

正阳师太见陈中孚看完，进一步交代说：“这十四味中药的剂量，是一人一次剂量，加水两斤，煎熬半小时取汤一碗即可。十人就加十倍，如此类推。”

她说完，就向一旁叫作春桃的弟子挥了挥手。春桃捧着一个精制的长方形木匣子，递给陈中孚。

他接过打开一看，是一个巨大人形的何首乌。

“这是一株千年何首乌，非常珍贵。记住第二次给病人煎药时，每百人在原十四味中药的基础上，放入一百钱，病人喝上两次‘固本治邪’汤后，就可痊愈。”

“谢谢外婆，我代表宁波百姓，谢谢您救苦救难。”

“无量天尊，道有救人之贵生，无量度人。”正阳师太说完，就令身边的春桃说：“去，去把在后山练功的你们的两位师侄找来。”

“嗯！”正阳师太见春桃出去了，又将春颖叫到里面的厢房，神秘地从怀里掏出一个香囊和一个小瓷瓶儿。

她递给她说，“你是诰命夫人之命，你和小玥俩一生要陪着你的夫君，保卫他完成他为民造福的事业，他在花甲之年有一倭害之大难，香囊里有一偏方，有可能助他躲过一劫。切记，香囊一定要贴身保存，不到时候绝不能打开。”

“师父放心，徒儿记住了。”

正阳师太指着小瓷瓶说：“这是我用百花提炼而成的精华，你暂时不要去宁波，将这个瓶儿交给你夫君，叫他时不时地闻一闻就能百毒不侵。”

春颖撒娇地说：“不，我要随夫君去宁波照顾他、保护他，寸步不离。”

“万万不可，宁波现在是疫区，大人也恐慌不及，你腹中的胎儿难以承受。”

罗春颖点点头，乖巧地说：“师父，我听你的，回老陈家去待产。”

“陈叔叔！”“叔叔！”正当陈中孚与岳母拉家常兴头上，忽地从外面跑进两个白衣小后生，见到陈中孚纳头便拜。

“你们是？”

“陈叔叔，我是冯柱，冯清明的儿子柱娃呀！”

“叔叔，我是吕诲之子陈述啊！”

“啊！快起来，孩子们起来！几年不见，都成小伙子了。”陈中孚问，“你们怎的也上了峨眉山？”

冯柱抢先说：“是小玥阿姨师父带我们来的。”

“哦？小玥也来过，她是怎样知道正阳师太是她外婆，你们来……啊，明白了，是带你们来学武艺的。”

“是的，陈叔叔。是大师父告诉阿姨师父的，四位师父在武昌会馆忙得不可开交，怕耽误了我俩的武功，所以阿姨师父就送我们来了。”

陈述见没有他说话的份儿，待冯柱的话语刚一落下，就抢着说：“叔叔，你还不知道吧，二娘生了一个漂亮的妹妹呢。”

陈中孚听后，眉头一皱，怎么又是一个丫头。他转移话题问道：“你们的奶奶身体还好吧。”

“叔叔，挺好的，感谢您和二娘，两位老人身体挺结实的。”

这时，正阳师太出来说：“柱儿，述儿！你们俩天资聪颖，十八般武艺已学成，将来一定是朝廷栋梁，师祖令你们随陈道台去宁波，一是护卫陈大人的安全，二是向陈大人学习他为民造福的精神。今后不许叔叔叔叔地叫了，要叫老爷。”

“是！师祖，徒孙铭记于心。”他们同时表态说。

五

陈中孚他们乘坐装满中草药的快船，扯满了白帆，顺长江急流而下，很快来到了长江三峡。漆黑的夜，他听见崇山峻岭中的猴子在不停地叫唤，似乎是说："快点，快点！"他不禁吟咏出：

朝辞白帝彩云间，千里江陵一日还。
两岸猿声啼不住，轻舟已过万重山。

快船不像游船，宽大而又豪华。而他们乘坐的是一艘简陋的帆船，两位晚辈也同挤在一个舱里，罗春颖不便与夫君说知心话。

这时，她听见他吟起太白的诗来，便关切地说："想必夫君此刻与诗仙一样的心情。"

"唉！"陈中孚叹了叹口气说，"本官与太白的地段情景是一样的，但心情却不一样。"

冯柱问："老爷，有什么不一样？"

"太白是重新受到了皇帝的重用，他在赴任的路上，心情舒畅。而老爷我此刻心情却很沉重，不知宁波的疫情发展到怎样的地步啊。"

陈述说："老爷别急，我们就现在的行船速度，三五日就可以到达宁波。"

"本官无能，真恨不能将小船安上翅膀，飞到宁波去。"

陈中孚站立起来，来到船头。这时天空中乌云密布，一阵山风掠过，带着麻麻细雨从天而降。突然，他望着沉夜中的东方咏叹：

击水中流扯满帆，泪云掠过湿巾衫。
只为拯救苍生去，何惧征程四处巉。

"李白是借酒浇愁愁更愁，而夫君是吟诗消愁愁加愁。"罗春颖来到船头，温柔地提示劝说。

"夫君，回舱吧，小心着凉了。"

"要回你回吧，小小的风雨，它奈何不了本官。"

说来也怪了，刚才还乌云密布的天空，一下子就晴空万里了，还有几颗星星，一眨一眨地望着他们。

"老爷，我们是不是在宜昌驿站歇息一晚，明日起早赶路。"

“不啦，救人如救火。船上不是有两名船夫吗，叫他们轮流值守，日夜兼程。”

“那我们晚上在哪儿睡呀！”

“四人挤在一起，打个盹儿就行。”陈中孚不好意思地说，“春儿，让你跟着老爷我受累了，天一亮，估计就到家乡葛仙镇了，到家后你再美美地睡一觉。”

“我倒无所谓，就怕……”罗春颖甜笑地指了指自己的肚子，说，“就怕腹中你儿子闹意见呢。”

陈中孚转愁为喜：“我又有接班人了？”

“是的，是师父说的。”罗春颖见夫君紧锁的眉头舒展了，就征求意见地问：“夫君，我们这一别，不知何日才能相会，儿子出世后，还没有名字呢，你提前起一个呗。”

陈中孚思考了一会儿说：“大儿子叫兆霖，二儿子就叫汝霖吧。”

罗春颖听后高兴地拍着掌儿说：“汝霖好，汝也，我也；霖也，不停地下着雨，滋润万物。我们的霖儿，将来一定像他父亲一样，造福苍生。”

“不愧是罗老夫子的千金，能文能武。”

“那当然。”罗春颖温柔地提醒说，“夫君，天色不早了，该回船舱打盹儿了。”

“走，陪我的汝儿打盹儿去啰。”

天刚破晓，陈中孚早早醒来，他为了不惊动正在坐着酣睡的他们，便悄悄地来到船头，一阵江风吹来，使他心情舒畅。

“陈老爷！您怎么不多睡会儿。”值更的船夫在后舱掌着舵儿问。

“嘘”，陈中孚做了一个小点声儿的手势，小声地问：“船到哪儿了？”

“回陈老爷，挺快的，已经过了赤壁，正行驶在嘉鱼地界，太阳出来后，我们就可以望见黄鹤楼了。”

“黄鹤楼，那不到达汉阳了。”罗春颖已经站在他身边了。

陈中孚回头一望，冯柱也醒了，他识趣儿地站在远处保护他们，只有那陈述还在打着呼噜。

“好啊，你们都不睡是吧，陪着老爷看一看长江的日出。”

罗春颖、冯柱随着老爷的语意，向东方望处，远方的天穹由蓝变红，一会儿红霞布满天空。这时，一轮红日从江水中冉冉升起，光芒万丈，泼洒在波光粼粼的江面上，像似架起了一座金桥。

“金桥，金桥，好美啊！”罗春颖激动地跳了起来。

陈中孚看见这美丽的景色，不禁舒喉放歌。

晨曦泼洒造金桥，试与通途比靓高。
两岸风光频笑客，浪花舞彩戏波涛。

"好诗！"点赞夫君的诗后，罗春颖眼尖，一下子就看见红日印照蛇山上的黄鹤楼，金碧辉煌，也不禁吟咏出：

站在轻舟看靓楼，鹤归鹤去鹤川流。
承恩远赴鄞州去，救难降魔解故愁。

"好！"陈中孚赞道，"春儿巾帼须眉，胸有忧国忧民之情怀。"

两人说话间，船儿就将黄鹤楼抛在了身后。陈中孚放眼望去，家乡白浒镇码头依稀可辨，心里顿时涌出了一阵酸楚：我七岁时母亲和小弟弟被洪水夺走了生命，是父亲含辛茹苦地将我们弟兄三人抚养成人，并千方百计地挣钱，供大哥、二哥和我读书，虽然三弟兄都有建树，但父亲劳累成疾，染上了肺痨，不知现在病情好点了没。我心畲枉为男儿，在京城为官十余年，竟没有回家看他老人家，我是个不孝之子。父亲，原谅三儿啊，自古忠孝不能两全，孩儿为忠于朝廷，奔波于任上，没有时间回来啊。这不，船儿已经到了家门口，可我也不能回家看望您和二叔、二婶他们，请三位老人理解孩儿，我多待一分钟，鄞州百姓就会失去一条生命啊。

罗春颖见到刚刚还诗兴大发的夫君，这会儿满泪盈眶。

"夫君，你怎么哭了？"说着，她从怀里掏出香帕，温柔地帮他擦拭脸上的泪珠。

"没什么，是风灌的。"

陈中孚从袖口中掏出一封书信，交代她说："马上就到白浒镇码头了，你上岸后走两里地就到了葛仙镇上街，直接去积善堂我家的药店找夫人，将此书信交给她，她是一个淑德兼备的好女人，她会像待自己的妹妹那样待你的。"

"夫君放心，我会与家人和睦相处的。"

陈中孚再一次强调："薇儿于归，你一定要配合夫人，做通三位老人的工作，一同赴京城，可怜三位老人，都是过了花甲的人了，还不知道京城是个什么样儿。"

罗春颖又调皮地说："请夫君放心，三位老人若是不肯去，儿媳就来硬的，将他们绑在轿中，抬到京城去。"

"你……""嘻嘻嘻……"

船儿停靠在白浒镇码头，夫妻俩依依不舍地分别后，罗春颖岸上观望，船儿很快消失在她的视线外。

第十五章

熬汤药救百姓供神吴相庙　筹巨款兴水利立碑月湖园

一

陈中孚押着一船中草药，日夜兼程，万里长江只用十天时间就到达了宁波城。

他们上岸一看，宁波码头和街面哪里见得到人的影儿，燥热的天气里弥漫着尸体腐臭而难闻的味儿，没有看见一丝炊烟。只有那一棵棵老槐树上，几只乌鸦，在无休止地发出哀叫，给旷野而又冷清的街面平添几分凄凉景象，真正是四面萧条鬼唱歌。

陈中孚连忙拿出正阳师太给的小药瓶儿，放到鼻子上闻了闻后，又逐个儿地递给冯柱、陈述和两个船夫闻了闻。

陈述问："好香啊，老爷，这是什么？"

"这是你师祖给的防疫香，老爷和你们每天闻一次，就不会感染人瘟。"

"人瘟？"船夫甲心有余悸地说，"我还以为你们是做药材生意的呢，早知道这里发人瘟，我们就不来了。陈大人，行行好，快叫人将药卸下，我们早日离开这个鬼地方。"

冯柱道："鼠目寸光，哪有做生意穿官服的，他是刚上任的宁波知府，是男观世音菩萨，救苦救难来了。"

陈中孚说："柱儿不必多嘴，你和陈述二人分头去寻找挑夫，将船上的中草药卸下来，搬运到宁波府仓库。"

他们等了好一会儿，只见陈述一人大汗淋漓地跑了回来。

"老爷，我们跑遍了宁波城，店铺没有一家是开的，只听见家家后院传出凄惨的痛哭声，我们敲门却没有一家开门的。"

"你听清楚了。"陈中孚一听有人哭，就说明瘟疫还没有达到灭门绝户的地步，就有希望。

"宁波府你们去了没有？"

"回老爷，去了，府衙一把铁将军把门，一个官吏都不见，只见门前的两座石狮子被人推倒在门前。"

他紧锁的眉头挑了挑，问道："你一人回来，冯柱呢？"

"时间久了，他怕老爷着急，就叫我先回来报信，他往坟山方向去了。"

多聪明的孩子，有死人，坟山就有送葬的人。陈中孚正想着，只见冯柱垂头丧气地回来了。

"老爷，你说气人不气人，满山都是送葬的人，当我介绍说皇上派青天大老爷来抗疫来了，请大家回去帮助搬草药、煎药为大家治病。不知是这里的人是被突如其来的瘟疫吓傻了怎么的，他们不但不信，嘴里还一个劲儿地骂'狗官！''狗官！'我看众怒难犯，就跑回来报告您，请您拿主意。"

陈中孚不但不生气，嘴里边说着："骂得好，骂得好！"两眼却不停地在街面上搜索。

突然，他眼前一亮，看见不远处有一座吴相庙，庙隔壁有一间杂货铺，心里就有了主意。他自嘲说："老百姓借秦琼为门神驱邪，我陈中孚今天借弥勒佛施药救人了。"

"冯柱、陈述，峨眉山的道士服带上了没有。"

冯柱答说："带上了，我们每人有两套呢？"

"你们换上，也跟老爷换上一套，笔墨纸砚伺候。"

"老爷，你这官服……"陈述问。

"穿有何用，老百姓见了，礼貌人的呢，避而远之；脾气暴躁的就会大骂'狗官'，倒不如装回道人。"

在庙前的一块石桌上，冯柱已磨好了墨汁，陈中孚穿着青衣道袍子，上前提笔写道：

告示：峨眉山陈道长在吴相庙门前施药救死扶伤。

一气呵成，连写了十张。

"你们两位将这些告示贴在四个城门口和住户密集的地方。"

待冯柱和陈述领令而去后，陈中孚对两位船夫说："二位船老大，既来之则安之，你们也看见了，本官人手不够，就留在这里帮帮忙，工钱我会给你们加倍结算。"

船夫乙说："陈大人爱民如子，我们应该留下来帮助您啊。"

"好，难得二位老大如此深明大义，本官谢了，走，我们去隔壁的杂货铺借得大铁锅，在这庙前架锅煎药。”

不一会儿，一股带有中药味儿的雾气，从吴相庙边袅袅地飘向天空，很快弥漫至全宁波城。

告示加中药味儿，吸引了三三两两的市民前来打探，只见三个道人和两个帮手在添柴、搅勺、盛药地忙碌着。

陈中孚见有市民观望，就将手中的大勺交给冯柱，自己站在石桌子高处上，向围观的市民介绍说。

“无量天尊，贫道是峨眉山飞来殿道长陈中孚，受大清皇帝之托，前来鄞州施药，抗击瘟疫。我这锅里熬制的药汤名为峨眉清瘟汤，没有染上瘟疫的喝一碗第一缸的成药就可以预防。”

他又用手指着正在冒热气的第二缸说：“已经染上的先喝第一缸一碗，休息半个时辰再喝第二缸一碗，三天即能药到病除。”

“药到病除，那不是仙汤啊！”

“真有这么灵？”

“莫不是来骗钱的吧。”

陈中孚为了打消大家的顾虑，在第一缸盛了一碗汤药，亲自喝进肚中，真诚地说：“请大家放心，此汤是峨眉山纯草药熬煎的，无毒无害，我们道人是奉当今圣上之命，前来救人的，分文不取。”

他的这一宣传，果然奏效，只见一位老者颤巍巍地来到陈中孚面前说：“我先来。”

老者的儿子涂兴农马上站出来说：“爸，还是我来先尝，我相信道长不是骗人的。”

老者瞪了儿子一眼说：“一边去！要死也轮不到你。”

儿子无可奈何地站在父亲身边问：“请问神仙道长，何为染瘟，何为未染。”

陈中孚将在正阳师太那儿学来的医学知识现炒现卖。

“所谓人瘟，中医理论为乱肠瘟，是人们饮用了动物腐烂的尸体污染过的水而引发的。人传人是接触性传染，因为鄞州人们不懂得怎样预防，亲人染疫照料中，接触过他们就能染上，传播速度很快。一经染上，先是拉肚子，后是肚子剧烈疼痛，上吐下拉，多则三五日，轻则七八天，就会因肠子腐烂而亡。”

“老夫一大把年纪了，按道人之言论，我拉了一天的肚子了，已经染上，我先试试，族人们再喝。”

三天后，老者果然不拉肚子了，精神状态也有所恢复。

老者的儿子涂兴农高兴地搀着他的父亲，激动地对人群高呼："乡亲们，快来喝呀，是神药，是神仙下凡来救我们的！"

顿时，人们蜂拥而至，直忙得冯柱、陈述两人四手盛药都显慢了，涂兴农见状，机灵地上前帮忙。

这时，陈中孚乘机换上四品官服，又站在石桌上高呼。

"宁波的市民们，慢点，慢点。我是皇上派来任宁波知府的陈中孚，该药汤本官准备得很充足，人人有份。上天无情人有情，我们要感谢皇上大恩大德。"

老者带头高呼："皇上万岁！""皇上万万岁！"山呼声响彻云霄。

二

宁波府下辖鄞县、慈溪、奉化、镇海、象山、南田、定海七个县邑，除鄞县外，虽然都不是疫情重灾区，但由于人口流动，或多或少各县都有病例发生，人们都在恐慌中生活。

皇帝派来了神官，在鄞州救人的消息不胫而走，四面八方的乡民纷至沓来，使本来就不大的鄞州城人满为患，陈中孚令在城内城郊设立了上百个施药点，都不能缓解蜂拥的人群。

陈中孚坐在知府的大堂里，闻师爷来报，城内城外人满为患。他心想：这不是办法，人多更容易交叉感染，只有以各县为单位，组织管理施药点，才能有效地控制并消灭瘟疫。

"冯柱，你去慈溪、奉化、镇海三县，陈述去象山、南田、定海三县，分别通知各知县，来商议抗疫的事情。"

"是！"待他们出去后，陈中孚对师爷和衙卒们说，"走，我们上街维护秩序去。"

走出府衙大门，陈中孚意外发现，原先倒在大门两旁的一对石狮子，不知被谁悄悄地扶了起来。

"师爷，这两个石狮子是谁扶起来的。"

"回大人，小的刚进府时，看见涂兴农带着一伙市民扶正的。"

"涂兴农？"

"就是要替父尝药的壮士。"

“啊！是他，本官原佩服他孝顺，原来是个侠义之人。”

虽然街面人多，但每个施药点都排起了长龙，井然有序，街道两旁的店铺都敞开了大门营业。看来我们出来维护秩序是多余的，陈中孚还以为是鄞县知县所为，正想夸赞几句。这时，他看见涂兴农带着十几个后生，每人右手臂上都带着“维秩”的袖章，汗流浃背地巡逻于大街小巷。

啊！原来是涂兴农这小子，自发地组织市民维护秩序。

“走，我们转道回府。”陈中孚说。

不多时，各知县都陆续来到府衙，陈中孚请他们坐下，并令师爷与各位县太爷，沏了一杯他带来的庐山毛尖茶。

六个知县来过府衙多次，都是站立低头地听从原知府大人额索图的训斥，今日的新知府，这么平易近人，倒使得他们不自在起来。

“师爷，远地的六个知县大人都到了，怎么没有看见眼边的鄞县知县吴作为呢？”

不等师爷作答，奉化知县吕璜抢着说：“知府大人问他呀，吴作为是额索图大人的干儿子，整天跟着他屁股后面转，根本不管民众死活，疫情来了，他们不带头组织抗疫，父子俩早就跑到杭州西湖赏景采花去了。”

“啪”的一声，陈中孚猛拍惊堂木，声如洪钟地宣布：“本官立即宣布，革去吴作为鄞县知职务。”

他想了想，紧接着说：“非常时期，鄞县不可一日无主，师爷，快去将涂兴农请来，本府令他为鄞县县令，即刻上任来开会。”

“是！”

其他几个知县听后，相互交头接耳，定海知县牛犇，扶正了乌纱帽，悄悄地说：“看来这是个不按常理出牌的硬茬儿，我们今后得小心伺候才是。”

这句话恰巧被陈中孚听见了，他缓和了一下语气说：“郑板桥知县有句名言：‘当官不为民做主，不如回家种红薯，’本官听说宁波一带不种红薯，那就改为：‘当官不为民造福，不如回家去割谷。’”

“哈哈哈”他的一句顺口溜，倒把在座的全都逗笑了。

笑者无心，听者有意。他们的笑声把刚刚进来的涂兴农笑蒙了。

“陈大人，我刚和师爷说了，我不是县太爷的料，这不，招来几位大人笑话我了。”

“涂县令请坐！”陈中孚笑着解释，“他们是笑话回去割谷子。民间自有人才在，何须科考另选拔。疫情来后，你临危不惧，带领市民抗疫救灾，所作所为，有目共睹。本官提拔你为鄞县试用县令，待本官奏明圣上恩准，再行转正。”

“是，草民一切听从陈大人您的。”

“哈哈哈……”这回几位大人发笑，真是笑话他的，连官场语言都不会，涂兴农被笑羞成了红脸关公。

“大家别笑了，现在正式商讨事儿。”

陈中孚一脸严肃地说：“本官初来乍到，听到宁波百姓咬牙切齿地骂我们是‘狗官’。狗，畜生也。当官只知道在百姓头上作威作福，而不能为百姓排忧解难，遇到这么大的疫情临阵脱逃，百姓不唾骂才怪呢。官当到这个份上，还有何颜面坐在三尺案台上，真不如回去割谷子了。当然，在座的各位大人都尽职尽责地战斗在抗疫一线，值得本官学习。”

陈中孚继续说：“本官从峨眉山带来的清瘟汤治疗烂肠瘟得到了显著疗效。但在鄞州一个地方施药，明显于本地带来了隐患，交叉传染的可能性更大，给防疫工作带来了很大压力。再说，本官带来的草药也不多了，好在十四味草药都是普通药材，各县药铺均有销售。本官已令师爷将药方抄了七份，各位大人带回去后按方施药。只是千年何首乌难寻，我已令人将按各县的人数分装包好了。这可是上好的佳品，很难求得，各位大人要妥善保存。”

陈中孚见师爷已将药方和分装好的何首乌分别发给各人手中后，继续说：“本官思前想后，还是以各县乡镇为单位，设施药点施药，这样就能使人流量减少，避免疫情再度发生。”

慈溪的知县张怀远问：“请问陈大人，如果友县找我们索取该秘方，我们给是不给？”

“给，当然给，我们都是大清子民，理应团结互助，同甘共苦。不过要跟人家讲清楚，此方只能防病，治病非得千年何首乌不可。”

吕璜直话直说：“千年何首乌千年难遇一枝，哪里寻得，只有陈大人神通广大，心诚石开，感动上苍，才觅得一枝，乃我宁波百姓之福也。”

陈中孚满怀信心地说：“请各位转告邻县诸大人，我宁波会在短期内，彻底根除人瘟，其祸根我们要追根溯源，总结经验教训，今后加以防范，让《峨眉清瘟汤》药方永远保存在《中华药典》之中，永不启用。”

牛犇担心地说：“陈大人的豪言壮语的确鼓舞人心，但东海中的虾兵蟹将们每年都要祸害沿海百姓，防不胜防啊。”

涂兴农说道：“要我说这次人瘟，既是天灾也是人祸，如果额索图和吴作为为民着想，组织抗潮救灾，及时发动民众清理掩埋腐烂动物尸体，使其不污染水质，就不会发生这么大的疫情。”

牛犇说：“涂县令说的只是一个现象，要想再不发生类似瘟疫，最主要的还是要解决防备海潮破坏的问题。”

"牛大人说到点子上去了。"陈中孚赞后说，"我们宁波紧靠东海，自然灾害频繁，为了根治潮患，各位大人回去后，要认真实地调查研究，拿出可行性方案。我刚才说了，民间自有人才在，你们要深入民间，找出会治理海洋的能人志士，群策群力，我相信宁波会发生翻天覆地的变化。"

大家你一言，我一语地出谋划策，师爷在一旁认真地做好记录，会议商讨到天空一片漆黑，各位大人方才散去。

三

人瘟彻底地消灭了，陈中孚还是高兴不起来，因为他知道这是治本未除根。他坐在三尺案台上，认真地审阅各县呈报上来的《关于治理余姚江的可行性方案》《关于治理奉化江的可行性方案》《关于治理甬江的可行性方案》《关于清理三江口淤塞的可行性报告》……

陈中孚看完了这份又接着看另一份，他被涂兴农的一份简单报告吸引住了。

鄞县试用县令臣涂兴农报请道台大人批示：鄞县因人瘟祸端，致使很多家庭破碎，留下众多孤儿流落街头。下官意为廉价购地，组织募捐资金，在本县建一所抚孤堂，妥否，望批复！

陈中孚高兴地批复：

慈善事业好，阅批。另：本官个人捐款一百两。

批完，他又继续看其他的报告。

从这些报告中，陈中孚大致了解到宁波是浙江八大水系之一，境内有余姚江、奉化江和甬江三大河流，余姚江发源于上虞县梁湖，奉化江发源于奉化县斑竹。两江在鄞县"三江口"汇成甬江，流向东北，再经招宝山流入东海。

百闻不如一见，坐在府衙里闭门造车，是拿不出宁波水利建设的方案来的。

"冯柱、陈述，老爷带你们出去游山玩水看大海。"

宁波是一海、二山、三江、四平原，是个风景秀丽的地方，两个小后生自从跟着老爷来到这个地方，整天忙着抗疫的事情，还没有游玩过这块风水宝地。特别是他们是从北方山区和黄土高原走出来的孩子，对大海有着无限的好奇和憧憬。

冯柱问："老爷，路上都带些什么？"

陈述不以为然地说："这还用问，衣服、雨伞、斗笠、干粮都带上。"

陈中孚批评说："跟了老爷这么长时间了，难道还不知道老爷我的最爱？书，我床上的书都带上。"

冯柱幸灾乐祸地说："活该！自作聪明。老爷爱书如命，老爷写的《床上书连屋》的诗，我都背熟了。"

陈述抢白他："吹牛，你背来试试。"

"这有何难。"冯柱模仿着陈中孚平时读诗摇头晃脑的样儿，抑扬顿挫地吟唱了起来：

置书看插架，列屋最清嘉。
卷积丹铅点，签排碧绿牙。
五车藏已富，七宾制宁奢。
更上云梦近，其间锦帕赊。
燕窥穿户箔，芸馥透窗纱。
尘有麟须拂，篇无蠹字斜。
芝函容客检，白板任人挝。
吟杜杨天藻，尧文炳帝家。

陈中孚望着冯柱滑稽的样儿，也逗乐了。这对活宝，两人见面就打铁斗嘴，倒像是一对年龄不差上下的亲兄弟。

"两个别打铁了，快去收拾行头，老爷我还要赶路呢。"

待两位贴身侍卫各忙各的去后，师爷这才请示说："大人，你们去旅游，我就不去了，我就留在衙门值守。"

"你怎么能不去呢，你是当地人，线路比我们熟悉。你还真以为我们是去旅游的，那是逗两个伢玩的，老爷是要出去进行调查研究。"

"啊！我明白了，我现在就去安排轿夫和鸣锣开道的人马。"

"不乘轿子，也不通知各知县，我们骑马去微服私访。"

"是！大人。"

陈中孚他们刚出府衙不远，只见吴相庙前人流如织，一批接一批的人拥向庙门前。今天也不是庙会之日呀，何来这么多人聚会。

"冯柱，去打探打探，吴相庙前为什么有这么多人聚会？"

冯柱去了不一会儿，人未到陈中孚的身边，声音倒是传过来了。

“老爷，老爷，快来看呀，您成菩萨了。”

“走，去看看，是怎么回事儿。”

陈中孚一行策马来到吴相庙，他举目一望，真是哭笑不得，人们抬着一具红飘带上写着“无量天尊陈中孚神像”的镀金泥塑，正在庙外举行开光仪式。

陈中孚飞身下马，跑步来到庙前石桌子，站在高处大喊：

“宁波的父老乡亲们，做不得，做不得。根治瘟疫，是本官的责任。本官只有为百姓服务的义务，而没有享受神位的权利。再说，吴相庙是人们为了纪念谏夫伍子胥而建立的，伍子胥的功绩是佐吴王伐楚败越，本官与他牛头不对马嘴。春秋战国已成历史，我大清帝国朗朗乾坤，地域辽阔，远比六国之大，乃中华民族之柱也。”

“啊！原来是陈神仙在训示啊！”

人们见是陈中孚着便衣站在高处讲话，纷纷跪在地上，头磕得如小鸡啄米似的。

“做不得，做不得！折煞本官也。”

陈中孚看到这一场景，就是喊破嗓子，也难制止人心向善的人们。他自嘲地说：“我这哪里是神仙啊！活神仙说话不管用，竖个泥菩萨又有什么用。”

不行，人们这是好心办坏事，要是此事传到朝廷，搅舌之人加以利用，在皇上面前参我一本，我将吃不了兜着走。

陈中孚在跪着的人群中忽然发现一个老者好眼熟，啊，原来是涂兴农的父亲涂老爷子。

看来是县官不如现管：“冯柱，快去将涂县令请来。”

涂兴农闻迅后，立马赶到了现场。

陈中孚问：“涂县令，这是怎么一回事。”

涂兴农吞吞吐吐地说：“这是……民间自发的，下官也不知情。”

“你……你，你是想害死本官啦！”陈中孚生气地说，“本官只不过是大清帝国众多官员中的一员，如九牛一毛，怎能与神仙相提并论，简直是胡闹。本官令你马上毁掉陈中孚的神像，本官是人不是神，彻底打假，疏散民众，否则，治罪于你。”

涂兴农还是第一次看到知府大人这副生气的样子，吓得连忙跑到父亲面前，悄悄地说：“父亲，看来这事乡亲们做得确实欠妥，由于我们不知道其中的利害关系，这不仅报答不了陈大人的恩情，此事传到朝廷，反而将害了恩人。”

涂老爷子一听，觉得有几分道理，但眼前怎样收场，他问儿子："那该怎么办？"

"孩儿已想好了，先将他的塑像藏起来，待他卸任后，我们再捐资专门修一座'水神殿'来供奉他这位活神仙，以供子孙万代纪念他救死救难的功德和他领头兴修水利造福民众的政德。"

"陈大人真是慧眼识英雄，重用我儿没有错，听我儿的。"

四

陈中孚一行首先来到上虞梁湖，他被梁湖旖旎风光惊呆了，不知是天意还是巧合，它的景色、它的水系、它的宽广、它的名字，竟与家乡梁子湖如此相仿。

梁湖的水系来源于诸葛山脉和凤鸣山脉；梁子湖的水系则来源于昭山山脉和幕阜山脉。所不同的是梁子湖的水是经过磨刀矶一马平川蜿蜒九十里长港流入长江；而梁湖的水是从诸葛山和凤鸣山两山之间的余姚江流出蜿蜒七十余里后汇入甬江流入大海。

陈中孚心想，当年还是秀才的我曾建议严知县在磨刀矶建一座节制闸，用以调配梁子湖水，从而保证樊湖下游地区旱涝保收，不知建成了没有。今日我任宁波知府，一定要在诸葛山和凤鸣山之间建一座大闸，一是能保证余姚江下游不再生水患，二是能使两山天堑变通途。

想到这里，他迫不及待地问："冯柱，地图带来了没有？"

"老爷，带来了。"冯柱边应着，边从书匣中拿出宁波府地图铺在一块石头上。

陈中孚立即俯伏于地，用毛笔在两山处做了一个记号后，他对师爷说："你快去慈溪找张怀远大人，令他组织水利专家来实地测量，绘制出节制闸的图纸和预算费用，迅速上报本府。"

师爷领命而去。

他们沿着余姚江顺流而下，正巧遇到师爷和张怀远等人。

张怀远上前施礼说："陈大人微服探查宁波水系，不辞劳苦，乃吾辈学习楷模。"

"张大人不必客气，牧令莫先乎惠民，惠民莫大乎水利。"

"谨遵陈大人教诲，下官带来这几位水利专家，前来报到。"

"很好，很好！本官就是喜欢这种雷厉风行的作风。"

陈中孚说完，打开地图，将水利专家们召集到地图前，指了指他做的印记说：“本官建议在这里建一座节制闸，用以调配梁湖水位。你们是水利专家，去实地勘测后，拿出你们的可行性方案来。”

“是！”专家们领命而去。

他们一行沿余姚江直下，就来到了奉化江与余姚江、甬江的汇口处的北渡口。

这时，一团乌云掠过头顶，一场牛背雨泼洒了下来，很快又多云转晴天。给一路奔波而燥热的他们，带来了舒适与清凉。

陈中孚观此时此景，即兴吟出一首诗来：

三江声浪急，夏雨散霏霏。
密粟抽千缕，溟蒙幂四围。
人迷耕地渚，舟忆网鱼矶。
纠缦新晴护，赓歌绕帝闱。

“陈大人虚怀若谷，借雨解愁，定能治好水患，还宁波碧水绿州，谈笑凯歌还。”

“感谢张大人的理解和支持，要想还宁波碧水绿州，任重而道远，还需同僚们共同努力。”

“有陈大人起模范带头作用，尔等一定尽职尽责。”

“只要大家同心协力，人定胜天。”

他们迈着坚实的脚步，踏上千年古渡“北渡”，乘船来到四面环水的北渡村。

该村村形头大尾小，恰似田螺，风景独特，美丽如画。陈中孚边走边享受该村的旖旎风光，当走到一座半月形石拱桥上，只见一农夫和一位穿着讲究的生意人拉扯着。

从他们的表情上来看，两人不像是扯皮，倒像是互相谦让，他俩却忘了将过桥的路堵了。

陈述见状正要上前质问，见老爷摆了摆手，他便不作声了。

陈中孚好奇地上前询问：“请问两位，为何在窄小的桥上拉扯？”

生意人不识庐山真面目，倒是看中了陈中孚身后着官服的张怀远。

“请这位官爷评判评判，我该不该重谢于他？”

张怀远正色地说：“不得无礼，你们面前站着的是陈知府。”

两位一听面前站立的就是鼎鼎有名的陈中孚大人，便欲跪下磕拜。

陈中孚忙将他们拉着说："两位免礼，此地不是评判的地方，堵着人们不能通行，我们一起到桥下面的宽敞处，本官为你们评判如何？"

此时，桥两头的民众见他们敬仰已久的陈知府要现场办案，纷纷拥向他们，一睹陈中孚的风采。

一下桥来，生意人就抢先说："陈大人，我是奉化生意人，今早身带巨款，准备到宁波去做一笔生意，不料行至这座桥时，由于人多拥挤，不小心将货款掉落在桥上，我竟浑然不知，继续前行。这位孙老人家早起卖菜走到桥上，拾起钱袋，打开一看，顿时惊呆了，里面有二十根金条，他老人家不想据为己有，倒是考虑到失主的焦急。他就坐到桥墩上等失主，一直等到晌午，我才急匆匆地一路寻找来到桥上。我本已经不抱一点希望了，谁知老人家主动问我是不是丢了钱，我连忙说：是的，是的！他老人家问我丢了多少钱，装钱的袋子是什么颜色，我如实说出来之后，他就把钱还给我了。我拿出一根金条谢他，他老人家死活不要。青天大老爷，请你帮忙做做工作，叫他老人家收下。否则，我于心不安。"

陈中孚转问老者："孙老人家，可有此事？"

孙姓老者憨厚地说："弯腰捡起来而已，这有什么值得酬谢的，我们北渡村里人，他们遇到这事都会这样做的。请大家让让，我还要去卖菜哩！"

"哈哈……" 陈中孚见老者忠厚朴实的样儿，不禁抒怀大笑。再一看他那一担绿茸茸的青菜在慢慢枯萎，顿时有了主意。

他诙谐地对围观的民众说："大家快来分菜呀，人人有份，今天这位老板请客。"

生意人先是一愣，转儿明白了陈中孚的意思，他激动地说："感谢青天大老爷，给了我一次感谢恩人的机会。孙老人家的菜我全部买下，送给大家。"

"好啊。""好！"大家蜂拥而至。

陈中孚余兴未尽地对众人说："为了弘扬孙老人家拾金不昧的精神，也为了铭记北渡村的淳朴乡风，本官建议将此桥命名为还金桥如何？"

"好！"顿时一片热烈的掌声，久久在北渡村上空回旋。

五

张怀远见日头快要落了，就力劝大家说："大家散了吧，陈大人还要带我们去风堋碶，实地勘查千年古碶毁损情况和制订清理月湖淤塞计划，大兴水利建设，再也不让人瘟在宁波上演。”

生意人听此，忙拉着师爷问：“请问兴修水利需要很大一笔钱吧？”

“巨额投入，陈大人正为筹措这笔巨款发愁呢。”

生意人听后，主动上前对陈中孚说：“陈大人，您一心为宁波百姓造福，我这个小老板也该表示一点心意，我捐五根金条支援宁波水利建设。”

真是雪中送炭。陈中孚已经预算过，要想在三年任期里完成节制闸建设，风堋碶修建，月湖清淤工程，定海盐场改造工程，万亩良田返绿工程，大约需要一千万两白银和百万民工投入。他深知国库困难情况，上报朝廷只是杯水车薪，解决不了实际问题。不如自筹资金解决，正当他在日想梦思解决之法时，生意人的捐献行动，打开了他筹款的思路。

陈中孚兴奋地对师爷说：“快记下这位老板的尊姓大名，本府将在月湖里重刻水碑，记录捐款者的大功大德。”

说者无心，听者有意。围观的人们见青天大老爷在筹集资金为民造福，纷纷慷慨解囊。

“我捐五两。”“我捐十两。”“我没有钱，义务上百个工。”

冯柱、陈述忙着收钱，师爷忙着记账。陈中孚万万没有想到，这次北渡村之行，演变成了募捐大会。

雷厉风行，陈中孚根据北渡村的经验，立即布置七个县府组织募捐。宁波民众听说是神仙知府陈大人号召的，纷纷响应。只可惜由于这几年的自然灾害严重，人们有心不能照月，一百万义务民工倒是很快落实了。

工程未动，银两先行。在各知县的全体努力下，已经筹集到了五百万两，还差一半。现在工程开工，势必会造成虎头蛇尾，劳民伤财。只有将资金组织齐了，才能全面开工。

陈中孚深信，钱是死的人是活的，只要人们充满信心，不向困难低头，一切困难都会迎刃而解。

宁波府的第二十二次“诸葛亮会议”又在宁波府召开了，陈中孚望着七个知县县令个个精神抖擞，一脸的疲倦一扫而光。

“今天把大家再次请来，是想向各位大人通报，在各知县的共同努力下，已募捐筹集水利建设资金五百余万两，还差一半。本官想先从清理月湖淤泥和定海盐场开始动工，只要粮食丰收，盐场开始运行，到东盐夏粮北调时，财源就会滚滚而来。到那时，我们再进行下期工程，不知诸位是否同意？”

吕璜脾气耿直，直话直说：“陈大人稳打稳扎的步骤固然是好，只怕是您三年任期一满，高升他处，这其他的工程就会成为泡影。”

涂兴农不了解朝廷任用制度，不解地问：“吕大人，你这是什么意思？”

“涂县令想过没有，陈大人卸任后，下一届知府有陈大人这种为民造福的思想境界吗？”

牛犇说：“吕大人所言极是，我赞同一起开工。”

张怀远通过这几天跟着陈中孚实地考察，为官为民的觉悟不断提高，他建议说：“我们几位享受皇恩，各自府上都有些积蓄，我带头捐一千两，其他大人自便。不足的部分以县府的名义找当地富豪先借垫，待粮食和食盐产生了效益，再连本带息地还给他们。”

陈中孚点了点头说：“张大人此法甚好，我的俸禄勉强能够供我们一家老小在京城生活，但我在云南监考时，承皇上恩典，赏赐我一千两银子，我捐了一百两给了鄞县办抚孤堂，另九百两也捐出来。还差四百余万两银子，就按四七分摊到各知县，尽快落实。我奏明圣上减免宁波两年税赋，此款就可还上。”

涂兴农不好意思地说：“各位大人都有积蓄，我可没有。不过鄞县有很多下南洋的商人，下官亲自去走一遭，说不定有意外收获。”

陈中孚说：“这也是个办法，快去快回。”

“是！”

令大家意想不到的是，涂兴农不负众望，下南洋，经菲律宾，到印尼，最后一站是新加坡，他四处游说。家乡的商人听说父母官是为家乡兴修水利筹款，每个赤子都踊跃捐款，月余时间就筹措了四百余万两，根本不用借款修水利。

陈中孚望着风尘仆仆、满载而归的涂兴农，他心想：是该奏请皇上摘掉他头上试用县令的帽子，而换上七品知县的朝服顶戴了。

“阿嚏！阿嚏！”陈中孚带着冯柱、陈述，来到刚开工的梁湖节制闸工地视察，突然喷嚏不断，冯柱上前关切地问：“老爷，您是不是着凉了？”

“没有。”陈中孚一拍脑门说，“你看我忙的，今天是三女儿蔷薇出阁的大喜日子。我这个做父亲的惭愧啊，连一句祝福的话语也没有带回去，一定是夫人在埋怨我啊。”

可不是吗，京城武昌会馆张灯结彩，一派喜气洋洋的景象。吉时已到，张府迎亲的队伍在外面一个劲儿地用唢呐吹着迎亲的曲儿，仿佛在催促说：新娘快点上花轿啊。

绣房里，新娘子蔷薇，她罩着红头帕噘着嘴巴抱怨道：“娘，湾里的姊妹羡慕我是官家小姐，可我算哪门子小姐啊。人家出嫁都是父亲背着上花轿，可我像没有父亲似的，连一句祝福的话儿都没有……”

王金凤陪着抹泪劝说：“傻孩子，你伯心里装着的是百姓，谁叫你是陈中孚的女儿呢。”

大姐牡丹也劝说：“三妹别伤心了，娘说得对，谁叫我们是陈老爷的女儿呢。我那时出嫁到程府，伯也是没有回来嘛。”

罗春颖抱着还没有满周岁的儿子，说：“汝儿，你到时候接媳妇不知你伯回不回。”

彭玥抱着女儿，抱怨道：“那还有不回的？老爷什么都好，就是重男轻女。这不，你儿子还没有出生名字就起好了，我女儿两岁半了还不知叫什么。”

“咳咳！”她们在绣房里的不满，被躺在堂屋躺椅上的陈老爷子陈其光都听见了，他边咳嗽，边朝屋里喊道：“凤儿，我们是大户人家，要讲礼数，叫霖儿扶着他三姐上花轿。”

“哎！”陈兆霖和大娘王金凤同时应着，一左一右搀扶着蔷薇出门上了花轿。

蔷薇一走，屋子里像是少了点什么，一家老小十几口人，或站着或坐着，都围在陈其光身旁，刚才还热热闹闹的武昌会馆顿时安静了下来。

“凤儿，三儿去宁波任职快三年了，怎么忙得连封书信都没有寄回。”陈其光问。

王金凤忙笑着解释说：“伯，二叔、二婶，刚才程亲家捎来话说，心畲用峨眉山的汤药治住了宁波的瘟疫后，为防反弹，正带领宁波百姓兴修水利，忙得昼夜不分。”

彭玥苦笑着说：“我们的好老爷，心里只有宁波，哪里还有这个家啊。”

“咳咳……”陈其光沉着脸儿说，“你们能修得中孚这样的丈夫，是你们的福气。”

大家见老爷子生气了，都默不作声。陈其光吩咐王金凤说：“凤儿，你快收拾行李，带着秋菊去宁波照顾你丈夫，两人有十几年未见了，特别是四孙女儿秋菊，十一二岁了，还不知道父亲是什么样儿。”

“伯，我也要去，浙江又闹白莲教，路上不太平，我要保护大姐的安全。”彭玥边躲着王金凤的手势边提出要求。

罗春颖也不甘落后，拍了拍胸口的香囊说：“老爷子，我师父再三叮嘱，要我寸步不离地保护心畲的安全。”

陈其光无可奈何地说：“都有理由，都去。”

王金凤说：“要去你们两个去吧，我留在家里照顾三位老人家。”

陈其鹄和二婶当然明白大哥的意思，两位异口同声地说：“凤儿，你带着她们去吧。”

陈其鹄接着说：“我们身体硬朗着呢，再说，还有玥儿的四位长辈陪着呢。”

第十六章

合龙众齐心何惧疾风骤雨　复命遭寒雪告假返乡丁忧

一

王金凤带着两姊妹和孩子们，乘三顶花轿从北下运河，直达杭州，再上陆路行走，倒也顺利，不日就到达了宁波府。

师爷闻门卫报告，三步并作两步地出来迎接。

“奴才不知三位贵夫人驾到，有失远迎，罪过，罪过。”

王金凤说：“师爷，不知者不为罪嘛，怎么未见我家老爷出来？”

“启禀夫人，陈大人这时正在北渡村风堋碶指挥合龙哩。”

风堋碶是个有五百余年的古碶。宋宝祐四年，大学士吴潜主政宁波三年，勤政施民，兴修水利，筑有很多堰坝，并设有木碶和石碶，风堋碶就是其中之一。

吴潜还在月湖平桥之下，修筑有“水则亭”，亭中立石碑，榜书镌刻“平”字如石上，颁布政令，规定城外所有碶闸均视“平”字而放水或蓄水，为启闭潴泄之标准，从而保证了宁波年年旱涝保收。

星移斗转，到了明嘉靖十三年，宁波知府郑威庸才，竟在水则亭旁构筑社学，水则碑则埋没在瓦砾之中。从此，留下了很多水患隐患，致使如今因水患引发瘟疫。

陈中孚令涂兴农率领民工，疏通城河，以平桥为水道要口，拓宽河道，掘出古河磡。他们惊喜地发现“水则碑”仍在古址之中，重加修理，仍立原地，恢复了宁波水利规则。

今天是风堋碶合龙的日子，陈中孚坐镇指挥，一切倒也顺利。

陈中孚看到风堋碶合龙后，这时才想起，一家子从老远来，还等着他回家吃团圆饭哩。

“这里就交给吕、张两位大人了，本官的家眷来了，我回府去了。”

吕璜拱手行礼说：“陈大人放心回吧。”

回到府中，彭玥娇嗔地埋怨道：“你这个花心大萝卜，云南一别，你就在外面拈花惹草，纳春儿为妾，我不与你计较。你可倒好，偏心得很，汝儿尚未出世你就将名字起好了，可我们的女儿快三岁了连名儿都没有。”

原来是为这事啊，陈中孚略一沉思，想了想说：“五小姐是冬天生的，就叫冬梅吧。”

“冬梅，这名字好。”彭玥这才喜出望外得罢休了。

院子里，秋菊和冯柱、陈述三个孩子骑在马上有说有笑，倒像是分别后的仨兄妹重逢，那亲热的劲儿就甭提了。

二

水利工程在七个县邑全部铺开，如火如荼。今天，陈中孚一众来到了抚孤院旁。

“走，涂知县，我们去看看孩子们。”

“是，大人。”

陈中孚说：“涂知县，你要有一个长远打算，待这些孤儿被抚育成人后，就将抚孤堂改为育婴堂，使宁波永远不存在孤儿。”

彭玥和罗春颖相视一笑，彭玥小声说：“我们的夫君是个大慈善家呢。”罗春颖点头笑着。

涂兴农说：“是，陈大人的话下官记住了，马上就落实。”

陈中孚巡察了孩子们的伙食和宿舍情况，都很满意。当他看见有三五个大一点的孩子,在院子里在地上,用石子儿当棋子,地面当棋盘,无聊地走着“乘三棋”，他皱了皱眉头，这么大的孩子该是入学堂的年纪啊。

走出了抚孤堂，他看见旁边有一块很大的空地，就问：“涂大人，这么大一块空地准备干什么？”

“回大人，这块空地是本县当时购置抚孤堂时一起购置的，原计划在这个地方建一所鄞城书院。”

“只是……”涂兴农做了个数钱的动作，无可奈何地说，“巧妇难为无米之炊啊。”

“你这个设想很好，正合本官的意思。教育乃固国之本，你以修复月湖书院为题，打个报告上来，本官去找浙江巡抚帅大人想想办法。”

“是！下官明天就呈报给您。”

“好。”陈中孚特别欣赏他这种雷厉风行的作风。

陈中孚拿着报告，来到杭州西湖畔的巡抚府衙，拜见了帅承瀛，一番官场礼节后，陈中孚呈上《关于修复月湖书院急需资金的报告》。

帅承瀛接过报告看了看，立即表态说：“国朝顺治十年，王尔禄始建月湖书院至今，为朝廷输送了很多优秀人才。是年因海啸破坏，理应重新修建，这个建院费用你们就不要操心了，由本抚划拨专项资金修建。”

帅承瀛话锋一转，说：“陈大人来得正好，本抚正准备差人去请你呢。”

“不知巡抚大人遣下官何事？”

帅承瀛也不作答，只是将一道圣旨递给了他。

奉天承运，皇帝诏曰：

惊悉海岛台湾因倭人作祟，无知愚民偶挟微嫌，动逞械斗，其劫攘之风亦未尽息，民情浮动。原台湾兵部道员胡承珙年老体微，故授浙江宁波知府臣陈中孚为福建台湾兵部道台，即刻赴任。

钦此

陈中孚见旨如见君，立即跪地拜道：“臣，领旨。”

仪式是这么履行，圣旨不得违抗，可他担心着宁波水利工程正在关键时刻，临阵换将，谁来掌控这个局面。

“帅大人，下官此时离开宁波合适吗？”

“按理说，本官应该支持你赴台湾就任，虽然台湾兵部道台的品级与你现在一样，但那是军政一把手，对你今后为仕之路很有裨益。只是，你这一走，宁波这个大摊子谁来掌控，本官到现在还没有找到合适人选。所以，暂将圣旨留下，征求你的意见。”

“帅大人，臣已领旨，就应毫无怨言地执行，这如何是好？”

“将在外军令有所不受。按国朝先例，本官可进谏暂缓执行，只是要举荐合适人选，否则难逃其责。找你来的目的，就是要你推荐一个人选，能担当新差。”

陈中孚想了想后说：“回帅大人，下官的同窗，翰林院编修张应吾倒也适合。”

“张应吾？本官在老家黄冈就听家乡人谈论过，他是黄冈书院不可多得的一名教谕。”

陈中孚暗自一笑，我早就知道您与我是一江之隔的老乡，只是您老官大，又是下官的顶头上司，我不便与您攀亲带故，避嫌而已。

实际帅承瀛也深知他们这层关系，他出以公心珍爱陈中孚这位良才，时刻在呵护、引导他。

“陈大人你可要想好哦，这可不是闹着玩的，如果举荐的人出了问题或不称职，我俩都有连带责任，到那时是吃不了兜着走。”

陈中孚肯定地说：“帅大人请放心，我与他不仅是同窗，而且在云南监考时也搭过班子，他疾恶如仇，智勇双全，善解民意，一定能胜任台湾兵部道台一职。”

“好，那就这么定了，你回去将水利工程一抓到底，争取早日完工，本官在圣上面前为你请功。”

“是！决不辜负帅大人的期望。”

帅承瀛送出陈中孚，立即伏案回复暂缓执行圣旨的奏折：

浙江巡抚帅承瀛奏请饬令调补福建兵部台湾台道陈中孚暂缓赴任事

浙江宁波台道陈中孚经署督臣颜检奏，请调补福建兵部台湾道。臣于五月初六日接准部咨钦奉谕旨准其调补，当即转行饬知。查该道陈中孚在任三年，察吏安民诸事认真整饬，而于农田水利尤为实力兴修。该属宁波一郡滨临海洋，上年因域江河淤塞，至海啸天灾泛人瘟，民有斥卤之虞。经该道用“峨眉清瘟汤”愈后，倡捐疏浚，甫欲竣工，尚有淤塞数处；查旧迹拆让民房，必须妥为经理，方能一律开宽浚深。又鄞县北渡村风堋碶一座，收淡入河，可溉田数十万亩，为海滨最要水利，自前明颓废至今，仅存旧址。该道督同本地绅士，捐赀兴办，现在亦未蒇事。又鄞县之东线梁湖闸溉慈溪、鄞县、奉化、镇海四县农田建设半途。又定海万担盐田完工待晒。兹因该道调任台湾，辖地绅民、七知县纷赴臣衙门请将该道奏留办公。臣以台湾系海疆为重，宁波水利也要，特荐翰林编修臣张应吾赴任台湾，宁波道臣陈中孚暂期留用。

理合附片奏闻，伏乞皇上圣鉴。

谨奏。

三

有人说嘉庆时期的大清朝的官场是个大染缸，其实更像茫茫草原的竞技场。

嘉庆皇帝上台后，为了江山社稷的稳定，将朝野上下进行了刮骨疗毒，欲根治“贪腐怠惰，尸禄保位”的毒瘤，一举将和珅及其党羽送去了他们该去的地方，一时初见成效。

他虽然用特制的清洁济，表面看是将紫禁城的护城河荡涤得干干净净。可实际紫禁城就像一棵腐朽的大树，根基已经开始腐烂，有摇摇欲坠的危险，特别是在他晚年时期。

凡属没有在“贪污腐化”这个大染缸染黑的官员，就像森林里辛勤劳作的蜜蜂，因有诱人的甜味，时刻有被黑熊一锅端的危险。

陈中孚带领宁波百姓，战天斗地，近四年时间，终于按计划完成了宏大的水利工程，初见成效。家家烟袅，户户莺歌，河水欢畅，街市如织，一派升平祥和气象。更主要的是宁波地区变为朝廷大粮仓，大盐场，上缴朝廷税赋比历史最高的年份翻了两番。

帅承瀛看在眼里，喜在心里，连忙上奏皇上应对陈中孚及七知县分别给予嘉奖。谁都没有料到，换来的是“回京复命待用”六个字的圣旨。

桃子熟了自然有人来采摘，这是人类私欲膨胀的普遍现象，陈中孚早有心理准备。但使他百思不解的是“待用”是什么意思，字里行间中是皇上对他在宁波期间的工作不满意。他认真回忆了在宁波的一千五百多个日日夜夜，一心以造民众福祉、坚国家磐石、忠朝廷丹心为己任，问心无愧。

一定是有人在圣上面前诬告了本官，是谁？为什么要这么做呢？看来，解铃还须系铃人。回京途中，他去拜访顶头上司帅大人，欲找到答案。

“夫人，通知她们收拾行李，明早三更出发，去杭州，乘船返京。”

王金凤问：“老爷，为什么要这么早回京？”

陈中孚苦笑说：“来时静悄悄，走时悄悄静不好吗？免得惊扰了宁波百姓。”

“好！我这就去安排。”

鸡刚叫头遍，陈中孚一家乘坐一辆马车，冯柱、陈述、陈秋菊三位小将分别骑着三匹乌龙驹在前面引路，从宁波府悄悄地出发。

“伯，娘，二娘，三娘快看，天上地下都是星星。”

刚出府衙大门，陈秋菊就在马背上嚷嚷了起来。

陈中孚好奇地将头伸出马车窗外，可不是嘛，天上的群星一眨一眨地笑着为他送行，而通往杭州蜿蜒的官道上，一串串儿地灯光闪烁，给寂静的夜空，平添了一道长长望不到头的彩龙。

“冯柱，打马去前面看看，到底怎么回事？”

“是。”眨眼工夫，冯柱回报，“老爷，是宁波百姓在路边掌灯为您送行。”

“是谁走漏了消息？”陈中孚不满地盯着三位夫人。

王金凤、彭玥、罗春颖三人互视，都感到茫然。

“陈大人，是我。”手提马灯，师爷熟悉的声音随着两个身影来到了陈中孚的马车前。

“师爷，你不该擅自做主，影响大家的休息。”

“陈大人，您错怪人了，是家父散播出去的，几个县的民众自发地来为您送行。”

涂兴农话音刚落，一群乡民拥向马车前，有的送鸡蛋，有的送年糕，有的送山珍，有的送海味，还有鸡、鱼、肉、鸭、鹅等五花八门的农副产品，这群刚走，下一波又拥上来了。闹得马车上成了杂货铺，三位女人不知所措，收也不能，退也不是，手忙脚乱。

陈中孚跳下马车，将涂兴农拉到一边说：“宁波百姓的深情厚谊本官铭记在心，只是这些礼物就免了吧。”

“这个事儿，就是皇帝老子来了，也做不通。”

“那你就代为收下吧。”

“这怎么行，民众是送给您的，下官受之有愧。”

“你就不能变通一下，将礼物转给抚孤堂和月湖书院。”

“是！下官代表他们感谢陈大人！”

陈中孚来到马路旁向两边送行的百姓，热泪盈眶地说：“感谢宁波百姓，你们来为中孚送行，就是送给我最珍贵的礼物，中孚此生足矣。”

半天的路程，陈中孚一家硬是走了一天，掌灯时间他们才到达杭州，陈中孚令陈述在驿站安排家人，他带着冯柱来到了杭州巡抚衙门。

“帅大人，这是怎么回事儿，难道下官做错了什么？”陈中孚见到帅承瀛就像弟子见到恩师，摇着手中的圣旨，撒气地问。

帅承瀛看也不看他手中的圣旨，也不作答，只是沉默地从案台上拿出另一道圣旨递给他。他打开一看，这是皇上下给帅大人的圣旨，也是六个字“回京复命查用”。

“待用”与“查用”一字之差，似有千钧之力，差一点将陈中孚击倒。

“大人，这是？……”

“你在宁波一直兴修水利，浙江和朝廷的情况不甚了解。”

“浙江发生了什么大事？”

“灭绝近二十五年的白莲教在浙西南山区死灰复燃了。”

“啊！难道朝廷没有派兵剿灭。”

“派兵？未见一兵一卒，倒是接到了这道圣旨。”

“这是为什么？”

“龙体欠安，奸臣当道啊。”

“那朱大人和王大人呢？”

“王杰操劳成疾，撒手人寰。朱珪告老回乡，颐养天年。”

“谁在主政朝野？”

“清廷贵族海望和额索图之流。”

“啊！下官明白了为什么有两道圣旨。”但陈中孚是个不服输的人，他要在逆境中生存发展，必须依靠朝中正直的大臣们。

他请教帅承瀛：“帅大人，我们下一步该怎么办，我们不能坐以待毙啊。”

“当然不能。唯楚有才，我们荆楚忠良怎能屈服于奸臣贼子。海望诬陷本抚与白莲教同流合污，本抚要想尽一切办法，将白莲教斩草除根，给海望一个响亮的耳光。”

“帅大人胸有丘壑，眼存山河，在这关键时刻，下官能协助几何？”

帅承瀛狡黠地笑了笑说：“你与白莲教老资格们渊源颇深，定能帮助本抚完成这项艰巨的任务。”

陈中孚大吃一惊，不禁问道：“您……您是怎么知道的？”

“朝野之上，掌管你命运的人，谁人不知。”

陈中孚毫不隐瞒地说：“这些陈谷子烂芝麻的事儿，下官早就向皇上汇报过。”

四

“哈哈……”帅承瀛被陈中孚的诚实样儿逗笑了。“要不是你早就向皇上汇报了，想必你这次不是‘待用’，而是‘治罪’啊。本抚这次向你通气，是要你提防海望在你身边安插有钉子。你想一想，你在宁波的一举一动都在海望的掌控之中。”

陈中孚惊问：“哦！有这等事儿，那会是谁呢？”

“本抚只是推测而已，今后多个心眼就是了。这件事到此为止，本抚想听听你对剿灭白莲有何高见。”

陈中孚沉思了一会儿说：“帅大人，依下官之见，对待白莲教徒不是剿灭，而是招安，只有这样，才能使灰烬而不燃。”

“啊！这是为什么？说说你的理由。”

陈中孚胸有成竹，侃侃而谈：“剿也，对敌之策也。自先帝乾隆四十年，白莲教起事至今有四十余年的历史，朝廷剿而熄灭，复而又剿，轮番了四五个回合，又死灰复燃，矛盾日益尖锐，国体疲惫，劳民伤财。原因何在？据下官对他们的了解，他们中间绝大部分人，或生活所迫，或官逼而反。他们组织起来，必须要有个精神支柱，那就是利用有千年历史的邪教白莲教为寄托。他们绝大多数人并不坏，而且心地善良，劫富济贫。”

“依陈大人的意思是要团结他们啊！”

“是的。‘兄弟阋于墙，外御其侮’。帅大人应奏请皇上，仿效宋徽宗，像对梁山泊聚义的匪民一样，实行招安，将其纳入军伍，使他们有一个固定的职业，生活有了保障，他们就会听命于朝廷，天下方可太平。”

帅承瀛思索了一会儿后，担心地说：“此计甚好。我只是担心，如果没有达到预期的效果，岂不是更为海望之流留下口实。”

“帅大人，这个你不必担心，如果皇上同意此方案，下官再上峨眉山，请正阳师太出山调停，她是白莲教唯一幸存下来的老主法，有她出面，招安军伍定能实现。”

陈中孚说到此时停顿了一下然后说：“下官只是担心您现在的处境，您已被‘查用’，皇上能采纳您的意见？”

帅承瀛淡淡一笑说：“陈大人在官场上还不成熟，圣上‘查用’本抚，实有边查边用之意。”

“啊！下官明白了，圣上英明，他这是暗示您，您已经被调查了，您必须拿出平定白莲教的方案来，才能去掉头上的‘查’字。”

“明白就好。”帅承瀛说，“您的这个招安军伍方案，本抚不直接执行，建议皇上让兵部尚书讷清去执行如何？”

姜还是老的辣，帅大人真是老谋深算，成功了是他的建议好，若是失败了，责任将由讷清承担，海望奈何不了他俩。

“帅大人高见，令下官佩服。讷尚书为人正直，德高望重，定能胜当此任。”

“好！那就依计而行。”

帅承瀛见时候不早了，他还有很多公文待批，就有了逐客之意。

“陈大人还有什么不明白的？”

来了这么长时间，倒全是跟帅大人出谋划策来了，他的疑团一点都没有解开。

“帅大人，下官的‘待用’到底是什么意思啊？”

帅承瀛没有正面回答，笑着反问道：“你刚才说皇上什么来着？”

“皇上圣明。”

“你回京问皇上不就知道了。”

陈中孚心事重重地回到了京城，已是瑟瑟寒冬，鹅毛大雪在向武昌会馆袭来。

“伯、二叔、二婶，三儿回来啦。”陈中孚尚未进屋抖落身上的积雪，声音就朝堂屋里喊了起来。

陈其鹄闻声，就从里屋步履蹒跚地小跑了出来，声音颤抖地说：“三儿，你回来得正是时候，你伯怕是不行了，就只有一口气悠着，等着你见最后一面呢。”

“伯！孩儿不孝啊！”一声撕心裂肺的惨叫，使武昌会馆的空气一下子凝固了。

只见陈中孚如疯子一般地狂跑，进了陈其光的房间，跪在床前，他拉着父亲的手，一个劲儿地抚摸着，泪如雨下：“伯，您醒醒，三儿回来看望您老人家来了。”

“伯！您醒醒啊，看看您这个不孝的儿子，呜呜呜……”

陈其光在去天堂的路上，听见了他惦记已久的三儿子的声音，就回光返照地折了回来。他睁开了双眼，望着跪在地上的儿子、儿媳妇们、两个孙子、孙女们和冯柱、陈述两人，脸上露出了慈祥的笑容。

陈中孚见状马上清醒了过来，立即吩咐说：“陈述，快去请京城最好的郎中来。”

“是。”陈述拔腿就跑。

一直在陈其光身边照看他的二婶说：“三儿，没用的，孙烈他们请尽了城内城外的郎中，都不管用。”

“冯柱，快去程太傅府。”陈中孚不甘心父亲离去，命令冯柱说，“请他帮忙在宫中请个御医来。”

冯柱去了一会儿，程德楷和御医就来到了武昌会馆。

大家点了点头算是打了招呼，御医来到床前，为陈其光认真地诊了诊脉，然后摇了摇头对陈中孚说：“陈大人，准备后事吧，陈老太爷子已经寿终正寝。”

“哇……”顿时，王金凤带着家人哭成一片。

陈中孚擦了擦眼泪，他令冯柱送走了御医，就将程德楷请进了客厅，商量着父亲的后事。

“松亭兄，家父仙逝，我想明天早朝后，就去勤政殿向皇上告假丁忧，扶父亲灵柩回武昌老家祖坟山安葬。”

“明天早朝就可请假，为什么要等到早朝后。”

“老兄真是一心专教圣贤书啊，我已被圣上‘待用’，没有资格上早朝了。”

“这件事老夫确实不知，你不是在宁波干出了很大成绩吗，这是为什么？”

“我也不知，待明日会见皇上就清楚了。”陈中孚绕了一个大圈子，实际上是想找他借钱，回家风风光光地安葬父亲。但他又顾面子，嘴里“只是，只是……”不好意思开口。

程德楷曲解了他的意思，以为是他要他的宝贝女儿一起回家，忙表态说：“霖儿与小女从小青梅竹马，形影不离，我们两家既已定亲，她就是你老陈家的人了，无妨，无妨。”

“是，啊，不是。”陈中孚涨红了脸儿，一个劲儿地搓手指。

“借钱，直接说不就完了，我们之间还需要吞吞吐吐的吗？”程德楷忽然想起来了说，“不对呀！在云南皇上不是奖励了你一千两吗？三四年工夫就花完了？”

“人家不是捐给宁波水利建设了嘛！”

程德楷点了点手指头说：“你呀你，说你傻你比谁都聪明。放心吧，陈伯也是我的父亲，一切费用我包了，由犬子你的女婿负责，你就不用操心了。”

“谢了！”

五

第二天早朝一过，陈中孚胸前别着小白花，来到天安门，向值守侍卫说：“烦请侍卫大人向皇上通报，浙江宁波台道卸任臣陈中孚前来复命并面圣请假丁忧。”

清朝祖制明文规定，为弘扬中华民族孝义文化，朝廷命官不论官职大小，如有父母去世，可向皇帝告假，回老家守孝三年，日后起用，名曰丁忧。

侍卫见他胸前的小白花，立即说：“陈大人稍候，我马上去请示皇上。”

待不多时，主管太监手持拂尘，躬身迎说：“陈大人请，皇上在勤政殿候着呢。”

“谢主管大人！”

一路上，主管太监交代说：“陈大人，皇上日理万机，龙体……需要休息，长话短说，好让他老人家早点休息。”

“是！”陈中孚从他的话语中，揣摩出皇上龙体欠安。可不是吗？皇上已是年近花甲的老人，大清帝国的这副重担压在一个老人身上，的确需要好好地休息。

“吾皇万岁，万岁，万万岁！”陈中孚来到勤政殿，行完君臣之礼后，抬头一望，四五年没有见到皇上，如今一见，当年神采奕奕的形象不见了，只见一位老态龙钟的老者斜倚在龙椅上，他一阵心酸。

“爱卿，平身！”

“谢皇上！”陈中孚继续跪在地上奏说，“禀报圣上，家父病逝，臣陈中孚理应守孝三年，请吾皇恩准。”

“起来说话，赐座。”

“谢皇上！”

嘉庆伤感地说：“爱卿节哀，人老了总是要走这条路的，什么万岁万万岁，那都是哄朕开心的。难得你有这份忠孝之心，朕恩准了。”

嘉庆喘了一口气说：“爱卿将宁波治理得如一头肥猪，朝中几位权臣都在荐人宰猪，朕始终不放心，如遇庸才，别将一头肥猪宰得连猪毛都不见了。因此，宁波知府之职一直空缺，朕想听听你的意见。”

陈中孚接过主管太监递上的圆凳，心情无比激动，在勤政殿里面君，臣子们要么跪着，要么站着，皇上赐座是最高待遇。

“皇上英明，臣斗胆一问，圣上为何不将臣继续留用？”

“你是聪明一世，糊涂一时，怎么不理解朕对你的一片苦心呢？”嘉庆向主管太监挥了挥手。

主管太监抱起一沓弹劾他的奏折，放在他面前说：“陈大人，你看看，由于你将宁波治理得风生水起，很多官吏得了红眼病，还有一部分别有用心的人，欲置你于死地。皇上是为了爱护你、保护你，才将你‘待用’召回京城。”

“谢主隆恩！”原来是这么一回事，陈中孚认真地一一翻阅弹劾他的奏折。

有密奏他勾结峨眉山白莲教原主法正阳师太，招贤纳士，欲图谋不轨的密折。

有奏他以借兴修水利为名，实则募捐敛财，中饱私囊。

有奏他结党营私，违背祖制，提拔未入闱人士为县令。

有奏他不顾朝廷命官体面，携夫人小妾招摇过市，有伤我大清风化。

有奏他为神化自己，凌驾于吾皇之上，在宁波各庙宇供奉自己。

……

陈中孚不看则已，每翻一道奏折，他就冷汗直上额头。官场险恶竟然达到如此程度，使他防不胜防。他停下翻看，也不敢再往下翻看，他身上厚厚的官服，已犹如水洗一般。

“谢皇上英明，三人成虎。否则，臣在宁波为任四年，四个陈中孚的人头也该落地了。”

嘉庆说：“朕心知肚明，朝中像你这样忠心为臣，实心为民，精明强干的臣子不多，三人成虎的历史教训还少吗。朕虽年迈，但心中秤杆上的准星还是明亮的。也好，你回乡丁忧，不涉足官场，就能摆脱如今这个政治环境的困扰。待朕梳理清晰后，再起用你。”

“谢主隆恩。”

嘉庆的话锋又转入了正题问：“你说说，谁任宁波知府合适？”

陈中孚本想举荐涂兴农，但考虑到他不是科班出身，皇上又是一个墨守成规的君主，肯定不会同意，他又想起了另一个人选。

陈中孚说：“启禀皇上，臣认为宁波乃华东粮仓，需要一个正直善良而又了解当地风土人情的官员治理。”

“依爱卿之见，是要在宁波现任知县中提拔产生啊？”

“皇上英明，吕璜是当朝十六年进士，广西永福人，他承皇恩任慈溪知县三年届满。他为官清廉正直，治理一方颇有建树，深受民众爱戴，臣认为他能胜任宁波知府一职。”

“好，正合朕意。”嘉庆边说边哈欠连天。

主管太监见状，忙向陈中孚使了个眼色，他心领神会。

“请皇上保重龙体，臣重孝在身，臣告退了。”

嘉庆挥了挥手说：“去吧，去吧。你回到老家武昌葛仙镇，朕在那里给你准备了一个惊喜。”

“谢主隆恩。”

陈其光七十而终，时为高寿，按老家风俗这是一桩白喜事，女婿和儿子张罗得井井有条，倒省了陈中孚不少心事。但他总认为亏欠父亲，没有尽到一个儿子的孝心。因此，一路上他披麻戴孝地守护在父亲的灵柩旁，一言不发，寸步不离。

一行人到了中原信阳驿站歇息一晚，明日翻过鸡公山就进入了湖北地界。

夜深人静，王金凤来到在灵柩前守灵的陈中孚身旁，劝道：“老爷，人死不能复生，你是一家之主，还请节哀顺变，保重身体，还是回房间休息一晚，让孩子们轮流守灵。”

“夫人，我睡不着啊。为夫心里愧疚啊，我七岁丧母，父亲既是伯来又是娘，含辛茹苦地将我抚养成人，我却一点儿没有报答他，为官十余年，竟没有一个时辰守在他身边尽孝，我是个不孝不义之人啊。”

“老爷此言差矣，你赤心朝廷，忧国于家，乃朝中楷模。自古忠孝不能两全，但你委妾代为行孝，已是尽心尽力，不应该如此自责。父亲有灵，也不会责怪于你。”

“是呀！老爷，听大姐一句劝吧，回房歇息。”彭玥和罗春颖也来到他身旁，彭玥劝说道。

罗春颖灵机一动说：“夫君也别这样憋着，要不将你的思念，尽情地发泄在宣纸之上。”

彭玥赞同说：“这个主意好！”

陈兆霖见母亲支持，连忙拿来了文房四宝，彭玥熟练地研起墨来。

陈中孚想了想，一首《天下无不是父母》赫然于宣纸之上。

是非从后起，岂所论吾亲。
但欲全慈孝，遑云较屈伸。
恩原深鞠敬，德亦着平均。
纵遇难危地，依然顾复人。
电雷天示警，雨露物怀仁。
处困虽千虑，承权只一身。
祥和回至性，爱警笃彝伦。
大舜于田日，斋夔感召神。

第十七章

巧断喻湖纠纷化解两姓仇　诚系义门家谱结缘一家亲

一

陈中孚用专用马车，抚父亲灵柩回到武昌葛仙镇上街村，却不见了自己的老屋。

老屋基上是刚建起的大宅院，门楼上赫然写着“中丞府”三个镀金大字。正当一家人感觉茫然时，只见姑姑陈其英头缠白布，带着外甥们扑向陈其光的灵柩。

“大哥，你可回来啦。”陈其英拍打着灵柩，失声痛哭了起来。

“大舅，外甥们来跟您老磕头了。”

这时，二婶、王金凤、彭玥、罗春颖和其他女眷哭成一团，一种凄怆的气氛迅速传遍上街村。

新任武昌知县熊新、族长陈其昌和王员外等众亲戚闻哭声，从中丞府出来迎接他们。

熊新见到披麻戴孝的陈中孚，上前抱拳作揖，自我介绍说：“陈大人，下官是武昌新任知县熊新，受皇命前来协助陈大人料理陈老太爷子的白寿之事，愿听候差遣，还望陈大人节哀顺变。”

“皇命？”陈中孚指了指中丞府门楼问，“这是怎么回事？”

“回陈大人，这是下官遵圣旨，与您建造的中丞府，是皇上对您在宁波任职期间的奖赏。皇上令下官先不要与您通气，圣上英明，要给您一个惊喜。待将陈老爷子送上山后，容下官再详细向您汇报。”

“啊！”陈中孚与他身旁的陈述同时发出醒悟之声。

陈其昌对一起回来的陈其鹄和陈中孚说：“二哥、贤侄，大哥的灵堂我已经带八大脚（指抬棺材的八人）布置好了，请大哥回家吧。”

陈其昌见他们点了头儿，大声命令道：“快放鞭炮，八大脚抬大哥进府啰。”

随着阵阵鞭炮声，八大脚们拿着名曰龙绳（粗壮的麻绳），来到灵柩前，都不禁发出惊叹之声："啊！好大的楠木圆华！"

当地人称棺材为寿材，也称圆华，有大、中、小之分，一般都是杉木所做。这些八大脚们做了大半辈子八大脚，还是第一次见到这么大的楠木做寿材，个个惊讶了起来。

八大脚，是由村里各家族大房长子担任。像陈中孚家里只能是大哥陈中履担任，但陈中履是无锡知县，朝廷命官当然不能担任八大脚，他这个家族是由亲房其他人担任。哪家有白事，就由主家长子或长孙披麻戴孝在八大脚家门口，燃放鞭炮，跪着磕三个响头礼节后，八大脚方到丧家来帮忙，已过花甲老人名曰吃大肉。

八大脚的待遇是很高的，除三顿首坐主席宴请外，守夜时，主家还要封每人一份红包、毛巾、孝鞋等。

待遇归待遇，但八大脚必须全心全意地为主家办事，不得有半点失误。否则，孝子有权拿着孝棍抽打八大脚。

像陈其光这睡的大圆华，棺材、尸体、石灰等重量超过了一千斤，八大脚抬着是很吃力的。因此，还配备了四个副手，名曰八大脚，实则由十二人组成。

江汉平原地区，对去世的人是很有讲究的。像陈其光这样在外地正常去世的老人，可以进府内，但不能入室停放（非正常死亡者只能在村外搭棚停放）。因此，他的灵堂是设在中丞府内宽大的操场上。

停放好父亲后，陈中孚问族长："昌叔，八大脚是大哥请的吧，我大哥他们呢？"

"他带着兄弟们破土去了。"

还没有等到陈其昌解答完，陈中履肩扛铁铲，带着老二陈中谦，老五陈中道（陈其鹄之子）他们匆匆地进来了。

他们进来后，"扑通"一声，一起跪在父亲的灵柩前，不住地磕头。

陈其昌逐一将他们扶了起来说："孝子们不要过于悲痛，老哥的后事还等着你们商量呢。"

"下官拜见道台大人！"陈中履、陈中谦、陈中道起来后，纳头拜见老三陈中孚。

老大是无锡知县，老二是黄陂县学训导，老五是襄阳府教谕，官品都比陈中孚低，按大清律法，必须叩拜。

"大哥，二哥，五弟，不必如此大礼。我们都是亲兄弟，父亲的丧事大哥做主，我们参照执行。"

陈其昌说："当官莫从家乡过，三岁小孩喊乳名。三贤侄说得对，老大定调子指挥，我们这些族人办理就是了。"

熊新表态说："各位大人，需要本县的，尽管吩咐。"

陈中履说："我在外为官多年，家乡的风俗不甚了解，家父的丧事全凭昌叔和我二叔做主。"

陈中孚说："大哥的这个建议很好，我很赞同。"

陈其鹄说："二位贤侄看得起我们长辈，那我就说出我的想法了。大哥一生辛苦，既当爹来又当妈，将你们弟兄三人一个一个抚养成人，你们也很争气。大哥毕生只这么一回，要按我们家乡的风俗，风风光光地把他送上祖坟山，具体细节由族长你昌叔来说。"

陈其昌说："大哥古稀而终，乃白喜事也，且他是望族长辈，我族人和街坊邻居，都会来为他老戴孝送行，吃大肉是我们当地最盛行的风俗。因此，必须过流水席，且要请道士开道。"

熊新补充说："出殡前要召开追思大会，我这儿有圣旨要向大家传达。"

陈中孚本想提出不要搞得那么张扬，当听说有圣旨追封，只好慎重操办。

天空下着霏霏细雨，陈其光的追思大会，是由武昌知县熊新主持，在中丞府广场举行。义门陈氏族人怀着对陈其光无比崇敬和沉重的心情，从十里八乡赶来参加追思大会。平时宽敞的广场，此时被人们挤得水泄不通。

鉴于以陈中孚为代表的三兄弟，为朝廷作出了特殊贡献，特追封他们的父亲为勤俭大夫，又追封他们的母亲为恭人的殊荣。

二

按照当地习俗，陈其光的灵柩在灵堂停放三天后，就要入土为安。那么，父亲安葬在弥陀寺旁的祖坟山上，接下来就要考虑丁忧值班的事儿。

所谓丁忧，是孝子在其父亲的坟边搭建一个茅草棚子，十二个时辰都要在此守护，一共三年。孝子们在此期间，还要囚头（不许理发和刮胡子）七七四十九天。

作为朝廷命官，在丁忧期间，要起到模范带头作用，真心实意地待在荒山野岭，陪伴父亲的坟茔。其行为还要接受当地官员的考核，上报朝廷，作为官品升迁的依据。

陈中履作为老大，按理说坟茔值班的事非他莫属。可陈中孚力争要自己值守，陈中谦也当仁不让，以致弟兄三人的意见达不到统一。

清官难断家务事。熊新、王员外、陈其昌、陈其鹄、二婶和陈其英等都被他们的孝心感动，不知道支持谁为妥当。

陈中孚最后使出了撒手锏说：“为父丁忧，两位哥哥就不要与小弟争了，小弟是圣上特批的丁忧官员。皇恩浩荡，小弟赋闲丁忧，责无旁贷。大哥作为一方知县，主要应该考虑当地百姓福祉为宜；二哥有教书育人之责，你们都不要分心，父亲九泉之下有知，定会为我们兄弟而高兴。”

话已经说到这个份上，再争论下去就没有意义。陈中履只好点头：“三弟执意要值守，我也同意。待大哥我履行七七四十九天行孝义务，就去无锡履职，你再来接班如何？”

陈其昌说：“如此甚好，如此甚好。”

陈中谦也表态说：“三弟，那就辛苦你了，每年寒暑假期，我就回来换你。”

熊新见兄弟三人的意见统一了，是由陈中孚为主丁忧，他耳边回响起新任湖北巡抚范有道范大人的交代：“陈中孚是皇上的宠臣，他在回乡丁忧期间的安全你要负责，不能有半点闪失。否则，你与本官都难辞其咎。”

想到这儿，熊新立即拿出了自己的意见说：“陈大人，各位前辈，下官受巡抚范大人之命，保护朝廷栋梁陈大人丁忧期间的安全。因此，下官建议，丁忧草棚就不要搭建了。”

陈中孚问：“为什么，本官在哪儿休息？”

“回大人，我们樊湖地区的气候你是知道的，一到春天，春雨连绵，雷电交加，荒郊野岭的一个草棚很不安全。令堂的阴宅紧邻弥陀寺，寺内有客房两套，下官建议，将它定为丁忧的住处，一来能保证大人的安全，二来大人能在此间吟诗作赋书画。我再派四五个衙卒值守，时刻听候大人的差遣。”

陈中孚想了想后说：“也好，有劳熊大人费心了，只是衙卒就不需要了。”

“是！下官考虑欠妥。”

丁忧方案定下来了，客人们各自散去，熊新正要辞别，陈中孚心中有个疑团没有解开，就把他留了下来。

他们两人漫步在中丞府的街面上，陈中孚已经感觉到，中丞府的建筑群宽大锦绣，四十八天井四合院鳞次栉比，仿古仿京，给人一种气势磅礴，深门似海的感觉，难道这就是皇上给我的惊喜。

“熊大人对本官有所不知，本官不是爱张扬之人，清贫如洗，突然有了这座中丞府，心中惶恐不安，这到底是怎么回事啊？”

“下官本想待您把令堂的事安顿好了之后再向您汇报，今日陈大人问起，容下官一一向您汇报。”

“好吧！本官洗耳恭听。”

新任湖北巡抚范有道范大人与下官传达，今年的秋天，也就在他赴任之前，皇上秘密地召见了他。

君臣讨论完时局和两湖地区的发展后，皇上突然话锋一转，对他说：“宁波知府陈中孚为朝廷利益和民众福祉在那里呕心沥血地工作了四年，任劳任怨，浙江巡抚帅承瀛多次上奏，请示朕嘉奖他。但朝廷风气不正，陈中孚的所作所为，侵犯了部分人的利益。户部尚书海望和额索图等人联名上奏，却要弹劾他，三人成虎，朕心知肚明，却又左右为难。据你的前任琦善报告说，陈中孚的家境并不富裕，几代人住在五间陈旧古宅里。但他却用自己的俸禄，赡养着与他无亲无故的两位老人。更难能可贵的是，他竟将朕奖励他的一千两银子全部捐出，支援宁波水利建设，可见此人大公无私。因此，朕不便公开奖励他，也是对他的爱护。你去湖北后，传达朕的旨意，令武昌知县熊新趁他家人居住京城之机，为他建筑一栋气派府第，其开支上报朝廷，作为朕对他的奖励。这次朕不想奖银子与他，来点实惠的，给他一个惊喜。”

范有道说：“请圣上放心，臣一定按照您的旨意，督促熊新将陈府建设成为具有江南特色的中丞府，真正体现出皇恩浩荡。”

陈中孚听完了熊新的介绍，百感交集，这是皇上圣明，对我在宁波工作期间的肯定。

但他从这成群建筑中发现了端倪，就问：“皇上旨意只建府第，为什么建成建筑群？”

熊新笑着回答说：“这还得感谢您岳父王员外和您姑姑陈其英两位长辈。”

“哦？我的两位长辈也牵扯进来了，请仔细道来。”

“进士府的图纸是您岳父提供的，下官一看该图纸气派秀雅，就将图纸改为中丞府上报巡抚范大人，很快就批下来了。在准备破土动工之前，遇到了一个实际问题，您家里老宅子地基窄小，需要拆迁一部分邻居的房子才能动工。”

熊新接着说：“下官原想动用官府力量，强行将邻居迁走。您姑姑闻讯后立即制止了下官的横蛮作风。她说：‘我们是义门陈氏后裔，讲究忠孝廉义，不能做出对不起乡亲们的事来。何况这些邻居，都是我们的族人，有福同享，要做一起规划着做呗。’”

陈中孚说：“我姑姑是个明事理的人，建议虽好，这样一来要花费朝廷多少银子啊。”

熊新说：“我当时也是这么说的：造价过高，本朝没有先例，皇上不会恩准的。”

“后来这个问题是怎么解决的？”

“你姑姑真是巾帼楷模，她主持召开了亲属和上街村民代表会议商讨这个问题。你岳父主动提出，按姑姑的整体方案建设，除朝廷的规定开支外，全部由他出资。”

“族人的意见呢？”

“族长陈其昌站起来表态说：‘我们义门陈氏祖先有三千余口未分家的孝义历史，打造中丞府是我们老陈家的光荣，我们应出钱出力，将上街村打造为名扬武昌的富贵村。’就这样，老陈家齐心协力，一座具有江南特色的富贵村诞生了。”

陈中孚指了指远处围着的院墙说：“筑此墙院，隔民于外，民众会吐口水啊。”

熊新直话直说：“筑院墙实为防盗之用，友姓并无说词，只是你们老陈家颇有措辞。”

“他们怎么说？”

“我们老陈家有内衙和外衙之分啊。”

陈中孚听后，脸色一沉，严肃地对熊新说：“熊大人，烦请你组织人员将院墙拆除，并将门楼上的中丞府换为陈府，这才名副其实啊。”

“是！下官就去办。”

三

陈中孚送走熊新，已是傍晚时分，一家人用过斋饭后，他将冯柱和陈述叫到书房。

“眼看着你们两位已经长大成人，正是为朝廷出力的大好时光。老爷我赋闲丁忧，用不着二位伺候左右。”他边说边从抽屉里拿出一封举荐信说，“老爷与原云南总兵，现升迁为广东提督阮元阮大人颇有交情，现将你俩举荐在他的麾下从军，我深信将来你们定能成为国家栋梁之材。”

“扑通”，冯柱和陈述俩一齐跪在陈中孚面前，陈述说：“老爷，我不走，我要终生留在老爷身边伺候您。”

冯柱说：“老爷的大恩大德，我们终生难以回报，我也不走！”

“起来，起来说话，男儿膝下有黄金，今后在外面不要随便下跪，记住，上跪父母，再跪君主，要有男儿的气节。”

陈中孚见他们起来了，继续说：“我抚养培育你们识文断字，习武练功，不是为了养两个家奴，而是为了有一天，你们能为国家作出贡献，光耀门庭。现南海一带，西方列强勾结当地海盗杀人越货，偷偷输入鸦片毒害国人。本官爱莫能助，只有希望二位在阮大人手下，恪尽职守，协助阮大人驱逐西魔和消灭海匪，还南海一片安宁。”

“是！老爷，您的父爱如山，我们是舍不得离开您呀！”冯柱眼含热泪地说。

“伯！我也要随两位师兄去从军。”

这时，陈秋菊不知何时进来的，她脉脉含情地望了一眼冯柱，两个年轻人的眼像触电了一般，这一瞬间的动作，怎能逃过机智父亲的眼睛。

陈中孚怒说：“胡闹！女儿家家的，快回你的绣房。”

陈秋菊撒娇地摇着父亲的手说：“不嘛，不嘛！伯，古有花木兰、穆桂英，还有梁红玉报国从军，女儿为什么不能？”

“巾帼从军，是国难当头、开天辟地之时，现在是大清盛世，简直是胡闹。当年，你二娘就不该带你上峨眉山习什么武，女孩子就应该像你母亲一样，精通女工。”

“伯！您偏心，二娘、三娘可都是习武之人。”

“看把这孩子惯的。”陈中孚气得吹胡子瞪眼道，“陈述，将她轰出去。”

“哎！”陈述乘机拉着她的玉手，被她重重地一甩，陈秋菊气咻咻地离开书房，陈述紧跟而去。

“柱儿，述儿虚荣、胆小，你俩在一起，你要像哥哥一样多帮助爱护他，同时也要多个心眼儿……”

陈中孚自杭州得到帅大人的暗示，海望可能在他身边安插有钉子，他一直在暗中排查，最后判断定格在陈述身上，但又没有确凿的证据。他将他们放飞，是想证明他的判断，同时，也在与对手下一招潜藏的妙棋。因此，他将话儿说到了一半，他深信机灵的冯柱会明白的。

果然，冯柱表态说：“老爷放心，我自有分寸。”

“好！”陈中孚慈父般地笑了笑说：“老爷的三个女儿分别嫁到程、张、佘三个进士之家，你和菊儿从小青梅竹马，为父看在眼里、喜在心里，在阮大人手下好好干，当上了千总，再回来迎娶秋菊。”

“谢谢岳父大人！”冯柱何等精明，抱拳作揖表态说：“小婿决不辜负岳父大人的期望，脚踏实地地将所学武功用于除暴安良、维护正义的军伍事业，不为千总，不见您老人家。”

“好好！我儿有志气，岳父相信你。”

武昌、汉阳、黄州和新国等地的读书人和秀才们，听说当朝四品进士在家乡丁忧，纷纷慕名而来请教和磋商学问、书法，倒不寂寞。特别是与武昌知县熊新来往更是密切，他俩相见恨晚，话语投机，成了无话不谈的知心朋友。

一日，叶师爷拿着一张状子来到弥陀寺，请示熊知县如何判决。寺院主持慧远见有一陌生香客，忙上前打招呼说：“请问施主，是来进香还愿，或是寻人？”

“回师父，小的乃是武昌县衙叶师爷，来找熊知县，有要事求见。”慧远回道：“叶师爷请，两位大人还在客房切磋书法呢。”

慧远带着叶师爷刚到客房门口，就听见客房里传出陈中孚抑扬顿挫地吟唱一曲《冰清玉洁》。他们推门一看，只见熊新将陈中孚吟唱出的新诗，龙飞凤舞般地挥毫在宣纸上。

贺循垂令闻，诏赐被恩覃。
比玉锵鸣应，如冰式饮堪。
清知尘不染，洁爱美先含。
瑞辑朝班五，凌藏室备三。
映壶依座朗，板褐取怀探。
薄薄点兢履，霏霏屑雅谈。
风高凝皓质，水折汇秋潭。
圣世臣廉饬，珠还早化贪。

四

熊新专心地书写，待他完成后，抬头见到叶师爷跟陈中孚行礼，他忙问：“叶师爷，有什么重大案子发生吗？”

“是的，熊太爷，葛仙镇的董家嘴和陈家嘴两个村子发生了群体斗殴事件，董姓将陈姓告到了公堂。”

叶师爷说完，就将状纸递给了熊新。陈中孚也从诗兴中回过神来，听说是自家大房族人与董姓斗殴，他关切问。

“叶师爷，两湾所为何事斗殴？有没有出人命？”

“为了喻家湖做业（打鱼）的事儿。陈大人您是知道的‘陈家的陈搬家门’，你们家族团结，人多势众，要不是陈姓族长陈其昌出面制止，非出人命不可。这不，董姓的架打输了，就将陈姓告上了公堂，要求能在喻家湖中自由种田做业。”

“啊！是这么回事儿。”

陈中孚知道，陈董两姓为了生存，经常为喻家湖的地盘发生斗殴。喻家湖水系是樊湖水系的一个分支，北依长江，南与豹澥湖，东与五四湖，西与严家湖紧连。喻家湖原属喻家所有，后来喻姓族长的女儿下嫁陈姓，作为嫁妆将湖契带到了陈姓。所以，喻家湖的产权归陈姓所有，陈姓用迁居葛仙镇一世祖陈太武的名字改为太武湖。

陈姓族人是义门陈氏南桥庄的一个支系，以打鱼为业。为了纪念南桥庄一世祖陈继铭（时任宋仁宗左仆射），他们将陈继铭的出生日二月花朝作为纪念日，每年在二月花朝这一天要在太武湖，举行划龙舟比赛，十里八乡的陈姓族人都积极参加这次盛会。

董家嘴的董姓族人则是从江北移民垦荒而来，以太武湖周边种田为主要职业。随着董姓人口繁衍增多，加之其他友姓陆续来到此地定居垦荒，原本窄狭的土地越来越难以维持生计，因而他们时不时地下湖捕鱼，这样一来，董陈两家矛盾日益加剧。

熊县令看完状子，不免有点儿左右为难。他突然灵机一动，将状纸递给陈中孚说：“陈大人您是判案高手，还是请陈大人判决。”

敲锣听音击鼓听声。熊新的言下之意是说：“这涉及你们老陈家，下官不好定夺。”陈中孚拿过状纸看了看，他也不谦让，提笔在状纸上写了一首诗。

熊新看后，他竖起大拇指，由衷佩服感谢地说：“高！高家陈的高！谢谢陈大人，您的公心，您的爱心，为下官解开了处理两家矛盾的难题。”

陈中孚笑了笑说：“熊大人！你别高兴得太早了，还不知本家族人同意否。”

“那可怎么办？”

“要不，本官再给你配把钥匙。”

陈中孚说完，又伏案写了一首诗，递给熊新，他交代说：“要是我族人不同意判决，你就将这首诗交给他们，他们看后，就会明白其中的道理。”

“好！下官这就回衙门，升堂审案。”

熊知县要审理董陈两家长年积怨斗殴案子的消息不胫而走，十里八乡前来看热闹的人们将武昌县衙围得水泄不通，以至于不能挤在前面的部分人，则站在大西门城隍庙旁的万年台上的高处观望。

只见熊新高坐在“明镜高悬”的匾额正中的审案台上，叶师爷坐在一旁记录。

“啪”的一声惊堂木响后，熊新威严地命令说：“带原告、被告上堂。”

顿时，公堂上“威武”之声夹杂着衙役们的杀威棒杵在封砖地板上有节奏的“咚咚”声，董姓族长和陈其昌分别跪在公堂之上。

熊新例行公事地询问了董家诉求和陈家辩白后，站起来高声宣布判决。

喻水一藤瓜，同舟沐日霞。

涸田君种稻，渔业义行槎。

这不是一首劝解诗吗？董家族长识字不多，初步理解这是县太爷官官相护，采取和稀泥的办法，来了个剃刀布磨刀——两面光。

董家族长说：“熊太爷，您的判决小民不服！”

“是呀，不服！”

“这是典型的官官相护，老陈家有陈中孚这个大官罩着，县太爷不敢得罪。”

围观的人们纷纷为董家道不平，而陈其昌却在不露声色地沾沾自喜。

熊新也不搭理人们的喧哗，直问董家族长：“你们家族现有多少人口，稻田有多少，一年能产多少粮食？”

“回县太爷，我们董家有二百一十一户，一千三百四十八人，现有稻田十六担，人均不足一分田，以亩产四百六十斤计算，种双季稻年产量只有七百多担，除去税粮，所剩无几。”

熊新又循循善诱地问：“太武湖涸水季节，其退出的湖面有多少？是否能种粮食？”

“回县太爷，涸水季节太武湖退出水面面积很多很大，能种植一季稻子。”

熊新说：“这不就得了吗？起来，还不快回家去准备农具，春耕时围湖种田。”

董家族长恍然大悟，县太爷是判决高处由我董家种田，低处由陈家捕鱼，这样就解决了我们的实际困难。

“谢谢青天大老爷，谢谢青天大老爷。”董家族长感激地头磕得如小鸡啄米。

熊新说：“都起来，要谢就回去谢陈中孚大人，这首判决诗是他的杰作。”

人们听说是陈中孚的主意，个个竖起大拇指夸赞。

陈其昌此时也听出了端倪，这不是变相地割让土地吗？

“县太爷，您的判决有失公允，我有喻家湖湖契为证，喻家湖属于我们老陈家的。”

熊新起身来到陈其昌的身旁，亲切地将他扶了起来，递给他一页写有一首诗的纸张说：“陈族长，这是陈大人要我转交给你的。”

陈其昌接过纸张一看，又是另一首诗。

一纸书来只为墙，让他三尺又何妨。

长城万里今犹在，不见当年秦始皇。

陈其昌不解地问：“熊知县，这是……”

熊新也不正面回答，将他扶在大堂旁的陪审太师椅上坐着，跟他讲起了一个故事。

康熙年间礼部尚书张英收到一封告状家书，山西老家的邻居为建房子，占据了他家老宅三尺路面。这还了得，胆大邻居，竟敢强占当今礼部尚书的地盘，村里的人都为邻居捏把冷汗。令村里人和张家族人佩服的是，张英宰相肚里能撑船，他用这首诗来告诫家人，万里长城今犹在，主筑长城的秦始皇哪里去了？我虽为当朝宰相，只是一时的显赫，邻里关系和友情那是永世传承的。

“我明白了。”陈其昌听完熊新讲完的故事，心悦诚服地说，“心畲的判决是正确的，我们是义门之家，要与邻里同舟共济。”

从此，董陈两家和睦相处。

五

陈中孚丁忧期间，每天坚持清晨去父亲的坟上除草，再在坟头上上香和烧包袱（将冥币用专用纸包着，写着奉上时的日期和收币人后，再落款）。忙完了一切祭祀活动后，日头已经高挂在天空，他再回到弥陀寺用罢简单的斋点，就一头钻进了书房，忙着为乡亲们题字或为友姓序谱作序。

弥陀寺主持慧远沏好陈中孚最爱喝的庐山毛尖茶端进他的房间，只见他正伏案为华容文家文老夫人七十大寿题寿匾。

慧远看到“淑德延年”四个斗大的毛笔字跃然宣纸之上，不禁赞叹：“好字，好字！劲骨凌云，外圆内方，独具一格，排列工整，大小适当。”

“惭愧，惭愧！”陈中孚边落款边笑着问，“想必慧远大师对书法颇有造诣，请书法一幅，让本官饱饱眼福。”

“不敢，贫僧不敢班门弄斧。”

“谦虚如同骄傲，请吧！”

“陈大人，贫僧献丑了。”正当慧远笔饱墨酣，准备书法时，罗姓族长兴冲冲地闯了进来。

陈中孚首先拱手行礼说：“罗家姻亲你好，姻弟心畲这厢有礼了。”

“进士姑爷，你是著名人士，又是我罗家女婿，我们罗家听说你为很多友姓序谱作序，我们葛仙镇罗家首届序谱作序非你莫属。”

“罗姓湾里的事，姻弟怎敢推辞，请你放心，我这就撰写，就怕罗家亲人们不满意。”

“你这么大的朝廷命官能为我们罗家作序，是跟罗家人的脸上贴金，我代表罗家谢谢你啦。”

“不用谢，隔日来取。”

“拜托了。”

陈中孚送走罗族长，他踱着方步，认真地思考着罗姓的历史，一篇语颇隽永、耐人寻味的序文一挥而就。

江南旺族芸芸众生，一家修谱，百家相随。这不，罗氏族长刚刚拿走序文，陈其昌带着义门陈氏南桥庄葛仙镇分庄二十几个村湾的掌门人来到弥陀寺，商量陈姓序谱的事儿。

“心畲，我陈姓在葛仙镇是五大姓氏之一，其他友姓都在序谱，我们也应该序谱啊。”

“好啊，这是家族的大事，是我陈姓的幸事。”陈中孚特别强调说，“从来天下事，有少知有不可知，有少知以后无知者，而卒不可知。有不少知后以有知者，而仍少知。二者固可传所知于后不知者，又不可强不知，以为知而贻误于后，凡事类然而于修谱，尤当敬业。”

一起来的其他湾的族人，如同听天书一般，只知道一个劲儿地点头。代表上街村的陈其鹄担心地说：“心畲讲得很有道理，只是我们上届存谱被祠堂的一场大火烧了，哪里去寻根查祖。”

陈中孚皱了皱眉头，说道：“这可怎么办，我家族来葛仙镇有近四百年的历史，没有原始资料可怎么序谱啊！”

长房陈其德说：“我家里有一本手抄本，是我太祖遗留下来的，里面只有一世祖太武公的瓜藤谱，远祖的却没有。”

陈中孚听后一喜说：“这个不难，江州知府陈希曾和都昌知县陈嵩庆与我颇有交情。”他对陈其昌说：“昌叔，我修书两封，您马上派人前去江西老家找他们，定能连牵瓜藤，一脉相承。”

“好！我马上派人去。”陈其昌说，“心畬，族人一致举荐你为编修并作序，成立编纂委员会，一同将此事做好，作出典范。”

陈中孚笑了笑说：“序谱家父有遗嘱，按我族家规，其编修一职应该是我大哥担任，我不能越俎代庖，主序理应由他撰写。我在书信中也请了希曾、嵩庆两位大人作副序。我为副编修，主责文字审核和瓜藤连线，昌叔负责全盘，不知我族掌门们意下如何？”

“好！”“好！”大家一致赞同。

陈中孚一早上完坟后，就徒步三四里地，来到董家嘴湾里的义门祠堂，一进大门，只见一个三四岁的小孩在伏案专心地抄写谱牒。

“家爹（外公），你看，我抄得怎样？”孩童原来是他的外孙，张应吾的孙子张裕钊。

陈中孚看了看谱牒上的毛笔字隽秀独特，每个字中体现出张应吾的小楷特点和他的外圆内方的个性。小小年纪就能将两个祖父的字体融为一体，乃天才也。

“唷，我家外孙今后不得了，了不得，小小年纪就有自己的独创书法，将来一定能成为书法家的。”

“谢谢家爹夸赞，这是我娘教我的。”陈中孚听后，粲然一笑，心想薇儿毕竟是我的女儿，教子有方。

正当外公外孙其乐融融时，隔壁的桌子上传来了孩童的质问声：“你们这些大人做事不公，为什么我哥哥能在陈家序谱而我不能？”

陈中孚循声望去，只见一个七八岁的小儿躺在序谱用的八仙桌上放泼。小儿的哥哥看上去是二十多岁的后生，他欲抱起弟弟边劝说：“好弟弟，快下来，快下来。哥姓陈，你姓范，你怎么能在陈家序谱呢？”

“不嘛，不嘛，哥哥能姓陈，我就能姓陈。”

陈中孚忙将陈其昌拉到一旁问：“昌叔，这是怎么一回事？”

“他呀，是范举人的公子，性子犟得很，他非要随他哥哥姓陈序谱，来闹过很多次了。”

“你们没有向他解释，异姓不能与陈姓一起序谱的道理。”

“讲了，讲了，讲过多次，这孩子认死理，他哥哥能他就能，不许我们将他弟兄分别对待。”

陈中孚笑着说：“小小年纪坚持真理难能可贵，他哥姓陈他为何姓范呢？”

陈其昌介绍说：“哥哥是随姑带的我四房族人。原来范举人娶我四房姑姑为妻，夫妻俩虽然恩爱，但没有生育，姑姑就将娘家哥哥的儿子过继为范子。十多年后，姑姑贤德，又为范举人续弦，生下了这个儿子。于是，哥哥返回陈家成亲立业。别看这弟兄俩不是亲兄弟，却胜似亲兄弟。哥哥回到陈家后，弟弟不依不饶，隔三岔五地往哥哥家里跑，闹得范举人无计可施，只得重新请哥哥回到范家。”

“哦，我明白了。”陈中孚来到范家孩子面前，和蔼可亲地说，“好孩子，你与哥哥情同手足，应该发扬光大。本官应许你在陈家序谱，但你是范举人的独苗，还是姓范，来一个两姓一祠堂，陈范一家亲如何？”

这范家公子连忙从桌子上跳下来，跪拜说：“谢谢陈大人成全。”

从此，葛仙镇陈姓序谱必录范姓，“陈范一家亲”被传为佳话。

第十八章

病击嘉庆深殿忠诚洒热泪　浪涌华夏四处奔波固长堤

一

三年丁忧眼看就要满期了，陈中孚决定轻装上阵，回朝廷领命。

这夜，弥陀寺上空乌云密布，大有山雨欲来风满楼之势。一会儿就雷电交加，大雨倾盆，好像天要塌下来似的。

天刚蒙蒙亮，陈中孚就起来打开寺门向外张望，昨晚的一场夜雨还是下个不停。他埋怨说："这个鬼天，像是破了似的。"

忽然，通往寺院的土路上，有两个人影戴着斗笠，身穿蓑衣，艰难地行走在泥泞小路上，向寺院而来。

两人走近寺门前，方知是彭玥和罗春颖。陈中孚嘴上埋怨地说："这么大雨的天，你们来干什么？"

彭玥嗔怪道："下着这么大的雨，是怕自己的老爷冻着、饿着，哪知你还不领情。"

陈中孚刚要开口道歉，就听见远处传来马蹄急促地敲打着泥泞声由远而近传来。只见两匹乌龙驹刚到寺门口，熊新飞身下马来到陈中孚面前，哽咽着报告说："陈大人！天塌下来了，皇上在承德驾崩了，梓宫在运往紫禁城乾清宫的路上，朝廷通知四品以上官员速赴京城奔丧。"

"皇上！……"一声撕心裂肺的狂呼，将本来就大雨倾盆的天空撕得更破了，雨水就像长江的水往下倾泻着。

陈中孚因悲痛过度，昏死在彭玥怀里。

"老爷，老爷！您怎么啦？"彭玥惊慌失措，赶忙用大拇指紧掐着他的人中穴位。

好大一会儿，只听得陈中孚"唉"的一声叹气，他醒转了过来。

突然，陈中孚飞身上马，淋着瓢泼大雨，既不言语，也不道别，他扬鞭抽着马儿，往京城方向狂奔。

“春颖，快骑马追上老爷，将斗笠与蓑衣与他穿上，你负责与老爷赴京奔丧，我回家告知大姐，随后我带着霖儿们回京。”彭玥像个临危不惧的将军，命令道。

“是！二姐。”罗春颖飞身上马，追赶着陈中孚。

皇帝驾崩，他的丧事为国丧，举国上下都要为其服丧。届时，还要在清宫举行隆重的葬礼。按清律，皇帝死后，入葬之前称为“大行皇帝”，去世当日进行“小殓”。

国不可一日无君，小殓当日，文武大臣们一致推崇太子爱新觉罗·旻宁为大清第八任皇帝，他也是大清帝国唯一一位以嫡长子身份即位的皇帝，定年号“道光”。

十几日后，道光为先皇在乾清宫举行了“大殓礼”。所谓大殓礼，就是朝廷命官在亲王以下，四品顶戴官员以上和其夫人，佐领三等侍卫及妻子以上等，要到乾清宫内瞻仰嘉庆的遗容。近亲王公、公主、福晋等则跪在丹陛上，伴随道光行大殓礼。

大殓礼中的乾清宫里，虽有悲伤之痛但哭泣时不能出声，脚步在白色地毯上行走不许有半点声响，肃静得使宽大的乾清宫里哪怕是掉下一枚针也听得出声来。

陈中孚领着罗春颖前来瞻仰嘉庆的遗容，当他目睹着去世的嘉庆曾经宽阔的大脸已瘦得皮包骨，他不禁心疼得心口阵阵作痛，泪珠情不自禁地如屋檐的雨水，往下直流。

新任皇帝道光，正在运筹帷幄，雄心勃勃地重新组阁他的领导班子。

以爱新觉罗·载垣，世袭和硕怡亲王爵位；爱新觉罗·端华，袭郑亲王济尔哈郎爵位；僧格林沁，袭科尔沁郡王爵的三个王爷为主要领导班子，设立户部、礼部、吏部、兵部、刑部、工部六部尚书等部门，各部门领导先后就位，大清新的机构开始运转了起来。

一朝天子一朝臣。陈中孚被委任两广盐运使，他领小妾罗春颖赴任不到一年的时间，就被紧急抽调回了京城。

原来，年终临近，刚上任的户部尚书帅承瀛，正在紧锣密鼓地准备一年一度朝廷命官的俸禄发放工作。

万万没有想到祸从天降，京城国库的理事官端仁，匆匆来报：“帅大人，不好了，下官按惯例每月清查一次国库金银存放实况，却发现库存金银不见了。”

“国库被盗？”帅承瀛清楚明白，京城国库黄金白银，那可是前任户部尚书海望，两人当面点数，亲手移交给他的呀，这如何向皇上交差啊。

“还傻站着干什么，还不快带人封锁现场。”帅承瀛吼道。

端仁战战兢兢地说：“帅大人，报不报案？”

“暂不报案，先说说盗贼是从什么地方进去的。”

“国库四周戒备森严，又无撬门和挖洞痕迹，门卫手续齐全，毫无漏洞，是不翼而飞啊。”

“不翼而飞？”帅承瀛立即意识到这是内鬼所为，为了不打草惊蛇，他命令说，“国库被盗一案要严格保密，天知地知，你知我知，以免市井传闻造谣生事。”

“是，下官告辞！”

看来这个案子非常蹊跷，必须要报告皇上，由圣上处置。想到这，帅承瀛急匆匆地来到紫禁城勤政殿，向道光皇帝报告了这一重大案件。

道光听后一惊，问道：“天下奇闻，国库被盗一空，朗朗乾坤，谁有这么大的胆子？”

“皇上英明，这个案子发生蹊跷，臣认为是内鬼串通所为，应秘密破案，以防不怀好意之人造谣生事。”

“那让谁来牵头侦破此案？”

人选帅承瀛在来的路上就想好了，他举荐说：“两广盐运使臣陈中孚足智多谋，当年先帝派他去山西调查国库亏空一案，他揪出了以吕诲为首的一窝硕鼠，经验丰富，他是最合适的人选。”

道光沉思了一番，点点头，命令主管太监说：“传旨，授陈中孚为御史三品监察，负责调查国库被盗一案，直属朕指挥。”道光最后强调，“此旨是朝廷一级保密圣旨，任何人不得泄露，钦此。”

陈中孚一回到京城，还没有来得及去向道光皇帝复命，就被帅承瀛派人将他请进了户部衙门。

陈中孚来到户部，见帅尚书正在批改公文，忙上前施礼说：“下官陈中孚拜见恩师尚书帅大人。”

“啊！是陈大人，恩师言重了。哈哈，哪有师父请徒弟回来破案的道理。”

陈中孚实话实说：“下官在浙江您的手下为官，四年时间，犹如进了官学书院，跟您学到了很多宝贵的经验，您是我崇拜的恩师。”

“看来是本官白捡了一个徒弟啊。也罢，说正事，本官对你的聪明才智毫不怀疑，国库被盗一案的破获只是时间问题。本官令人将你请来，是有一件燃眉之事，要你帮助本……师父解决。”

“请恩师明示。”

“国库被盗一案，是朝廷最高机密，不能使其他官员知晓，为稳定大局，以免朝野发生骚乱。但同时也给师父出了一个难题，年关临近，俸禄待发，国库无银，师父是巧妇难为无米之炊，到时不兑现俸禄，朝廷上下不地震了？不说弹劾本官，就是其口水，也能将为师淹死。为此，师父将你找来，是想要您帮我想想办法，帮助我渡过这一难关，你的鬼点子多，为师心知肚明。”

“这可不是个小数目。”陈中孚想了一会儿说，“恩师，要不这样。”

“怎样？快快道来。”帅承瀛此时就像一个溺水者，突然看见水中向他飘来了一块木板。

“请帅尚书去请示皇上批准，让皇上出面，以要重新审核各级俸禄标准为由，暂时发放一个月的俸禄，待审核结束后一并补发。请问尚书大人，一个月的俸禄得多少？”

“就京城的大小官僚，一个月需要三十万两。王爷们和皇亲们的俸禄由内务府从皇家专用国库支出。好就好在这次是国库被盗，皇库安然无恙，否则非大乱不可。”

陈中孚听后，走近案台，提笔写下：

樊总舵及史、蒋两位舵主：

请速支付三十万两银子给朝廷户部救急！

他写完，递给他说：“帅尚书请签字有效。”

帅承瀛接过纸条，冷笑着说：“难怪有人说你在两广盐运使上大捞了一笔，本官还不相信，这不，还有一个小金库。”

“恩师错怪晚辈了，下官从来私人没有动用盐业总舵的一分钱，有账可查。要说小金库确实存在，我是为大人您的户部设立的。我朝近代经常搞得国库亏空，您刚上任我怕您为难，救急时用，只有您一人签字，才能支取这里的钱。”

“难为你了，只是有人要拿此事做文章。”帅承瀛笑着说，“现在好了，你将为师也拉下水了。”

“一人为私两人为公嘛。”陈中孚说，“我知道是您的副手额索图在背后嚼舌根儿。他本来是个贪官，又怕别人说他是贪官。因此，他以诬蔑清廉的人是贪官为幌子，从而掩盖他是贪官的事实。”

帅承瀛连连点头说：“中孚一番宏论，很有道理。只是……”

陈中孚心知他在担心什么，忙宽慰他说：“您是担心下官一个月破不了这个案子，放心吧，一个月时间足够了。”

他为了使他相信他这个保证不是吹牛的，进一步解释说：“国库这么多金银被盗，一下子是运不出京城的，盗者一定隐藏在京城的某处地方。从现在起，京城出城外松内紧，加强城门检查，特别是出城车辆、轿子和送葬的寿材，包括每天出城拉水的水车和粪便车。只要金银出不了京城，下官定能在一个月之内破案。”

“这个请你放心，案发当天，皇上英明，他就下令兵部对出城人员严加盘查，本官相信国库金银还在京城。”

“如此甚好！下官这就准备去了。”

陈中孚离开户部衙门后，他来到紫禁城勤政殿，与道光复命，君臣二人就国库被盗一案讨论了起来。

“皇上放心，国库金银被盗，一定是内鬼所为，圣上英明，秘密封锁消息后又秘密封锁了京城，内鬼插翅难逃。臣保证一个月之内破案，追回国库金银。”

“军中无戏言，朝上无诳语。”道光钉钉回脚。

“臣有失言，圣上革职查办。只是这次破案，臣可能有越权行为，包括调动国库御林军，请皇上恩准。”

“为了尽快破案，顺天府、国库御林军你都有权力指挥。”

“谢主隆恩，臣告退。”

顺天知府颜检早在衙门等着他。他见陈中孚进来，忙迎上前说：“陈监察，下官奉皇上之命，全衙上下听候大人差遣。”

陈中孚直入主题问：“颜大人，破案专班人员定好了吗？”

“监察大人，下官定好了，这是人员名单。”颜检点头哈腰地双手递上了名单。

颜检可是三朝元老，为官近五十年，可官运沉浮，道光皇帝刚把他调到顺天府任三品知府。在地方三品知府可是个大官，而在京城就是一个招待所所长。所以，他老于世故，见到与他同级而比他年轻得多的陈中孚也是点头哈腰，左一个监察，右一个监察地称呼，叫得陈中孚头皮发麻。

陈中孚接过名单一看，是以陈中孚为主，颜检、国库管理官端仁、顺天府捕头占彪为辅，共十名成员。名单里的人员，不单有名字和阶品的简介，还规定有其职责。他暗自佩服他考虑问题细致周全。

“请颜大人通知他们，速到本府武昌会馆报到。”

颜检曲解了他的意思，忙问：“监察大人，你要请客呀，不妥，不妥！理应下官为你接风。”

陈中孚狡黠地一笑说：“颜大人客气了，照本官的话执行就是了。”说完他扬长而去。

专案组成员很快来到武昌会馆大堂，只见几张八仙桌上空荡荡的，一点餐具、茶点都没有，不像是要请客的样子。然而却见胖头儿孙烈、鼠目儿柴火、竹竿儿石金、薄皮儿成纲四位老将和二妾彭玥、三妾罗春颖，他们面无表情地把守在前后门和走廊各个出口，这分明是鸿门宴啊！

陈中孚待大家坐定，严肃地说：“各位同人，天子脚下发生了惊天大案，国库被盗一空。”

啊！晴天霹雳，几乎将在座的全震了起来，目光一齐投向端仁。

“哪里来的江洋大盗，如此大胆！”

“天子脚下竟无法无天！”

……

在座的纷纷议论。

“大家安静一下。”陈中孚命令说，“这是皇上钦定的一级保密大案，本官受皇命领导大家侦破此案。因此，我现在命令：在座的听好了，案子没有侦破之前，任何人不能出武昌会馆半步，本馆负责你们的衣食住行。人员分成三个小组，分别由本官、颜大人、占捕头负责，每小组三人，外出办案由本官安排行程，三人要寸步不离，在办案期间谁走漏了消息，谁的项上人头就得落地！”

颜检问：“监察大人，下官的顺天府谁来审案啊？”

“我已令人挂牌，暂停审案。”陈中孚接着说，“现在请国库管理官端仁，端大人介绍案情。”

端仁站起来，惭愧地说：“各位大人，下官渎职，在自己管辖之地发生了如此大案，愧对皇上。事情是这样的：上任尚书卸任后，下官亲自陪同海望和帅承瀛两位尚书去国库进行移交工作。当时账面上有黄金五百二十一万两，白银七千四百九十八万两，账货对清。谁知一个月后，下官按库规带人去库房清点实物时，库内金银不翼而飞，下官看后骇然，连忙向帅尚书报了案。”

占捕头问：“端大人，国库地下有无挖洞，墙体有无破坏，门锁有无损坏等盗贼痕迹？”

“下官带人检查过了，全部完好无损。”

颜检接着问：“端大人，国库管理程序请你介绍一下好吗？”

二

“国库管理制度，是顺治爷进京后立下的规矩，分前库、中廊、后库。库前有三道库兵把守，戒备森严。金银进库，先由前库负责验收的官员验收无误后，再由运金兵从中廊抬入后库库存。运金兵是一群特殊人员，他们是由为大清打下江山的旗人担任，实行世袭制，俸禄比一般兵勇要高出很多，享有很多特权。”

陈中孚不露声色，他心中清楚这一制度的短板，曾建议先帝更改这一制度，后来不了了之。

颜检分析说：“听端大人之言，只有这些搬运兵才有机会接触后库的金银，是否他们监守自盗？”

端仁忙说：“不可能，中间的廊房就是防备他们的。他们进出后库时要脱得精光，从中廊穿过才能出入后库，中廊长有三丈六尺，四周全部是大理石墙面和地面，根本无法藏匿金银，来到前库还要接受库兵检查，方能换上衣服下班。”

占捕头也分析说：“有没有这个可能，运金兵买通前库库兵，就能同流合污，共同作案。”

“这个也不可能，顺治爷早就想到这一点了，库兵不是固定的，他是由御林军担任，每天每班轮换一次，他们各行其责，根本不认识，怎能同流合污。”

颜检说：“这就怪了，难道真的飞上天了不成？”

端仁说：“开始我也不信，后来国库的人员传遍开了，是玉皇大帝将这批金银调走了。”

陈中孚插话问：“也就是说，国库被盗在国库里已经不是秘密了。”

端仁表功说：“幸亏我制止及时，此传言只在运金兵内传开。”

“哦……”陈中孚冷不防地问，“端大人，两位尚书交接后，你去后库检查过几次呀？”

端仁脱口说：“就一次。”他突然想起来有点不对路儿，直问道，“难道陈大人不相信下官。”

陈中孚忙解释说：“哎，端大人多心了，你是爱新觉罗皇族，并且是端亲王的弟弟，本官可以怀疑在座的，就是不能怀疑端大人。”

陈中孚为了表示诚意，就对他说：“我们这次会议是为了保密才召开的，但端大人是个例外，可以自由活动。”

颜检迂腐地问：“这是为什么，应该一视同仁。”

陈中孚解释说：“大家想一想，端大人是第一个发现案情的人，如果他不保密，国库被盗案早就在京城传开了。”

“说得很有道理。”大家信服陈中孚的判断。

端仁说：“陈大人，我国库里还有要事办理，先告辞一步了。”

“去吧，去吧。”陈中孚挥了挥手，见端仁昂步走出大厅门口时，突然叫住他说，“端大人，请明天上午将运金兵全部召集在一起，本官要一一问话。”

“好的。”陈中孚见端仁答应后，就转而对其他人说，“各位可在本馆内自由活动，可记住了，千万不许出本会馆。”

交代完后，他来到彭玥面前布置任务说：“你将端仁给我盯死，注意不能让他觉察有人跟踪他，他可是皇亲国戚啊，弄不好是有灭九族之罪。不过这事儿富有挑战性，正是你的强项，我相信再狡猾的狐狸，也难逃你这个好猎手啊。”

彭玥信心百倍地说：“老爷，放心吧，保证圆满完成任务。”

这天，陈中孚带着专案组全部成员，来到京城国库。占彪他们责任心和专业性很强，马上到现场勘察、询问笔录、收集证据去了，只留下他和颜检两人在前库，幸亏有御林军总兵陪同，否则他俩就成了光杆司令。

端仁闻讯马上来到前库，行礼后，客套地说：“陈监察、颜知府，两位大人辛苦了。”

陈中孚说：“打扰了，本官职责所在，请问端大人，运金兵都来了吗？”

“按陈大人吩咐，三班一十八名，外加两位管带共二十名全部在后库等着大人们问话。”端仁说。

“那好，问话就免了吧。”陈中孚用手指了指库前的操场说，“将他们全部带到操场，本官要检查他们的军纪。”

真是狗拿耗子多管闲事，你有什么权力检查我们的军纪。端仁心里不服，但还是执行他的命令。

陈中孚望了望端仁进入中廊门口的背影，来到御林军总兵身边，对着他的耳朵如此这般了一番，总兵点着头儿就出去了。

管带带着二十名吊儿郎当的运金兵来到操场，由于他们在库房里工作，长期没有晒到阳光，这时操场上的光线特别充足，他们一下子还没有适应过来，人人揉着尚不能睁开的眼睛。

“运金兵全体都有：立正！向右看齐！”突然，陈中孚命令道。

颜检还是第一次看到运金兵的形象，这哪是朝廷的一支特殊部队，这分明是一些散兵游勇。队列好不容易形成，二十个人的队列，像六月水塘的水蛇游水，弯弯曲曲，东倒西歪。

陈中孚也不评论，继续地命令道：“向右转，跑步走。”

“哈哈哈……”颜检看到他们跑步的姿态，一个比一个像鸭婆走路的姿势，特别是跑在前面的正、副管带，就是两只标准的鸭婆。他不禁捧着肚子大笑，求情地说：“陈监察行行好，快让他们停下来，不然我的肚子也笑出来了。”

站在一旁的端仁，他紧锁着眉头，心想着陈中孚这是唱的哪一曲啊？正想着，他突然听见刺耳的脚步声，他循声一望，心头一紧，只见御林军千总带着全副武装的御林军将运金兵团团围住。

陈中孚一脸严峻，他望着这二十个运金兵跑步的姿态，个个都是罗圈腿，恨得牙齿紧咬。千里之堤溃于蚁穴，这群国库蚂蚁，胆大包天，竟然将国库的金银全部搬空。

本官的火烧蚂蚁计划开始实施了，一定要千方百计地使这群蚂蚁开口交代，蚁王藏在什么地方，有可能这次盗窃是有组织、有计划的阴谋活动。

陈中孚举着手中的圣旨，大声命令说：“圣上手谕，将这二十名运库兵立即抓起来，押往顺天府死牢候审！”

“他的圣旨是假的，他妈的汉人，我们是世袭贵族，谁敢动我们！”正管带狂妄地叫骂着。

端仁见到这瞬间的变化，马上作出了反应，他气冲冲地跑到正管带面前“啪啪”就是两耳光，气愤地骂道：“你这个旗人的败类！”

正管带大惊失色，正欲张嘴争辩，突然嘴中飞进一个细微的东西，他顿时心肝五脏像要破裂似的。

“你……你……”还没有等大家反应过来，正管带就七窍流血，气绝身亡。

陈中孚意识到问题的严重性，命令颜检说：“颜大人，将副领带单独关押在单人死牢，十二个时辰派专人守卫，没有我的命令，不许任何人提审他。”

他又命令御林军总兵和占彪：“你俩迅速带人去正管带家里搜查，就是挖地三尺，也要找出库银。”

“是！”总兵和占彪各自领着自己的队伍，扑向正管带的家里。

在回顺天府的路上，陈中孚想，火烧蚂蚁计划刚刚实施，主要人犯就服毒自尽了，这事蹊跷啊。

旗开得胜，总兵和占彪带领人马，在正统领后花园里一个废弃的枯井里，找回了一部分国库特有印记的金银。

颜检抓紧时间，一个星期后，就完成了审问运金兵们的口供，大有收获，同时追回了大量国库金银。

陈中孚专门审问了副管带，也追回了一部分金银，三方总数的总和，正是国库被盗的金银。

在初审副管带时，他为了保命，还没有动刑，他就主动交代说："陈大人饶命啊，是正管带蛊惑我们干的。"

"只要你老实交代，本官在皇上那保你不死。"

"我交代，我全部交代。"副管带颤抖地说，"有一天，正管带忽然对我说:'他妈的，汉人是个什么东西，他把海大人挤走了，自己坐上了户部尚书的宝座，我要让你的座位上长满刺儿，老子来个蚂蚁搬家，使你滚蛋，额索图大人就能接班了。'我当时没有理会过来，随口问道，你这是什么意思啊？"

"你他妈的问那么清楚干吗，尽管使出我们的'鸭婆功'绝活，出了事儿有天扛着。"

副管带继续交代说："正管带当着我和当班运金兵的面，将一大锭金子塞入屁眼里，巧妙地躲过了前库御林军的搜查。他能这么明目张胆地盗金子，我们还怕什么，上行下效，我们二十个运金兵就这样以蚂蚁搬家的方式，在近半年时间里，就将国库搬空了。"

陈中孚问："在这期间，端大人没有来查验吗？"

"我们也感觉到奇怪呢，按惯例他一个月要进后库查验一次，他要是来了就会发现金银少了，我们就不敢偷了。这半年来他没查过一次，使我们的胆子越来越大，待我们偷完后，他才来发现。"

果然不出我所料，端仁在介绍案情时说了假话。陈中孚从副管带的口供中，他发现这次国库被盗案，是正管带有意带头所为，他隐约觉得这是一个天大的阴谋。

三

深夜，彭玥才回到家里来，她见陈中孚主卧室里还亮着灯光，就知道老爷专门等她。

她刚推门进来，陈中孚就笑着打招呼说："玥儿，你辛苦了，老爷我为你泡的红枣桂花茶，快趁热喝吧，暖暖身子。"

她顾不上喝茶，忙向陈中孚报告："老爷，端仁这几天都没有动静，除上班外，就回到家里。今晚出动了，先是到他哥哥端亲王府里吃的晚饭，酒醉饭饱后，他去了海望的府上，不知两人密谋了些什么，夜深才回去。"

"哦！"陈中孚若有所思，看来案子发展如我当初判断的一样复杂啊。我的职责仅限于追回被盗金银，至于谁是后台、目的何在，深究下去，可能会捅破天。想到这里，陈中孚背心冷汗直冒，头件大事是撤回彭玥，别穿蓑衣灭火——惹祸上身。

"玥儿，从今晚起，你就撤回来吧。"

"为什么呀？老爷，狐狸尾巴刚露出来，就叫我撤回来，这不是前功尽弃吗？"

"水很深啊，会淹死人的。"

"淹死就淹死，只要是为老爷而死，玥儿此生值了。"

陈中孚感动得将她紧紧地搂在怀里："好玥儿，我俩淹死事小，就怕是狂风大浪，殃及池鱼啊。到那时，我们就成了千古罪人了。"

第二天早朝刚过，道光还在勤政殿里批改奏折，就听见主管太监来报："皇上，陈监察求见。"

"快，快叫他进来。"

"喳！"主管太监出去一会儿，就领着陈中孚进来了。

"吾皇万岁，万万岁！"

"爱卿，平身。快跟朕说说，案子进展如何？"

"回皇上，托你的洪福，案子破了，被盗金银全部追缴回国库。"

道光高兴地说："爱卿真是我大清朝能臣啊，半个月的时间，你就将这惊天大案给破了。福星，你是朕的福星。"

"臣谢吾皇夸赞。"

"快说说，是哪位江洋大盗所为？"

"回皇上，不是什么江洋大盗，而是运金兵们监守自盗，他们采取蚂蚁搬家的形式，将国库盗窃一空。"

于是，陈中孚将运金兵练祖传"鸭婆功"，为的是偷国库的金银。国库银子不翼而飞，那就是家贼所为。据二十余年前侦破山西国库亏空一案的经验，凡属练成"鸭婆功"的，他们个个都是罗圈腿，根据这一线索，令他们在操场上跑上一圈，就锁定了疑犯，再将他们一网打尽。

"一群家贼，胆大妄为！"道光听后，气愤得猛拍龙椅。

"皇上圣明，臣认为这些运金兵原来只是小偷小摸，补贴家用，可这次这么大的胆子，一定有人幕后指使。”

他又将正管带蹊跷地死在端仁的面前，如实做了汇报。

“你是怀疑是端仁……”道光说到这里，他突然刹住了，变换了口气说，“唉，无凭无证的，就不追究了。金银追回了就大功告成，你将这些运金兵如何处置？”

陈中孚暗想，果然皇上只限于我追回金银，幸亏有先见之明，将玥儿撤回。否则，我陈中孚就惹祸了。

“皇上英明，由您定夺，臣照办。”

道光想了一会儿说：“按律法，这些家贼都得处死。但运金兵的祖辈们为我大清立下了汗马功劳，太皇太祖顺治爷曾承诺过，对他们的子孙要另眼看待。我看这样，按每人所盗窃的数额，加倍罚款完事结案吧。”

道光皇帝是一个勤政、节俭的皇帝。他为批复全国各地报来的奏折，经常工作到深夜，独自睡在勤政殿；他身上的龙袍还是父亲留下来的旧龙袍；他一改御膳房的伙食标准，由原来的百菜十汤改为五菜一汤，为此，后宫的伙食标准也随之降了下来，就此一举，每年就为皇库节省了一大笔银子。

陈中孚心想，皇上什么都好，就是优柔寡断。俗话说，当断不断，必有后患。但皇上的话，就是金口玉言，做臣子的是不能违抗的。

“臣，遵旨！皇上圣明，臣有奏。”

“准奏。”

“通过二十年前山西国库亏空一案和现在的国库被盗一案，是同出一辙，因而反映出先帝的国库管理制度不适应现在的发展需要。特别是运金兵人员应选用忠于朝廷的御林军担任。”

“准奏，待新的户部尚书上任后，再由他们重新制定新的国库管理制度。”

从皇上的语气中，国库被盗案的替罪羊，是恩师啊！陈中孚此时感到非常懊丧：这样对恩师也太不公平了，看来，我有必要去安慰一下恩师。

道光像看透了他的心思，深谋远虑地说：“爱卿，放心吧，朕不会将帅爱卿一棍子打死的。当然，户部尚书一职也不能使他人所愿，明天早朝你就知道了。”

皇上突然话锋一转，高兴地说：“爱卿为朕解了难题，朕赏黄金千两于你，好好回去将先皇赐的中丞府修缮一番。”

“谢皇上隆恩，此金子臣收下，暂时替您保管着，待日后朝廷所需时再拿出来。只是臣尚年富，理应再创业绩。吾皇圣明，还望恩准。”

道光皇帝笑而不露地说：“朕还有很多折子要批，你退下吧，明日早朝你就知道了。”

“喳！”陈中孚见皇帝丢下了半截子话，就下了逐臣令，他识趣地退出了勤政殿。

出了天安门，走上金水桥，就见他的四抬大轿停在了金水桥下，往西走是顺天府。案子已破，再回顺天府已经没有意义了，案后罚款的事是顺天府颜大人的事，无官一身轻。

陈中孚上了轿子后，就令轿夫说：“往东边去太子太傅府，去看看我家小孙子。”

四

陈中孚一到太傅府，门丁就热情地将他迎进了客厅，下人送上茶水。不一会儿，他的大儿媳妇、程家小姐就和抱着孩子的丫鬟来到了客厅。

“儿媳拜见公公。”程姗姗与公公行礼后，就令丫鬟说：“将泰儿给他爷爷抱一抱。”

“哇”的一声，襁褓中只有三四个月大的小泰之转动着一双圆圆的大眼睛望着爷爷，见是一张陌生的面孔，顿时哭了起来。

一种内疚感涌上心头，他对儿媳说：“姗儿，还是搬回家里去住吧。兆霖去了资阳任知县，长期不在家里，让你婆婆留在家里伺候你们娘俩。”

“哎！儿媳听从公公的安排。”

“姗妹，别听我伯的，你走了我连个说知心话的人都没有。再说，我二娘跟着我伯鞍前马后地忙着，哪有时间照顾你娘俩。”

大女儿牡丹领着她十岁大的儿子和五岁大的女儿来见外公。

“丹儿不可以当陈家的家啊，我已和你二娘商量好了，为父外出为官有三娘，你二娘现在是专职婆婆啊。”

“我伯就是重男轻女，汝霖弟弟只有十六岁，你就让他当家。”

“哟……你这就冤枉你伯了，汝儿当家是你母亲做的主。再说了，他也是挂个名，人却在湖北书院求学，实际我们的家还不是你母亲当着。”

“我们家是我娘当家，你是谁呀？”牡丹的儿子程小虎天真地问。

“虎儿，不得无礼，快和妹妹叫外公！”

“外公！”“外公！”

两个外孙叫后，小虎兴奋地说：“外公比我想象的还要威风，比我爷爷常挂着个脸儿强多了。”

“哈哈哈，老夫的外孙有眼力。”陈中孚说着，两手兴奋地在官服袖口里摸来摸去，就是摸不出一两银子。

江南的习俗是外公首次见到外孙是要封红包啊，正当陈中孚尴尬之际，儿媳程姗姗像变戏法似的，递了两个大红包给了两个外孙，帮他解了围。

“虎儿、姣儿，快拿着，这是外公给你们的大红包。”

程姗姗的这一幕，恰巧被刚进来的父亲程德楷遇见，他玩笑地说：“陈大人又用河里的水，煮河里的鱼啊。”

陈中孚假装生气地说：“程太傅，在晚辈面前给点面子啊，再说姗儿她是咱们老陈家的人，怎么还是你河里的水。”

“难得，难得，陈大人还记得小女是你陈家人。”

这个老夫子，这是对我有意见啊。他灵机一动说：“人家不正在忙朝廷大事吗？这不，一忙完了，我就来接令爱和孙子回家。”

“别随机应变啊，你的这点小伎俩老夫还不知晓。”

陈中孚见瞒不过他，无奈地说：“太傅大人，我请客，赔个不是总该行了吧。”

“丹儿、姗儿，你们带着孩子们出去，我有事和你们父亲商量。”

“哎！”程德楷见孩子们都走出了客厅，接着话题，挖苦他说：“心畲，又是你请客我掏银子是吧。”

“松亭，别用老眼光看人好不好。”他拍了拍胸口说，“刚才皇上奖励了我一千两金子，还怕没钱。”

“正好，远昭也从广东回京复命，将他也叫上。”

“你看我一忙，什么事儿都忘了，远昭现在在广东任何官职？”

“他呀，是大器晚成，后来者居上，现在是广东副按察使。”

“好小子，现在与老夫同起同坐了。”

“别总想压着人家一头。远昭被你推荐去任台湾道台，他将台湾治理得风声水起，政通人和，当今圣上就委以了重任。”

陈中孚狡黠地笑了笑说：“想必是有老兄的一些功劳吧。师父在皇上面前终究是师父，一句话儿落地，就是一个坑儿。”

程德楷笑着摇着头说：“你的那两花花肠子老夫还不清楚，这才是你来的目的，放心吧，明日早朝你就知道了，你又胜了远昭一筹。”

“那帅大人皇上如何处置？”

“皇上英明，在他的心目中，全国众多民族都是他的子民，他没有满汉之分。帅大人虽然是个无辜者，但有领导失察之责，为了政治需要，皇上只是降级调整他的岗位而已。”

陈中孚悬在心中的一块石头终于落地了，他征求他的意见说：“今儿个请客，也请上帅大人，来个京楚会如何。”

“好哇，四家家眷全都参加。”

“你这不又是打我的秋风吗？”

“这不是打秋风！你这个悭屁蛋，你都得孙子了，难道不应该请大家一次吗？”

“应该，应该。我这就去京城安排最好的馆子，好好地庆祝一番。”

已经认了帅尚书为恩师，理应亲自上门去请他参加晚上的宴会。陈中孚离开太傅府来到户部衙门。

他见帅承瀛专心致志地伏案办公，忙上前施礼说：“恩师日理万机，下官打扰您了。”

“啊！是心畬呀，快请坐，快请坐。”帅承瀛起身，亲自泡上一杯香茗递给陈中孚说，“老夫感谢你啊，你及时破案，帮了老夫一个大忙，不然老夫为官近五十年的辛劳，会付诸东流，可能身家性命都难保啊。”

“恩师请放宽心，您老是贵人多福，任何大的风险凭您的睿智，都能化险为夷。”

“唉！”帅承瀛叹了声说，“看来我这个替罪羊想挣也挣不脱，是福是祸，全凭皇上定夺。”

陈中孚想起了在杭州抚衙，他曾暗示他，需防身边有别有用心的人安插钉子，为了还他这个人情，他也应该将今天在程德楷那儿打探的情况，向他暗示。

“皇上圣明，他一定心中有数，这次国库被盗案是有人主使的，应该不会对您怎样处置，顶多只是个失察之责。”

帅承瀛听了这话，就知道他的消息来源与皇上有关，心里宽松了许多。他感慨地说：“官场是个杀人不见血的地方，谁知我刚一上任，就掉进了他们挖好的陷阱，而这个陷阱设计得如此巧妙。老夫见过很多大风大浪，没有想到却在阴沟里翻了船。”

“恩师，他们为何要设下这个陷阱？”

“还不是为了扶额索图坐上我现在这个位置。”

“啊，下官明白了。”这就是国库盗窃案的最终答案。

“恩师，为了我们能找出答案，弟子在王府井请您喝酒，散散心，不知恩师肯赏脸否？”

“还有谁参加？”

“就程德楷、张应吾我们四位老乡。”

“你不怕皇上知道了，说我们搞小集团。”

“先帝反对小集团，而当今皇上开明着呢。”

“好，今晚的楚天会，老夫参加。”

“恩师，将全家人都带上，我们都带上了。”

“好！”帅承瀛不得不佩服陈中孚这样的安排。如果有人打小报告给皇上，他能解释是家里办喜事，只邀几位同乡庆祝。

五

晚上，在王府井聚月楼四家聚会上，男女老少都是湖北佬，听着乡音格外亲切，相互嘘寒问暖，气氛其乐融融。

雅间的四位朝廷大臣，他们从来没有这么放松过，个个兴致勃勃。

帅承瀛饶有兴趣地问：“三位栋梁，来自武昌，你们的友谊比大海还深，你们到底是什么关系啊？”

张应吾抢先回答：“我们是五同关系。”

“哦，哪五同？”

“同乡、同窗、同门、同亲、同朝为官。”

“其他四同老夫都能理解，那同亲是什么意思？”

程德楷笑着解释说：“我们都是儿女亲家关系。我和昭远的儿媳是心畬的女儿，而我的女儿又是心畬的儿媳。所以，我的孙子喊心畬外公而心畬的孙子又喊我外公，就是这么亲上加亲的关系。”

陈中孚调笑地说：“什么关系，就是扯不清的万字。”

“哈……”一片愉快的笑声。

随后，他们边相互敬酒边谈论各自在外地任职的趣闻逸事。

程德楷羡慕地说：“山河无限好，吾却坐井中。惭愧，惭愧。”

陈中孚调侃他说：“坐井享其成，免遭风雨袭。羡慕，羡慕。”

张应吾发自肺腑地说：“何惧雨风狂，行舟操稳舵。值得，值得。”

帅承瀛见三位武昌才子，而立之年，个个成为朝廷栋梁，真是青出于蓝而胜于蓝啊。他也助兴说：“舵本心操纵，遇涛再制衡。直前，直前。”

唯楚有才，荆楚之地的四位文官，乘酒兴卖弄风骚，至深夜方才散去。

第二天早朝，端亲王第一个站出来，他奏曰：“臣有本要奏。”

“准奏！”

“户部尚书臣帅承瀛胆大妄为，他管理的国库被盗窃一空，这么大的案子他却捂着不报，犯有欺君之罪，皇上圣明，按我大清律法，应革职查办。”

“啊！有此等大事？”大臣们无不惊叹，有的是惊叹盗贼胆子够大的，竟敢盗窃国库；有的惊叹帅尚书保密工作做得真好，这么大的事京城官民并不知晓，陈中孚虽然有底，但还是为帅承瀛捏了一把汗。

道光随歪就歪，装着不知道此事，生气地问：“大胆帅承瀛，可有此事？”

帅承瀛一惊，皇上这不是装聋作哑吗，我明明亲自向他报告过呀。他继而一想，皇上这是高明之举，案子已经秘密破了，何必要揭开这个秘密呢？端仁不是放风说，好像是天兵天将盗的，而皇上最迷信啊，我也来个见风使舵。

“回皇上，端亲王所奏只说对了一半，国库的金银不是被盗，而是天上玉皇大帝临时调用到其他的地方救急。臣原想令颜大人暗查，避免惊动朝野，待有个水落石出后再禀奏皇上。昨夜臣梦见玉皇大帝托梦说：国库金银已经全部还上。第二天臣上国库查看，果然失踪金银完好无缺地放回了国库。如果不信，颜大人可以做证。”

这是皇上天字号秘密，颜检怎敢道破，他拿出占彪的勘察结果，顺着帅承瀛的思路，做证说：“皇上明察，本府接到帅尚书报案后，就带着人马到国库勘查现场，没有发现任何被盗痕迹，臣正感到此案蹊跷时，国库的金银由不翼而飞而又飞了回来。”

陈中孚由衷地佩服恩师，他这睿智的回答，既是迎合皇上的意思，又给了端亲王的面子，由颜检出面做证，就隐蔽了我这个办案人。如果端亲王将我指出来，皇上就会追问他是怎么知道的，他的弟弟不就浮出了水面而处在风口浪尖上了吗？

这一招棋高啊，端亲王是哑巴吃黄连——有苦难言，只是向额索图投去了怨恨的眼神。

不学无术的额索图还以为端亲王要他出面呢，他忙站出来说：“皇上，臣有本要奏。”

“准奏！”

“臣作为户部副尚书，也有管理之责。帅大人却大权独揽，国库这么大的被盗案，他一人捂着，连我这个副手也不知晓。臣认为此案里面有猫腻，恳请皇上派人严查此案。”

端亲王真是恨铁不成钢，生气地说：“查，查，查你个头呀，玉皇大帝经手的事情，你上天上去查呀。”

道光暗自一笑，后台老板果然是端亲王，其目的是要整死帅承瀛，让旗人额索图坐上户部尚书的位置。三王辅政，其势力各有千秋，朕作为皇上，是要时刻观察天平的动向，不能使它倾向任何一方。

“各位臣工，国库一案今天就议论到这儿，朕有三项人事任免要向大家宣布。”

主管太监早有准备，他操着他特有的腔调，高声地读了起来。

奉天承运，皇帝诏曰：

保和殿大学士臣阎敬铭为官清廉，政绩斐然，擢升为户部尚书。

钦此

阎敬铭跪下磕头说：“谢皇恩，臣领旨。”

早朝一阵议论，主要是议论皇上圣明。而额索图像斗鸡场上一只斗败的鸡公，低着头，一句也不作声。

“各位臣工，安静，安静！”道光挥手说，朝中顿时一片寂静。

奉天承运，皇帝诏曰：

户部尚书臣帅承瀛虽办事兢业，但国库案管理失察当责故，授礼部侍郎以儆效尤。

钦此

朝中你望我我望你，都如雾里看花。只有端亲王明白，将帅承瀛降职使用，皇上是为了安慰他。

奉天承运，皇帝诏曰：

钦差监察臣陈中孚救职兢业，政绩斐然，履立功勋，堪当大任，擢升三品一级浙江按察使。

钦此

啊！陈中孚何德何能，一年之内连升三级。额索图妒火中烧，他控制不住地说："臣有本要奏。"

"准奏。"

"恳请皇上明察，陈中孚的政绩人人有之，一年连升三级有违祖制，还望皇上收回成命。"

道光生气地说："大胆额索图，竟敢质疑朕。"道光越想越来气，滔滔不绝地指责他说，"亏你还好意思弹劾陈爱卿，想当年宁波闹瘟疫，你作为宁波知府，不积极组织防疫救民，而临阵脱逃，先帝看在你父亲的面子，倒没有追究你的责任。你……"

道光说到这，正准备说他只不过是端亲王的一只哈巴狗，话到嘴边就打住了，何不趁此时，痛打哈巴狗，免去他的职务，从而削弱端亲王的有生力量。

"户部副尚书臣额索图妒贤嫉能，政绩平平，关键时刻临阵脱逃，朝野上下无不为之愤懑。侍卫！摘去他的顶戴花翎，永不录用。"

端亲王见皇上脸色铁青，这才知道他是偷鸡不着蚀把米，也不便出面保这只哈巴狗。

道光见侍卫将额索图轰出了勤政殿，又特别强调说："各位臣工，朝廷要树正气，立新风，为官要虚心地向能臣、勤臣、廉臣、智臣们学习，不能妒贤嫉能，背后嚼人家的舌头根，从今天起，一经查实，额索图的下场就是先例。"

"臣遵旨！"朝野一片应和之声。

第十九章

故地重任秘破奇案看按察　中原救火无米之炊显布政

一

浙江是陈中孚为官的福地，他任宁波知府时，帅承瀛作为他的坚强后盾，使他能够放手施展拳脚，将宁波的水利工程建设得千年受益。竟使得兵部侍郎、鹿牀居士、著名画家戴熙亢奋，挥毫泼墨，画了一幅“中孚治水”的丹青，在朝野中流传收藏。

春节将至，陈中孚带着彭玥、罗春颖两位小妾，从运河乘官船，下杭州，再次荣归故地，那激动的心情无法言表。有他在官船上赋的一首五言格律诗为证：

岁乐知民乐，欢声集酒徒。
高楼邀对饮，小市笑相呼。
新稻倾囷酿，香醪减价沽。
歌还喧越唱，瑟亦滥齐竽。
茶乳刚浮椀，莼丝正满湖。
午风帘影刮，斜日醉人扶。
家足千仓粟，庭飘一叶梧。
新秋傳好境，诗记放翁无。

这天，官船行至淮杨古运河段，彭玥和罗春颖就像两位贪婪的孩子，她们被运河两岸旖旎风光深深地吸引住了，不时发出阵阵赞美的惊叹声。

这时，她们听见船夫的埋怨声：“这一段是个鬼航道，这么轻的官船也搁浅了。”

船夫边说边下船，拖着长长的纤绳，吃力地拖着船。

“走！我们下去帮帮他。”陈中孚说。

“好呀！”彭玥十分爽快，立即飞身上岸，陈中孚和罗春颖也紧跟着跳了下来，三人拉着纤绳，船轻松地滑动了起来。

“这位大人，您是个好官啦，我在这条运河上行走了大半辈子，运送了成百上千的朝廷命官，您是第一个体恤民夫，亲自拉纤的啊。”

“这没什么，本官是湖区的人，知道你们的艰辛。”

“好官啦好官。”船夫期待地说，“大人，您是否能上奏皇帝，请他老人家派人来将这千里运河疏通疏通，您看这被淤泥塞的，沿河有十几处都要下来拖着，船儿才能行动。”

陈中孚问：“朝廷不是设立了漕运总督吗，你们向总督衙门反映反映。”

“唉！大人您别提总督衙门了，一提就来气，总督大人只知道设卡收税，哪管我们的死活。”

罗春颖说：“要是我家老爷当这个总督大人，他一定会替你们这些船夫着想，疏通运河，利国利民。”

陈中孚严肃地说：“春儿，别乱说，总督衙门可是个一品衙门，他和两江总督衙门一样，是朝廷的重要运输枢纽，本官还不够格呢。”

他转而安慰船夫说：“本官马上起草奏折，向皇上禀奏你们的心声，至于达不达到效果，本官尽力了。”

“谢谢，谢谢大人。”船夫连连致谢。

他们边谈边拉，官船终于脱离了浅水区，一行再次上得船来。由于有了共同拉纤的经历，他们的距离拉近了。船夫边摇着船橹，边滔滔不绝地向客人们介绍运河两岸的风土人情。

陈中孚见他满头大汗，倒了一杯温茶递给船夫说：“船老大，歇会儿，喝口茶凉爽凉爽。”

“侬个谢谢陈大人。”船夫接过茶水，一饮而尽。

“听口音，船老大是杭州人啊。”

“侬个浙江有句俗语，‘是官刁于民’，陈大人一猜就中。”

陈中孚三句话不离本行，他饶有兴趣地问：“老大，你长期在运河上行走，有没有听说浙江地区有什么冤案奇案发生。”

“没有，没有。”船夫摇了摇头说，“自从帅巡抚治理浙江，平息了白莲教，天下一片太平，再也没有什么冤案发生。要说奇案，钱塘县倒发生过一起骇人听闻的淫案，只是……”

罗春颖见他话语突然停顿，还以为他有难言之隐，忙打气说：“船老大，放心讲吧，有我们陈按察使为你做主，你怕什么。”

“不是。”船夫两眼扫视了一眼她两胸前高高凸起的山峰，不好意思再往下说。

他这一细微的眼光，怎能逃过习武之人的眼神，罗春颖脸儿一红，忙解释说：“船老大，我和彭姐都是奶过孩子的母亲，况且我俩都是习武之人，什么血腥的场合没有见过，但说无妨。”

“那侬就讲啰。今年开春的某一天，有人在桐君山上的一片密林里，发现一具赤身裸体的女尸，被人奸尸后，淫贼残忍地用铁丝穿入女尸的两只乳房吊在树上。因时间太久，毫无线索，未能破案。谁知今年的夏秋两季分别在雷公塔附近和苏堤岸边又发现了一样的惨景，闹得杭州城内有点姿色的妇人们都不敢出门。”

陈中孚问：“难道钱塘县衙没有派捕头侦破此案。”

“谁说没派，只是淫贼太狡猾，连杭州府衙都惊动了，到处都是捕快，可淫贼像空气一样，在人间蒸发了。”

“不好！”陈中孚突然意识到什么，忙令船夫说，“快，直接去钱塘县衙。”

“哎！”船夫扯起白帆，同时卖力地摇着橹儿，船飞快地来到了钱塘县衙的门口港口停了下来。

二

陈中孚谢过船老大，三步并着两步来到县衙门口，操起鼓槌，就猛烈地捶打鸣冤鼓。

“何人如此大胆，竟敢捶打鸣冤鼓。”

值班衙卒气咻咻地跑了出来吼道。他见是一位头顶从三品花翎，胸挂朝珠的一位他从来没有见过的大官。他顿时像刚从冰窿洞儿捞出来的一样，浑身战栗了起来。

他愣了一会儿，忙向公堂边跑边颤抖地喊道：“大人，大人！是，是一位朝廷三品大官击鼓！”

这真是千年出古怪了，哪有三品大员向七品芝麻官击鼓鸣冤的。钱塘县令不敢怠慢，连忙跑出大堂迎接。

“不知大人有何冤屈，下官为您做主。”

“你脑袋瓜子是不是进了水啊，哪有大官向下官喊冤的道理，这不是天大的笑话。”

“是是是，您是？”

“我是刚上任的浙江按察使陈中孚。”

“久仰，久仰。陈大人请。”

“公堂里本官就不去了，你迅速将今年开春桐君山上杀人奸尸穿乳上吊案的调查卷宗，今天就派人送到按察衙门，本官要追查此案。为了保证无辜女人再不受到伤害，你必须派出县衙所有捕快，缜密筛查可疑人员，在没有抓住凶手之前，要确保不能发生此例案件。否则，拿你是问。”

“是。”待陈中孚走后，钱塘县令望着他的背影，紧张的心情松弛了下来。他心想：我怕是有什么大事啊，原来是要一份旧凶杀案的卷宗，叫下人来拿不就得了，至于要亲自来吗，真是拿着鸡毛当令箭，吓了本县令一跳。

陈中孚雷厉风行，用同样的方法，从杭州府调出了如出一辙的雷公塔和苏堤的奸杀案的调查卷宗，连夜将三份卷宗读完。

罗春颖站在他身后，眼里看着卷宗，双手用娴熟的峨眉解乏掌法帮他按摩，借以缓解他因长久坐着而引起的疲倦。

“春儿，你对这三起案子有什么看法。”

“妾认为这三起案子是一个变态狂所为，且这个变态狂还是杭州本地人。”

彭玥正好端着茶水进来，她听见她的分析后问：“何以见得？”

罗春颖按照她的思路分析说：“一般的淫贼杀人，是杀人抛尸逃离，而该贼还要将死者的乳房用铁丝穿起来吊着，说明他对乳房大的女人恨之入骨，已经达到变态的程度。”

彭玥继续问：“你怎么知道他是本地人呢？”

“你想啊，要是外地人流窜作案，不可能在同一年同一个城里作案三次，案犯没有这么大的胆子。所以说他是本地人，熟悉周边环境，并且反侦查能力很强。”

陈中孚补充说：“春儿分析得很对。从他的作案动机上分析，他一定是受了某种刺激，才使他变态。而这个刺激，是由一个高乳房的女人引起的。”

彭玥说：“老爷说的是淫贼的夫人将他刺激了？”

“对！有可能是淫贼很爱他那大乳房夫人，而夫人又跟人家私奔了，他曾在官府报案说他老婆失踪了，官府却不闻不问，只有这样才刺激他变为变态狂，一是憎恨大乳房的女人，二是挑战官府，制造骇人听闻的奸杀案，达到损害官府无能的目的。春、夏、秋三季杀人，就差冬季了，年关将尽，淫贼又有可能再作案，挑战官府。”

罗春颖说：“难怪老爷要连夜调来案卷，为的是能从中找出蛛丝马迹，尽快破案，使无辜的妇女免遭杀害。”

“知我者春儿也。天色不早了，早点休息，明儿老爷还要主持召开案情分析会。”

按排班表今天是单日，是由彭玥伺候老爷，罗春颖识趣地告辞他们，回到自己的房间休息。

第二天上午，也是陈中孚上任的第一天，他通知来了杭州知府和杭州所辖的五个县令，他们来到按察使衙门，参加案情分析会。

陈中孚首先请钱塘县令和杭州知府介绍了三起奸尸杀人穿乳吊树，如出一辙的案件侦破过程。

最后杭州知府惋叹地说：“唉！由于淫贼具有很强的反侦查能力，三次作案都没有留下任何蛛丝马迹，直至现在都没有侦破。”

陈中孚说：“刚才两位大人谈了侦破经过，其他地方做得很好，就是没有将淫贼定位，所以他还在逍遥法外。”

“啊！怎么个定位法？”六个官吏还是第一次听见这个新名词，你问我，我问他，都说古人都没有这个词儿。

陈中孚解释说：“所谓定位法，就是将犯罪分子的行为进行分析，找出共同点和内在联系，再勾画出人犯的面貌特征进行侦破。”

钱塘县令问：“陈大人，我们像是听天书似的，您能将这个淫贼勾画出来吗？”

“能。本官昨晚查看了全部案卷，分析出这个淫贼是个沉默寡言的偏执狂，也是个变态狂，他三四十岁，本地人，并且从事过捕快工作。他的夫人是个丰满而乳峰凸起的女人，他非常爱他的女人。案由是她的女人突然跟人私奔了，他去官府报案无果后，报复杀人。”

陈中孚随后提醒大家说：“各位大人，你们认真地想一想，有没有捕快被你们辞退的，或者是接过失踪人员报案的。”

“没有。”“没有。”六个县令都摇了摇头，陈中孚将希望寄托在杭州知府身上。然而，知府大人也摇了摇头说：“没有，没有，至少本官的任上是没有。”

正当陈中孚感到他的分析发生了错误时，“嗨”只见钱塘知县猛拍大脑说：“陈大人，下官想起来了，今年刚开春的一天，一个脸色冷酷，身材魁梧，三四十岁的男子击鼓喊冤。下官令衙卒带他来到公堂，他跪着诉说他夫人和一个做绸缎生意的老板私奔了，要本官替他做主，抓住绸缎老板，交还他夫人。”

杭州知府生气地说：“你这奴才，怎么不早说。”

陈中孚皱了皱眉头，问道：“钱塘县令，后来呢。”

钱塘县令不好意思地轻轻答道：“清官难断家务事，我令衙卒将他轰了出去。”

杭州知府问：“你还记得他的相貌吗？”

“回大人，隐隐约约记得一点轮廓。”

杭州知府命陪同参加会议的师爷说：“快去请杭州最有名的画师来这里。”

“是！”正当师爷准备去请画师时，杭州府的捕头慌慌张张地进来报告说：“大人，在岳飞墓旁的山边，今早樵夫上山时发现，又有一具被穿着双乳的女尸挂在树上。”

怕什么，来什么。陈中孚猛拍案台，气愤地说：“大胆淫贼，公然向本官挑战。走，我们去现场办案。”

一行七乘官轿，后面威风凛凛的一队衙卒，他们浩浩荡荡地穿过西湖，来到了案发现场。

陈中孚看见赤裸裸的女尸虽然惨状，但脸色并无痛苦之色，他令随来的仵作说：“放下尸体，仔细验尸。”

“是。”仵作放下女尸，将她平放在地上，用一块白布覆盖在尸体上，认真地验起尸体。这时，只见一位衙卒走近尸体前，仔细地用鼻子嗅了嗅尸体头部的气味，皱起了眉头。

好熟悉的气味，这是峨眉“迷魂散”特有的气味，难道是他？

杵作验完尸体后，连忙报告说：“大人，女尸三十岁左右，死于用绳索勒颈脖窒息而死。她曾有生育，从她阴道里的黏液上看，她死后被人奸尸过。”

“不对！”一个熟悉的声音从衙卒里传了出来，“被害人生前是被人下‘迷魂散’将她迷倒，奸污她后再勒死她的。”

陈中孚循声一望，连忙来到衙卒面前，将她拉到偏僻处说：“春儿，你怎么来的。要是被人传出去，按察使的女人来到杀人女尸现场，老爷我的面子往哪儿搁呀！”

“人家不是担心你的安危，来保护你吗？”

“你是怎样知道女尸是被用迷药迷倒的？”

“老爷你怎么忘了，我们峨眉派是下迷药的高手。”

“对，对。你跟着，注意一点，别露出了你的真相。”

“知道了，老爷。”

他们刚回到现场，只见杭州知府命令钱塘县令说：“快去将淫贼的画像画出来，写出告示，谁发现淫贼行踪报知官府，奖银五百两，谁抓住淫贼送官奖银一千两，杭州城内四处张贴，越快越好。”

三

“不能这样。”突然，衙卒里又传出一声熟悉的声音，“这不是通知淫贼，叫他快跑吗？”

“大胆衙卒，我们命官办案，哪有你们这些当差说话的份儿。来人，将这个胆大妄为的家伙抓起来！”

陈中孚循声一望，心中暗自叫苦，这两个女人怎么都来了。他忙出面打圆场说：“知府大人，衙卒说得很有道理，我们为官者应该听得见下属的意见，本官认为悬赏告示不能张贴，做到外松内紧，给淫贼一个错觉，各府县将捕快派将出去，拿着淫贼的画像，秘密调查。同时我要提醒大家，从淫贼犯案手法上看，可能是个练家子，两人一组，注意安全。”

“是，陈大人，下官知道了。”钱塘县令和其他几个县令表态说。

杭州知府余怒未消，他指着刚才反对他的衙卒说：“要不是看在陈大人的面子上，本官不剥下你身上的皮。”

衙卒正想反驳，却看见陈中孚投来凶巴巴的眼神，话到了嘴边又咽了回去。

陈中孚气势汹汹地命令：“各自回衙门，这起案件由杭州府衙主办，其他县衙协办，有情况随时向本官报告。”

大家见按察使脸色铁青，领命后各自散去。陈中孚带着衙卒回到本衙公堂，他向衙卒们挥了挥手，他们识趣地退下，只留下罗春颖和彭玥两个假衙卒，诚惶诚恐地站在他面前。

“啪！”的一声惊堂木响，陈中孚气急败坏地吼道：“跪下！两个丢人现眼的东西。”

彭玥吓得连忙跪在地上，罗春颖却倔强地站着原地不跪。

“罗春颖，你好大的胆，本官令你跪下你为何不跪？”

“凭什么呀，妾又没有做错什么。”

“你还不知道你错在哪里，你以为你还是峨眉山的疯丫头啊，你要知道你们三位夫人都是受到皇上赐封的诰命夫人，要注重朝廷礼制。”

罗春颖踩着泥巴不晓得起脚，仍倔强地说：“这是你的一厢情愿，我根本不愿做什么诰命夫人。”

一向温柔的春儿今天怎么啦，今个儿吃了铳药似的，竟敢顶撞老爷，还有没有家法了。陈中孚越想越气，把他气糊涂了，他气喘吁吁地吼道：“你这不守妇道的女人，老爷我，我休了你！”

“呜呜……”罗春颖哭着说：“休就休，我大不了回到峨眉山当尼姑去。”说着，她哭着跑了出去。

陈中孚先是一愣，突然醒悟了过来。一日夫妻百日恩，春儿嫁给自己有十几年了，温柔贤惠，并为自己生下了汝儿和女儿桃花，她今个儿一定是脑中的哪根弦断了，暂且原谅她一次。

他对彭玥说：“别跪了，快去把你小妹劝回来。”

“哎！”彭玥立即跑出了衙门。陈中孚望着她远去的背影，一下子冷静了下来。春儿今天的反常举动，一定与今天的现场有关。“迷魂散”“峨眉山”难道她发现了淫贼与峨眉山有某种联系……

彭玥紧追着，一会儿就追着了罗春颖，她气喘吁吁地对她说：“小妹，你跟我回家吧，老爷说休你是气话，这不，他叫我劝你回去，不然他在汝霖、桃花两个孩子面前交不了差。”

“嘻嘻……”罗春颖一下阴云转晴天，她笑着说：“傻姐姐，你以为我真的舍得离开老爷啊。”

“那……那刚才你……”

罗春颖得意地说：“那是与老爷唱的一出苦肉计。老爷不是熟悉《孙子兵法》吗，春儿我今天跟他来一出苦肉计，看来老爷破解不了。”

“这是为什么呀？”

罗春颖坚定地说：“我师兄作恶多端，遵师命，替她老人家清理门户。”

“玥儿我是越听越糊涂了，你这是忠义之举，跟老爷直接说明不就得了，老爷是个开明人士。”

“老爷开明，可朝廷规矩森严啊？”

“我们家里的私事与朝廷有什么关系。”

“怎么没有，你刚才也听见老爷说了，我们是诰命夫人，你还真以为这是一种荣誉啊。它实际是一条枷锁，死死地将我们锁在老爷身边，动弹不得。否则，就是大逆不道，有损风化。”

“说的有道理。所以你就是为了保全老爷的声誉，来了一个苦肉计。被老爷休后，你就是自由之身，行走江湖，行侠仗义，为师父清理门户。”

“还是二姐聪明。”

“小妹，你师兄是谁呀，要不我俩联手怎样？”

“不用了，下峨眉山之前，师父就教我制服他的撒手锏了。他就是制造杭州四大惨案的淫贼。”

“啊，是他！”彭玥吃惊地问，“你是怎么知道的？”

“淫贼使用的迷魂散，是我师父正阳师太秘密研制的。淫贼原来也是峨眉派弟子，他趁师父不注意偷走了迷魂散，师父曾派人四处追查他无果。在我和老爷下山时，师父交代，如发现师兄的行踪，就要我替峨眉派清理门户。”

“偷走了一包迷魂散也不至于追杀啊。”

“师兄是个淫棍。他一日下山到重庆购买物品，偶遇一个体态丰满，颇有几分姿色的女子，他死缠烂打，非要娶姑娘为妻。姑娘正色地告诉他，她已经许配了人家，哪有好女从二夫的道理，她拒绝了他。他不死心，暗中跟踪到姑娘家里，潜伏在姑娘绣楼之下。夜深人静，他用偷来的迷魂散迷奸了姑娘，再把姑娘掳到湖北荆州，逼姑娘与他成了亲。为了生活，他凭一身武艺，在荆州府谋得捕快一职，倒也逍遥快活。”

“那后来呢？”

“人家姑娘在家里失踪了，就到重庆府报案，重庆捕头根据现场提取物，发现有迷魂散的气味，就锁定了是峨眉派弟子所为。师父赔了人家一笔可观的银子才平息了此事。于是，师父下了绝杀令清理门户。一日，师父派出的一名弟子发现了他的行踪，两人拼杀了起来，可惜其弟子不是他的对手，惨死在师兄的利剑之下。没有想到他到杭州隐居了起来，犯下了如此恶行。你说，此时，家门之恶徒，我不除之，还待何时。”

彭玥发现了一个问题，提醒她说：“你们是师兄妹关系，你师兄把你认出来了，他逃了怎么办？”

“不会的，我们虽然是师兄妹关系，我上山时他已经出走了，相互并不认识。”

“那你怎样才能与你师兄会面呢？”

“色诱！”

“色诱？”彭玥望着她那婀娜多姿、丰姿绰约的身材，特别是她胸前的两只小白兔呼之欲出。她明白了。

“三妹，你这是拿女人的清白赌博啊，搞得不好会身败名裂，你这样做值得吗？”

“值得。为了完成师父的遗愿，为了老爷的前程，更是为了杭州妇女再不受到伤害，我责无旁贷。”

罗春颖叮嘱她说：“这件事天知地知，你知我知，连老爷也不能告诉他。如果事情办得顺利，我很快就会回到老爷的身边，如果我的诰命夫人身份暴露了，我也不愿毁了老爷的前程和玷污了咱们老陈家的声誉。那就假戏真做，我认命是被老爷休了，独自上峨眉山去。汝儿、桃儿还望你和姐姐们视为己出，将他们抚养成人，成家立业。”

彭玥含泪地点了点头说：“不会的，我们是老爷身边的灵蛇，王母娘娘会保佑你成功。小妹，老爷那儿我怎么去回话？”

“就说我的心意已定，决定回峨眉山看望母亲后再回来。”

四

杭州春来客栈来了一位美貌绝伦，穿着云南服饰的少妇客人，她的一颦一笑，一言一语充满着少数民族的风情，店老板好不容易从她那浓厚的云南语言中，听懂了她是来杭州寻夫的。

云南少妇每天穿着民族服装，胸前曲线分明，妖艳十足地穿梭于大街小巷，过路行人向她投来一双双羡慕或贪婪的目光。

上有天堂、下有苏杭的杭州，虽然经济发达，闹市喧哗，但它是个历史悠久的封建传统古城。妇女们三寸金莲足不出户，很少在街上抛头露面。特别是出现淫贼后，有姿色的女子个个胆战心惊。她们深藏在自己的屋里，或相夫教子，或女工刺绣，或浆衣洗裳，很少见到街面上有漂亮女子走动。

只有那花街里的醉春楼上，才能看见打扮得像妖精似的妓女，她们在招揽客人，打情骂俏。

今天，云南少妇逛了绸缎庄后，逛了几家金银玉器装饰店。大概没有她所需的物件，她又信步来到了花街转悠。

两个纨绔子弟相约到醉春楼里去采花，在花街口看见穿着特色的一女子在街上左顾右盼，一眼就看出是个外地女子，而又有几分姿色，他们上前调戏她。

“哟，好个漂亮风骚的少数民族女人，今儿个陪小爷俩玩玩。”一个纨绔子弟淫笑着说。

而另一个纨绔子欲上前去拉她的玉手。她脸一红，本能地缩回她的手儿，低着头疾步向一个偏僻的巷子而去。

“哥们，你看她害羞的样儿，一看就是一个刚出道的嫩雏，我俩今天艳福不浅，还是个暗雏儿，她要带我们去她那儿风流呢。”

“哈哈……”一阵放荡的淫笑，随风吹进了云南女子的耳朵里，觉得格外刺耳。想得倒美，老娘是看街上人多，不便修理你这两个浑小子，待到了偏僻处，老娘要打得你们满地找牙，看你们今后还敢不敢随便拈花惹草。

云南女子进入偏僻巷子里，四处望了望，除了两个采花贼以外，见没有人跟踪。她用迷人的手指，向两位勾了勾，直勾他们三魂掉了两魂，双双像饿狼似的向她扑来。

“哎哟！”还没待两个纨绔子弟明白是怎么回事，在同一瞬间里，一个被重重地挨了一拳，一个被狠狠地踢了一脚，都是打在门牙上，他们轰然倒地，各人用手护着不见门牙的嘴上，痛苦地呻吟，鲜红的血液从他们的手指缝隙里直往外流。

云南女子像没发生什么事儿，拍了拍身上的灰儿，用鄙视的眼神瞪了一眼两个满地找牙的纨绔子弟，扬长而去。

云南女子在春来客栈客住有些时日了，店老板见她每天进进出出，看这情况她是还没有找到她丈夫。今天是腊月十八，店里的客人陆续回家过年走了，整个客栈只有她一人住。

店老板关心地问：“这位妇人，你找到你丈夫了吗？春节来了，你不回家过年？”

云南女子操着云南腔调说：“还没有找到啰，我今儿个就在你这儿过年了哦。”她说着，就从口袋里掏出来一锭银子，交给了店老板。

店老板接过银子，一脸奉承地微笑说：“好的，好的。我一定准备一份丰盛的年饭，使你愉快地度过春节。”

“谢唷！”云南女子独自回到自己的房间想着心事儿：难道是我哪儿露出了破绽，被对手识破了。不会，不会。我的化装术，连师父都在夸赞我，可以以假乱真。既来者则安之，再狡猾的狐狸也会露出它的尾巴，明儿个继续下诱饵。想着想着，她宽心地睡着了。

“噼里啪啦”一早儿，整个杭州城里响起了鞭炮声。吵醒了云南女子，她揉着眼儿，倚在二楼的栏杆上，见店小二正用竹扫帚，在打扫楼下院内的卫生。

她喊问道：“小二！今天是个什么节日啰，整个城里鞭炮声不断。”

店小二仰着头回答说：“今年是个早春，人们放鞭炮迎春啊。”

“春天来了。”这个信息使她兴奋起来。师兄这个淫贼，他去年分别在春夏秋冬四个季节作案四次。他虽然是一个变态狂，但也有作案规律，看来他是要在今年的春天某一天作案了。

沿着这个思路，她仿佛看见曙光就在眼前。她每天更加勤快地出入女人们常去的场所。

果不其然，腊月二十九的傍晚，她在肆井斋古玩店里，隐约看见店老板满脸堆笑的脸上，有一双冷酷而又贪色的眼神紧盯着她的胸前，顿时使她产生了幻觉，她仿佛看见一个饿死鬼，要一口将她的双乳吞掉似的，使人毛骨悚然。

她很快镇定了下来，一定是他，该是挂香饵的时候了，得引诱鱼儿上钩。

她装作若无其事的样子，走近一尊玉石观音佛像前，左看看，右摸摸，爱不释手。

“这位美人，这是一尊用和田玉石，由名家雕刻而成的观音佛像，是镇宅之宝，价值连城。”

“这尊佛像栩栩如生啰，请问店家多少钱出手哦。”

“美人看中这尊佛像，看来你与肆井斋有缘啊。”店主淫笑着说，“本老板最喜欢美人，特别是看见胸脯高耸的女人。这样，我进价一百两，我半卖半送，五十两怎样？”

她向他丢了一个媚眼，满脸欢喜地从胸脯的贴身口袋里掏银子，两只小白兔儿一露一缩的，像是要钻出来而又怕生人似的，直馋得店老板口水直流，他真恨不得用双手去捉那两只白兔。

她掏了半天，只掏出四张十两的银票递给他，不好意思地说：“老板，这会儿带的钱不够数，我孤身一人住在春来客栈，麻烦你动动步子，跟我去取。”

她好像是故意将她是“孤身一人”说给他听的。她撒娇地补充说：“这尊佛像想必有十来斤重，我一个弱女子也拿不动，只好麻烦你唷。”

送到嘴边的肥肉不吃白不吃，她这分明是在勾引自己，到她房间里去，不正好成全美事。如她不从，我再来施展迷魂散，她插翅难逃。生米煮成熟饭后，还担心没有女人过年。

店主想到这里，放荡地说：“美人，别急，别急，这么好的美差谁都愿意去，我去换换衣服就和你去。”

云南女子到这里住了大半个月了，春来客栈老板还是第一次见她带着一个男人回来，还以为是她找到老公了呢，识趣地不去打扰。

她带他上楼来，打开自己的房间说：“请进，将佛像放在床头柜上吧。”

“哎！”古玩店老板跟进来后，随手关上了房门。

她又向他飞了一个媚眼，就到化妆镜台上坐着，慢慢地卸起妆来，她从镜子里看见他弯腰放佛像的一瞬间，迅速从抽屉里一个精制盒儿里拿出一粒药丸丢入口中。

这时，她又从镜子里看见他如饿狼似的向她扑来，她机灵地一闪，古玩店老板来了个嘴啃梳妆台。

“老板，你这是干什么！”

古玩店老板赤裸裸地淫笑着说：“嘿嘿，孤男寡女地在一个房间里，为的做爱呗。”

云南女子脸儿一红，害羞地说：“一见面就……连个定情物都没有，我可不是那么随便的女子。”

他暗自一声冷笑，忙从口袋里掏出一个刺绣锦帕，递给她说：“美人，准备着呢，这是一块杨贵妃用过的锦帕，千余年来还保存完好，价值连城。”

她接过他的手帕，峨眉迷魂散的气味直入鼻孔，幸好她提前服了解药。果然是他！她不露声色地将锦帕在手指上的金戒指上擦了擦，然后放在鼻孔上闻了闻。

“倒！”古玩店老板的倒字尚未出口，只见她凶巴巴地说：“你、你、你骗人，这是哪个狐狸精的骚味在上面，你闻，你闻。”

古玩店老板冷不防，她将手中的锦帕塞入他的鼻孔前。

“是有一种怪味。”古玩店老板闻后，刚说完他就发现自己的骨头“咔咔”作响，顿时浑身疼痛难忍。

“不好，化骨散！你是……”他刚抬手就软了下去。

“师兄，让你死个明白。”她举起左手，指了指金戒指说，“这里面有师父配制的一味特殊药粉，它与峨眉迷魂散接触后，就很快中和出化骨散。你这个淫贼，作恶多端，我替师父清理门户。”

此时的师兄，再也说不出话来，一阵阵的“咔咔”声，他身上的骨头渐渐地粉碎，就像一条无骨蛇一样地盘成一堆，痛苦地死去。

云南女人就是罗春颖装扮的，她从床头枕头里抽出一张早已准备好的纸条放在师兄的尸体上，换上贵妇人服装，从二楼窗户上飞身飞出春来客栈店外，神不知鬼不觉。

五

陈中孚坐了一整个下午，忙完了手中亟待处理的卷宗，已经是腰酸体痛脚发麻。唉！一岁年龄一岁人，步入五十岁后，身体就没有以前硬朗了啊。

下班后，他回到按察使衙门后院，就躺在大厅里的躺椅上喊道：“小玥，快来按摩按摩，老爷的骨头累得快要散架了。”

“哎！”彭玥从房里跑出来，搓掌后帮老爷按摩了起来。

陈中孚闭着眼儿说：“小玥，你的指法就是没有峨眉山指法有力道，使人舒服。”

彭玥埋怨地说：“哪个叫你把小妹赶走的。”

陈中孚辩解说：“是我赶走的？是她的心计多，故意使的激将法，离家出走的。”

他担心地说：“今天腊月二十九了，不知她在什么地方过年。”

“也是的，我们一家过年也不能团聚。大姐在湖北老家带着汝霖、桂花倒也清闲自在。这个小妹也是的，明儿就是年三十，怎么连个信儿都没有。”

“一个不让人省心的女人。老爷我累了，先眯会儿。”

说曹操，曹操到。彭玥惊喜地看见小妹罗春颖闪现在她的面前，她正要打招呼，只见她用手势叫她不要出声，生怕吵醒了老爷。

罗春颖换下彭玥，她用峨眉娴熟的掌法给老爷按摩，正按摩着，陈中孚醒转了过来，一双大手将她的玉手紧紧地握着说：“春儿，你终于回来啦。”

“嗯，老爷，妾让你担心了。”罗春颖依偎在他的怀里说。

“可不是嘛，老爷天天念叨你。”

一家人正说着，只听见杭州知府兴冲冲地跑了进来，人未进屋声音却传了进来：“陈大人，找到了，找到了。”

陈中孚听得一头雾水，他问：“什么找到了？”

“淫贼找到了。”

“抓住了没有？”

“他被峨眉神女杀死在春来客栈，淫贼原来就是肆井斋古玩店的老板，隐藏得够深的。”杭州知府说着，就递上从死者身上取下来的纸条给他。

峨眉神女受师命清理门户，他是杭州作案四起的淫贼。

陈中孚看完纸条，心中明白了是谁人所为。他边撕碎纸条边交代说：“知府大人，你迅速张贴告示，淫贼被本府的秘密捕快发现后，因其拒捕，被我捕快杀死在春来客栈，让杭州妇人放心地过个好年。这个功劳本官会上奏皇上，记你一功。”

“谢谢按察使大人，下官这就去安排人张贴告示。下官提前与您拜年，祝您官运亨通，全家春节愉快！”

“彼此，彼此。”

陈中孚送出杭州知府，回来将罗春颖搂在怀里，亲切地说：“春儿，辛苦你了。”

罗春颖乖巧地说：“为老爷分忧，是妾的本分。”

“小玥，快去厨房弄几样好菜，在家乡腊月二十九要吃团圆饭。”

“我也去，帮姐姐一起弄。”连忙站起来。

彭玥不好意思地说：“今晚只能吃面条当年饭啊。”

陈中孚说：“这是你分内的事啊，你怎么没有准备好。”

彭玥无奈地用两指搓了搓，罗春颖一下子明白了，忙道歉说：“都怪我，走得匆忙，忘了将伙食费放在家里。走，姐姐我们一起上街买去。”

“妹妹，今晚是二十九啊，叫花子也有三天年，生意人都回家过年了，我们哪儿买去？”

“是的哈，老爷，怎么办？”

“一个和尚挑水吃，两个和尚抬水吃，谁叫我家是三个和尚呢。”陈中孚想了想，忽然眉毛一扬，兴奋地说，“明天我们到被朝廷遗忘的旮旯里打秋风去。”

彭玥问：“那是什么地方？”

“就是宁波鄞县县令涂兴农家里。”

“老爷，堂堂七品县令，为何说是被朝廷遗忘的旮旯？”

“涂县令是老爷在宁波任职期间，破格提起来的县令，十多年来还是原地踏步走，仿佛他被朝廷遗忘似的，不升不降不动。他是个清官，鄞县百姓非常爱戴他，求之不得呢。”

罗春颖不解地问：“老爷，这么好的官，皇上英明，为什么不提拔重用他。”

“就因为他不是科班出身，所以才被遗忘。”

“啊，是这么回事儿。走！下面条去啰，明儿年三十打秋风去啊。”彭玥像个快乐鸟儿，飞进了厨房。

年三十，陈中孚一家子来到涂兴农家里过年，使这个地方绅士家里举家欢庆。这一家子老少人等忙上忙下，脸上都挂着灿烂的微笑，那高兴的劲儿就甭提了。特别是涂老爷子，一会儿令老婆子杀鸡；一会儿令儿媳炸年糕；一会儿令孙子上街买鞭炮……一大群人过了一个好不热闹的新年。

六

元宵节刚过的一天，陈中孚正在埋头审查卷宗，衙卒进来报告：“陈大人，衙门外有一位自称是涂兴农的六品官儿求见。”

“哦！快请，快请。”

不一会儿，涂兴农兴冲冲地进来，纳头便拜：“下官涂兴农拜见按察使陈大人。”

“不必拘礼，”他命令衙卒说，“赐座，看茶！”

涂兴农坐下说：“这是在三品衙门里，下官不敢造次。”

“有进步！”陈中孚假装不知，玩笑地说，“哟，春节打假成功了，升官了，快说说在哪个衙门任职。”

“承蒙陈大人举荐，皇恩浩荡，任杭州府农作使。”

“皇上英明，人尽其才。”

去年年三十，陈中孚连奏三折，一是跟圣上拜年；二是申报杭州知府破案有功请示予以嘉奖；三是举荐鄞县臣涂兴农任杭州府农作使，进一步抓好贡米的优良品种的培育工作。道光皇帝信任陈中孚，一一准奏。

涂兴农说：“下官有些担心，这个农作使不知干不干得好，有负您的厚望。”

“干得好的。江浙是贡米之乡，你又有丰富的农业经验，本官相信你会将贡米生产得更加优良。”

“谢谢陈大人鼓励。”涂兴农真诚地说，“陈大人，为了感谢您这个伯乐，下官想请您和嫂子们吃顿西湖的糖醋鱼。”

“客气了。本官这会儿还有很多卷宗要审批，改日请你到家里来吃饭，你三嫂做的菜蛮好吃的。”

“好，一言为定，您挺忙的，下官就不打扰了，告辞。”

“衙卒，替本官送一送客人。”

一年来，陈中孚没有官架子，工作之余，结识了很多像涂兴农这样的官场新老朋友，将官场如战场演变为同舟共济的和谐场所，使他的人脉剧增，工作如鱼得水。

时间过得真快，又一个春节即将来临，彭玥和罗春颖都想孩子们了，就与老爷商量，今年春节就回京城过年。陈中孚也想面君汇报工作，三人不谋而合。正当他们准备返京时，圣旨到。

奉天承运，皇帝诏曰：

调浙江按察使臣陈中孚为河南布政使，授三品加二级衔，河南危困立即赴任。

钦此

谢主隆恩后，“唉”陈中孚叹了叹口气，对两位小妾说：“皇命难违，我们只有去河南过春节了。”

罗春颖问：“老爷，河南发生了什么事儿，要你任布政使才能解决，原来的布政使呢？”

陈中孚猜测说：“听说河南今年闹蝗灾，全省农业大面积颗粒无收。没有了税收，原布政使一定是巧妇难为无米之炊，撂摊子了呗。”

彭玥说：“啊，我明白了，一定是河南发不出俸禄，要你去想办法。老爷又没有开钱庄，这是谁出的馊主意。”

“一定是恩师帅大人。”

陈中孚猜得很正确。原来，河南因灾发不出俸禄，就向户部求援。新任户部尚书阎敬铭也因国库不厚实，正在发愁京城的官员俸禄不能实数发放，哪有余钱支援河南。

他突然想起原国库被盗后，前任帅承瀛是怎样渡过难关的。他和帅承瀛颇有深交，就来到他的衙门取经。

帅承瀛出点子说：“去找陈中孚，他点子多，一定有办法。”

就这样，阎敬铭面呈道光皇帝，调陈中孚到河南，解决燃眉之急。

彭玥说：“什么恩师，这不是害老爷吗？”

“放心吧，恩师不会害我的，河南布政使只是个过渡职务。待我令盐帮帮助解决燃眉之急后，就会被调离的。”陈中孚道。

果然不出陈中孚所料，他任河南布政使还不到半年时间，又接到一道新的任命圣旨。

奉天承运，皇帝诏曰：

调河南布政使臣陈中孚改任四川按察使，授三品加三级衔。

钦此

陈中孚移交工作结束后，就携带二妾奔赴四川。

一路虽然车马劳累，倒也领略到了泱泱大地旖旎风光，罗春颖调侃地说：“老爷，妾将你好有一比。”

“比着什么，但说无妨。”

“明代的旅行家徐霞客，带着我们游山玩水，嘻嘻。”

“你这个比喻不贴切，老爷我倒像孔夫子，带领弟子周游列国。”

彭玥说：“依妾看来，你们的比喻都不贴切，我们倒像朝廷的一支救火队，哪里发了火我们就奔赴哪里。”

“是啊。”彭玥的一番话，使陈中孚陷入了沉思。

他们一行骑三匹枣红马，从河南穿陕西，见驿换驹，见河乘舟，刚到达四川通化古城，正准备徒步翻越李白笔下的“蜀道难，难于上青天”的剑门关，又接到了朝廷快马信使传来的圣旨。

奉天承运，皇帝诏曰：

查南疆广东内乱外患交困，速调四川按察使臣陈中孚升任广东巡抚，授二品衔。

钦此

第二十章

临危受命查封鸦片怀若谷　下乡视察遇险琼州洞秋毫

一

陈中孚升迁广东巡抚，实为封疆大吏，军政大权独揽，理应是个高兴的事儿，可他就是高兴不起来。朝令夕改乃兵家大忌，皇上应该深知这个道理。为何朝廷命官们频繁调动呢，这说明我大清帝国危机四伏，大有山雨欲来风满楼之势啊。

他心事重重地仰天高歌：

奉旨梳疆，愁绪起，大西洋激。凭远望，滔天白浪，燕归寒瑟。帆影飘飘云雾去，渔夫终将阳光觅。盼羊城，早日杏花天，和平迹。

驱夷外，堆垒毕。看华夏，中天日。再酙功庆酒，粤剧洋溢。雪后方知红萼艳，春来试看园林碧。愿边民，谈笑万花间，莺歌集。

罗春颖赞道：“好一曲满江红，表达了老爷有岳飞报国之志，更有咱们老陈家陈廷敬相国的治国情怀。”

彭玥说：“那还等什么，我们改道去广东呀。”

陈中孚说：“不，我先进京面圣，悉知皇上的对外夷的方略后，再去广东赴任不晚。”

他随后对信使说：“信使大人，还请你将我上奏面君的折子，带回京城。”

信使说：“巡抚大人，请撰写奏折。”

新授广东巡抚臣陈中孚跪奏：恭谢天恩，仰祈圣鉴事……窃臣一介庸愚，才识谫陋，由道员洊升藩司，未报涓埃，时深兢惕。兹又仰荷宠纶，升以广东巡抚重任。闻命之下，倍切悚惭。伏念巡抚有管辖全省之责，广东地属海疆，风俗未尽淳朴，整饬化道尤为不易。且内河外洋防范巡缉诸事宜均关紧要。臣之愚昧，惊弗克胜。惟有恪遵前旨，呈弛前进，求天恩俯允来京陛见，跪聆圣训，俾得敬谨遵循于巡抚职分所当为实力实心，矢勤矢慎，以期仰酬高厚鸿慈于万一。所以微臣感激下忱，谨缮折恭谢天恩，伏乞皇上圣鉴，谨奏。

道光皇帝看后，提御笔朱批：“即刻返京。”

陈中孚回京后，刚一回到武昌会馆，家里的里孙外孙一大群儿，将他围住，“爷爷”“外公”地欢叫，好不使人欢眉喜眼。可他心中装着国家大事，哪顾得上享受天伦之乐，他匆匆乘轿，来到紫禁城勤政殿，面见皇上。

“吾皇万岁，万岁，万万岁！”陈中孚跪拜行君臣之礼。

“爱卿平身。”

“皇上，臣尚未上任四川作出贡献，却又升迁广东巡抚，唯恐朝野上下议论。”

“爱卿呀，你现在是朕身边的能臣啊。”道光边笑着说边从龙椅边的案台上拿出一本奏折，递给他说，“两广总督阮元和广东按察使张应吾等大臣联名上奏，恳请你去填补广东巡抚空缺。”

“皇上英明，您破格提拔微臣，早朝时王爷、大臣们如何议论？”

“一致同意。”

“谢主隆恩，这倒是在我朝少见现象。臣何德何能，不知阮总督等大人为何要举荐微臣。”

道光指了指案台上一大堆奏折说：“这都是阮元和张应吾上奏上来的折子，二百多份，都是有关外夷商船停靠我海境外，勾结海盗、内地不法之徒，秘密走私鸦片，毒害国人，酿造成了很多群体凶杀斗殴重大流血事件，广东一片乌烟瘴气，民情激愤。如不例行禁止，势必要蔓延至内地，毒害国人，动摇我大清帝国根基。”

陈中孚问：“皇上，何为鸦片？”

“朕也是从阮元的折子中，获知鸦片是一种精神毒品，人吸食它会上瘾，上瘾后非人非鬼，毫无意志和战斗力。鸦片昂贵，因瘾而需者铤而走险，到处杀人抢劫。更为可怕的是大西洋夷人狂妄叫嚣，要使东方巨人变为‘东亚病夫’。”

陈中孚气愤地说：“可恶外夷强盗，银子被他们搜刮去了，还有狼子野心，看本官赴任后怎样收拾他们。”

道光忙制止说：“还是按祖帝乾隆爷的闭关自守的方略办理，能忍则忍，只将他们拒之国门之外，切莫引起外交纠纷。对于海盗、清奸，则要从重从快打击。”

“是，臣一定按皇上的旨意办理。”

“多亏了两广总督阮元镇守海疆，才使得外夷不敢胆大妄为。你的同窗亲家张应吾也不错，他在按察使的位置上尚能恪尽职守。你赴任后，要团结他们，处理重大问题要同他们商量。特别是对阮元要尊重，他可是从一品大员，也是你的顶头上司。”

“这个请皇上放心，臣在云南乡试时就与阮总督结下了工作情谊。一切服从他的命令。”

“啊，难怪他在朕面前表扬你为他送去了两员大将，你女婿冯柱现在是香山千总，你干儿子陈述现在是虎门炮台军校，都是朝廷栋梁。”

“皇上英明，这两个孩子都是在我身边长大的，报效朝廷是一个好男儿的职责，也是应该的。”

“很好，很好。”道光说着，用眼角瞧了瞧案台上堆放的奏折。

他这一细微的变化，使陈中孚意识到不能在皇上这儿待得太久，他说:“皇上日理万机，臣不应占用您的宝贵的时间，臣……”

“爱卿还有什么要奏，但奏无妨。”

“皇上圣明，广东治安如此混乱，就像一个人长了毒瘤一样，非一日形成，如要想根治这颗毒瘤，需要从根治起，需要一些时日，否则功亏一篑。因此，臣恳请皇上让臣有宽松的时间治理。”

“这个你放心，朕让你在广东任两届六年。”

“谢主隆恩，臣这就南下广东赴任，决不辜负吾皇对臣的期望。”

陈中孚在武昌会馆的这一晚并没有休息好。天刚抹黑，罗春颖就识趣地躲在各自的房间，逗着女儿说着悄悄话。而彭玥的房间可热闹了，一会儿是大女儿牡丹的一双儿女来到房间，缠着外公讲故事，一会儿是二女儿荷花的儿子缠着外公讲今古贤文，一会儿是三女儿蔷薇的儿子张裕钊缠着外公去书房，求外公指点教正他的书法。

这些孩子一闹，根本没有他和彭玥生的六女儿冬梅说话的份儿。冬梅虽然比几位外甥大不了多少，但她很懂事，将机会让给了外甥们，自己一人关在绣楼里，抚弄着琴弦。

好在四女儿秋菊的儿子冯小柱在广东，不然又要缠着外公不知干什么。陈中孚耐心地指导张裕钊练习书法，爷孙俩沉迷于书法的快感之中，完全忘记了时间，要不是蔷薇来催儿子回房睡觉，想必他们会练到天明。

二

一夜的天伦之乐对于陈中孚来说，是度过了人生难得的奢侈。第二天一早，陈中孚携带罗、杨二妾，踏上了南下广东之路。

一路上，他脑海里挥之不去孙子们那天真可爱的身影，人生的奋斗，就是为了让他们过上更加美好的幸福生活。一曲《寄孙子》在他那兴奋的思绪中涌出：

岂无孙子念，个个有其才。
若辈贤愚判，之间损益该。
灵珠防易失，顽矿恐难开。
少欲聪明净，多藏志意摧。
未能磨玉玷，枉自炫金堆。
燕翼贻前矩，翁廉勖后来。
田园因旧置，文绣陋新裁。
林下高风在，宾朋兴举杯。

月余间，他们才到达广州羊城，张应吾率领着冯柱、陈述和女儿秋菊牵着外孙冯小柱在城门口恭候他们。

“下官广东按察使张应吾，拜见巡抚大人。”

“下官香山千总冯柱，拜见巡抚大人。”

“下官广东虎门炮台长陈述，拜见巡抚大人。”

三人按朝廷礼制，分别拜见了陈中孚。

冯柱和秋菊也忙上前施礼说：“孩儿冯柱、秋菊拜见父亲大人，拜见二娘三娘，祝三位老人福体安康。”

张应吾热情地说：“心畬兄，我知道你们吃不惯广州的海鲜，贱内在家里为你们准备了一桌家乡风味的接风酒，下官……啊，又错了。我已令人去请阮总督了。”

陈中孚看了看天色说：“还早，我们步行到你家里，顺便见见‘广’。”

“也好，这里是名副其实地见‘广’啊。”

羊城的街面车水马龙，人流熙来攘往，店铺的吆喝声、茶馆的应诺声、剧院的歌声和小商小贩的叫卖声，声声融合成一个繁荣的音符，给这个南疆都市平添了一幅热闹的画卷。

陈中孚他们见到最多的是门楼挂着“烟馆”字样的黄幡，格外显眼。只见进入烟馆的人是萎靡不振，出来的却个个是精神抖擞。

陈中孚问：“远昭，这里的烟馆怎么比四川的茶馆还多，看来，广东人比四川人还要安逸哟。”

张应吾气愤地说：“安逸个鬼，来过这里的人慢慢变成鬼了。”

“啊，是怎么回事儿。”

“岳父大人，他们将赚来的几个辛苦钱，在这里吸食鸦片，个个成了烟鬼了。”

“哦，你们军队里有吗？”

“回岳父大人，自从阮总督任两广总督以后，他下了严格的军令，凡吸鸦片者，杖军棍四十后，逐出军营，自此再也没有吸食者了。”

陈述表功地说：“老爷，我们炮台前几时发现一名兵卒私自偷吸鸦片，被下官按军纪处理开除了，我的手下人人表态说，以此为戒，绝不使炮台有半点烟味。”

陈中孚高兴地表扬说：“做得对，本官抽空去你们炮台去视察一次，给你的士兵们鼓鼓气。”

陈述拍着巴掌说：“好哇，好哇。下官代表全炮台五百二十名官兵，欢迎巡抚大人亲莅指导。”

“站住！”突然，只听得罗春颖娇喝一声，只见一个烟鬼抢了她肩上的包袱就跑。

原来，罗春颖见一个地摊上摆满了小女孩的装饰和绣球儿，吸引了她的眼球。就专心挑选几件作为礼物，打算回去送给孩子们。

谁知，一个烟鬼早已盯上她背上鼓鼓的包袱，这不，下手的机会来了。

众人赶上前去一看，倒把他们逗乐了。三娘哪儿是要包袱，分明是在耍猴嘛：只见瘦猴个儿的抢劫者往前跑了几丈远儿，罗春颖一个鹞子翻飞的轻功，就横眉怒目地站在瘦猴个儿的面前，瘦猴个儿见状转身又跑，她又横在他的面前。一位漂亮女子与瘦猴个儿在大街上上演猫捉老鼠的游戏，好奇的群众将他俩团团地围在了正中。

瘦猴个儿狗急跳墙，忙从腰间抽出一把贼亮亮的匕首，冷不防地向罗春颖刺来。

“啊！”挤在前面的陈秋菊和围观的人们同时发出惊叫声。

“三娘，小心！”陈秋菊提醒地喊道。

“哼”的一声冷笑，罗春颖见到一束白光向她闪来，她不慌不忙地将身子一侧，顺手扭住瘦猴儿的手腕，“当”的一声匕首的落地声，夹杂着瘦猴儿“哎哟”的痛苦声，人们一下看蒙了，太快了，只见瘦猴个儿用左手托住自己的右手，丢下包袱，钻进人群，逃之夭夭。

早就听说陈中孚三个夫人中，两个小妾的功夫好生了得，张应吾今日一见，果然名不虚传。

“散了，大家都散了。”陈述见瘦猴个儿跑得不见了踪影，忙清场子说。

陈中孚隐隐约约听见人们的议论：“刚才那瘦猴个儿是砍刀帮黄亚月的手下，待会儿就有好戏看了。”他皱起了眉头。

张应吾带着大伙儿，快要走到广东按察司衙门时，只听后面有人大喊：“都给老子站住！”

大家掉头一望，只见一个满脸横肉的家伙，带着百十号人，个个手持砍刀，向他们冲来。

罗春颖见状，知道来者不善，急令：“保护好老爷和张亲家。”

闻令，彭玥、冯柱、陈秋菊、陈述四人抽出宝剑，与罗春颖横排组织一道人墙，保护着两位老爷，小柱子也拉开了架势，保护外公。

张应吾大喝一声：“大胆狂徒！新任广东巡抚陈大人在此，谁敢放肆！”

满脸横肉的家伙只是怔了一下，但很快霸气冲天地说：“山高皇帝远，老子管他巡抚不巡抚的。”他用手指了指头排的罗春颖说，“只要你们交出这个娘们儿，就万事大吉。”

“放肆，简直无法无天了，本官是广东巡抚陈中孚，有种的报上姓名来。”

“老子行不改名坐不改姓，说出来吓你一跳，老子乃是广东砍刀帮的老大黄亚月的第一舵主，孙皆师。”

“真该死，你强人不敢惹，却惹我家老爷，你死定了。”彭玥冷笑着说。

陈中孚悄悄地对张应吾说：“远昭，你带着小柱子先走，快去你衙里搬救兵，这帮土匪地头蛇有百十号人，我们只有六人，寡不敌众。在你的援兵到来之前本官想办法拖住他们。”

“好的，心畬，你要注意安全。”

三

陈中孚支走了张应吾和小外孙，心里的一块石头落地了。远昭是个真正的文官，手无缚鸡之力，老夫还有点儿三脚猫的功夫，邪不压正，还怕他们不成！

“啊！原来是大名鼎鼎的孙舵主，本官在你的一亩三分地上任职，还要仰仗你们的关照，我们谈谈条件如何？”

“岳父大人，不跟他们废话，您老人家也去衙内避一避，我们五人好施展拳脚，对付这些恶徒。”冯柱早已忍耐不住，握剑的手掌都出汗了。

“什么话，本官是临阵脱逃的人吗。”

孙皆师还以为是巡抚妥协了呢，气焰更加嚣张：“狗官，老子只有一个条件，就是要这个娘们。”

罗春颖气得紧咬银牙，对彭玥说：“保护好老爷。”

说着，她不慌不忙地来到孙皆师的面前，气咻咻地说：“老娘来了，你敢把老娘怎么样。”

“哟，看不出你这娘们还挺有胆量啊，给老子抓起来。”

这时，两个马仔上前就要架她的膀子。“哎哟！”膀子没有架着，两个马仔却被打倒在地，疼得直打滚儿。

孙皆师这下明白这是遇上了硬茬。

他仗着人多势众，恶狠狠地说：“龟儿子们，还都傻站着干什么，给我砍呀。”

罗春颖见着一把把贼亮的砍刀向她劈来，她乘空一个飞跃，跳到陈中孚的身旁，对冯柱他们说：“将老爷围在中心，我们来一个哪吒闹海，杀一杀这帮地头蛇的嚣张气焰。”

罗春颖她们五人像哪吒脚下的风火轮，以陈中孚为轴心，轮番转动着与砍刀帮们厮杀，一阵阵冷兵器的撞击声，夹杂着“哎哟”的惨叫声，只见砍刀帮的马仔一个个倒下，他们前赴后继，就是近不了陈中孚的身。

“快！将这帮匪头包围起来。”陈中孚听见是张应吾的声音，知道是援军到了。

“快！将砍刀帮一网打尽。”

孙皆师见从按察司衙内冲出了百十名衙卒，好汉不吃眼前亏，他带着几个贴身马仔，丢下一大群受伤的马仔，乘乱溜走了。

与此同时，广州知府刘用也带着百十号人赶到现场，对着陈中孚纳头便拜。

“下官广州知府刘用，护卫来迟，还望巡抚大人原谅。”

“哼”陈中孚一声冷笑，命令说：“刘大人来得可真是时候啊。快将这些不法之徒收监，悬赏公告，捉拿砍刀帮首领黄亚月。”

“是，下官这就去办。”刘用口头应承着，心里想着：巡抚大人是怎么知道这些人是砍刀帮的，并且知道是黄亚月的部下。这帮蠢货，要知道光天化日之下，刺杀朝廷命官是死罪，还要株连三族啊，我这个保护伞也保护不了他们。

“还不将这些不法之徒打入死牢！”

陈中孚见刘用押着歹徒们离去，若无其事地说：“走，去远昭家，尝尝亲家母的手艺。”

他们来到按察司衙门后院，只品了一会儿茶的工夫，两广总督阮元就带着广东布政使丁鸿雁来了。

阮元刚一进客厅，大嗓门就嚷起来了：“我说张按察使呀，你真是个悭屁蛋，你的同窗亲家顶头上司来了，你的第一碗就是一锅粥招待他。哈哈哈！”

陈中孚苦笑着说：“真是一锅粥，乱虾米煮的。阮总督，您是怎么知道的。”

“这不，刚在路上遇见刘用，他讲的。”

“下官广东布政使丁鸿雁拜见巡抚陈大人。”站在一旁的丁鸿雁趁机双手合掌拜见说。

“丁大人免礼，请坐。”

他刚要坐下，张应吾就来到客厅邀请说：“各位大人，酒菜已经准备好了，请进餐厅边喝酒边说。”

酒过三巡，一翻礼节过后，陈中孚将话匣子又转移到广州的治安上来了。

“广州的治安怎么这么乱，难道是府衙不作为吗？”

张应吾说：“广州只是代表广东的一角，整个广东都乱成了一锅粥，治安案件频发，下官的案台上的卷宗堆成了山，忙都忙不过来。”

“是什么原因呢？”

阮元气愤地说：“都是鸦片害的。”

陈中孚一惊，问道：“鸦片烟有这么厉害？”

阮元没有正面回答，反问道：“你知道本督的前任是谁？”

“沙摩总督。”

“你知道他为什么自杀吗？”

“阮督大人，下官不知，愿闻其详。”

“沙摩总督是正蓝旗后裔，其祖辈骁勇善战，但他带出的兵却是烟枪兵。”

“什么是烟枪兵？”

冯柱代为答道：“就是每个士兵除有大刀长矛冷兵器外，每人还带有一根热武器，那就是专供吸食鸦片的烟枪。”

阮元接着说：“在一次剿灭海盗的战斗中，一个千总的人马，哦，就是冯柱现在驻扎的香山县千总，一千多人马，却败给了百余人的海盗，想都不可想。”

“这是为什么？”

一直没有机会插嘴的陈述抢着回答：“回大人，因为官兵正要拼杀时，烟瘾却来了，个个丢下武器，点着烟枪猛吸了起来。可怜一千多官兵都成了海盗的刀下之鬼。”

“后来呢？”

陈述望了望总督大人，见他用鼓励的眼神望着他，他接着说：“沙摩总督幡然醒悟，下令严禁在军中吸食鸦片。他并且亲自督查。一日他察到有两个卫兵吸鸦片，他抽剑刺死了两个卫兵，令随来的儿子守具尸体，他带着副官又去督察，待他回来，发现他的儿子躺在卫兵的尸体上拿着死者的烟枪，贪婪地吸着。总督气愤不过，举剑杀死了儿子后，他命令副官：‘守住他的尸体，我去叫人通知各千总开现场会，这就是违反军纪的下场。’待各千总和总督赶到现场，悲剧还在重演。副官将他的儿子的尸体当枕头，拿着他儿子吸食过的烟枪，旁若无人地吸了起来。沙摩总督刺死了副官，仰天长叹：‘我军完矣’，握剑自刎而亡。”

陈中孚听完，略一沉思，下令道：“张大人，以本抚的名义，通知各知府、县令，明天来巡抚衙门开会，商讨查封广东全境鸦片烟馆的会议。”

丁鸿雁忙制止说：“陈大人，使不得，使不得。”

“这是为什么？”

“一是您查封广东全部烟馆，势必要引起广东地震，您断了很多势力的财源，他们会利用各种手段与您对抗。特别是英吉利商船有他们先进的军舰保护，搞不好要发生国际战争。再者说，广东的税收来源百分之八十是靠鸦片收入，查了烟馆，我们喝西北风去。”

陈中孚斩钉截铁地说：“当断不断，必有后患。宁可饿死，也不能以毒养官。广东也是水果、鱼米之乡，为何不开发利用？”

“种稻菽哪有走私贩毒来钱快，广东的大部分良田荒芜，就连南华寺内进贡杨贵妃的千年古荔枝树也枯死了。”丁鸿雁说。

陈中孚请示道：“总督大人，我俩联名上奏皇上，要求取缔广东全境的烟馆的折子如何？”

“好！你撰折子我盖章。本督举荐你，就是喜欢你这种雷厉风行的作风，你放开手脚大干，本督全力支持你，至于南海外的外夷军舰游弋挑衅，本督的军队早已枕戈待旦。”

"谢总督，下官幸有你这个坚强后盾，就无后顾之忧了。"

丁鸿雁说："两位大人既然决心已定，下官立即下农村去动员布置客家人恢复渔、农、果木生产。"

"好，本官也随你下去视察，有粮不慌，无粮则乱。张大人在衙门运筹帷幄，拟订计划，在全省掀起一个扫黑除恶清除保护伞的风暴，还广东一片蓝天白云。"

张应吾表态说："请巡抚大人放心，下官心中早有一盘棋，只欠你这个东风。"

"好，广东三个台柱子齐心协力，雄心勃勃，本督深信，要不多久，广东一定会恢复乾隆爷那个时候的南疆真正繁荣景象。"

阮元随着下达命令："香山千总冯柱听令！"

"下官在！"冯柱立马起立。

"本督令你为广东协都统，主要职责是统兵，保护广东巡抚和其广东省各衙门的安全。"

"下官遵令！"

"虎门炮台军校陈述听令。"

"下官在！"陈述立马起立。

"本督令你为香山营千总，立刻赴任。"

"下官遵令！"陈述心想，虽然这次沾了老爷的光，又升了一级。但愿菩萨保佑，我走后，虎门的那点破事别抖搂出来，老爷可是个铁面无私的人。否则，将吃不了兜着走，我得赶快回去封嘴儿。

就这样，一场接风宴变为战前动员会。

四

广东省的一百二十一个县令，三十六个知府接到巡抚衙门的通知后，个个喜笑颜开。这是一个见面会，按惯例又是一顿海鲜大餐。可令众多地方官员万万没有想到，新任巡抚的会议开白场是这样的不近人情。

"各位同人，本官受皇恩，前来担任广东巡抚，第一天就遭到砍刀帮袭击。据了解，这个砍刀帮是靠贩卖鸦片起家，他们用鸦片毒害我广东民众，其组织发展到了一百二十一个分舵，马仔近四千人，遍及广东省的各个角落，危害四方。更为可恨的是，他们勾结外夷，走私鸦片，欺男霸女，杀人越货，无恶不作，民愤极大。"

“因此，本抚决定，取消广东省内所有烟馆，断其财路，收集证据，将其一网打尽。丑话本官说到前面，我们是朝廷命官，如有与他们同流合污、沆瀣一气，充当他们保护伞者，趁早到广东按察司衙门投案自首，本抚既往不咎。否则，一经查出，将严惩不贷！”

“各知府，县令散会后，回去立即组织人力查封烟馆，逮捕砍刀帮余党，将行动方案报本抚备案。如有不服从命令者，故意拖延者，请自动卷铺盖走人，散会！”

这哪里是见面会，而是一顿杀威棒，看来新任巡抚陈中孚是个不按常理出牌的角儿，他搞了一个突然袭击，今后要小心为妙。

当然，其中大部分地方官员是拍手称快，只有一小部分官员暗自打起了小算盘。

“刘大人，请留步。”陈中孚见广州知府刘用，正要灰溜溜地离开会议厅，忙喊道。

“巡抚大人，有何吩咐？”

“本官昨天令你逮捕砍刀帮老大黄亚月，他归案了没有？”

“回大人，下官昨日亲自带人去砍刀帮的老巢抓人，谁知他已望风而逃。”

“本官要下乡调研，限你一个月之内破案，彻底摧毁砍刀帮的老巢，待我回抚，要听到你的佳音。”

“是，是，下官争取，争取。”

“去吧！”陈中孚见刘用远去，就对身旁的冯柱说，“派兵封锁广州的各个出口，如有砍刀帮的马仔外逃，见一个抓一个，特别是着重注意黄亚月和孙皆师外逃，拒捕者，格杀勿论！”

“是！”

冯柱和陈秋菊带着孩子冯小柱，也住进了巡抚后院。

陈中孚就是这样，一进入角色就不分白天黑夜。晚饭的餐桌上，一家人围着吃饭他还在布置工作。

“春儿，我要带玥儿去广东农村、渔村考察一个月，你在家里看家好吗？”

“我才不呢，我要紧跟老爷保护你。”罗春颖边说边用玉手指儿弹着外孙的小脸蛋儿，逗着外孙说，“小柱子，三外婆说的对吗？”

只有三岁大的小柱子握着他的小拳头，摇晃着说：“我也要去保护外公。”

“哈哈……”陈中孚开心地大笑，将外孙抱在怀里说，“外公也不是去战场，要这么多人保护干吗哟，你和母亲、三外婆保护好这个家好吗，咱堂堂巡抚大院可不能锁门啊。”

陈秋菊说："冯柱，你将都统营的事儿交代一下，也随父亲下乡，与二娘一起保护他老人家的安全。"

陈中孚道："秋菊，你们不必紧张！"

冯柱见状忙说："岳父大人，保护您是我的第一政务。"

"我是担心你们设卡的事儿泡汤了。"

"岳父大人放心，我已将我手下的几位得力干将都调到了都统营，保证不会误您的大事。"

"柱儿成熟了。"陈中孚满意地笑着夸赞他的得意门生。

"柱儿去了我就放心了。"罗春颖对彭玥说，"巡抚大人带着小妾视察实属不雅，为了避免他人嚼舌头根儿，二姐你女扮男装成老爷的侍卫，广东并不太平，你要寸步不离老爷。"

"知道了，放心吧，唠叨婆小妹，我保证老爷完璧归赵。"

丁鸿雁也带了两个跟班，一行六人出发，第一站是香山县。香山县濒临南海，西江和北江穿境流入大海，是个雨水充沛的地方，适合水稻种植和鱼类养殖。全县是以客家人为主、以壮族为辅的多民族地区。是阶层矛盾、社会矛盾、民族矛盾的集中区，为了配合县衙稳定当地治安，阮元在此设立了一个千总营。

现任千总陈述和县令于成海，获悉巡抚大人来到他们的一亩三分地视察，格外重视，陈述调派百十名官兵随他一起保护他们。

陈中孚见状，调侃地问："于大人，香山是个蝎虎龙蛇之地吗？"

于成海并未理解巡抚大人的意思，认真地回答说："回大人，此地并无龙虎之猛兽，蝎子也不多见，毒蛇倒是不少。"

"本官为官山河多地，难道还畏惧几条毒蛇不成。"

冯柱将陈述拉到一边，悄悄地对他说，"还不将军队撤走，你惹老爷生气了。"

"哦！"陈述令军校将兵士带走了。

"这还差不多。"陈中孚挥了挥手说，"走，到乡村去看看。"

一路上，陈中孚看见肥沃的田野里并没有种稻谷，而是长满了荒草，他心疼地问："于大人，这么好的农田怎么不种庄稼？"

"回大人，本县濒临大海，受涨潮的影响，十种九不收，所以农田就抛荒了。"

"那他们靠什么生活？"

"回大人，一部分靠打鱼生活，一部分靠海吃海干起走私的勾当，还有一部分人下南洋谋生活去了，就是没有人种田。”

“败家，败家子儿。”陈中孚用家乡话儿骂着，一路紧锁眉头，一句话儿也不说。

他们巡视到一处山区前，只见山脚下的一处平原上，有一耕农在用牛儿犁田，而另一边的农田里，一片绿油油的禾苗在微风中荡漾。

陈中孚紧锁的眉头舒展开了，他三步并作两步跑到田埂上，用手轻轻地抚摸着禾苗。

紧跟着大伙儿也来到田埂上。陈中孚问：“于大人，你知道这是什么庄稼吗？”

于成海支支吾吾地说：“这……这是韭菜吧。”

陈中孚不露声色地问：“丁大人，你说呢？”

丁鸿雁不好意思地说：“陈大人，下官是两耳不闻窗外事，一心专读圣贤书去了，农活一窍不通。”

陈中孚又望了望冯柱、陈述他俩。陈述抢着回答：“我知道，是小麦。”

陈中孚冷笑着说：“看来，外行确实不能领导内行啊。”

他说着就脱去官服朝靴，交给彭玥，将裤子挽在膝盖上，下到田里薅起秧来。

一直好奇地望着这些当官的耕农，突然看见一个当官的下到田里不知干什么。他边向这边跑来，边心疼地喊道：“当官的，快上来，别糟蹋了我的秧儿。”

“大胆，喊什么喊，巡抚大人下到你田里，是你八辈子修来的福，还不快跟巡抚大人赔不是。”

“于大人，你别耍官腔啊，应该赔礼道歉的是你，没有这些农民老大哥种粮食，你坐在衙门喝西北风去。”

农民大哥走近一看，秧苗儿一棵都没有踩踏，倒是禾苗之间翻起了有规则的沃泥。他惊讶地说：“没有想到您这么大的官，还是个农活把式。”

“老哥，下来，我们一起薅。”

“哎！”

“你这禾苗长得这么好，亩产能达到多少斤啊？”

“我只种一季，亩产五六百斤。”

“你不怕潮水来了将庄稼淹了。”

“我这儿地势高，淹不到我这儿来。再说了，潮水也不可怕，只要有人组织将两江堤岸筑高，建几处闸门，反而还能起到灌溉作用。”

“真的！”陈中孚高兴地说，“要是叫你指挥筑堤，你完成得了吗？”

农民大哥拍了拍胸脯说："这有何难，只要有人。"

陈中孚说："还没有问老哥贵姓呢。"

"我姓马，单字超，是客家人，祖祖辈辈在老家江西种田为生。"

"好！我们上去说吧。"

上到田埂上，陈中孚洗脚后，端正官服，拉着马超的手，严肃地对于成海命令说："于大人，本抚任命马超为香山县八品农作使。你迅速组织十万民工修筑两江大堤，交由马大人指挥，本抚从省里抽调水利专家配合你们。所需经费造出计划，由广东布政司丁大人划拨，专款专用。以你香山县为农业试点，再向全省推广。"

"是，下官照办。"

"马大人，走，中饭时间到了，到你家吃农家饭去。"

农民马超呆站在田埂上，一时不知所措，怪事，耕田耕出了一个八品农作使。

"马大人，还傻站着干吗，快带路啊。"于成海提醒说。

"哎，哎。"

五

在马超家里吃完中饭，稍作休息后，又到另一处乡村视察。

路上，陈中孚问："丁大人，你读了哪些圣贤书啊？我俩交流交流。"

丁鸿雁脸儿唰地一红，忙说："惭愧，惭愧。下官要向巡抚大人学习，能文能武。"

"你是个当家的好布政使，勤俭节约，敢于直言。为了将广东变为农业大省，本抚给你配一位管农业的布政辅，如何？"

"谢陈大人理解，下官求之不得。"

实际上，陈中孚看到广东农业现象，是大有潜力可挖，就是缺乏有管理农业经验的官吏，于是他想到了一位能吏。在征得丁鸿雁同意后，他连夜拟好了奏折。

《奏请调浙江杭州农作使臣涂兴农任广东布政辅事》，道光一看这奏折，心想陈中孚是不是脑袋进了水，举荐一个六品农作使，任从四品布政辅，连跳两级，我朝没有先例啊。

当他看完奏折内容，高兴地从龙椅上跳了起来。好你个陈中孚，父皇命你去宁波去治病，你却将宁波治成了一个贡米、贡盐之乡；朕派你去广东查毒，你却为朝廷查出了一个大粮仓。爱卿是户部尚书的材料，先在下面磨炼磨炼，时机成熟，朕拜你为相国。

道光提起御笔，在奏折右上方重重地御批“准奏”二字。他放下御笔，命令还在帮他清理奏折的庶吉士说：“拟旨，酌调浙江杭州农作使臣涂兴农，任广东布政辅，授从四品衔。不，改为四品衔，朕为陈爱卿送个满人情，也是对涂兴农任十年县令的补偿。”

陈中孚暂时还不知道皇上这么器重他，但他深信皇上是会将涂兴农调到他身边的。他们一路视察一路与各府、县布置任务。全然不知，危险正在向他悄悄地逼近。

原来，陈中孚在全省的吹风会上，将广州知府刘用留下，限他在一个月之内，查封广州所有烟馆，并要将砍刀帮老大黄亚月和孙皆师抓捕归案。刘用如热锅上的蚂蚁，他就是砍刀帮的秘密保护伞，每年收受黄亚月的贡银几百万两，还时不时享受他们安排的山珍海味和粤剧名旦的销魂之夜。

这不是断了本官的财路吗？不行，得去与黄老大通报情况，商量着渡过这个难关的办法。

刘用像个幽灵似的，秘密潜入黄亚月的金屋藏娇处。但他不知螳螂捕蝉黄雀在后，张应吾已经派人秘密跟踪他了。

他进了黄亚月的房间，见到孙皆师也在他房里，气不打一处来，恶狠狠地骂道：“你这个不知天高地厚的东西，张应吾还提醒你他是新任巡抚，你胆大包天，还要闹事，这下可好了，巡抚似乎觉察到本官是你们的保护伞，他以毒攻毒，要本官将老大和你逮捕归案，这如何是好。”

孙皆师争辩说：“是他的女人先动手的，伤了我两个兄弟，我才令哥们出手的。”

“你还敢狡辩！”此时的黄亚月像一只恶狼，两眼放射出凶残刺骨的蓝光。

孙皆师见状，“扑通”一声双腿跪在老大的面前，头磕得如小鸡啄米，三魂已经掉了两魂，不住地求饶说：“大哥饶命，大哥饶命……”

只见黄亚月从枕头底下摸出一把洋枪，“砰”的一声枪响，一注乌血从孙皆师的脑门喷了出来，他兀然倒地而亡。

“啊” 床上一个娇艳的女人，从来没有见过这惨状，吓得她只穿着雪白的睡裙，光着脚丫就往外跑，刚到门边，又听得“砰”的一声枪响，女人胸前的血，染红了她雪白的睡衣，瘫死在房门边。

刘用一惊，传说黄亚月是个杀人不眨眼的恶魔，今日一见，使他更加心怵。看来，上了砍刀帮的贼船，得任其摆布啊。

黄亚月像无事一样，用嘴轻轻地吹了吹枪口上的硝烟，慢悠悠地说：“刘大人，用钱能摆平此事吗？”

刘用战战兢兢地说：“陈中孚这次来广东，是受皇命有备而来，志在铲除广东的烟馆业。再说在朝野上下，都知晓陈中孚不爱钱财，是个视钱如纸的人。”

黄亚月恶狠狠地说：“想得倒美，一个不爱钱的人想必也不惜命了。恶鬼难逃地头蛇，那就成全他，让他消失。”

刘用提醒说：“看来只有这条路了，黄老大可要提醒办事的人，他身边女扮男装的侍卫是他的小妾，是武当派高手，他的女婿冯柱，你是知道的，是峨眉派，也挺厉害的。”

“他现在在什么地方？我派人买通了两位澳门的顶级杀手，去执行这次任务。”

“他们一行已经到达琼州岛了。”

“天涯海角，天助我也，抛尸太平洋，神不知鬼不觉。”

这天夜晚，陈中孚他们歇息在琼州驿站。不知怎的，彭玥的右眼不停地跳着。左跳财，右跳灾，看来今天晚上有事儿发生。她望着身边熟睡的丈夫，两眼紧盯着窗外。

果然，夜半时分，她瞧见窗外有两个黑影闪了一下，她警觉地下得床来，蹑着脚来到窗户一看，一只长长的竹管划破窗纸伸进窗来。不好，有人施毒，她不待对方吹毒，用手猛地抽过竹管，高呼：“有刺客！”迅速出剑冷不防地从窗户内刺向对方。

“哎哟”，她的宝剑正好刺中对方的眼窝里，另一刺客见事情败露，转身而逃。

“二娘，保护好老爷，这位就交给小婿了。”冯柱住在对面房间，听见二娘的高呼声，敏捷地提剑向逃走的黑影追去。

彭玥飞身一跃，从窗户里跳将出来，见一歹徒护着眼睛痛苦地死去，她用脚踢了踢尸体，鄙视地说：“这怎么还当刺客，老娘只用了三分力，就扛不住死了，没趣。”

不一会儿，冯柱捉住了另一名刺客，押往已经闻声起来的岳丈的房间，将他三下五除二地捆在椅子上。

陈中孚提着马灯上前照了照，见是一位穿着夜行侠衣服的刺客，三十岁左右年纪，一脸惊恐的神色，身体战栗不止。

“这位好汉，说，是谁派你来刺杀本抚的，只要你说出幕后指使者，本抚饶你不死。”

刺客心想，不说出来是个死，说出来黄老大也要他的命，他横下心来，横直都是死，不如闭口不说，反而是江湖中的一条好汉。

彭玥见他死猪不怕开水烫的样子，她发恨道：“不说是吧，老娘叫你生不如死。”

说着，她朝他颧骨与下颌间的凹陷处的下关穴点去。只听得刺客一声“好痛”后，疼得他带着椅子直在地上打滚，豆粒大的汗珠从额头直往外冒。

“二娘，您这个办法高明，教教女婿，我有时用得着此招。”

彭玥认真地向女婿现场示范，教起了武当点穴功。

“姑奶奶，行行好，痛死我了，我说，我说……是砍刀帮老大黄亚月雇我们干的。”

“早说了，就不受这份罪了。”彭玥边说边替他解开了穴道。

“哼，还跟本抚叫板。”陈中孚说，“我猜出八九层，是黄亚月这个地头蛇所为。”

说着，他提笔写下“收网”二字，用信封封好，交给冯柱说：“明早令琼州知府派人将刺客押往广州，交给按察司关押，顺便将这封信交给张大人。”

“是，孩儿遵命。”

陈中孚从他房间里出来，见驿站的值班人员和丁鸿雁他们都被吵醒了，在走道里交头接耳询问情况，他急中生智地解释道：“没事了，大家休息吧，明儿个还要下乡视察。刚才是两个不知死活的刺客，被我们发现抓住了，一死一俘，被俘的是一条汉子，死活不交代，明天押往按察司，交给张大人审问。”

丁鸿雁见巡抚大人临危不惧，一下佩服得五体投地。

第二十一章

惩恶锄奸立志强国建粮仓　驱夷剿匪正义护关扣英船

一

广州清平路一处外观并不起眼的两层红楼，其里面装饰豪华的大厅里灯火通明。刘用和黄亚月一夜未眠，他们在做困兽犹斗，焦急地等待从琼州送回的消息。

天刚麻麻亮，琼州一位砍刀帮马仔急匆匆地闯了进来。

“大哥，大哥，不好了，昨晚刺客的行动败露，一死一俘。”

刘用忙问：“被俘的招供了没有？”

“还是条汉子，死活不开口，今天押往按察司再审。”

“哼，目前是条汉子，不等于尝到按察司的刑具还是一条汉子。”黄亚月冷笑一声，“回去叫琼州的老大，派人沿途追杀，绝不能留下活口回广州。”

“且慢！”刘用提醒说，“你这不是自投罗网吗？陈中孚早就布好了口袋，等着你往口袋里钻哩。”

“一不做，二不休，派人继续刺杀陈中孚。”

“不妥，已经打草惊蛇。”

“我令人将他的小外孙绑了。”

“不行！你以为他的三妾和他女儿是吃素的，你们十个人一齐上，未免是她俩的对手。”

黄亚月急了，威胁他说：“这也不行，那也不行，刘大人，你要知道我们是一条绳上的蚂蚱，我若被抓，你也跑不脱，快想想办法，如何过这个坎儿。”

刘用在房间里踱来踱去，忽地看见黄亚月桌上的一尊金弥勒佛，幡然醒悟，他停下来说：“现在唯一的办法，就是用重金收买他。”

“废话，你不是说他不爱财吗？”

“他不爱财是真的，但每个人都有他的爱好。”

“快说，他的爱好是什么？”

“传说，他非常钟情于弥勒佛。”

黄亚月这才知道，刘用在打他的镇宅之宝金佛的主意，那可是我用二九一十八斤黄金请广州著名的金匠铸造的。

“唉，”舍不得孩子套不住狼，他挥了挥手说，“拿去送他吧，但愿菩萨保佑，此举能化险为夷。”

清晨，罗春颖和陈秋菊带着小柱子，在巡抚后院客厅吃早茶，只见刘用提着一个沉重的包裹进来。

“陈夫人，陈小姐，吃早茶啊。”

“啊！是刘大人，吃了吗，要不就在我这里将就过个早。”罗春颖热情地邀请说。

“不啦，府衙里还有很多事儿。下官是来送陈大人要的东西。”

“什么东西啊，还劳烦刘大人亲自送来。”

“陈大人回来就知道了。”刘用将红包裹放在茶几上，告辞而去。

陈秋菊好奇，打开包裹一看，“哇”，她用双手捧起一试说：“三娘快看，好大的金佛，怕是有一二十斤。”

罗春颖明白了，忙说：“秋菊，快包起来，我们将他送到按察司去，交给张大人。”

“嗯。”广州的巡抚衙门与按察司和布政司都在一个大院里，不一会儿三代人提着红包裹就来到按察司衙门。

衙卒见是巡抚的家人，忙进衙内通报说：“张大人，巡抚的家属，提着一包东西来了。”

按制度三衙家属是不许在衙前走动，心畲的家属应该清楚这一规定，肯定是有大事情，她们才来的。

张应吾说：“有请。”

罗春颖进来说：“张大人，我们是来上交赃物的。今天一早，广州知府刘用，说是送巡抚要的东西，我们打开一看，是一尊金佛，我们不敢怠慢，就将它上交贵衙。”

“好！巡抚夫人做得对。这又是刘用的一个犯罪证据，本官和奏折将金佛一起呈送皇上，由吾皇处理。”

罗春颖她们刚刚告辞，琼州押送刺客的兵勇就到了，张应吾接过陈中孚的书信，见只有“收网”二字，心照不宣。

“传令，本司捕快、衙卒全体集合。”

很快，按察司的一百多名捕快，一千多名衙卒，在操场上排成队列，整装待发。

张应吾头顶三品顶戴，威严地站在队伍前面，大声命令说：“目标，清平路红楼砍刀帮秘密老巢，将此地包围得水泄不通，不能使砍刀帮成员一个漏网，出发。”

黄亚月见金佛送了出去，紧张的心情方才松弛了下来，一夜未睡，此时已是哈欠连天，他草草地用过早茶，就吩咐贴身保镖说。

“困死我了，我睡一会儿，你放机灵一些。”

人高马大的保镖拍了拍胸脯说：“大哥放心睡吧，有我在，哪怕是一只蚊子也别想飞进您的房间。”

黄亚月刚一躺下，就做起了黄粱美梦，大堆大堆的金银财宝，堆满了他的卧室。

正当他睡得正酣，一阵阵打斗声将他惊醒。正要破口大骂，门口闯进一个手下：“大哥，大哥，不好了，我们被官兵包围了。”

黄亚月还以为是刘用带兵来了，气急败坏地说：“刘用这个狗日的，竟敢反水。”

“大哥，不是他，是广东按察司的张大人带着黑压压的一大群官兵，将红楼围得水泄不通。”

“娘的，老子跟他们拼了。”说着，黄亚月从枕头下抽出洋枪，就冲了出去。

真是螳臂当车，不自量力，官兵很快就结束了战斗，包括黄亚月在内的一百一十二名砍刀帮成员被一网打尽。与此同时，全省范围的收网行动同时展开，除少数马仔逃脱外，一百二十一个分舵主全部抓获。

刘用获知砍刀帮一网打尽，惧怕黄亚月在狱中将他供了出来，他决定铤而走险，杀人灭口。

这天，刘用提着一食盒饭菜来到广东监狱，他与监狱长平时尚有交情，就对监狱长说：“监狱长，本官平时与黄亚月关系还好，为了人道，我买了一盒饭菜，烦你转交给他。”

监狱长忙说：“刘大人，我俩谁是谁呀，你亲自送进去，去与他见上一面，有我在，谁人敢拦你！”转头喊，“值守，将刘大人带到特一号去。”监狱长边命令边向值守传递了一下眼神，值守会意地点了点头。

“刘大人请，请将饭盒给在下的帮您提。”值守一手拿钥匙，一手提着饭盒走在前面，刘用跟在后面。

监狱戒备森严，他们穿过五个栅门才到达特一号，而特一号门旁站着两个狱卒和一条狱犬，里面关押的犯人插翅难逃。

刘用见对面的特二号空着，他随口问值守：“这里面怎么空着？”

“还差一个人呗。”值守边开门边说。这时，只听得“哐”的一声，值守一不小心，将食盒甩落在地上，香喷喷的饭菜撒满一地。狱犬闻着香味，竟狼吞虎咽了起来。

不一会儿，狱卒们大惊失色，只见狱犬口吐鲜血，毙倒在地。

不知监狱长是何时来的，只见他伸出右手，指了指特二号，很有礼貌地说："刘大人，请！"

刘用脸一下扭曲着，指着监狱长："你……你们……"

二

陈中孚通过月余时间，实地视察了广东的山山水水，使他心花怒放。原来广东地处南疆，地大物博，土地肥沃，四季如春。其渔业、农业、林业、水果、矿产、养殖等资源丰富，只要认真合理地规划，广东将是华夏最富饶的地方。

他回到巡抚衙门，以联合阮元、丁鸿雁连奏《奏广东地方雨水粮价事》《奏香山两江筑堤建闸事》《奏广东资源开发事》《奏琼州培植二季水稻事》连续二十四道奏折上报皇上。

道光看到奏折心想，将陈爱卿派往广州，看来朕要少睡一些觉了，但每份奏折都感动着他，他提朱笔，全部准奏。

陈中孚获批奏折，正在案台上，按奏折范畴，一一批复到有关州府、知县和主管部门落实。

"报告，新任布政辅求见。"值班衙卒报告说。

"请他进来。"

"广东布政辅凃兴农，拜见巡抚大人。"

"凃大人免礼。"陈中孚将皇上批奏的折子全部推给他说，"你来得正是时候，广东海阔任鸟飞，有你施展拳脚的地方。这些都是皇上准奏的折子，你一一下发，监督落实。如还有本官没有想到的地方，你下去调研好后，我俩联名上奏皇上获批后实施。"

"是。"凃兴农不满地说，"我说陈工作狂，下官刚来报到呢，你也不关心一下下官在什么地方吃喝拉撒。"

"难道丁大人没有安排？"

"下官刚到，第一站就到你这儿报到。"

陈中孚笑着说："这样，你在布政司先将住的地方安顿好，吃饭就在我家里打秋风去，三嫂做的饭可好吃呢。"

凃兴农说："这可是你说的，君子一言……"

“哈哈哈”，陈中孚大笑说：“本官几时说话不算数，我令你打假，这不，你顶戴上的青金石就可以证明。待你安顿好后，就将弟妹接过来，一起欣赏南疆风光。”

“算了吧，你为皇上效忠，我为知己者死，黑肚子光棍一个，倒可以放开手脚办差。”

“如此也好。今天晚上我摆家宴为你接风，请张、丁两位大人和柱儿、述儿作陪，如何。”

“请谁你说了算。我就不明白了，你这么大的官，怎么家里连个下人都不请，倒是麻烦嫂子们。”

“家大口阔，节约开支呗。”

“你呀你。”涂兴农说完，抱着一大堆批文而去。

晚上，接风宴会刚开始，陈中孚坐在首席上扫视了一下，就问：“陈述这孩子是怎么搞的，一向积极的他，今天怎么还不来。”

张应吾心里清楚，陈述犯事儿了，被他抓进了监狱。为了不影响大家的心情，他不想直说，用求援的眼神望着冯柱。

冯柱也是刚参加阮元召开的军事会议中听到消息的，因阮总督要求此事暂时保守秘密。所以，他不便向岳父大人报告。

这会儿，他见到张大人的眼神，心领神会地说：“啊！陈述带信请假了，阮总督命他执行军事任务去了。”

“那就不等了。”陈中孚举杯说，“来，我们举杯，为涂大人接风洗尘，预祝他在新的职场中，干出新的业绩。”

大家共同举杯，一饮而尽。宴会在和谐友好的气氛中闹了一会儿，因张应吾要向陈中孚汇报工作，丁鸿雁带着涂兴农先告辞而去。

他们来到客厅，冯柱沏好两杯庐山毛尖，递给两位长辈后就退了出去。

陈中孚问：“远昭，砍刀帮案进展如何？”

张应吾说：“在本司的酷刑面前还没有不交代的。黄亚月和其党羽都交代了，他们的罪行罄竹难书，还牵涉到了以广州知府刘用等十七人的州、县官吏和军队官士。”

“王子犯法与庶民同罪，在官吏之中，不怕他的后台多硬，不论他的功劳多大，不管他的地位多高，只要证据确凿，坚决一查到底，绝不姑息。”

“是！”张应吾委婉地说，“黄亚月的鸦片走私渠道，大部分是从虎门进来的，只是……”

“虎门？”陈中孚似乎明白陈述已经陷进去了，只是不知陷进去了多少。

他失望地说，“别吞吞吐吐的，陈述是本官的义子不假，但我刚才的态度很明朗，王子犯法与庶民同罪。”

“陈述虽然不是直接参与者，但他收受贿赂数目巨大，按我大清律法难逃一死！”

“这个不争气的东西！”陈中孚猛拍茶几，气得站了起来，他在客厅来回走动了一会儿，自言自语地说，“真是龙生龙，凤生凤，老鼠生儿打地洞。他怎么能步他父亲的后尘呢？我如何对得住九泉之下他奶奶陈大娘。天意，天意啊，冤冤相报何时了啊。”

陈中孚很快厘清了头脑里的乱麻，他对张应吾说：“远昭，陈述是我的义子，作为亲属本官应该回避，你和阮总督商量着办。陈述的坠落作为义父我有连坐责任，我亲自奏请皇上自求处分。”

“是，远昭知道了。”

陈中孚突然想起他多年的一个疙瘩还没有解开。如果陈述能将这个疙瘩解开，他就立了大功，也许皇上就会饶他不死。

想到这里，他又说：“远昭，时候不早了，你回去休息，明天我们一起去监狱，我要亲自提审陈述。”

“好的，远昭告辞。”

第二天上午，陈中孚、张应吾和书记官三人刚在监狱审讯室坐定，狱卒就押着遍体鳞伤、脚戴铁镣的陈述进来。

陈述一见到陈中孚，就像一个溺水者抓到了一根救命稻草，忙跪在他面前求饶说：“义父，救我，孩儿知错了。孩儿不想死，咱们老吕家就我这根独苗啊，求您看在我奶奶的分上，救我一命。”

张应吾悄悄地问：“陈大人，他不是姓陈吗，怎么姓起吕来了？”

“待会儿我跟你讲一讲他的身世。”随后，陈中孚大声说，“陈述，要想救你，只有靠你自己，你将你这十余年来的所作所为，如实交代，将功补过，也许皇上会饶你不死。”

三

陈述听懂了义父的暗示，为了保命，他如实交代说：“两位大人在上，陈述我实际是前朝户部尚书海望大人的一只狗。”

张应吾大吃一惊，忙提醒他说：“陈述，本官告诉你，你别为了活命而乱咬人，如不是事实，将罪加一等。”

陈中孚是哑巴吃汤圆——心中有数，他对书记官说："他的口供一字不落地记下来。"

那年我十四岁，正是男孩子的逆反期。一天，我不认真习武，受到大师父孙烈的责罚，我赌气跑出了武昌会馆，来到王府井闲逛时，被户部尚书海望的家丁骗到海府。

海大人见到我如同见到他的亲儿子，嘘寒问暖，好是亲切。他还将一把金锁挂在我的脖子上说："孩子，我和你父亲是知心朋友，这把金锁是他临终前交给我，委托我亲手交给你，今日了却了老夫的一桩心事，你知道你父亲的事吗？"

"我父亲？"我是奶奶带大的，从我记事起，母亲病恹恹的样子还记忆犹新，但对父亲是朦朦胧胧，我摇了摇头。

海大人说："你不姓陈，而是姓吕，你父亲叫吕诲，是朝廷的命官。他是被你现在的义父陈中孚诬陷杀害的。"

我听后一惊，手握着拳头说："难怪他对冯柱那么好，对我假惺惺的，我要替父亲报仇！"

"好，不愧是吕诲的儿子。你父亲的仇老夫早就想报，只是苦于没有抓到他的尾巴。你回去后，要监督他的一举一动，随时向老夫汇报，老夫才能为你父亲报仇，你做得到吗？"

我坚定地点了点头。于是，我将你窝藏白莲教的四位师父、与白莲教原副教主、峨眉山正阳师太打得火热、提拔农民涂兴农为县令、以募捐修水利实则敛财、将自己奉为神灵在宁波各寺庙供奉着等等一些不正常现象向海大人添油加醋地作了汇报。

义父将我和冯柱举荐在阮大人的帐下，海大人说，义父可能怀疑上我了，并令我监视阮大人。由于我不在阮大人身边，提供的情况较少，不过我在炮台收受的贿银，全部进贡给他了。

陈述将他的口供画押后，被押往牢房。

陈中孚说："张大人，人犯的口供又牵连到本官，本官回避，你去向阮督大人汇报吧。"

此事事关重大，两广总督衙门设在广西，张应吾马不停蹄地来到南宁，当面向阮总督做了汇报。

阮元看完了陈述的口供，心中大震，如果人犯交代的事情属实，朝野上下将要发生大地震，这是继和珅之后又一起权臣监督朝廷命官的犯罪行为。

阮元不动声色地问："张大人，陈大人的义子，为何又成了吕诲的儿子？"

“阮大人，你认识吕诲？”

“本官与吕诲都是乾隆爷四十六年同科进士，熟得很。只是老夫不明白，陈大人怎么收养了一个政敌之子。”

“回大人，下官也是刚听陈大人所说，他在任山西河东道时，一次，运城的关帝庙落成，运城知县受百姓委托，请他为关帝庙题写碑文。他与运城知县闲聊中，获知吕诲就是运城人。自吕诲被抓后，他家里是破屋又逢连夜雨，夫人病逝，三岁的儿子与七十老母相依为命。陈大人起了恻隐之心，去吕诲家里看望老母和幼子。通过吕诲的母亲陈述，原来吕诲本姓陈，是顶吕家外婆继承人的。陈大人祖先就流传着‘陈家的陈，天下一家人’的义门家风，于是就上演了一曲吕诲临刑托孤的事情。”

“啊！陈中孚仁义有加，聪明过人。”阮元听后，感慨地说。

“阮大人，您这话里有话啊。”

“陈大人用心良苦，他是不想杀他的义子啊。实际他早就知道陈述是海望的卧底。现在推出陈述的这份口供，是暗示我们陈述有重大立功表现，应从轻处理。同时，为了将海望之流处置于死地，他在借我们刀杀人，而他能全身而退。他像一个蹴鞠手，将球踢给了你和我，就看我们怎样接球了。”

张应吾太熟悉陈中孚了，他是个充满智慧而又讲义气的人。他假装糊涂地问：“依阮大人之见……”

阮大人笑着说，“陈大人将球踢给我们，我们再踢给守门员。”

“谁是守门员啊，还望阮大人明示。”

“皇上啊！”阮元命令说，“张大人，以我俩的名义拟两份奏折。一、《奏香山总兵陈述受贿罪有重大立功事》；二、《奏请派钦差大臣来粤调查权臣秘督朝廷命官事》。”

“阮大人，高，实在是高，您比珠峰还高。”

“哈哈哈！”

道光连续接到广东众官的奏折，心想：就广东的事多，上个月刚批完他们奏上来的二十几份折子，这又递上了一大堆儿，还让朕休息不。

道光按顺序打开了第一份折子，这是阮元、陈中孚和张应吾合奏的《奏广东砍刀帮黄亚月等一百二十一名人犯判绞溢事》。这些恶贯满盈的坏蛋，不杀不足以平民愤，他提笔批奏“秋后问斩”。

第二本是陈中孚和张应吾联名上奏的折子《奏为查获广州知府刘用等十七名命官充当砍刀帮保护伞受贿处理事》。道光批示：“革其功名，按律治罪。”

第三本是陈中孚一人上奏的折子，《奏为广州台辅臣张仁等十七名填补广州知府及其十五县令事》。“准奏！”

第四本也是陈中孚奏《奏为查封广东境内五百零一家烟馆收缴鸦片六百二十七斤处理事》。“暂由按察司妥善保管。”

第五本是陈中孚自我弹劾折，《奏为广东巡抚陈中孚教子不严理应弹劾事》。道光皇帝看后，摇了摇头，自言自语地说：“陈爱卿，你这是唱的哪一曲啊。”他提笔批示：“不知者不为罪。”

第六本是《两广总督阮元与广东巡抚陈中孚合奏拟添建监狱拥挤事》，好你两位大臣，你们将广东大小二十二个不法帮派都请进了广东监狱，哪有不拥挤之事，自己的问题自己解决。“准奏，所需费用自筹解决。”

当道光批示到最后两本时，见是阮元和张应吾联名奏的《奏请派钦差大臣来粤调查权臣秘督朝廷命官事》《奏香山总兵陈述受贿罪有重大立功事》。

道光见前朝户部尚书海望派人暗中监督陈中孚，心中大骇，海望如此大胆，竟仿效和珅，罪大恶极。幸陈中孚清廉，父皇英明才使海望这一阴谋破产。但这是前朝发生的事儿，况且海望已经退休，看在端亲王的面子上，且不追究。他来了个冷处理：“知道。”

当他拿起第二本奏陈述事时，这才明白陈中孚葫芦里卖的是“护犊”之药，朕何必做恶人呢，他提笔批示道：“贬为陈府奴才，世代将不录用。”

陈述获特赦贬为陈中孚家里为奴才，他整天像一只哈巴狗似的围着主人的脚后跟儿，使主人很不习惯。

陈中孚说：“陈述，你回葛仙镇去伺候夫人去。”

陈述点头哈腰地应诺：“奴才一切听从主人吩咐。”

陈述回到武昌葛仙镇，王金凤获知他犯事后被皇上贬为奴才，颇感心疼。她出资帮助他添置了三间茅屋，娶了一房媳妇，购了三亩湖田，使他成家立业，过着农耕生活，倒也安逸。

四

广东全省通过一场“惩恶除烟”的狂风暴雨的洗涤，使广东一片蓝天白云。布政司衙门认真按陈中孚绘制的蓝图，以香山县为农业试点，一个恢复农业生产的战斗，已经在全省全面铺开，如火如荼。

涂兴农就是有能耐，他在指挥农业生产的同时，发现了花岗岩矿石，他欣喜若狂，成立了采矿司，使花岗岩石很快销往全国各地，其销量不亚于云南的大理石。他还打开了水果进京之路，广东的荔枝、琼州的榴梿、香山的香蕉，一到季节就源源不断地销往各地。

布政使丁鸿雁是东北人，他时刻惦记着家乡父老，经常将南果北运，为广东百姓赚得钵满盆盈。陈中孚开玩笑地说："我们的布政使大人，他的花岗岩老(脑)袋终于开窍了。"

陈中孚心血来潮，广东这里的农桑繁忙景象，应该给吾皇分享，他提笔写下了一曲《话农桑》奏给了皇上。

古处义轩远，何由俾俗敦。
农桑循月令，董劝税星言。
罫布青铺罽，梯斜绿破痕。
马头迎废寺，鸦嘴出遥村。
笠影凤刺陌，机声月照门。
田歌陈夏谚，民气乐春温。
无逸图堪绘，知难训尚存。
鸿庞跻上理，康阜颂皇恩。

道光看了这份特殊的奏折，他高兴地对主管太监说："赏，赐陈中孚紫金锭一匣，《春秋左传》读本一部。"

陈中孚收到了皇帝的重赏，忙着撰写《奏为钦赐紫金锭一匣等件谢恩事》奏折时，冯柱慌慌张张地跑进来报告说。

"报告陈大人，受您之命，下官亲率兵巡逻海疆，发现英吉利商船上的一名歹徒，将我在海上贩运水果的一果商殴打致死。"

"外贼好大的胆子，竟然跑到我家门口来撒野。"陈中孚猛拍案台，怒声道，"本官不管什么英吉利，小西洋大西洋的，杀人者偿命是公理所在。本官命令你，迅速去英吉利商船，将歹徒捉拿归案。"

"他们早跑了！"

"你为什么不带兵去追？"

冯柱无可奈何地说："大人，我追了，可追不上人家呀。"

"为什么？"

"外夷的商船和军舰都是铁壳动力驱动，机器一冒黑烟就掀起了一阵白浪跑了。而我们的军舰还是原来的木板白帆，根本跑不过人家。最让人担心的是，人家军舰上有重炮洋枪。"

“我们虎门不是有大炮吗，难道是个摆设？为什么不用大炮炸沉逃跑的商船。”

“我们的大炮根本就是摆设，铁砂籽儿都够不着人家，人家的大炮能从几百丈远飞过来，一炮炸翻天。”

“大胆，你竟敢长他人志气灭自己威风。”

“不敢，下官只是实话实说，若大人不信，可以随下官下海去看一看。”

“走！”陈中孚就是不服这个黑杆子秤，他乘坐冯柱的军舰来到了澳门水域。

陈中孚用冯柱递过来的单筒望远镜看了一看，指了指外海停靠着一艘艘外国商船和军舰，那米字旗儿成串地在风中飘扬，军舰上的军士身背洋枪，在旁若无人地四处走动。

“这是怎么回事，朝廷不是明令禁止外国商船和军舰不得进入南海吗？”

“回大人，那是公海，我们无权利干涉。按国际惯例，他们可以自由上澳门取淡水补给。”

“他们停在那儿干吗？”

冯柱气愤地说：“都是一群强盗，在此做无本万利的生意呗。”

“什么生意？”

“他们用鸦片，来换取东南亚诸国和我两广沿海的矿产、古董、粮食和水果，强买强卖。如有不从，他们勾结海匪，杀人越货，无恶不作。”

“啊，原来是无利不起早啊，看来西方列强早就对我虎视眈眈，本官一定要杀一杀他们的锐气。”

陈中孚指了指远处的米字旗说：“那是英吉利商船吧，快调军舰来，本官要扣留他的商船，逼他们交出人犯。”

“是！”冯柱令旗号兵迅速调来在附近巡逻的军舰，四艘军舰直逼英国商船。

陈中孚令冯柱搬来一把太师椅，他稳坐在船头。冯柱担心他的安全，忙劝道：“大人，这里很不安全，还是回指挥舱吧，万一英吉利强盗狗急跳墙，这里是他们炮火的活靶子。”

“怕什么怕，本官是大清帝国的封疆大吏，难道还怕英吉利的几个海盗不成。”

英吉利军舰见到挂着大清龙条旗的四艘军舰，气势汹汹地直逼他们的商船而来。舰长慌恐命令：“警报，警报，各就各位，准备开炮！”

冯柱听见敌舰警报声，“哼”的一声冷笑，近距离炮战，虽然我们的大炮落后，但它也不是吃素的，三比一，划算的买卖。

他急令旗号兵："通知各炮舰，炮火准备，我们绝不放第一炮，待敌人的炮响后，再将我们的炮弹全部砸向敌舰。"

正当海上大战一触即发之际，英吉利舰长在指挥台上，用望远镜看到，大清帝国的指挥舰的船头上，稳稳地坐着一位朝廷大官，他那威风凛凛的气势，吓得他揉了揉眼，天哪，他哪里是朝廷大官，他分明看见了上帝。舰长颤巍巍地将望远镜递给大副，大副接过一看，吓得忙用手指在自己的胸前比画，嘴里不停地"阿门，阿门"。

冯柱的指挥舰迅速靠拢了英吉利商船，他飞身跳上船弦，高声喊道："谁是船长，快出来。"

英吉利商船船长从驾驶舱里走出来，傲慢地说："东亚病夫，你的不能上来，污染了我大英帝国的商船。"

"放你娘的狗屁，你才是西洋强盗呢。"冯柱强忍着怒火，对船长正气凛然地说，"我们巡抚大人有令，你们的船员，打死了我大清的商人逃跑了，跑的了和尚跑不了庙，现将你的这艘商船扣押，待你们交出凶手后，再放你们走。"

"我抗议！"

"抗议无效！"冯柱命令说，"快把西洋强盗的商船绑上，拖到我们的港口停靠。"

英吉利军舰舰长见冯柱的军舰，大摇大摆地拖着他们的商船往大清的内海驶去，而大清的三艘军舰将他团团包围着，他气得在甲板上跳了起来。

"NO，NO，NO，你们不能这样，这是公海，我抗议……"

冯柱站在陈中孚身边，向英吉利舰长挥着手高喊："古得拜！"

五

陈中孚注意到，我们内海的礁石上，原来站着很多像海狮、海象的人忽然间都不见了，他不解地问冯柱。

"刚才礁石上站着看热闹的人哪里去了。"

"他们是水鬼，见到我们的军舰，就钻到海底去了。"

"什么水鬼陆鬼的，本官从来不怕鬼，他们到底是什么人？"

"他们就是与外国商船勾结的海盗、海匪。"

"你为什么不剿灭他们。"

冯柱答非所问：“东洋矮子，大人知道吗？”

“不就是东瀛小岛上的日本人吗，怎么，他们也想来分一杯羹？”

“是的，他们比西洋人还要坏。”

“此话怎讲？”

“西洋人还穿着一套假文明的外衣，而这些日本倭寇仗着他们发明了一种潜水衣，勾结被‘惩恶除烟’风暴而漏网的不法之徒，组织海盗、海匪集团，对我边民、商船、运输船只，抢劫、奸淫、放火，无恶不作，罪恶滔天。我曾多次，用尽了办法，派兵清剿，都因他们见我军军舰到来之时，这帮强盗就不慌不忙地潜入海中，我们却眼睁睁地看着他们逃走，奈何不得。”

“这帮可恶的水鬼，一定要想办法铲除他们，决不能手软！”

“是！”

通过这次海上之行，使陈中孚清醒地认识到，广东内地太平不等于沿海太平，外国列强在虎视眈眈我大清丰富的资源，与其这样任由他们在国门口胡作非为，倒不如适当放开口岸，允许外国合法商船进阜经商，收其税赋，利国利民。

陈中孚征得阮元、张应吾、丁鸿雁和涂兴农等广东要员同意后，一连向皇上上奏了四十余份奏折。

《奏为增补海防军费开支营造先进舰船事》《奏请开通澳门海关疏》《奏小西洋亚林国夷船来粤应否准其贸易疏》《奏请广东沿海水鬼作恶剿灭事》《奏为琼州府民生事》《题报石城县海匪文运成等十二名劫伤郑学成身死拟绞监候事》《奏小西洋夷船来澳查办事件劝令回国疏》《奏饬谕小西洋夷人来粤不许多人免使争竞疏》……

阮元特别提示，将《奏英吉利商船歹徒毙我商人逃后扣押其商船事》的奏折插上三根羽毛，加急呈给皇上朝议定夺，避免引起外交纠纷。

陈中孚一一照办。

这年六月的一天，陈中孚正在衙内批公文，张应吾急匆匆地进来报告说：“陈大人，这狗日的水鬼越来越猖獗了。”

“怎么啦？”

“昨日石城县令受皇命将匪首文运成，绑上了绞刑架绞死，水鬼们于当日夜晚进行报复，将石城县令杀死在县衙，并留下水鬼标记，公然与朝廷叫板。”

陈中孚闻报石城县令被水鬼灭口，义愤填膺，他猛拍案台说：“我一定要为石城县令和广东被残害的百姓报仇！”

深夜，他躺在床上翻来覆去地睡不着觉，罗春颖见状，关切地问：“老爷！

你为何事烦心？”

“本官无能，水鬼报复杀我县令，我却毫无办法。”

罗春颖想了想，突然，她一骨碌坐起来，两眼冒光地说：“老爷，妾有一法，不知可行否？”陈中孚也立马翻身坐了起来，急切地说：“颖儿，快说出来听听。”

“我以前听我娘说过，我那个远房舅舅蒋有为不是做水上生意的？他们行船时经常会遭到大量水草缠住船舵，动弹不得，只得派人潜入水中清理水草，延误了不少生意。后来我那舅舅想了一个法儿，见水草厚的地方就令所有的船头，绑满锋利的大刀，扯满白帆，你还别说，这一办法真灵，水草被大刀切碎，再也缠不住舵了。”

陈中孚恍然大悟，一个借东风，剿灭水鬼的计划在脑海中形成。

一日，南海上空乌云密布，大有山雨欲来风满楼之势。从珠江口岸缓缓驶出数十只货船，个个吃水很深，一看就知道是一只只满载货物的运输船。

珠江口的水鬼眼线看得真切，忙向海上的水鬼发信号，有近十条商船经过，船上没有官兵押送。

当数十只货船行至南海海面时，陈中孚高大的身影出现在一船头，他大声命令道：“各船迅速搬掉船上石块，轻装上阵，马上要起东北风了，各船扯满白帆，挂上龙条旗，呈蛇形向水鬼经常出没的水域前进！”

水鬼们见商船靠近打劫水域，方才知道是来剿灭他们的官船，他们故技重演，纷纷潜入海底。

老天爷像是听从陈中孚指挥似的，顷刻东北风起，狂风大作，数十艘官船扯满了白帆，像离弦的箭，高速地沿海飞去。官船所到之处，水草夹杂着一团团鲜红的血液漂浮在海面上，染红了南海。原来，数十只官船的每只船底部，都装有百余把锋利的大刀。

陈中孚见一具具浮起来的尸体，就令冯柱：“将这些贼寇的尸体打捞上岸，一起焚烧，不要让这些水鬼，玷污了我蔚蓝的大海。”

从此，南海再也没有出现水鬼了，又回归了南海的宁静。

然而，南海的水鬼并不死心，他们隶属日本黑龙会的指挥。而黑龙会的会长龟田是个人不人鬼不鬼的家伙，头上和脸上有两块长长的娘胎里带出来的刀疤。

龟田为报南海全军覆没之仇，成立了“滴血子”小组，该小组是黑龙会的顶尖弟子，由颜田一男、菅义四五和妖精山口纤一三人组成，主要任务是，不论使用任何手段，都要将陈中孚置于死地。

第二十二章

建镜湖医院方显大国慈善　调漕运衙门却遇漫天乌烟

一

陈中孚并不知道东瀛黑龙会成立了专门暗杀他的组织，如果知晓他也不惧怕。他在广东用铁的手腕铲除了当地恶霸、地头蛇、海盗、海匪等黑社会势力，他的两位夫人深知有仇敌谋害于他。所以，罗春颖、彭玥两人轮换值班，十二个时辰寸步不离地守护在他身旁，黑龙会的几次暗杀行动被迫夭折。

这天，罗春颖扮着侍卫，陪同陈中孚乘坐冯柱的缉私船来到澳门视察。他们上岸后，在澳门县令的迎接中，他们步行到了高士德大马路。陈中孚是第一次来到澳门，被澳门的繁荣景象吸引住了。

澳门县令边走边介绍说："陈大人，因葡萄牙从明嘉靖三十二年起，就有澳门的居住权。因此，本县是广东唯一的对外通商口岸。"

罗春颖是名副其实地见洋广，她见马路两旁一排排各式建筑，好奇地问："冯都统，这些楼房漂亮是漂亮，怎么设计得不一致啊？"

冯柱说："三娘，京城人说去广东见洋广，就是这里。这里的建筑有我国的南岭风格、南欧风情和西洋风韵，这里的语言五花八门。"

陈中孚问："总有个主次之分吧？"

"回大人，还是以粤语为主，葡萄牙语为辅，还夹杂着英语、暹罗语、法语、日语等五花八门的语言。"

"相互都听得懂吗？"

"这里居住的居民，大都是用手语交流。"澳门县令解释说。

"不行。"陈中孚对澳门县令说，"本抚命令，从现在起，不论哪国商人，要想在本埠经商，必须说广东粤语，否则，不准上岸。"

"是，下官马上贴出告示。"

这时，一位金丝头发而带有东方女性神韵、气质高雅、满身外国香水味儿的女人，从街对面轻盈地走过来。她面带迷人的笑容，望着陈中孚，惊讶地嘟嘟噜噜了一通。

陈中孚皱起眉头问："她在说什么？"

澳门县令翻译说："她说的是英语，赞美清朝的大官好威武。"

漂亮混血女人见陈中孚听不懂她的语言，于是她操着生硬的粤语说："您好，巡抚大人，很高兴认识您。"

说着，她大方地伸出嫩藕般的小手，欲与他握手。

罗春颖心想，成何体统，外国女人脸皮怎么这么厚，大庭广众之下，毫不知羞耻，就想与一个不认识的男人手牵手。

洋女人见陈中孚不伸手，用求助的眼神望着澳门县令。

澳门县令忙解释说："陈大人，这是外国人见面的礼节。我大清帝国乃礼仪之邦，不能让外国人瞧不起我们。"陈中孚稳重地伸出右手说："你好！"

罗春颖注意到洋女人露出一丝不令人察觉的冷笑，再一看她伸出的食指间，有一枚闪闪发亮的戒指，仿佛像一条眼镜蛇在吐着信子。

"美女蛇！"说时迟那时快，罗春颖大喝一声，手起剑落，只听得洋女人"哎哟"一声，丢下她的右手，落荒而逃。冯柱正欲追赶，只见一辆小洋车将她拉进车里，一溜烟儿地跑得无影无踪。

陈中孚被这突然的一幕搞蒙了，他埋怨说："你怎么将人家的手砍下来了。"

罗春颖也不作答，她掏出手绢，小心翼翼地从血淋淋的断手指上取下戒指后，就问澳门县令："你们衙门有狗吗？"

"有，有，后院有一条。"

经她这么一闹腾，陈中孚再也没有兴致参观澳门街上的风景，也不知道她葫芦里卖的什么药。

"走，去县衙。"

刚进县衙，县衙养的一只哈巴狗儿见主人回来了，摇头摆尾地沿围着澳门县令的腿直转。

罗春颖趁狗不防，猛地用戒指向狗的屁股刺去，只见哈巴狗儿惨叫一声，倒在地上弹了几弹，就四脚伸直，口吐污血而死。

"我的天哪！"澳门县令吓得哆嗦着说，"多亏陈大人的侍卫机灵，您要是在我的辖区遇害，我这颗人头还保得住吗？"

陈中孚骄傲地说："别大惊小怪的，他们刺杀我多次了。我身边有两位贴身侍卫，杀我的人还没有生出来。"

澳门县令忙说：“下官这就令捕快捉拿凶手。”

“这是东瀛倭寇干的，他们肯定早已跑进了公海。”

在县衙吃罢中饭，陈中孚提出，沿澳门海岸走一走，看一看。澳门县令哪敢怠慢，连忙组织了十几名身强力壮的捕快，沿途保护巡抚大人的安全。

陈中孚来到海岸，这里的景象与大街上恰恰相反。到处是用芦席或棕榈搭建起来的低矮棚子，每个棚子散发出阵阵难闻的臭味。

陈中孚问：“什么人住这里，这不是贫民窟吗？飓风来了，这些人不遭难了吗？”

澳门县令说：“回大人，这里是小西洋人谋生的栖身之所。”

罗春颖皱起眉头问：“怎么还有大小西洋之分啊？”

“是的，大西洋是很发达的国家，如英吉利、法兰西、葡萄牙等，他们暗中贩卖鸦片，换取南洋和我国的粮食和矿产，都是有钱富商。而小西洋是南洋诸小国，像暹罗、越南、缅甸、菲律宾等，他们中间有小商小贩和搬运苦力。”

正说着，他们看见四个人抬着一卷芦席出来，芦席的尾部有一双赤脚露在外面。四人蹚着齐腰身的海水，将芦席丢进了大海。

陈中孚问：“他们在干什么？”

澳门县令答道：“他们是将死者进行海葬，这样逝者的灵魂就能够回到自己的家乡。”

冯柱好奇地问：“他们为何而死？”

“都是生病死的。”

“为什么他们不看医生？”

“我们澳门没有公立医院，这些外夷也没有钱看大西洋人的私人诊所，一生病只有等死。”

“原来你这里既是天堂也是地狱啊。”陈中孚指了指镜湖旁的一块空地说，“县令大人，我们中华是礼仪之邦，这些小西洋人也是人，我们在那儿建一所慈爱医院，和一些结实而实用的楼房，为这些漂洋过海来的苦命人免费居住和治病。”

“下官也有这个想法，但苦于没有经费和医务人员。”

陈中孚思索了一会儿说：“经费一半由布政司划拨，一半由你衙门出面找大西洋人募捐，如有不愿意募捐者，以广东布正司的名义，不许他们上岸经商。医护人员本抚从各州府医院抽调，薪饷由你发放。”

“这个自然。”澳门县令说，“陈大人，下官有个建议。”

“啊！说来听一听。”

“为了让小西洋人世代记住，我大清帝国对待他们的慈善帮助，待镜湖医院建成后，立碑记之。”

“这个主意好，那这个碑记由谁来撰写呢？”

澳门县令和冯柱异口同声地说：“非陈大人莫属。”

“好！”陈中孚并未推辞，镜湖医院剪彩之日，一块巨大的石碑立在医院的正中，上面是陈中孚撰写的《创建镜湖医院碑记》。

二

很快陈中孚的第一届三年任满，按大清官吏制度，朝廷该为全国各省、知府、知县打座位了，或退休，或平调，或升迁。因为陈中孚与皇上有个约定，为了巩固广东的胜利成果，他再延任一届，正当他踌躇满志制订下一届工作计划时，一道圣旨将他升任为漕运总督兼八门军务提督，从一品衔。

汉仕中丞，能做到从一品，那是最高官衔。因为按大清律法规定，汉人中丞官从一品为上限，满人可为一品。当然，皇帝拜为左丞右相就另当别论了。

陈中孚深知皇上的为人，他勤俭、聪慧，说一不二。难道圣上是被王爷们绑架了，要派人来摘桃子。桃子熟了自然有人来采摘，这是我大清官场的潜规则。摘桃子倒无所谓，关键是来摘桃子的人，要有居安思危的警惕，再也不能让鸦片输入广东，否则后果难以预料。不行，在上任之前要与张、丁、涂三位大人叮嘱，严格守住这条红线，再上京面君，奏请皇上要为新任巡抚说明白这里面的利害关系。

陈中孚想到这里，令衙卒说：“快请张、丁、涂三位大人来本抚议事。”

“是！”衙卒刚出门，又折了回来说，“陈大人，三位大人来了。”

“啊！三位大人来得正好，本抚明日要进京复命，有些……”

陈中孚话没有说完，张应吾接过话头说：“就你进京复命，我们就不能面见皇上了。”

陈中孚见他话里有话，忙问：“怎么回事？”

“回陈大人，谢主隆恩，你管不着我了。”张应吾玩笑着递上圣旨，原来他升任为山西巡抚。

陈中孚又问丁鸿雁：“你呢？”

丁鸿雁仿效张应吾也递上圣旨，啊，他升任为江苏巡抚。

“你呢？”

涂兴农也递上了圣旨。陈中孚看后，感叹地说："皇上英明啊，终于将黑肚子光棍升为广东布政使，这下本官放心了。"

"哈哈哈"三人同时发出欢畅的大笑。

"老规矩，"陈中孚说，"今天在我家里庆贺一番。"

"算了吧，你这个悭屁蛋，又是嫂子炒的几样家常菜。"

"你们听，这哪儿是同窗亲家说的话，你有没有搞错啊，我是裕钊的亲外公，是你张家的座上宾，今天你请客！"

"今天我请客。"涂兴农真诚地说，"下官尽地主之谊，在广燕楼摆酒，为三位大人饯行。"

三年多来，几位广东的当家人还是第一次在酒楼吃饭，初次品尝到海鲜大餐，那高兴的劲儿就不用提了。

丁鸿雁多喝了几杯，兴奋得问大家："各位大人，你们知道皇上为什么升迁我们吗？"

涂兴农说："这是光头上的虱子，明摆着的，我们干出了成绩呗。"

"不，不，不。不全是这样，这还得益于陈大人的《奏英吉利商船歹徒毙我商人逃后扣押其商船事》的奏折。"

张应吾说："何以见得。你参加了早朝，快说来听听。"

丁鸿雁说："皇上看了这份奏折，这涉及国际关系，他也不好定夺。于是，皇上将这本奏折拿到第二天早朝上讨论。"

"后来呢？"

陈中孚说："远昭，别插话，听丁大人详细说来。"

"早朝中大家听了折子的内容，一时炸开了锅。首先是端华端亲王第一个站出来反对，他一语惊人，差一点将陈大人革职问罪。"

"啊，朝廷这么复杂，他是怎么说的。"涂兴农惊讶地问。

端亲王说："启禀圣上，陈中孚胆大包天，竟然将英吉利商船给扣了，快令他赔礼道歉放船。否则，轻则会引起外交纠纷，重则会引发我大清与外夷交战，朝廷将消耗不必要的人力和财力，这是一件大事，而是一桩必须马上办的大事。由此，本王建议立即弹劾不知天高地厚的陈中孚，令性格温和的山西巡抚成格，去接任广东巡抚一职。"

亲王载垣也站出来说："皇上，臣附议。"

僧格林心亲王立即表态说："皇上，臣也附议。"

这三个保守派亲王平时并不和善，今天怎么啦，却穿在一条裤子里去了。三人成虎，使主持天平的皇上左右为难。

道光问："对陈中孚这一奏折还有不同看法的吗？"

朝廷里一阵沉默后，两湖总督林则徐站出来说："启禀皇上，臣有本要奏。"

"准奏！"

"臣认为，陈中孚为我大清子民主持公道，可嘉可贺！杀人偿命天经地义，什么大西洋小西洋的，在我大清的疆土上，违反了我们的律法，就应该一视同仁地对待，树我朝威严！"

"是啊。""是啊。"大臣们大部分私下议论赞同林则徐的观点。

这时，户部尚书阎敬铭上前说："皇上，臣有本要奏。"

"准奏。"

阎敬铭摇了摇手中的折子说："这是户部今年统计的各省上缴税赋报表的折子，广东省名列第一，今年比历史最高年份还增加了一层；浙江第二，河南第三。不知什么原因，原先名列前五名的纳税大省山西、江苏却倒数第一和第二。数字就是政绩，广东省作出了榜样。"

帅承瀛也附议说："皇上英明，勤做的人肯定比不做的人召人显眼。像陈中孚这样能除恶禁烟，兴修水利，开拓进取的勤吏能臣以及他的团队，都应该提拔重用。"

帅承瀛言之有理，倒是提醒了道光皇帝，天平该向谁倾斜了。

"各位王爷、臣工各有道理，关于扣船一事，朕委派端亲王为钦差大臣去与英吉利代表交涉，不交人就交保释金后放船。拟调陈中孚为漕运总督兼八门军务提督；拟调原山西巡抚成格为广东巡抚；拟调原广东按察使张应吾为山西巡抚；拟调原广东布政使丁鸿雁为江苏巡抚；原江苏巡抚郭泰年迈准许退休；拟升广东布政辅涂兴农为广东布政使。各位臣工，有本上奏，无本退朝。"

吴作为连忙站出来说："皇上，臣有本上奏。"

"准奏！"

"臣在宁波鄞县当知县时，涂兴农只是个秀才，并无功名，如今提升他为三品布政使有违背祖制，当初就不应该提为鄞县县令。"

"大胆，你是说先皇之过？"

"扑通"一声，吴作为战战兢兢地跪在地上说："臣不敢。"

道光生气地说："还好意思将你任宁波知县的这碗臭咸菜端出来，烂桃子一个。退朝！"

"哈哈哈" 大臣们听到皇上这样批评吴作为，哄堂大笑。

三

陈中孚回京复命，向皇上汇报完了广东政务，最后着重说："皇上，大西洋的商船和军舰在我海疆周边赖着不走，不仅仅是为了贩卖鸦片赚起我国和小西洋周边国家的银子这么简单。"

"哦！他们有什么企图？"

"臣认为他们是想蚕食我们的疆土，建立殖民统治，达到他们掠夺东南亚资源的基地。所以臣认为，不论谁当广东巡抚，都不能开放鸦片这个口子，否则正中大西洋人的下怀。"

"爱卿提醒得对，朕将涂兴农提升为布政使，就是为了巩固广东来之不易的成果。"

"臣是担心成大人上任后，就会让涂兴农坐冷板凳而事与愿违。"

"朕也考虑过这个问题，如果广东再乱，我就让林则徐去治理，你安心做好自己的差事，相信你能将漕运搞活，朕还要让你挑大梁。"

"皇上英明，高瞻远瞩，林大人正直刚强，富有魄力，臣这就放心了。再有一事禀报，臣还不知道漕运总督的职责范围。"

"哈哈哈，终于转到上任来了。"道光笑着递给他一道圣旨说，"回家去看吧，朕都写在上面了。你是个福人，儿孙满堂的，三年多又没有回家，一大家子还等着你回家团聚呢。"

"谢主隆恩，臣告退。"

陈中孚走过金水桥，只见他的八抬大轿在大前门候着，他钻进宽敞舒服的轿子里刚坐下，就迫不及待地打开了圣旨。

敕漕运总督谕：

朕敕谕广东巡抚陈中孚为兵部侍郎兼都察院右副都御史。

兹命尔总督江苏等八省提督漕运海防军务兼理粮饷，驻淮安府。凡有漕粮及运道经行去处，府州县卫所照旧统辖，镇巡等官听尔节制。江淮咽喉要区漕运军国重务，一应征兑挽运，不拘远近官民，皆须先时催集，依期督促，务足定额，以广积储。仍严饬文武官吏，选将练兵，信赏必罚。查核兵食，预备战守，察解逃人。遇有地方寇贼生发，即督率镇之，申明纪律，奋勇剿灭，务尽根株。若在军前临阵退缩、杀良冒功、稽迟粮运、失误军机者，文官六品以下、武官四品以下，会同总督、巡抚、提督，许以军法从事。镇、道等官，飞章参奏，候旨处分。其兵马实数，向系道臣查点，今停其查点，听尔督同提督择武官内廉干者查点。如有虚冒，即行指参。交界海道地方，从前时有水贼纵横，倭寇跳梁，应会八省各巡抚转行镇之，严敕防御，有犯必加剿捕，期于商民获安，河海宁谧。如遇大兵征讨，经过境内，须预戒巡抚、司道多集粮草船只，随时取办，毋致稽误。亦毋庸有司横征科派，贻累小民。至于漕运各项钱粮，尤宜彻底清核，汰浮剔蠹，不许所司朦胧隐没及各衙门借名侵用。阖属文武等官，秉公甄别。清廉强干者，据实举荐；贪婪庸儒者，轻则降黜，重则拿问，具疏奏尔，尔肩担重任，须殚精竭虑，靖寇安民，通漕裕国，期尔厥职。如因循怠忽，处置乖方，责有所归，尔其钦哉。

故谕！

他看完圣旨，举头望了望京城一片灯红酒绿，火树银花，深感自己肩上的担子越来越重。

八抬大轿刚到武昌会馆门口，只见王金凤头戴一品诰命夫人凤冠，带着一大家子在门前恭迎着他。

“夫人，你是几时进京的，叔叔、二婶身体怎样？”

“亏你还惦念他们，两位老人于去年先后走了。”

陈中孚一听，鼻子酸了起来，哽咽地说：“我愧对二老，母亲去世早，是二婶将我带大的，是叔叔教我识字的。自古忠孝不能两全，请两位老人在天堂之上原谅侄儿不孝。”

这时，大儿子兆霖和儿媳带着一双儿女上前拜见父亲，陈中孚抱起孙子泰之，再一看儿子，见兆霖头上六品官戴说：“霖儿有出息，都六品编修了，父亲在你这么大年纪还没入第呢。”

“孩儿携儿媳、孙子拜见父亲大人。”

陈中孚见小儿子汝霖头上的举人帽子，喜悦地说：“汝儿也不错，现在是举人了。”

他望了望小儿子身边一个漂亮的小妇人，怀里抱着一个婴儿，忙问：“这位是？”

二媳妇矮身行礼说：“儿媳陈严氏拜见公公。”

“好，好。汝儿也做父亲了。”陈中孚转向罗春颖说，“春儿，这就是你的不对了，你都做婆婆了，怎么不向我这个爷爷汇报呢？”

罗春颖解释说：“全凭大姐做主，人家是怕影响了你的差事才没有告诉你嘛。”

“好好，夫人辛苦了。”

随后大女儿牡丹、次女儿荷花、三女儿蔷薇先后带着女婿和外孙们上前拜见。

四女儿秋菊，女婿冯柱和小柱子也来到父亲面前。

冯小柱像大侠一样，双手抱拳纳拜说：“外孙小柱子拜见外公！”

“哈哈哈”“嘻嘻嘻”全场哄然大笑。

冯柱上前说：“傻儿子，要跪着拜外公。”

陈中孚这才看见他的得意门生头上顶戴的是清兵二品花翎，他笑着问：“又升官了？”

秋菊笑着说：“父亲，他呀，是孙悟空逃不出您如来佛的手掌心，刚调到山东任提督。”

“我早就跟你二娘说过，你祖居的地脉很旺，你已经是将军了，没有回老家去看看？”

“回岳父大人，携秋菊和小柱子，孝扶两位奶奶的灵柩回山西老家安葬，刚回来。”

“人老了，都走了。陈述的奶奶葬在何处？”

“回岳父大人，愚婿原想运回运城他的老家安葬，又惧乡亲议论。陈述的奶奶也是我的奶奶，就把她和奶奶一起，葬在我家的祖坟山。”

“柱儿做得很好。”

说着，五女儿桃花穿着新婚大红袄，牵着新女婿上前拜见父亲大人。陈中孚笑着说：“该老啰，连桃花都出阁了，是几时成亲的？”

王金凤笑着说：“老爷还有意思问，五女婿是兴国石进士之子，不是桃儿于归三天回门之日，咱们老陈家能如此团圆吗？”

“好好，为父祝福你们白头偕老，比翼双飞。”

彭玥的女儿冬梅，牵着罗春颖的女儿芍药，两个小女孩儿一一拜见了父亲。

陈中孚兴奋地说：“老夫是个糊涂家长，连自家几多人口都不知晓，惭愧，惭愧。大家都站着别动，我数数。”

站在一旁的彭玥笑道：“老爷别数啦，妾已统计过，老少人等，里孙外孙，三十六口，三桌吃饭围不下去。”

“围不下就开四桌呗，不是还有你那四位舅舅。”

“嗨！四位老人在外闯荡一生，这一老呀，倒思念起家乡来，他们各自回到自己的家乡，享清福去了。”

“啊，啊！”陈中孚哪里知道，这是上苍有意安排的大团圆。此生，再也没有机会相聚了。

四

陈中孚再次带着两位小妾坐官船行驶在运河上，目的地不是浙江杭州，而是江苏淮安。前一次是兴高采烈，而这次却是闷闷不乐。

朝廷满汉斗争愈演愈烈，这次广东人事调动，是一个不好的前兆。以满人为首的保守派势力在左右朝廷，闭关自守，一点新鲜血液都注入不进去，国力在逐渐衰退。表面上看泱泱大地是一片蓝天白云，实际是粉饰太平，千疮百孔。贪污腐化，结党营私，尸禄保位的毒瘤又在蔓延滋生，随时有危及我大清大厦的危险。

罗春颖见老爷一路都是沉着个脸，关切地问：“老爷，你是不是有一种明升暗降的感觉，才使你高兴不起来。”

“非也，非也。老爷我的权力越来越大了。”

“怎么个大啊？”

“是集湖南、江西、安徽、江苏、浙江、福建、广东、河南、湖北八省的政务、军务于一身。”

“啊，好大的职权。我们老爷是个勤臣，这肩上的担子越来越重了，老爷你是快花甲的人了，可要注意身体啊！”

“唉！权力越大，责任就越大。”

彭玥说：“老爷，饭没熟趁嘴空，快说来听听，具体管些什么事儿，有没有我和小妹能帮得上忙的地方？”

他拿出圣旨，念了起来。

彭玥听后说：“嗨！不就是八省的当家婆吗？柴米油盐酱醋茶都管，还要管军队里的吃喝拉撒，够老爷忙的了。”

“忙倒无所谓，就怕朝廷有的人帮倒忙啊。”

正当陈中孚陷于忧国忧民的沉思之中，远处传来一阵阵粗放嘹亮的号子声。

哼哟哼嗬，哼哟嗬哼！我们大家齐力拉呀哼嗬哼，烈日当头我不怕呀哼嗬哼，只怕运河淤泥塞呀哼嗬哼。

哼哟哼嗬，哼哟嗬哼！我们大家齐力拉呀哼嗬哼，千年运河头在哪呀哼嗬哼，婆娘晾衣水汪汪呀哼嗬哼。

……

彭玥向外喊：“船夫，向拉纤的船靠拢，我们也过去看看热闹。”

“夫人，我们不能靠拢去，那是漕帮的船只，我们得绕开他们走。”

陈中孚不解地问：“这是为什么，难道官船还怕民船不成？”

“现在就是这个局面，特别是官船遇见漕帮的船只，只有停靠在对岸，待他们通过后，我们再启航。”

“不可理喻，现在的民船竟霸道到如此程度。”

“夫人，不是他们霸道，而是他们对官府一肚子气无处发泄，就冲着官船出气。”

陈中孚问：“他们哪来的气？”

也不知船夫是故意说给陈中孚听的，还是不知道他就是新任漕运总督，他直话直说：“这也难怪他们，漕运总督是一只貔貅，只进不出。他们到处设卡收费，收入囊中，运河淤塞得这么严重，他们不闻不问，总有一天这条历史长河会淤塞不通。”

一直没有言语的罗春颖说：“怎么会呢，新任总督一定会考虑这个问题。”

“算了吧，漆黑的染缸里还能染出白布来。”

“闪开，闪开，小心爷们的大船将你这小小的官船撞得粉碎。”

罗春颖从船舱里钻出来，呵斥道：“我看谁人敢冲撞新任漕运总督的官船！”

“原来是个娘……”们字还没有说出来，纤夫一下子认出了她，他忙喊：“大哥，大哥！是罗家小姐。”

这时从船舱里钻出来一个四十岁上下的男子，正是罗春颖以前提到的舅舅蒋有为，他忙令：“快停船，快停船！”

罗春颖飞身一跃跳上大船，双手抱拳说：“舅舅。”

“不敢当，不敢当，你现在是诰命夫人。”蒋有为看到陈中孚从船舱出来，忙上前抱拳说：“漕帮帮主蒋有为，拜见漕运总督大人。”

陈中孚拍着他的肩膀说：“免礼，免礼，我俩不必这么客套。”然后问道：“蒋帮主，近来生意还好吧？”

“唉！不提了，散摊子了。”

“为何散了摊子？”

“往年的两广盐运使还看中您的面子，只要我们足额缴完税赋倒也不管我们。可去年来了个什么狗屁盐运使，他贪得无厌，非要我们交出一半的份子给他，这不是拆我们的台吗，反正我们干得累死累活，赚的钱是给朝廷户部干的，我们也所剩无几，倒不如就此散摊子。”

陈中孚沉思道：“散摊子可不是件好事。蒋帮主。我请你帮一个忙好吗？”

“请陈大人明示，只要是本帮主能够办到的一定竭尽全力。”

“你尽快组织十万民工，工价按市价行情付给。”

“陈大人，您要这么多民工干什么？”

陈中孚指了指运河。蒋有为兴奋地跳了起来说：“陈大人是要疏通运河？”

陈中孚迈着坚定的步子，上了官船，他站在甲板上，朝蒋有为喊道：“蒋帮主，再也不许阻拦官船正常行驶，不然本督拿你开刀。”

对面传来了蒋有为的声音：“陈大人，知道了，请放心吧！”

五

不多日，他们一行来到淮安漕运总督的办公地，刚到门口，就听见里面传出麻将声和吆五喝六的骰子声音。

陈中孚怀疑自己走错了门，就问罗春颖：“颖儿，你对这块儿熟悉，我们是不是走错门了？这不是衙门而是个赌场啊。”

罗春颖指了指门楼说：“老爷，没错呀，上面是写着漕运衙门。”

“那就进去看看。”

衙门的两个衙卫此时鼾声如雷，陈中孚走进院子里一看，有十几间办公室里传出的，不是噼里啪啦的洗牌声，就是吆五喝六的骰子声和猜拳行令的闹酒声。声声不堪入耳，一片乌烟瘴气。

陈中孚命令说：“小玥，你将铁栅大门锁好，一个也不放出去，本官和颖儿去为疏通运河提前捐点银子。”

“好嘞，老爷放心，保证没有一个漏网之鱼。”

漕运总督衙门是朝廷的直管机构，下设只有一个漕运部院，该院分九个部门，分别管理八省和运河的税赋、粮食征收，以及各省提督的军粮马料的调配。这里面除衙卫外，百十号人个个都是朝廷命官，最小的六品，除漕运总督外最大的是三品官衔，衙门不大，权力不小。

陈中孚领着罗春颖走进中间的漕运部院办公室，里面四方城里鏖战正酣，相互搏杀，没有人注意到他们进来。

陈中孚从办公桌上的四顶官帽中，不难看出他们四人是本院的一至四把手；从赌桌上大小不等的银子和银票上看，赌注还不小呢。

“哪位大人输了？”陈中孚问。

“本官输了，三杀一。”对面的四品院辅头也不抬地说。不对，声音这么陌生，他抬头一望，见是头顶红宝石，胸挂朝珠的从一品大官和一个气质高雅的夫人，站在他们的面前。

输者连忙下跪拜曰：“下官拜见总督大人！”

其他三位见状回头一望，果然是新任总督大人，忙下位下跪行礼。

陈中孚笑着说：“各位大人接着玩，输了的手气不好，让本官夫人过把瘾。”

罗春颖一听，对着他的耳门，声音轻得似蚊子嗡似的，悄悄地说：“老爷，妾打麻将也不行。”

“用你们峨眉山的魔幻术，准赢！”

她会意地笑了笑，也不谦让，一屁股坐在输者的位置上，莺语般地说：“各位大人坐呀，助助兴。”

原来新总督也是久经牌场的将军，刚来就要我们潜规则。所谓潜规则，自从嘉庆皇帝反腐倡廉后，大清官场中就流行一种行贿受贿的新方式。下官向上级行贿，不直接送钱，而是在牌场上故意输给上级。

漕运部院院长向两位副手眨了眨眼，提醒说：“恭敬不如从命，我们陪夫人搓几把，让夫人高兴高兴。”

罗春颖双手麻利地洗好了牌，并帮助左右各码了五双。从她洗牌的动作，他们已猜出她是个久经沙场的老手。

“夫人请！”她也不谦让，拿起双骰子就掷了起来。十二点，倒手起牌，正好是她码的卡子上。

“和了，万字清一色一条青龙。”刚打到一圈儿，罗春颖就高兴地说。

“开钱，再来！”

“又和了，一条龙的毚星五杠上开花。”

“又和了，大三元。”

“又和了，小四喜。”

不一小会儿，只见三个朝廷命官桌上和口袋里的银子银票都飞到了罗春颖面前，堆得像个小山包。陈中孚用嘴向一旁看牌的输者叼了叼，他心领神会地帮她将银子全部装进了一个大口袋。

陈中孚见他们头上开始冒着豆粒大的汗珠儿，知道他们囊中羞涩，就对她说："来一个满堂红给他们见识见识。"

"啊！十三张红中。"他们这才知道遇到抽老千的顶级高手了。

陈中孚仍然笑着说："愿赌服输，你们还来吗？"

"不了。"

"不了。"

陈中孚邀请道："请你们戴正官帽，我们一同到其他办公室里去转转。"

一行六人来到一间宽敞的办公室里，只见一张长方形的桌子旁，里三层外三层地围着官阶大小不等的几十名官员，在摇骰子押宝。

陈中孚对院长耳语了一番，他点着头儿嚷道："各位，大家安静，今天新任总督陈大人要与大家同乐，由他夫人做庄，大家来下注。"

罗春颖走到条桌的中心位置，院长提着钱袋子站在一旁。她拿起桌上两只瓷碗扣着的两个骰子胡乱地摇了一通。在一遍遍"下大""下小"的吵闹声中，她观察到下大的注子明显比下小的人多，打开碗儿一看，是"小"，就这样，大伙儿的银子，一轮接一轮地飞进了院长提着的袋子里。

一个玩得转骰子的五品节制，不服气地说："夫人，我俩各摇一把小的，一把定输赢。"

罗春颖也不说话，微笑地将两只碗和骰子递给他。五品节制接过碗儿，全神贯注地摇了起来。

"好"的一声，五品节制揭开瓷碗，"一点"， 三个骰子竖在一点上。

"哼"罗春颖一声冷笑，左一摇右一摇"叭"的一放，五品节制揭开碗盖一看，"啊"的一声惊叫，跌坐在椅子上。"唰"的目光聚焦，碗底的两只骰子粉碎，只有一只是明显的一点。

有几个精明的官员见势不妙，悄然地离开了赌场。

陈中孚严肃地问："大家服是不服！"

"服。""服。""服。"

陈中孚严厉地命令："院长大人，通知漕运衙门的官员，全部在广场集合，本督要训话。"

"哎，哎。"

一个院辅讨好地说："陈大人，有几个溜了。"

陈中孚冷笑说："一个也跑不了！"

果不其然，当大家低着头来到广场，又见彭玥押着几个想溜的官员走进操场。

陈中孚威严地站在头排中间，他提着钱袋子，调侃地说："本督第一天上任，大家给了一个好沉的见面礼。但这些银子远远不够，因为本督要清淤大运河，资金不足，你们有钱赌博就有钱捐赠。因此，凡参加今天赌博者，按官职大小进行募捐，三品五百两；四品四百两；五品三百两；六品二百两。”

他又声色俱厉地说：“捐了的，今天的事情既往不咎；不愿意捐的本督也有办法，成立专案组专门调查你在为官期间的贪腐行为，从重、从快、从严处理。”

最后，他严肃地宣布了两项纪律：“第一，办差时间，不许在本衙和其他地方聚众赌博。第二，各部门的官员在各地办差，不许受贿和勒索当地百姓钱财，一经发现将严惩不贷。”

新官上任三把火，这第一把火烧得这些贪赌卡要的朝廷命官浑身发烫，收敛了许多。

第二十三章

百万民工疏浚旌旗运河飘　五位大臣乘兴吟诗邗沟秀

一

清衔维国本，微管耻前闻。
慎选途逾博，兼收念孔殷。
全才怀有合，弁类不嫌分。
茅拔征连汇，翘舒聚乐群。
光华开日月，骤雨起风云。
为浚观漕兴，运筹看吏勤。
邀君勘四段，望院沐三熏。
盛世旌招展，敷文呈圣君。

陈中孚燃烧的第一把火是整顿漕运衙门纪律，重塑衙门形象，初见成效。紧接着他就开始烧第二把火，组织人力、物力、财力，在三千多里的运河上，打响前无古人后无来者的疏通运河淤泥的战役。

陈中孚调查了解大运河的全部情况后，连续向道光上奏《奏报筹计漕运大局情形事》《奏请全面疏通大运河筹划事》《奏为祗领漕运总督关防开用日期事》《奏为缓买江南各帮旗丁行月等米事》《奏报赶趱回空漕船行走情形事》五道奏折，一一得到批奏后，他决定亲赴金陵请老前辈、老省抚，两江总督琦善一同实地沿线考察，制订出具体浚河计划。

要想全面完成大运河的清理任务，必须要得到两江总督琦善大人的支持与配合，趁水落归漕之期，才能组织民夫疏挖运道。

琦善是旗人，又是两朝元老，他任湖北巡抚时，就对刚为进士的陈中孚看好，在几次朝议时，海望之流欲弹劾陈中孚，他都出面据理力争，保护了他，他俩虽不是师生关系，而友谊胜过师生关系。

陈中孚相邀，他欣然应诺，一同带着庞大的勘测队伍，从杭州起点出发，实地考察来到了淮阴黄河、淮河、运河三水的交汇处。

琦善说："陈大人，请你将大运河的情况简单地介绍一下好吗？"

"好的，琦大人。"陈中孚介绍说，"京杭大运河始建于春秋时期，是世界上里程最长、工程最大的古代运河，也是最古老的运河之一，是中国古代劳动人民创造的一项伟大工程，使用至今。大运河南起余杭（杭州），北止涿郡（京城），途经浙江、江苏、山东、河北四省，贯通海河、黄河、淮河、长江、钱塘江五大水系，主要水源是微山湖，全长三千五百一十四里，是南粮北运的大动脉。春秋吴国为伐齐国而开凿邗沟，隋朝大幅度扩修并贯通至都城洛阳又连涿郡，因元朝建都涿郡而弃洛阳直通涿郡，开凿至现在已经有二千三百余年历史。大运河分为四段：永济、通济渠、邗沟、江南河，除部分河段历史有清淤记载外，二千多年来尚未全面清理。"

"陈大人，介绍得较详细。"琦善说，"我等一路奔波有一月余了，马上就要到三水交汇处了，要重点落实三水的治理问题，你制订计划出来了没有？"

"回琦大人，下官聆听您的教诲。"陈中孚谦逊地说，"老前辈，请您老不要叫我陈大人了，叫得我无地自容。"

"后生可畏，你与本督同起同坐，按朝廷礼制，本督如何称呼？"

还后生可畏，快步入花甲之年啊，琦大人倚老卖老，我只能报以微笑。"琦大人，唤字心畬更为亲切。"

打扮成贴身保镖的两位小妾，还是第一次看见老爷对同品级官员如此尊重，她们偷着乐呢。

"好！心畬，你看。"琦善用右手指着前方，继续说，"由于黄河的淤泥逐步提高，堵塞了淮河水道，致使淮水倒灌流入运河，而黄河却在慢慢改道，治运要治淮，而治淮必须先治黄，谈谈你治理这三水交汇的办法。"

琦善就是不入道，仍然坚持要他发表意见，实际是想考考他。

陈中孚说："回大人，按常理治水宜疏不宜堵，但在此三水交汇处的地方还必须用堵的办法，才能使黄河按旧道流入东海。"

"啊！你这观点很是新鲜，说具体一点。"

"在淮河口筑堤建两闸，调度水位，方能使三水各行其道。当淮水较大时，两闸同时打开，一闸随黄河流入大海，且能起到水压助黄水推沙泥，汇入东海，从而解决了黄沙在此淤积的老大难问题，一闸可根据运河的水位进行调节。"

"这是个办法，但你考虑过没有，要想达到预期的效果，该堤闸只能建在淮水湍急的地方，这么急流之水，如何筑堤？"

陈中孚思索了一会儿说：“琦大人，用沉船垒石的办法筑堤留口泄水，方能解决。”

“好！心畲，本督与你联名上奏皇上，待批准后……”

还没待琦善将话讲完，突然水中如鲤鱼跳龙门似的，跃出三个手持短剑的人上船，向两位总督刺来。

“二姐，保护琦大人。”罗春颖眼尖，一跃而起，跳到陈中孚的前面，拦住了一个独臂女妖的来路。与此同时，彭玥听见小妹的呼声，她以迅雷不及掩耳之势横剑堵住了两位水鬼，琦善的两位卫兵也拔刀参战。

顿时三对四的搏杀开始了，只听得“乒乓”冷兵器的碰击声，七条人影时而白蛇吐信，时而翻江倒海，时而金刚罩体，时而劈山震虎……只见人影飞动，水鬼们没有能力前行一寸。

“快，卫队，卫队呢。”琦善见状忙呼他带来的卫队。

陈中孚指了指远处雾茫茫的兵船说：“琦大人，别喊了，他们根本听不见，更看不到我们船上的突发事件。”

说着，他拉着琦善紧靠桅杆边的有利掩体，以防背后受敌。再仔细观察三个水鬼，那个独臂女妖，不正是在澳门刺杀他的女人吗？

“小玥，春儿！小心应对，他们是倭鬼。”

“老爷，知道了。”彭玥一声娇喝，“小妹，我俩联合砍断这个狐狸精的另一只手！”说着，她做了一假步向前的动作。与她打斗的水鬼是菅义四五，她不知是计，猛地上前，欲救她的师妹山口纤一。

说迟时，那时快，彭玥见水鬼露出破绽，来了一个闪电般的半月转身平刺。“轰”的一声，菅义四五兀然倒地而亡。

与琦善两位卫兵缠斗的颜田一男见状，知道再打斗下去他和师妹的两条性命都要丢在这淮水之中，忙命令：“山口，撤！”

“咚、咚、咚”，只听三声水响，水面上三个不同的地方荡起了圈圈涟漪。

琦善命令道：“快下水去帮忙，有一卫兵追去了。”

二

一卫兵眼尖，他看见不远处浮出一个女人头来，他警惕地大喊：“保护两位大人，女水鬼又来了。”

“二姐！”罗春颖一见，忙令惊慌不定的船夫，“快，将船划过去，那是我二姐。”

琦善听后一惊，这才知道陈中孚的两个卫兵是两个女的。他用疑惑的眼神望着陈中孚说：“心畲，本督只知道你智慧清廉的一面，却不知道你还是个风流倜傥的人物。”

“琦大人，您这是夸我还是批评我啊。”

陈中孚见彭玥满头秀发还滴着水，忙对她们说：“还不拜见琦大人。”

“诰命夫人陈罗氏拜见琦大人。”

“诰命夫人陈彭氏拜见琦大人。”

“哈哈哈，原来皇上已经封赐了两位夫人。只怪老夫眼拙，难怪心畲走到哪儿，都能化险为夷，是身边有两位巾帼英雄保卫护着，你真有福气啊。”

“谢大人赞誉。不好意思，让您老人家受到了惊吓。”罗春颖又抱拳行礼说。

“原来老夫还以为是来暗杀我，后来才发现杀手主要是针对心畲的。不知你在什么地方结了仇家？”

“回大人，我在任广东巡抚时，派兵消灭了沿海的海盗海匪，您老知道他们的幕后指挥者是谁吗？”

“是谁呀？广东剿灭海匪的事儿老夫略知一二，还以为你除恶务尽了呢。”

“是小日本的黑龙会操纵的，我是望洋兴叹啊。”

琦善气愤地骂道：“可恶的小日本！就是一群强盗！北至朝鲜、我国东北沿海，南至东南亚各国和两广海域，都有他们强盗的身影。此时的山东半岛外的岛屿，被他们霸占了十几个呢，你们说气人不气人。”

罗春颖问：“琦大人，他们霸占这些鸟不拉屎的小岛屿干什么？”

陈中孚代替回答说：“这还不明白，贼寇是将这些岛屿作为他们的临时巢穴，以此为跳板，将从我沿海抢掠的物质运回他们的老巢。”

“说的一点都没有错，老夫就是喜欢跟聪明人打交道。”琦善接着提醒说，“心畲，倭寇在暗处，你在明处，要时刻提防着他们狗急跳墙，使用更卑鄙的手段。”

彭玥扬了扬手中的宝剑说：“他敢！”

罗春颖问：“琦大人，朝廷怎么不派兵去收回这些岛屿？”

琦善玩笑地说：“派了啊，就等着你这个女大将军去指挥女婿呢。”

听锣听音，听鼓听声，罗春颖何等精明的女人，她兴奋地摇着陈中孚的手说：“老爷，这下可好了，四女婿冯柱定能将倭寇打得抱头鼠窜，屁滚尿流地滚回他们的老家。”

“哈哈……”

另一头，山口纤一和颜田一男回到黑龙会盘踞在琉球岛的总部，正在垂头丧气地跟龟田汇报。

“会长！小的无能，这次又失手了，还搭上了菅义的性命。”颜田一男说。

“啪”的一声，龟田重重地甩了他一耳光，气急败坏地说：“没用的东西！你们回来干什么，应该切腹自尽。”

山口纤一忙替师兄解围说：“会长，不是我们无能，而是陈中孚身边的两个女人太厉害了。传说她们是星宿下凡，专门保护他的，神仙也奈何她们不得。”

龟田边骂边说：“八格牙路，什么星宿不星宿的，老子不吃这一套。每个人都有他的弱点和癖好，难道陈中孚没有吗？迅速查出他的短处，我们再来对症下药，坚决除掉他。”

山口纤一说：“根据我们的长期调查，陈中孚不上酒馆喝酒，不进烟花柳巷，除了外出视察外，基本上都是待在衙门里，根本没有机会下手。他唯一的癖好是：喜欢喝庐山的毛尖茶。”

“好，只要他有这个癖好，他的死期就不远了。”

龟田说到这里，进房后从榻榻米的一个小抽屉里拿出一个小瓶子出来，他递给山口纤一说：“这是一瓶追魂散，你在他茶叶里施放一点点，无色无味。只要他沏了这些茶叶喝下，就会慢性中毒，突发脑出血而亡。神不知，鬼不觉。”

“坚决完成会长交给我们的任务。”山口纤一接过小瓶子与师兄一道退了出来。

三

陈中孚陪着琦善考察完运河全程，在琦善带来的水利专家的协助下，很快拿出了运河清淤工程的方案。他根据这一方案，与琦善联名向道光上折子《奏请在黄淮运三水交汇处建闸以利运河疏通事》。

道光看到折子后很快批复：准奏。

三千多里的清淤战线，百万民夫上战场，要在三个月的落漕期间，全部完成清淤筑堤任务，可想而知这一战役是何等艰巨。

“唉！”陈中孚下班回到衙门后院家中，还是唉声叹气。

罗春颖边帮他脱外套边笑着问：“老爷一定是在衙门遇到了烦心事儿，

说来听听，看妾能否为你分担一二。”

男人打天下，女人抱娃娃，这是当朝官吏家庭的普遍现象。而陈中孚在三十余年的为官生涯中，所遇到的困难，有一部分是夫人们出主意帮助解决的。他虽然也有重男轻女思想，但他也知道，他成功的背后有三个女人帮他支撑着。

他毫不隐瞒地说：“皇上是批复了疏通工程，但现在缺少得力助手，一时找不出合适的人来干。”

罗春颖沉思了一会儿，突然提醒说：“老爷，我那舅舅蒋有为不是合适人选？”

一语惊醒梦中人。陈中孚一拍脑门，“嗨”的一声，惭愧地说：“老糊涂啰，一急脑子就不好使了，现成的胡子不知道安须，捧着金饭碗还在找饭吃。”他接着吩咐说，“颖儿，快派人去请蒋有为，也不知他十万民夫雇好了没有？”

“哎！吃饭吧，吃完了饭我就去请。”

“总督大人家里的饭菜好香啊！”说曹操，曹操到。

见到蒋有为，陈中孚便开门见山道：“蒋帮主，你想当官吗？”

“回大人，做梦都没有想到做官，看到你这样清贫的样子，我更不想当官了。”

陈中孚又问：“你的十万民夫雇好了吗？”

“你看，你看。说了这半天闲话，倒把我来的正事给忘了。”蒋有为瞪了春颖一眼说，“按陈大人吩咐，十万民夫陆续抵达淮安运河边安营扎寨，您可要派人去管管他们的吃喝拉撒啊。”

陈中孚装出很为难的样子说：“总督我现在有难处，你愿不愿意帮我。”

“小民敬佩您的为人，愿意将肝和胆撒满一地。”

“嘻嘻……”罗春颖笑着纠正道，“舅舅，是肝胆涂地。”

“颖儿，你别笑话我，反正是大人叫我干什么我就干什么。”

“感谢你抬举，来，本督敬你一杯。”陈中孚敬完酒说，“本督要你负责管理这十万民夫。原则是各知府的地段的清淤工程由各知府负责，城里人吃不了这个苦。因此，各城区的任务就交给你了。”

“那吃喝和工钱谁负责？”

“当然是你这个总头负责啊。”

“陈大人，这个忙我帮不了。您是知道的，自运河慢慢淤塞以后，我们漕帮的日子一天不如一天，我们漕帮如雪上加霜，哪里有这么一大笔银子来支付这十万民夫啊。”

陈中孚笑着说：“从明天开始，你就是大运河疏浚指挥部副指挥长，你带领的十万民夫的工资就有着落了。”

世上无难事，只要有心人，人是决定因素。陈中孚正在酝酿成立“大运河疏浚指挥部”，副指挥长由沿运河段的各知府和蒋有为担任。由各知府担任副指挥长皇上肯定会恩准的，但蒋有为为副指挥长，就有难度。因为他不是朝廷命官，只是朝廷认可的漕帮帮主，皇帝这一关很难通过。

令蒋有为承包各城区内的疏浚工程，他是经过深谋远虑的：一、大运河有一千多年的历史，沿途有很多人文景观和文物古迹要清理保护，不能遭到破坏，没有专门的班子，靠各地民夫是很难实现的；二、城区水道两岸的坡石、桥梁修复也要专门的班子领导指挥；三、一般城区是靠摊派完成各段的任务，没有人监督，工程质量很难得到保证；四、漕帮弟子这几年受淤塞之苦，生活艰辛，这项工程他们全员参加，也是朝廷对他们的一种补偿。

为了使皇上顺利批准蒋有为担任副指挥长，陈中孚拟了一本《奏漕帮帮主蒋有为为浚运河捐巨银嘉奖事》，用三根羽毛插在奏折上，朝廷信使马不停蹄地上报皇帝。

“好，好，彻底解决问题了。”道光接到奏折一看，兴奋得手舞足蹈。

主管太监从来没有见到皇上这么高兴过，他迎合着问：“皇上，您捡到金元宝了，让奴才看看也高兴高兴啊。”

道光将奏折递给主管太监，感叹地说：“还是先祖乾隆爷英明啊，将漕帮定为合法帮派，这不，路遥知马力，漕帮深明大义，在朕困难时，他们在替朕排忧解难。”

“皇上英明，如何批复。”

“准奏。赐蒋有为进士，授六品副指挥。”

现在是万事俱备只欠东风，这个东风就是疏浚指挥长。陈中孚从他们衙门内考虑了很多人选，思量再三，都被自己推翻了。算了吧，这个指挥长还是自己一肩挑，漕运部院的官僚们该干什么就干什么。决心已定，他正准备上奏折子，一经皇上批准，马上全线开工。

这时，衙卫进来报告说：“总督大人，衙门外有一位自称黑肚子光棍的农夫求见。”

陈中孚已经猜出十有八九来人是谁了，但他还是有点拿不准地问：“你是说一副农夫装束，并没有着官服。”

“是的，总督大人，来者四五十岁年纪，皮肤黑黝黝的。”

“有请！”陈中孚接着说，“不，本督亲自出门迎接。”

乖乖，幸亏没有将他轰走，否则我这碗饭算是吃到头了。他到底何许人也，总督大人竟然亲自迎接。

正当衙卫还在胡思乱想时，只听得总督大人欢畅地说：“我说本督衙门前的树上今早怎么有喜鹊叫啊，原来是广东布政使涂大人视察漕运衙门来了，欢迎，欢迎。”

涂兴农说：“陈大人，求您别这样挖苦我了，我现在是一介草民，返乡途中经过这里，顺道来看一看老上级。”

陈中孚问：“你被成格弹劾了？”

“那倒不是，是我自愿请辞的。”

“太好了，太好了。走，到我衙内去叙叙旧，我珍藏了一包上好的庐山毛尖，我俩品味品味。”

涂兴农跟在陈中孚的后面进了衙门，他心想：陈大人这又是唱的哪一曲啊，人家心里憋了一肚子委屈，想到你这儿来倾吐倾吐，你倒幸灾乐祸了起来。

一进办公室，他就对罗春颖扮的勤务兵说：“春儿，将我藏的那包庐山毛尖沏上，敬上我们这位炭翁一杯。”

罗春颖说：“涂大人请坐，你怎么成炭翁了呢？”

“雪中送炭呗。陈大人您好大的胆，竟将小妾留在身边办公差，大清律法是绝对不允许的，不怕小人参您一本。”

“是这么回事，我自从广东被日本黑龙会盯上后，就他娘的咬住不放。为了我的人身安全，是琦大人奏请皇上特批的。先说说你，为什么要解甲归田。”

“我碍了成格他们的事呗。他一上任就将我打入了冷宫，当我布政司职责的事，就令我的副手去办，完全将我架空了不说，事办成功了是副手的功劳，要是办砸了就追究我的责任。与其这样占着茅坑不能拉屎而憋着，倒不如回家种红薯去。”

“你的辞呈皇上批了吗？”

“刚批下来，我就打道回府，这不到这儿看您来了吗？”

“广东现在情况如何？”

“成格这样的贪官当家能好到哪儿去，您禁绝的鸦片，又死灰复燃了，广州每个旮旯里都有暗烟馆毒害广东民众。”

陈中孚气愤地说：“成格误国呀，成格误国。”

“您忧国有何用，现在是保守派在左右朝廷，想必是皇上也只能是睁一只眼闭一只眼啊。”

“说的也是。你休假后有什么打算？”

“官场我是厌倦了，回家享清福去啰。”

“啪”的一声惊堂木响，陈中孚怒说：“你好大的胆子，老夫已花甲之年，还在为朝廷鞠躬尽瘁，你刚过五十，就想打退堂鼓回家享清福，没门！”

“那您想叫我怎样？”

“我这里有个三品指挥长位置空缺着，正好适合你。”

涂兴农并未答应，他小声嘀咕着：“我这哪里是送炭翁，分明是你案板上的肉嘛。”

“就是，任我割！自从本官发现了你身上有很多闪光点，就要将这些亮点发挥到极致。”

“陈大人，我现在是一介草民，您管不着我了。”

“嘿嘿”，陈中孚一声匿笑说：“你这个孙悟空还逃得过我如来佛的手掌心。我马上上奏皇上任命你为大运河疏浚指挥长，本督退下来清理上届遗留下来的诸多缺征粮案。”

“别高兴得太早了，还不知道皇上批准否。”

“这个你放心。春儿，去将小玥叫上，我们一起上街去吃淮扬菜，为涂大人接风洗尘。”

“哎！”

“难得，难得。一向打秋风的陈大人，今天终于掏腰包了。”

“少贫嘴，我的饭是好吃的，不磨破你这个黑肚子光棍一身皮才怪呢，看你还敢不敢回家享清福。”

“唉！谁跟了陈中丞，谁就是倒霉人。办差不分日和夜，是鬼要将你变为神。”

“哈哈哈！三日不见涂大人，当刮目相看，顺口溜挺形象的嘛。”

四

千里大运河摆开了疏浚战场后，天赐主将涂兴农给陈中孚。疑人不用，用人不疑，他放心地让他去施展拳脚。他腾出手来，开始烧他的第三把火：追究各省拖欠上缴国家的储备粮食。

这天，陈中孚主持召开了漕运部院的全体官员参加的大会，罗春颖穿着一套师爷的服装，坐在主席台的下手，做记录员。

“开会之前，本督宣布会场纪律。”陈中孚见人员都到场了，就进行了纪律训诫。“我们在座的都是朝廷直派的官员，不要像地方官员那样松松垮垮，开会要像个开会的样子，会上不许交头接耳开小会，认真听取其他人的发言，如有异议，可举手获批准后提出来。否则，第一次训诫，第二次书面检讨，第三次自觉去闭门思过，思过期间停发俸禄。大家听清楚了没有！”

“听清楚了！”全场应声一致，这是陈中孚愿意看到的效果。

“下面由院长述职。”

漕运部院院长被总督大人的突然袭击，搞得手足无措，但他毕竟是官场的老手，很快镇定下来，他正了正三品官帽，开始作长篇大论的报告。

“各位同僚，自我大清朝设立漕运总督百年来，这是第一次召开这么大规模的全体会议，它是一个团结的大会，它是一个胜利的大会。”

说完，他停顿了下来，自己带头鼓掌，台下的官员从来没有见过这阵势，双双眼睛盯着主席台上坐在中间位置的总督大人，见总督毫无表情，大家也默不作声。院长尴尬地停止了鼓掌，又继续讲了起来。

“我们漕运部院在前任总督的英明、正确领导下，去年取得了辉煌的成绩。”

主管浙江粮食征收的五品征粮使忍不住想发笑，但他看见总督犀利的眼光，连忙用手捂住了嘴巴。

“孔子曰：‘君君臣臣，父父子子’；孟子又曰：‘君之视臣如手足，则臣视君如腹心；君之视臣如犬马，则臣视君如国人’……”

他的一番君臣理论，引经据典，说得头头是道。他虽然讲了近一个时辰，可没有一句是讲到点子上去的。陈中孚耐心地听完了他的讲话后，就请第一副院长发言。

有了院长在前面铺垫，他照着他的思路又将自己如何、如何带领大家不辞辛苦，胜利完成了皇上交给他们的任务讲了一遍。

第二、三位副院长的述职报告如出一辙。

陈中孚听后，心里像打翻了五味瓶，真不是滋味。难道是督查院眼拙，这些官员“业绩辉煌”，理应奏请皇上提拔重用啊，真是一帮不知自己脸皮有多厚的家伙。

陈中孚生气地总结说：“刚才四位大人都将成绩总结了，有这么好的成绩吗？尽是些大话、空话、假话！没有一位认识到自己办差中的缺点错误，大家都对，怎么去年的征粮任务只完成一半呢，是督查院下属的两江总督、河运总督三家的倒数第一。亏你们还大言不惭地大讲君臣之道，你们知道吗，皇上这个当家人穷啊，他为了节约，他身上的龙袍都是先皇遗留下来的。你们哪位不是富得流油，本督最恨的是当面亲家母，背后婊子婆的小人。”

四位部院大人听后，脸唰地红了，一直红到了脖根，人人恨不得将头埋进裤裆里，个个怀恨在心。

“当然，本督不应该是破竹篙子打水——沿街喷。浙江省就做得很好，我们都要向他们学习。其他各省的官员再也不要往自己的脸上抹粉了，本督只想听一听，你们为什么完不成征收任务，找出原因，有的放矢，争取今年完成任务。”

于是，各省的收粮使都找出了粮食收不上来的原因，罗春颖认真地记录了下来。

最后陈中孚强调说：“各位同僚，我们是官差，所谓官差，就有见官就差的特权。因此，你们下到省府各部门，各级官员都把你们当菩萨供起来。他们为了经营他们的小天地，于朝廷利益而不顾，拉拢腐蚀你们，无外乎只有一个目的，就是要你们少征或不征他们辖区的粮食，肥了自己，坑害朝廷。”

陈中孚讲到这里，喝了口水继续说：“各位大人啦！吃了人家的口软，拿了人家的手软，你的屁股一坐斜了，就是走向犯罪的深渊啊。善有善报，恶有恶报，不是不报，时候未到。本督不希望在座的某人被本官亲自将其送进监狱。”

开完了这次会议，陈中孚带着有关人员，根据各省征运负责人提供的情况，一一加以调查落实。他发现湖南、湖北、江西、河南、江苏、山东、福建七省在不同程度上有拖欠未征粮食事件和各省国家粮库管理混乱等问题。他从这些问题中发现，除极少数是因天灾而无法完成任务外，主要是各地方官员和各地驻军利用人际关系打着自己的小算盘，建立自己的小粮库。

他将这些情况一一上奏了皇上，并请示将各省府的军队千总进行了一次大换防，得到了道光的全力支持。

这一下子就捅了马蜂窝，七省要求弹劾他的折子满天飞。

陈中孚当然知道后果的严重性，但他依然我行我素，他根据皇上的批折，命令当地驻军配合各省征粮使，一一将拖欠的粮食上缴国库。

一晃大半年过去了。这天，涂兴农和蒋有为两人兴冲冲地来到总督衙门复命。

涂兴农报告说：“总督大人，三千余里大运河清淤工程完毕，请上奏皇上派员验收。”

“好哇，好！二位大人辛苦了。”陈中孚兴奋地说，“春儿，快上茶，上好茶，慰劳我们这两位得胜回衙的将军。”

“哎！二位大人请喝茶。”

“谢谢嫂夫人。”

陈中孚问：“两江总督衙门负责的淮水堤闸竣工了没？”

“报告大人，也同时完工。”

“好，我这就上奏皇上，派员验收。”陈中孚征求意见说，“这几时被征粮的事儿忙昏了，把你们两个的事情倒忘了，本督该怎么奖励你们和安排你们呢？”

蒋有为抢着说：“谢谢总督大人，小民感谢您的器重，过了一把官瘾。龙生龙，凤生凤，老鼠生儿打地洞。我是漕运的儿子，天生不是当官的料，还是回到我漕运弟兄中间去，逍遥快活。”

“这……”陈中孚想了想说，“人各有志，不便强留。但请蒋帮主珍惜当今圣上给你的‘赐进士’荣誉，这段历史要记录蒋家族谱，永世流芳。”

“是！小民记住了。”

陈中孚又望着涂兴农，正欲开口，他却先开了口：“陈大人，您的心意我领了，下官决心已定，再次辞官回乡。”

陈中孚惊讶地说：“这是为什么？本想你与本督继续办差，担任漕运部院长一职。”

涂兴农敞开心扉地说：“不为什么，只怪我天资愚钝，玩不转官场尔虞我诈的游戏，来您这儿之前，我又向皇上奏交了辞呈。我俩的友谊天地可鉴，毫无一点私心杂念，不想他人认为我是一条狗，主人去哪儿我就跟着主人走。我官入三品，应感谢您这个伯乐识马之恩，同时也是我为朝廷作出贡献的回报。士为知己者死，今后大人如遇到困难时，我会一如既往地与大人分忧。”

蒋有为表态说：“陈大人，小民也是。”

“唉”，陈中孚叹了一口气说：“人各有志，兴农话说到这个份上，本督有愧啊。这样，待验收完成后，中孚设家宴为两位好兄弟饯行。”

“好！”“好！我们是志同道合的兄弟。”

道光对淮河排灌闸建成和大运河疏浚的验收工作非常重视，亲派户部尚书阎敬铭、军机大臣穆彰阿、大学士潘世恩三人作为钦差大臣，负责验收水利工程。

在两江总督琦善和漕运总督陈中孚的陪同下，三位钦差大人首先视察刚刚完工的淮河排灌闸工程。他们见到气势恢宏的闸水，如一匹匹纯白的脱缰之马，呼啸地冲向黄河堆积的泥沙，滚滚向前，又变成了汹涌澎湃的泥黄色野马群，奔向大海。

三位钦差大臣无不感慨地说：“伟大，伟大的工程。”

他们乘大型官船沿运河南下，阎敬铭看见运河两岸金灿灿的稻菽掀浪，白皑皑的棉花怒放，情不自禁地说：“今年的秋收又是一个丰收年啊。”

在一旁站着的陈中孚说：“大人，今年的丰收不全是来自风调雨顺，土地肥沃也是一个重要原因。”

“哦！难道这不是原来的土地。”

“涂兴农鬼点子多，他号召新土换淤泥，一举三得。”

潘世恩插话说：“何为一举三得，陈大人你具体介绍一下。”

“回潘大人，一是污泥肥了农夫的土地；二是新土夯实了堤坝；三是避免了沿河的污泥污染。”

“有道理，很好！”

穆彰阿见运河两岸杨柳飘扬，水上白帆点点，插着军旗的运输粮船缓缓而过，他心情非常舒畅。

这时，他无意中发现两岸竖有“禁止捕鱼一年”的警示牌，他不解地问：“陈大人，这是什么意思？”

“哦，这是涂兴农刚放了鱼苗，明年才能捕鱼。”

阎敬铭夸赞说：“陈大人头发都是空心的，明年大运河又增加了一项渔税税种。”

“哈哈哈！”一路欢笑，他们来到古运河的邗沟苏州城内，见满城小桥流水，沿堤垒石，步阶浣纱，小舣飘荡，杨柳婆娑，百花斗艳，鸟唱蝉鸣，好一派江南天堂之美。

潘世恩身临其境，雅兴大发，兴奋地说：“各位大人，我们乘兴吟哦一曲‘玉带缠池万里妍’，来一个大轱辘体转一圈如何？”

“好哇，大学士先请。”阎敬铭赞同说。

“好，好！”大家一致同意。

大学士潘世恩首吟一曲七律：

玉带缠池万里妍，三槐查验被情牵。
一行鹂鸟栖篁竹，几缕云丝挂碧天。
疏浚邗沟流异彩，踏歌古渡颂丰年。
人人都说姑苏美，试看恒河景致篇。

穆彰阿不甘落后，紧跟着吟哦了第二曲：

沿河点点白帆连，玉带缠池万里妍。

圣命淮堤寻骏马，涛生迷雾锁云烟。
怡情恣意三千水，雅韵飞扬百岁年。
极目船头观日出，彤红一片映蓝天。

有潘世恩的三槐在先，阎敬铭当仁不让，吟出了第三曲：

肩负皇恩不夜天，除污肥卉接漕缘。
青苗环水千家畅，玉带缠池万里妍。
松倚栏前观翠竹，根沉河底涌清泉。
勤蜂欢喜花儿漫，承露津津采蜜鲜。

琦善说：“心畲你吟第四首，老夫来压阵如何？”

“谢谢琦大人承让，恭敬不如从命。”陈中孚开始吟哦出：

祥辉沐雁一排旋，运道迎春四海连。
曲曲漕歌掀浪激，清清河水煮鱼鲜。
秦砖筑岸千秋固，玉带缠池万里妍。
素愿琼瑶多美景，鹤随翠鸟咏新篇。

琦善说：“各位大人，隽永雅句都被你们吟出来了，老夫只有涂鸦一曲。”

古道奔腾调运先，三槐兴奋话流年。
沭阳疏浚邗沟水，承露施肥富户田。
嵇鹤双双雕美景，荀龙处处赋香笺。
人生彩绘沾烟色，玉带缠池万里妍。

“哈哈哈！”潘世恩高兴地大笑说，“一曲引来五曲和，曲曲尽赞运河美，五臣同舟咏，将百世流芳也。”

阎敬铭说：“大运河疏浚工程验收合格，漕运畅通无阻，我们这些钦差大臣将返回北上，回京复命啊！”

陈中孚说：“送君千里，终有一别，祝三位长辈一路顺风。”

送走了客人，琦善也辞别了陈中孚返回金陵。陈中孚回到淮安，正在谋略新的战役。

“陈总督，漕运又发现了新问题。”主管漕运的副院长匆匆进来报告说。

“什么新问题？”

“由于各省的欠粮已经逐步收缴上来，加之今年上交的新粮，使漕运加负荷运转。漕帮的帮船分多帮日夜载运，他们南来北往地穿梭，当行驶到运河窄狭的地段，两队船帮迎面而来时，就发生了肠梗阻，一帮拦一帮，两头船船相挤，将运河堵得水泄不通。特别是通过各州府地段的收税关卡，堵得最严重。”

“传本督命令：凡各州府私设的收税站一律撤除，只保留朝廷设置的收税点。令维护运河的兵勇全力疏通运河，确保运河畅通。”

“回大人，兵勇是水里按葫芦，按下去这头浮起了另一头，根本上忙不过来。”

陈中孚思索了一会儿说：“看来古运河是乘载不了日益繁重的运量了，为了保证南粮北调的任务顺利完成，我们要开辟新的航道。”

副院长不理解地说：“大人，从南至北只有大运河通衢，陆路隔山隔水，根本无法通行。”

“探索开通海运！”

第二十四章

除倭寇任上叶落蔚蓝东海　赐御葬魂归故里幽芳祖山

一

陈中孚雷厉风行，听取了沿海各省巡抚的意见，开辟了从浙江宁波至山东青岛到河北天津的海上运输线。

开通了海上运输，大大减轻了运河的压力。不多久，又传来一个非常坏的消息，运输船队行至山东半岛海域时，粮食被倭寇抢劫一空，并杀害我押运官兵。

陈中孚将这一情况如实上奏皇上，等候皇上的批复。结果等来的是圣旨，署理山东巡抚，授荣禄大夫。

山东巡抚是全国巡抚地位最高的巡抚，他与八大总督平起平坐。

实际上，此时的道光皇帝，执政如风雨飘摇，内忧外患日益加剧。山东目前的形势最为严重，倭寇骚扰掠夺山东沿海渔民的资源，屠杀我渔民的案例时有发生，这帮强盗还侵占了山东半岛沿海的十七座岛礁。此时的现任山东巡抚武隆阿调往台湾建立水军事宜，山东巡抚空缺，朝廷的官吏大部分是摘桃子的人，而山东此时是扎手的刺梨，没有人愿意接手。

与此同时，陈中孚接任山东巡抚并移衙山东济南办公的消息，很快通过黑龙会秘密设在大陆的内线传入日本。

龟田欣喜若狂，谋杀陈中孚的机会来了，他急令："颜田一男，你带着山口纤一立即潜入中国。山口纤一去江西庐山迅速购买庐山的顶级毛尖茶后赶回山东济南。"

"嘿，弟子马上启程。"

"颜田一男你潜入山东济南后，立即在大明湖山东巡抚衙门的必经之路口，开设一家'庐山品茗店'。如果发现陈中孚的家人在你店购买上等庐山毛尖茶，你们就悄悄地将慢性毒药投放在茶叶中。哼哼，我看你陈中孚到底命有多大。"

“嘿！弟子这就去开店。”颜田一男应着正准备退出。

“回来！”龟田凶吼道，“本会长再次跟你交代，你要做到神不知鬼不觉，避免惹上麻烦，如果这次再失利，你就剖腹自尽，不要回来见我。”

“嘿，嘿！”

“如果任务成功，你就提着他的头回来，我将重重奖赏你们二位。”

“嘿，嘿，嘿！”

“去吧，祝你凯旋。”

龟田见颜田一男退出后，便命令副会长说：“你立即通知在山东的眼线就地蛰伏，没有我的命令不许开展任何活动，并将我们占领的十七个岛礁的士兵和弟子全部撤回琉球岛待命。”

副会长不明白地说：“会长，这是为什么？我们好不容易在山东半岛沿海建立了十七处根据地，您为什么要拱手让给陈中孚？”

“你以为陈中孚是吃素的，有前车之鉴，广东血的教训历历在目，我们都不是他的对手。如果我不放弃根据地，要不了一个月陈中孚就会包我们的饺子，还嫌我们馅儿不够啊。此人不除，我们就别想再将筷子伸向山东。”

“我还以为他们都是东亚病夫呢，支那人还有这么厉害的角儿。难得，难得。我马上传达会长命令，将我们在岛上建立的设施全部进行破坏，还一座座空岛给他。”

“如此甚好，在陈中孚没有派兵清剿之前，一定要将人员全部撤回，广东的悲剧绝不能重演！”

“嘿！”

七月十四日，陈中孚赴任，《奏为署理山东巡抚谢恩事》：

署理山东巡抚臣陈中孚跪奏：“武隆阿现赴台湾查办事情，山东巡抚员缺，着陈中孚署理；漕运总督员缺，着穆彰阿署理……钦此。”窃臣恭设香案，望京叩头。伏念山东地方辽阔，政务殷繁，一切察吏安民最图紧要。现奉谕旨，迅速前往任事，矢公矢慎，竭尽驽骀，以冀仰酬高厚鸿慈于万一。臣于十六日委员赍篆移交穆彰阿接收，由水程星夜驰行，赶赴山东德州登陆前进，以免雇用车辆守候延滞。谨缮折恭谢天恩，伏乞皇上圣鉴。谨奏。

陈中孚上任的第一要务是调兵遣将，收回倭寇霸占的岛礁，加强水军巡逻，确保海上运输线的安全。

“传山东提督冯柱来抚衙议事。”陈中孚向勤务兵传达命令。

“是！”勤务兵出去一会儿又折了回来，报告说，“巡抚大人，冯提督携夫人不请自来。”

“山东提督冯柱，拜见巡抚大人。”

“女儿拜见父亲大人和三娘，福体安康。”陈秋菊行完礼后，递上一包新茶给女扮男装的罗春颖侍卫说：“父亲，女儿来大明湖的路口，看到一家庐山品茗店，我进店一问，有父亲最爱喝的上等庐山毛尖茶，于是女儿就买了一包，请父亲先尝尝，如果正宗，女人再为您多买些回来。”

她哪儿知道，她送给她父亲的是慢性毒药。

“难得我儿有这般孝顺。”陈中孚高兴地吩咐说，“春儿，快沏上一杯品品。”

“哎！”罗春颖很快沏好茶，递给陈中孚。好就好在冯柱他们都不喝茶，否则全家都难逃厄运。

陈中孚接过，打开茶杯盖，一股清香伴随着袅袅热气直沁鼻儿，他品了品，咂了咂嘴说：“好茶！是上等的今年清明前的庐山毛尖。”

陈秋菊说：“只要父亲说好，现在又方便，女儿随时去买。”

“好，好。”陈中孚又品了一口说，“菊儿，我那外甥小柱呢？”

“回父亲大人，在京城念书呢，交给了二外婆照看。”

“你二娘就是喜欢孩子，小柱子去了，够她忙活了。”陈中孚又吩咐罗春颖说，“你将菊儿带回家里去，我和冯提督有要事商量。”

“哎！”陈中孚见她们出去了，就责问他，“冯提督，倭寇侵占我岛礁，抢我官船，杀我渔民，你身为山东提督，为什么不派水军剿灭他们？”

“回巡抚大人，本督曾多次派兵清剿，倭寇狡猾，见到我大清水军就望风而逃，待我军撤走后，这些强盗卷土重来，这样不知道反复了多少次，收效甚微。”

“你们为何不派兵长期驻守岛礁？”

“山东半岛岛礁诸多，且有一部分岛礁距山东陆地很远，反而距倭寇的琉球群岛很近，加之岛上无淡水，供给困难，所以没有派驻军把守。”

“这样的拉锯战不能再打了，海上运输线上的岛礁要派驻军把守，成立专门的补给队伍，每月按时按量对驻军进行补给。每个岛屿要像古人一样建立烽火台，发现倭寇来袭，点燃烽火报警，由岛屿与岛屿之间的军队和机动部队驰援，相互成犄角之势，不给倭寇可乘之机。”

“是！我这就去布置实施。”

“现在我们来商讨夺回我岛礁的战斗方案。”

父子俩在抚衙调兵遣将，很快制订出一套完整的作战计划，有些军队人事变动，按职责权限上报皇上恩准。

二

冯柱指挥水军向倭寇占领的岛礁出发，并无倭寇抵抗，他们上岛一看，倭寇已经将岛上的所有设施全部破坏，望风而逃。

按照巡抚大人的指示，冯柱成立了三军：岛礁守军、水上补给军和机动部队，完成这一切部署后，冯柱来到巡抚衙门复命。

“报告巡抚大人，倭寇闻您任山东巡抚，破坏了他们所占领的岛礁设施，全部缩回到他们的老巢。本督按您的指示，三军全部布置完毕，完全能够保证海运安全。”

“哼哼”，陈中孚冷笑着说：“倭寇也有胆寒的时候，走！本抚要去视察驻岛的官兵。”

陈中孚乘坐冯柱的指挥船，视察了一个又一个岛屿，见岛上军用设施基本恢复完成，守岛官兵士气高昂，粮食、淡水、蔬菜储量充足，高兴地吟哦一曲：

疆海原多险，臣心独秉忠。
攀崖窥鸟迹，叱驭辟蚕丛。
几折东倭覆，三驱此径通。
传声腾水远，揽辔奔涛冲。
进也先知己，遵兮共大同。
疑消如遇雨，气壮如追风。
情类王阳孝，途殊阮籍穷。
皇威扬域外，齐隶版图中。

陈中孚的军舰长风破浪，他伫立船头，思绪万千。突然，他头脑感到一阵眩晕，瞬间人事不省，兀然地倒在甲板上。

“巡抚大人！”“老爷！”这突然的变故，使站在一起的冯柱和罗春颖两人大吃一惊。

冯柱眼疾手快，连忙俯下身子将陈中孚的头抱在怀里，用大拇指用力地掐着他的人中，不停地呼唤："岳父，岳父，岳父您醒醒。"

罗春颖回过神来，连忙从胸口中掏出师父给她的香囊，从里拿出一个小瓶儿，揭开瓶盖，迅速放在他的鼻孔上。

"唉……"不一会儿，陈中孚长长地叹了一口气，醒转了过来问，"我怎么啦，是不是晕船了。"

"老爷，你这不像是晕船的症状。"罗春颖说。

"可能是忙于政务，没有休息好而产生的。"

冯杜说："巡抚大人，上岸后我找济南的赛华佗老中医跟您老看一看，这不是闹着玩的。"

一行回到济南巡抚家中，冯杜马不停蹄地去请赛华佗。彭玥、罗春颖扶着老爷上床躺下，陈秋菊熬了一碗燕窝汤，一匙一匙地喂给父亲喝下。

赛华佗来到陈中孚的床前，把了一会儿脉，再看了看眼瞳，又看了看舌苔，问了一下他发病的前因后果后说，"陈大人患有晕眩症，是肝火太旺，操劳过度，没有休息好所致。我开几服中药吃后，可以缓解症状，但治标不治本。还望大人心情愉快，以清淡饮食为主，生活要有规律，注意按时休息和适当的运动。"

罗春颖说："请华佗跟我来，本夫人付诊费于你。"

在另一个无人的房间，罗春颖边付钱边问："赛大夫，请你说实话，我老爷的病情严不严重？"

"回夫人，患了眩晕症的人，是很难治愈的，有一定的危险性，望能够按我刚才说的几条来安排他的生活，切记！切记！"

眩晕症的风险性冯杜心里很清楚，岳父大人是封疆大吏，我必须向皇上奏明他的病情。

道光皇帝获知他的病情后，格外担心，他传来御医问："有没有治疗眩晕症的良方。"

"回皇上，臣研制的麝香三七疏通丸治疗眩晕症颇有疗效。"

"快以朕的名义，速派快马送一个疗程的疏通丸给山东巡抚陈中孚送去。"

"喳！"

陈中孚收到皇上恩赐药丸，吃了两丸后就感到身体舒服了很多，他上奏《谢圣上赐麝香三七疏通丸感恩事》，就拖着病体回到了巡抚衙门的工作岗位。

他不听从两位小妾和女儿的规劝，仍然在夜以继日地伏案工作。这也难怪他，每天上报上来的文件上百份，他要一一批阅、解答回复，超过了职权范围的公文，他又要撰折子奏请皇上朱批。

有几次伏案批文途中，他时有眩晕的症状发生。久而久之，身体每况愈下，他这才意识到自己可能要告别这个世界了。

于是，他避开罗春颖的视线，给两个儿子留下了一份遗书：

兆、汝双儿：

父子之缘，聚少离多，为父有愧疚之隐。欣两儿争气，个个子承父业，立志报效朝廷，为民造福。望我儿砥砺前行，忠于朝廷，服务民众。为父身体每况愈下，不久会乘鹤西去，故留片语遗嘱。

为父一生为官清贫，有五事需向吾儿道理：

一是老家的中丞府虽为先皇恩赐，但它也凝聚着我们义门陈氏忠、孝、廉、义的优良传统。因此，尔等及大伯、二伯、四叔裔孙不能分其财产，应风雨同舟，同居一府，再创我们义门陈氏辉煌。

二是京城武昌会馆，并非私有财产，它是兆儿四个非嫡亲舅舅倾家产购置，其作用不全是居家所用，它主要是招待湖北来京人员。由兆儿妥善经营，如无能力，可捐献给湖北巡抚官营。

三是为父走后，你们要善待三位母亲。兆儿嫁妹要择优选择门当户对之婿。

四是为父空闲之余，撰著有《种竹山房集》《课士诗文合编》《浙东教养录》《补勤诗草》《宏运免愚编》《传薪集》六部著作，两儿合作勘校印制发行。两儿和七女之家各存一套，这也是为父留给你们的唯一遗产。

五是为父叶落归根，将灵柩运回弥陀寺祖坟山上安葬，生时不能尽孝，死后陪伴在父母身旁。

谨记！

父之遗嘱

三

为了进一步开辟海上运输通道，两江总督琦善，新任漕运总督穆彰阿两位总督决定一起去东海考察，他们特邀了陈中孚一起参加。

陈中孚虽然身体欠佳，但两位老前辈相邀，他不便推辞，何况海上运输线路山东段是最长的，安保问题要切合实际进行布防，也是责无旁贷。他哪里知道，这次是他的不归之旅。

说巧不巧，已经是县太爷的小儿子陈汝霖，今天办差来到山东，理所当然他要来巡抚衙里探望他父母和二娘。

晚饭桌上，陈中孚对家人说：“明天我和冯柱要陪两位总督大人去沿海实地考察，按我们在广东的老规矩办，彭玥陪同，春颖和菊儿留家看守。”

罗春颖不放心地说：“我也要去！上次老爷在军舰上突然晕倒，妾吓得三魂掉了两魂，我有师父给我的救命香囊，我必须去。”

陈秋菊也要求说：“我也要去！我对我伯的身体不放心，我要一路照顾他。”

陈汝霖说：“我也要去！我还没有看过大海呢。”

刚从京城回来的冯柱说：“我也要去！我要陪舅舅看大海。”

要是以前，陈中孚肯定会全力反对，但不知怎的他这次只是默默地点了点头。

冯柱说：“既然岳父大人已经同意，那你们就在我舰后舱休息室休息，免得那两位大人说闲话。”

第二天一早，冬雨霏霏，平添了几分寒意，他们全家一早来到青岛军用码头，登上了冯柱的指挥舰，只等两位总督大人一到，就准备出发。

雨过初晴，一家人倚在军舰的栏杆上，有的领略青岛港的旖旎风光，有的眺望蔚蓝的大海，陈中孚则仰视着西南家乡的方向出神。

听青岛小雨洒梧桐，沥声为情潸。唤醒乡愁梦，凭栏远眺，迷雾连阡。此处涛声柳瘦，哪里隐婵娟。唯有灵泉水，依旧东潺。

突忆家乡风采，情为离骚愫，雅韵连篇。又南柯方醒，缘未设弦欢。品谪仙，赋床前色。盼早春，劳燕识家还。茅庐处，高山汩汩，不必愁然。

罗春颖见海风朔朔，忙帮助老爷披上风衣，当听他吟出一曲《八声甘州》，她忙问：“老爷，是不是思故乡了？”

“唉！人老了，思乡的情结更迫切了，叶落归根啊。”

罗春颖心里一惊，老爷在说断路话啊。她正准备劝说老爷返回济南，这时琦善和穆彰阿两位总督的队伍已经上了甲板。她紧紧地攒紧胸口，惧怕师父给的香囊跑掉。

两督一抚相互客套一番后，冯柱命令军舰启航。琦善、穆彰阿、陈中孚和冯柱站立船头，他们沿着海疆线路指指点点，随行而来的勤务兵们认真地记录着。

军舰快到威海附近，狂风大作，惊涛骇浪，使军舰不住地颠簸。突然，陈中孚又是一阵晕眩，身子不由自主地一边倒，人事不省。

这次冯柱早有防备，他迅速将岳父抱着，边用大拇指掐住人中穴边高喊："三娘，三娘，快来！岳父又晕倒了。"

一直在后舱室揪心的罗春颖，她已经将香囊紧紧地握在手中，听见冯柱的呼叫，箭步冲出船舱，向船头飞去。由于慌乱，她被一根缆绳绊了一跤，人就失去了重心，手中的香囊随着她的跌倒而脱手掉入大海。

"我的香囊，我的香囊！"罗春颖像疯了一样跳入大海，很快被风浪卷走。

"不好！我母亲不会游泳。"紧跟着母亲后面的陈汝霖毫不犹豫地跳入大海。他虽然游过风平浪静的长江，可他哪儿见过这惊涛骇浪，他在大海中拼命挣扎。

"秋菊，去照顾你父亲。"彭玥见状也毫不犹豫地跳进大海。

冯柱见到这一突然变故，大声命令："水兵，快去海上救人！"

当水兵们拿着救生衣和救生绳来到船舷，只见彭玥像一条美人鱼儿，拖着陈汝霖击水破浪，奋力地向军舰靠拢。水兵们见状，忙将救援绳子的一头抛向海中，彭玥眼疾，接住绳子将她和他的身子绑在一起，水兵们奋力将她娘俩拖上了军舰。

四

陈中孚晕倒后，一直昏迷不醒。名医赛华佗把过脉后，束手无策，他摇了摇头说："大人尚有一口气悠着，在等他的儿孙们来送终，准备后事吧。"

"伯……"陈秋菊听罢号啕大哭，天颤地动。

悲痛的陈汝霖对冯柱说："四姐夫，你速派人通知大哥和全家人都过来为父亲送终，并将父亲的情况如实上奏皇上。"

彭玥疼爱地说："汝儿，你刚遇丧母之痛，又遇失父之悲，你可要保重身体啊。"

"二娘您放心，汝儿承受得住。我这就去为母亲设置灵堂，再为父亲准备后事，您老要多保重身体。"

彭玥听后，身体不禁打了一个寒噤。

正如赛华佗预测的一样，当陈兆霖率领全家老少人等三十余口来到济南巡抚，就遇狂风暴雨，陈中孚于丙戌年十一月二十二日亥时，溘逝于山东巡抚衙门后院。

道光皇帝闻陈兆霖奏报的噩耗，悲痛万分，提笔谕祭：

署山东巡抚原任漕运总督陈中孚之灵曰：

鞠躬尽瘁，臣子之芳踪；赐恤报勤，国家之盛典。尔陈中孚性行纯良，才能称职。方冀遐龄，忽闻长逝，朕用悼焉。特赐御葬，与妾合枕，以慰幽魂。呜呼！宠锡黄垆，庶沐匪躬之报；名垂青史，聿昭不朽之荣。尔如有知，尚克歆享。

作为臣子，能得到皇帝御葬，不是人人都有这种待遇。陈兆霖作为翰林院编修，深知这是圣上对他父亲的最高评价。

一品御葬，按大清祖制，其规模宏大，墓葬工程也繁重。两湖总督林则徐接到圣旨后，不敢怠慢，立即成立了以湖北巡抚嵩孚为首的治丧委员会，在其家乡葛仙镇秀海村旁的弥陀寺的祖坟山上，请风水先生用罗盘测得一处风水宝地，正在弥陀寺前门。按规定墓道行走方向，只有拆除弥陀寺方可进行施工。

葛仙镇附近的善男信女，当听说要拆除弥陀寺葬朝廷命官，个个挺身护寺。嵩孚惧引起民众骚乱，忙奏请皇上定夺。

道光皇帝看完奏折，毫不犹豫地批奏："拆古庙葬八抬！"

嵩孚是一个体恤民情的好官，他得到圣旨后，就与善男信女们协商，拆除弥陀寺择地由巡抚衙门出资重建。

有皇帝的圣旨，谁敢违旨不遵，善男信女们只好妥协。

运送灵柩的丧船从山东下运河进入长江逆江而上，一月后回到武昌葛仙镇，这时墓穴已经建造完毕。

道光闻嵩孚急奏，深情地在早朝上追思说："逝臣陈中孚，嘉庆六年间由翰林科道外用道员，经朕擢授巡抚，办事实心，克勤厥职，伊年力尚强，方资倚畀，兹因被倭寇施毒溘逝，特堪珍惜，此等民族之仇，各位臣工须牢记。"

紧接着他下了一道圣旨："太子太傅是陈中孚同乡、同窗、同僚挚友，由他负责撰写其墓志铭，诏告天下。"

接着，皇上又令程德楷、张应吾两人作为钦差大臣，代表皇上前往武昌参加陈中孚的追悼大会。

五

湖北巡抚嵩孚在中丞府广场举行追悼大会，四里八乡闻讯自发前来参加追悼会的人山人海。

人们一是怀着崇敬的心情来祭拜陈中孚，二是在江南水乡从古到今皇帝赐御葬绝无仅有，慕名而来。

吉时已到，霏霏细雨中，嵩孚作开白场，他高度赞扬了陈中孚一生是敢于谏言的御使、疾恶如仇的严吏、善于治水的能臣、济世惠民的贤士、教育人才的良师、忠孝廉义的楷模。

第二个议程是由张应吾宣读道光皇帝赐御葬陈中孚和授封其四位遗孀的两道圣旨。

第三个议程是由程德楷作墓志铭。

道光六年十一月二十日，漕帅武昌陈公薨于位，嗣子兆麟等将奉公椁归葬。先持行状走京师，乞余志其墓，余后公五年入词垣。在京即以文学相友善，后公外任而交稍疏。

不数年，公长子兆麟为余婿，余三子煦曾复聘公女，姻戚往来，介绍不绝。故虽相聚日少，而相知特深，义无可诿，谨删节行状，排次于左。

公讳中孚，字心畬，号允臣，姓陈氏，楚之武昌人。家传诗礼，世有达人。曾祖锡祚，字景卜，贡生，配黄氏。祖讳凤，字丹山，太学生，配高氏。考讳光朝，字裕斋，邑庠生，配范氏。皆以公贵，赠如其官，妣皆一品夫人。

公生而颖异，年十八入县庠，冠其军。明年，复以第一人食廪饩。又明年丙午，举于乡。嘉庆己未成进士，改庶吉士，散馆以高等，授编修。其历阶在京者，为山西道御史、掌山东道兼督催所御史、兵科给事中、兵科掌印给事中，巡视东城。在外者为山西河东、浙江宁绍台、福建台湾三处兵备道，山陕、河南盐运使，广东、四川按察使，广东、河南布政使，广东巡抚，漕运总督。其署摄在京者，为浙江道御史，工科兵科给事中、礼科掌印给事中，巡视南城中城。在外者，为浙江宁波府知府、两广盐运使、浙江布政按察使、两权广东布政使、山东巡抚。任职则充国史馆总纂，协修兼署提调，实录馆校勘，文渊阁校理、武英殿协修、功臣馆提调，本衙门撰文。兼衔则八省军门兵部侍郎、都察院右副都御史、提督山东军务盐务监督、浙海关太平桥等处税务使事，则甲子顺天乡试，乙丑戊辰会试磨勘官。己巳翻译中书外监试。戊辰己巳两充武闱会试内监试，稽查裕丰仓、新北仓事务，巡视江南漕务，庚午云南乡试正考官。壬午广东乡试外提调。乙酉广东乡试文闱监临，武闱主考，广东、山东学政。计公自入翰林后，颁尝诸珍，不可胜纪。如茶宴联句，则有味馀。书屋全集、九家集注、杜诗，笔墨端砚，文绮绢笺，名茶酒瓯，荷囊漆盒，鼻烟江绸表里等物。

纂修书籍及《高宗纯皇帝实录》，则有福绢纸笔朱墨初印《康熙字典》，岁时则有御书福字匾额。鹿肉麂狍，珍馐果品，随班分赉。则有《大清会典》《大清会典则例》《大清通礼》《御制诗集文集》《御制修身执中两论》《柏梁体诗》各墨刻紫金锭银币。特恩则有《养正书屋全集》《春秋左传读本》，初印《佩文韵府》《分类字锦》。程香茧大缎春绸，如意荷囊，及克什十五次之赐。

叠承恩渥，累世宠光，公欿然自处，无所矜异，惟以不克上达主知，是惧当其居谏垣也。疏言户工两部各库，向派兵丁巡逻，值宿以重库藏，立法本为周密，无如日久弊生，屡经审办偷窃案件，宣令郎中、员外、司库各员案日值宿。实力稽查以杜包班顶替之弊。又言捐纳佐杂出身人员，不识诗书，罔知大义，不过以朘削民膏、钻营上官为事。嗣后，请将滥行保荐之该管各上司，加倍严议，实力查究。又言仓储为天庾，正供向间大，通桥监督，于收漕完竣之时，邀请京通各监督，假公闲之名，开筵宴会，难免无交通徇隐等事，宜责成仓场侍郎严行查禁。凡如此类无不侃侃直陈。蒙仁宗褒许，永著为例。迨其出而观察河东与宁绍台也，斟酌成例，体察舆情，凡所以弭水患、纾商力、息争讼、利民生诸政，具详载各处志乘，及汤敦甫尚书撰公神道碑中，皆公捐创成全，铮铮有声者。至若浚复明州城河三喉一事，地方受益之深，且远与公筹划之神且速，则又唐宋以来，度越寻常之伟绩。浙人士所没世不能忘者，更不待德楷之琐琐也。公每历一任，必思兴利除弊，期于万全而后已。此认真民事之俞所由来也。乃自此陈臬维藩，由浙江而四川，而广东，而河南，而又广东。有甫任即除者，有中道改授者，天心眷佑，数月三迁。观公赴粤臬任诗云：几曾咨访得民情，辜负炎郊此一行。恼煞蒲帆风力健，霎时飞过尉陀城。并自注：历任藩臬两司，欲略事清厘，而时不逮。公之尽心厥职可以窥见一斑矣。及夫开府广东也，严定打单之科条，以除侵蚀请粜卑湿之仓谷，以疏红朽蠲革糖觔之新课，以均赋税。上嘉公办事实心，克勤厥职。漕运之命，公下车即以治河为首，要其咨奏略，曰：治河非专为利运，而利运则必须治河。河不治则漕不行，年来，但议坚守御黄坝，未求浚通全河，口门不能宣畅，在来年春夏之交，则可。倘秋间不开漕务，种种掣肘。查本年山东征湖启放过多，现仅存底水八尺余寸，皆湖向来存水六尺，即难外注，以二尺余寸之水，济运二百四五十万石之粮，其艰巨情形，不问可知。宜先期筹备，设法潴蓄云云。奏上谕以迅速相度机宜，悉心妥议方冀。从此整顿漕务，定有起色，乃甫一载调抚山东，未三月遽归道山。天子闻之，为泣下。寻赐祭葬，用报勤劳。至嘉惠士林，尤不一而足。每遇书院，均极力维持，不肯虚奉故事。计自外任以来，若闽、若蜀、若豫，皆以中道除授，未履其地，其余河东之宏运，浙东之月湖，广东粤秀粤华，惟上之丽正，或废弛已久，或徒有其名，或规模未善，或经费不敷，无不厚割廉奉，妥为经理。一时文风蔚起，士气蒸蒸，如宏运所刻《免愚编》，月湖所刻《教养录》，月湖粤秀粤华之争刻《深士诗文》，丽正所刻《试贴传薪》，皆公教译入人之深之尤著者也。呜呼！公授两朝知遇之隆，以名词林，节钺十省，文章经济超绝当时，固以功名富贵终始，可以耀后世而垂无穷矣。如谓公年仅周甲，未及一登揆席，以竟雨霖舟楫之用，所以知公者不已浅哉！

公生于乾隆丁亥年二月十日亥时，薨于道光丙戌年十一月二十二日寅时，年六十，赐葬于道光庚寅年某月吉日。侧室罗夫人祔焉，从形家言卯山酉向兼庚申。配王氏，侧室彭氏、罗氏。王、彭二夫人从公贵诰封一品夫人；追封罗为刚烈、贞烈夫人。子二，长即兆霖，工部营缮司员外郎，旋升郎中，笺分营缮司兼都水司行走，彭夫人出。次汝霖，候选员外郎，罗夫人出。女九，长适程，次适范、三适张、四适冯、五适石，王夫人出；六适帅，彭夫人出。七女待闺，罗夫人出。

铭曰：惟汉之水清且涟，惟武之山峻极天。笃生我公得其全，扬历中外三十年。天子曰咨资汝贤，用司专阃月三迁。生民爱戴口碑镌，勒之金石遍传宣。著作宏富贾董篇，晋唐书法白芊眠。经师人师莫为前，泰山北斗仰无边。家声后嗣永绵绵，科名累世庆蝉联。吁嗟乎！沧海有时而桑田，懿惟我公万古延。

尾　声

晚上，颜田俊夫躺在凤凰山莊宾馆的床上，翻来覆去地睡不着觉。他对他们的祖先，害死师祖的外公陈中孚感到愧疚，决定明天去陈中孚的家乡替祖赎罪。

第二天一早，颜田俊夫想去神山经济开发区的想法向熊新提了出来。

熊新实话实说："颜田先生，陈中孚的家乡现在没有了他的遗迹。"

颜田俊夫问："这是为什么？他那显赫的中丞府呢？"

熊新如实相告："一九三八年十月二十五日，武汉沦陷，设在葛仙镇上街中丞府的中华民国革命军驻武汉江南司令部，随南京政府退守重庆，陈中孚的后人随之迁往重庆。

紧接着，日军驻武汉鄂东南司令部又设在陈中孚的家里。日军司令官龟田雄三，在侵略我国上海、南京、芜湖、九江、武昌等地时，烧杀淫夺，无恶不作，犯下了滔天罪行。他是个地道的中国通，当他来到中丞府一看，就知道这是个清朝大官的房子。

'搜，搜，给我仔细地搜，这是一个清朝大官的府第，房子里肯定有很多金银财宝和古玩字画。'

司令官的命令，使一个中队保卫司令部的日军，个个如饿狼扑食般地仔细搜查了起来。除了在阁楼里搜出了一套陈中孚遗留下来与后人作为纪念的一品官服，几件墨宝外，还有一本陈中孚著的《种竹山房集》。

不是冤家不聚头。龟田雄三从《种竹山房集》中知道，这是太爷爷龟田追杀多年而没有得逞，最后下毒而死的陈中孚的家。

龟田抢夺了他家的全部值钱的东西运回日本。1945 年 9 月 15 日日本战败投降，他气急败坏地下令，放火烧毁了上街村四十八天井古建筑群，这是你们日本军国主义在我泱泱大地犯下的又一桩罪行。"

颜田俊夫听后，望着陈中孚的家乡，惭愧地低下了头。

熊新见状，他从手提包中拿出一副对联说："颜田先生，日本人民还是爱好和平的，为了你和你的弟子们与张裕钊的情谊世代友好相传，老夫将这副对联作为礼物赠送给你留着纪念。"

颜田俊夫双手恭敬地接过对联，打开一看，喜笑颜开，原来是熊馆长仿陈中孚书法书写的一副回文对联。

今古传奇奇传古今古往今来传不尽义门陈陈中孚奇闻奇事；
山河好美美好河山河绕山环好一派荆楚鄂鄂州市美景美观。

后　记

提起创作《大清中丞陈中孚》，这还得从2016年说起。

为了民间历史文化的传承，鄂州市史志学会聘任我为《南桥时空》的主编，其主要任务是挖掘、整理、保存义门陈氏南桥庄葛店分庄一支陈姓族人的历史。

随着鄂州市葛店经济开发区规模不断发展壮大，以东晋时期（304—326）葛洪为代表的具有两千余年的葛店古镇，翻开了历史新的一页。而民间人文文化、民俗文化等急需挖掘整理，用图片和文字形式保存下来。

从《武昌县志》《葛店史话》《陈氏宗谱》记载中不难发现，义门陈氏南桥庄的这支族人，是先祖陈旋矩从江西万载县中进士后，于明永乐十四年（1416）任汉阳推官，蠡斯繁殖的一支血脉。

六百余年来，这支族人以“耕读传家”为家训，历代人才辈出，陈中孚就是优秀代表之一。

编纂《南桥时空》时，收集到陈中孚很多可歌可泣的故事。然而，令人遗憾的是具有四十八天井规模的中丞府却被倭寇焚毁；江汉水乡绝无仅有的清道光皇帝御赐的墓葬也荡然无存；其嗣裔断谱失联。除了民间传说，人文古迹在葛店古镇无处考证。

陈中孚是鄂州地区清朝史载中唯一的一位从一品官吏，他为官清廉睿智的故事至今在中华大地广为流传。

于是，笔者书面建议将葛店当年陈中孚求学之路，原为宽敞明亮的东湖路改为“中孚路”，留下一丝丝陈中孚在家乡的苔痕。鄂州市政府办公室函〔2017〕19号文件予以批复。

这一举动，感动了陈氏族人，他们纷纷向我建议，撰写《大清中丞陈中孚》，为了不负众望，我虽然力不从心，但欣然试笔。

消息传出，却荡起了一阵阵涟漪，有的说我在为祖宗歌功颂德，有的夸赞我是一位敢作敢为的正直作家……

否也，陈中孚并非吾祖！本祖从葛店迁入峒山有三百余年，但与只有二百年历史的陈中孚的血管里一样，流淌的是义门相同血液。

是一种责任，一种追求，一种热爱，使我义无反顾地一路前行，艰辛地行走在创作之路上。

笔者并非文人，人贵有自知之明。

我从小受鲁迅先生的文学影响，喜爱文学。以学人为笔名，偶尔在地方报刊和网站发表一些豆腐块文章和古律诗而快乐。

快乐来源于生活，我热爱生活，热爱自然，热爱祖国山水的旖旎风光和博大精深的历史文化。

我只是“文革”中期的一名初中毕业生，一场无情的政治风暴，将憧憬未来的我，从初中课堂卷入大有作为的广阔天地，而没有接受正规的教育。但文学创作的欲望，随着岁月流逝，却愈来愈强。

当我吃力地徘徊于创作的荆棘之路时，我著的《陈友谅传》被鄂州宿儒、市文联原主席刘敬堂老师推荐中国文史出版社出版发行，这样更加坚定了我创作《大清中丞陈中孚》的决心。又当我感觉到陈中孚的资料不够充分时，东北辽宁的陈宏斌先生雪中送炭，寄来了一本他的专著《陈中孚年谱》，我如鱼得水，畅游在清史的海洋。

“人有幸运，也就会有不幸。当不幸来临时，无论发生了什么事，哪怕是生命到了极限，都要保持乐观积极向上的心态和顽强的拼搏精神。”

这是我在四川江油人民医院病床上继续撰写《大清中丞陈中孚》时，对关心我身体健康的护士说的一段话。

执着战胜了病魔，终于完成了初稿。但由于糖尿病引发的末梢神经紊乱，加之是用手写板在电脑上书写，难免发生标点符号、病句、错别字等错误，鄂州名师姜宗哲、陈西周两位老师，已是耄耋之年，他们潜心地为本书勘误，使本书顺利地通过了中国文史出版社的审查。

《大清中丞陈中孚》的付梓，得到了葛店地区陈良浩、陈家旺、陈栋平三位先生的资金资助。

在此，我对关怀、帮助我顺利出版《大清中丞陈中孚》的老师、先生和族人们表示衷心的谢意。

“千淘万漉虽辛苦，吹尽狂沙始到金。”愿广大读者从本书中，能感受到中华民族历史前进的脚步声。

作 者

辛丑金秋于湖北鄂州——四川江油书斋